本书出版获国家社科基金重点课题“人工智能对劳动力市场的冲击及劳动者知识技能转换应对研究”(19AGL025) 资助。



# 人工智能对北京市就业的影响与应对

THE IMPACT OF ARTIFICIAL INTELLIGENCE ON EMPLOYMENT IN BEIJING AND ITS COUNTERMEASURES

何勤◎著

中国经济出版社
CHINA ECONOMIC PUBLISHING HOUSE
北京

**图书在版编目（CIP）数据**

人工智能对北京市就业的影响与应对 / 何勤著 .—
北京：中国经济出版社，2024.4
ISBN 978-7-5136-7507-9

Ⅰ.①人… Ⅱ.①何… Ⅲ.①人工智能-影响-就业
-研究-北京 Ⅳ.①F249.271

**中国国家版本馆 CIP 数据核字（2023）第 186044 号**

责任编辑　张利影
责任印制　马小宾
封面设计　久品轩

**出版发行**　中国经济出版社
**印 刷 者**　宝蕾元仁浩（天津）印刷有限公司
**经 销 者**　各地新华书店
**开　　本**　710mm×1000mm　1/16
**印　　张**　29
**字　　数**　420 千字
**版　　次**　2024 年 4 月第 1 版
**印　　次**　2024 年 4 月第 1 次
**定　　价**　98.00 元
**广告经营许可证**　京西工商广字第 8179 号

**中国经济出版社** **网址** http：//epc.sinopec.com/epc/ **社址** 北京市东城区安定门外大街 58 号 **邮编** 100011
本版图书如存在印装质量问题，请与本社销售中心联系调换（联系电话：010-57512564）

# 前　言

人工智能作为新兴生产力，已经成为引领新一轮科技革命和产业变革的战略性技术、国际竞争的新焦点，发展势不可当，并以前所未有的速度和方式给经济社会带来巨大变革。人工智能是实现我国高水平科技自立自强的关键领域、未来的科技主战场，将是未来贯穿我国制造强国和网络强国建设的重要议题。人工智能作为数字经济及高精尖产业发展的原创性、引领性和代表性技术，在北京国际科技创新中心、全球数字经济标杆城市的建设中迎来了发展的“关键窗口期”和“政策红利期”，成为北京高质量发展的重要引擎。

人工智能因其具有类人特征及与人类的亲密感和侵入性的共生关系，给劳动力市场带来了与前三次技术进步不同的特殊影响。随着北京智能产业化、产业智能化的快速发展，北京市的劳动力市场已经出现就业的结构性变化，引发了人们对“机器换人”的担忧和技术失业的恐慌。而人工智能技术进步对就业既有正向的创造效应、中性的“重塑效应”，也有负向的破坏效应，如中低技能劳动力的失业、技术进步引致的心理恐慌、高低技能劳动力资源配置不匹配、劳动者面临工作流动及知识技能转换的“阵痛”等，这些负向影响如不加以关注必将引发社会问题。同时，负向影响会造成劳动力市场“不平衡不充分的发展”，与“人民日益增长的美好生活需要”及“以人民为中心”的发展思想相矛盾，需要着力解决。

本书从劳动力结构与人工智能产业发展动态匹配的视角，较为系统地分析了人工智能对北京市就业的影响，厘清冲击具体涉及哪些行业、人群，影响程度如何？人工智能对就业的影响机理是怎样的？未来有怎样的发展趋势？在北京聚焦“创新驱动”、“双碳”目标、“减量发展”的现实情境中如何制定政策目标及体系化的政策措施，企业和个人应采用何种策略来积极应对人工智能给就业带来的冲击，协同推动人工智能技术进步与北京经济高质量和就业高质量的“双提升”，走出一条具有“首都特点、首善标准”的“岗位高品质高质量创造、人力资本高素质匹配”的“双高”就业示范城市之路。

本书采用多元数据分析，包括宏观统计数据、国际机器人联盟（IFR）数据、微观调查的100家企业506份企业—员工匹配数据、16家企业深度访谈案例数据，以及来自多家网站爬取的大数据，运用文献计量和文献研究法、调查法、描述统计法、空间计量统计法、DEA-Malmquist指数法、固定效应回归、灰色预测模型、案例研究法、舆情分析与大数据分析法等研究方法，从产业与就业匹配视角，聚焦人工智能对北京市就业的影响机制、效应与趋势开展理论和实证研究，在此基础上提出系统化的应对政策和实现路径，并提出打造北京高质量就业“北京样板”的具体方案。

就业不仅是民生问题，也是发展问题。北京要抓住人工智能科技创新产生的“就业溢出效应”和“AI就业增量创造效应”，以“智能产业化”为经线、“产业智能化”为纬线，将人工智能高端人才聚集在世界人才高地，聚焦人工智能创新带来的高品质、高质量岗位，加快劳动者的知识技能更新，形成产业与人动态匹配的技能型社会，最终走出一条具有“首都特点”的高质量就业的“北京样板”之路。

# 目 录

# 第一章

# 人工智能对就业的影响与应对研究导言

## 第一节　研究背景及意义

### 一、研究背景

人工智能（Artificial Intelligence，AI）是模拟、延伸和扩展人类智力并渗透进动力的工具，通过外部大数据、算法模型和算力建立的机器模仿人的思维、感知、认知、情感和行动的机器表达系统，在工作场所和社会扮演特别的角色及在广泛应用场景中实现特定目标任务。人工智能主要涉及人工智能芯片及传感器，操作系统和基础软件，计算机视觉、语音识别、自然语言处理、生物特征识别、新型人机交互、自主决策控制等核心算法，细分行业应用及系统集成等环节。人工智能作为全球科技革命和产业变革的制高点，已经成为推动经济社会发展的新引擎。人工智能作为使能技术，已成为赋能企业提高运营效率、节约经营成本、改善劳动者工作环境的新动力。

#### （一）推动人工智能快速发展成为国家战略

世界主要发达国家，如美国、英国、德国、日本等已围绕核心技术、顶尖人才、标准规范等发布战略、强化部署，抢占人工智能竞争制高点，加紧出台了系列人工智能战略规划和政策。例如，美国的《关键和新兴技术国家标准战略》、欧盟的《2030 年数字指南针：数字十年的欧洲之路》，把发展人工智能作为维护国家安全、提升国家竞争力、保持技术领先优势的重大战略，推动了人工智能技术和产业的快速发展。

我国高度重视人工智能技术创新和产业发展，自 2017 年以来，从国务院到各部委密集发布了人工智能发展战略规划和支持政策，将人工智能发展上升为国家战略（见表 1-1）。2017 年 7 月，国务院印发了《新一代人工智能发展规划》，明确提出我国人工智能发展“三步走”的战略目标：到 2020 年人工智能总体技术和应用与世界先进水平同步，人工智能产业成为新的重要经济增长点，人工智能技术应用成为改善民生的新途径，有力支撑进入创新型国家行列和实现全面建成小康社会的奋斗目标；到 2025 年人工智能基础理论实现重大突破，部分技术与应用达到世界领先水平，人工智能成为我国产业升级和经济转型的主要动力，智能社会建设取得积极进展；到 2030 年人工智能理论、技术与应用总体达到世界领先水平，成为世界主要人工智能创新中心，智能经济、智能社会取得明显成效，为跻身创新型国家前列和经济强国奠定重要基础。2017 年 12 月，工业和信息化部发布《促进新一代人工智能产业发展三年行动计划（2018—2020 年）》，提出加快人工智能产业发展，提升制造业智能化水平，推动人工智能和实体经济深度融合，推动人工智能产业发展上升为国家战略。2018 年 4 月，教育部制订了《高等学校引领人工智能创新行动计划》，指出要加快构建高校新一代人工智能领域人才培养体系和科技创新体系，推动提升高校人工智能领域科技创新、人才培养和服务国家需求的能力。2018 年 12 月，中央经济工作会议提出“加强人工智能、工业互联网、物联网等新型基础设施建设”，人工智能将成为新一轮产业变革的核心驱动力、经济发展的新引擎和社会发展的加速器。2019 年 3 月，中央全面深化改革委员会第七次会议通过了工业和信息化部的《关于促进人工智能和实体经济深度融合的指导意见》，提出要把握新一代人工智能发展的特点，坚持以市场需求为导向，以产业应用为目标，深化改革创新，优化制度环境，激发企业创新活力和内生动力，结合不同行业、不同区域特点，探索创新成果应用转化的路径和方法，构建数据驱动、人机协同、跨界融合、共创分享的智能经济形态。2019 年 8 月，科技部发布《国家新一代人工智能开放创新平台建设工作指引》，推动国家新一代人工智能开放创新平台有序发展。自《新一代人工智能发展规划》发布至 2018 年底，我国已有 19 个省（自治区、直辖市）发布了 26 项人工智能专项扶植政策；6 个地级市发布了 6 项人工智能专项扶持政策；8 个区（县）发布了 10 项人工智能专项扶持政策；11 个产业园区发布了 11 项人工智能专项扶持政策。

**表 1-1　我国人工智能战略规划及政策**

| 时间 | 发文部门 | 政策名称 | 主要内容 |
|---|---|---|---|
| 2017 年 7 月 | 国务院 | 《新一代人工智能发展规划》 | 明确提出我国人工智能发展“三步走”的战略目标 |
| 2017 年 12 月 | 工业和信息化部 | 《促进新一代人工智能产业发展三年行动计划（2018—2020 年）》 | 加快人工智能产业发展，提升制造业智能化水平，推动人工智能和实体经济深度融合 |
| 2018 年 4 月 | 教育部 | 《高等学校引领人工智能创新行动计划》 | 加快构建高校新一代人工智能领域人才培养体系和科技创新体系，推动提升高校人工智能领域科技创新、人才培养和服务国家需求的能力 |
| 2019 年 3 月 | 工业和信息化部 | 《关于促进人工智能和实体经济深度融合的指导意见》 | 构建数据驱动、人机协同、跨界融合、共创分享的智能经济形态 |
| 2019 年 8 月 | 科技部 | 《国家新一代人工智能开放创新平台建设工作指引》 | 推动国家新一代人工智能开放创新平台有序发展 |

资料来源：课题组根据相关政策整理。

### （二）北京市人工智能产业处于高速发展的“关键窗口期”

在北京市着力打造全国科技创新中心、发展人工智能等十大高精尖产业的背景下，人工智能产业也成为北京市新的重要经济增长点。2016 年以来，北京市推动人工智能发展的政策相继出台（见表 1-2），当前北京市人工智能正处于发展的政策红利期。2016 年 4 月，中关村科技园区管理委员会发布了《关于促进中关村智能机器人产业创新发展的若干措施》，提出以建设中关村全球智能机器人创新中心为发展目标，深入推进机器人与人工智能、脑科学等前沿领域融合创新，推动智能机器人与大数据、云计算、物联网等产业深度融合。2017 年 10 月，中关村国家自主创新示范区发布了《中关村国家自主创新示范区人工智能产业培育行动计划（2017—2020 年）》，对未来三年中关村发展人工智能产业的思路、目标、重点任务和保障措施等进行了系统的规划与部署，促进中关村人工智能产业加快发展，培育具有国际竞争力和技术主导权的人工智能产业集群。2017 年 12 月，北京市经济和信息化局出台了《北京市加快科技创新培育人工智能产业的指导意见》，提出到 2020 年，新一代人工智能总体技术和应用达到世界先进水平，培育一批具有国际影响力的人工智能领军人才和创新团队，涌现一批特色创新型企业，创新生态体系基本建立，初步成为具有全球影响力的人工智能创新中心，人工智能对经济社会发展的支撑能力显著增强，成为北京市新的重要经济增长点。通过“三城一区”构建“原始创新—基础前沿研究—成果转化—产业发展”的人工智能创新链条，进一步优化人工智能产业布局，中关村科学城以原始创新为核心，成为人工智能技术发源地和创新型企业集聚地。未来科学城成为人工智能科技成果转化引领区，怀柔科学城成为人工智能基础研究的突破地，北京经济技术开发区成为人工智能产业发展的前沿阵地。为了积极抢抓全球人工智能产业发展重大机遇，促进中关村人工智能产业加快发展，培育具有国际竞争力和技术主导权的人工智能产业集群。2018 年 11 月，北京市科学技术委员会发布了《北京智源行动计划》，支持科学家勇闯人工智能科技前沿“无人区”，推动人工智能理论、方法、工具、系统等方面取得变革性、颠覆性突破，引领人工智能学科前沿和技术创新方向，推动北京成为全球人工智能学术思想、基础理论、顶尖人才、企业创新和发展政策的源头，支撑人工智能产业发展，促进人工智能深度应用，改变人类社会生活，改变世界。2019 年 2 月，我国首个国家新一代人工智能创新发展试验区——国家新一代人工智能创新发展试验区在北京正式成立，标志着北京在大力发展人工智能产业上又迈出了新的步伐，紧接着科技部发布了《关于支持北京建设国家新一代人工智能创新发展试验区的函》，积极支持北京推进试验区建设，并协调研究解决相关政策问题。综上所述，近年来北京陆续出台了多项支持人工智能创新发展的政策措施，在产业环境营造、推动技术创新、资金支持、人才服务等方面为人工智能产业提供了全方位保障，北京市人工智能产业将在当前及未来很长一段时间，在政策红利的推动下得到快速发展。

**表 1–2 北京市人工智能相关政策**

| 时间 | 发文部门 | 政策名称 | 主要内容 |
|---|---|---|---|
| 2016 年 4 月 | 中关村科技园区管理委员会 | 《关于促进中关村智能机器人产业创新发展的若干措施》 | 提出以建设中关村全球智能机器人创新中心为发展目标，深入推进机器人与人工智能、脑科学等前沿领域融合创新，推动智能机器人与大数据、云计算、物联网等产业深度融合 |
| 2017 年 10 月 | 中关村科技园区管理委员会 | 《中关村国家自主创新示范区人工智能产业培育行动计划（2017—2020 年）》 | 对未来三年中关村发展人工智能产业的思路、目标、重点任务和保障措施等进行了系统的规划与部署 |
| 2017 年 12 月 | 北京市经济和信息化局 | 《北京市加快科技创新培育人工智能产业的指导意见》 | 到 2020 年，新一代人工智能总体技术和应用达到世界先进水平；通过“三城一区”构建“原始创新—基础前沿研究—成果转化—产业发展”的人工智能创新链条 |
| 2018 年 11 月 | 北京市科学技术委员会 | 北京智源行动计划 | 推动北京成为全球人工智能学术思想、基础理论、顶尖人才、企业创新和发展政策的源头，支撑人工智能产业发展，促进人工智能深度应用 |
| 2019 年 2 月 | 科技部 | 《关于支持北京建设国家新一代人工智能创新发展试验区的函》 | 支持北京推进试验区建设，并协调研究解决相关政策问题 |

资料来源：课题组根据相关政策整理。

在国家战略的前瞻引领、北京市政策红利的推动，以及市场需求的强力牵引下，北京市人工智能产业得到快速发展，相关报告显示：到2020年，北京市人工智能产业规模超过500亿元，对相关产业带动规模超过5000亿元。截至2019年上半年，我国拥有人工智能企业4084家，居世界第二位，其中北京市拥有人工智能企业1084家，占全国人工智能企业数的近30%。北京市拥有人工智能相关人才近4万人，占全国近60%。我国14家国家新一代人工智能开放创新平台中，半数由北京市企业建立。我国是人工智能专利布局最多的国家，2018年，全球人工智能领域专利申请量达到13万余件，其中，中国、美国、日本三国相关专利申请量累计占比超过全球的80%。

### （三）北京市人工智能将迎来打造高质量就业的“机遇期”

北京作为首都，其创新驱动发展战略，高精尖经济结构的定位，致力于建成世界领先的国际科技创新中心和全球数字经济标杆城市的目标，以及“双碳”目标、“减量发展”的约束条件，决定了北京市不同于其他城市的就业问题，北京市的就业问题不是解决“有没有”的问题，而是致力于追求“好不好，优不优”的问题。北京市“十四五”规划提出“全面提高就业质量”的目标，而人工智能的高质量就业创造效应将成为北京市全面提高就业质量的巨大机遇。同时，人工智能的就业质量提升效应会带动收入水平提高，扩大中等收入群体将成为北京实现共同富裕的重要抓手。因此，探索一条人工智能发展创造高质量就业的“北京之路”将成为北京市解决就业问题的重要思路。

### （四）人工智能发展引发就业结构性变化

随着北京市人工智能的快速发展，其通过改变劳动形态、工作方式和劳动过程，必将给劳动力市场和就业结构带来更加深远的影响，北京市的劳动力市场已经出现就业的结构性变化，引发了人们对“机器换人”的担忧和技术失业的恐慌。首先是对行业就业的影响。一是对制造业就业的影响，如燕山石化的DCS系统替代8000人左右；曲美家具的3D五轴数控机床，智能化喷漆技术、数码打眼等，替代1000人左右。二是对服务业就业也产生影响，如人工智能已广泛应用于银行业的量化交易与智能投顾、风险防控、安防与客户身份认证、智能客服、精准营销。人工智能技术应用对银行从业人员的工作内容、知识技能要求和收入均产生影响，特别是对柜员类、客户营销类职位的影响较大，引发工作内容的显著变化，短期内会增加银行从业人员的工作量，如技术培训、系统解释和系统维护等。银行业不断涌现“无人银行”，如中国建设银行宣布国内第一家无人银行正式开业，无保安，取代的是人脸识别；无大堂经理，取代的是服务机器人；无柜员，取代的是智能柜员机。海底捞智慧餐厅采用智能配菜系统使后厨人员减少90%，传菜机器人代替传菜员，但直接面对顾客服务的岗位和数量并未明显减少。美团大脑大大提升了订单和骑手的匹配效率，无人配送机器人解决了骑手“最后一公里”的配送问题。其次是对一些职业产生较大影响，如客户服务，人工每天最多接听200个电话，机器人每天接听至少1万个电话，极大地减少了客户服务行业的用工量。随着机器翻译、语音识别、自然语义技术的应用和相关产品的推广，对翻译、同声传译、速记、新闻播报等职业造成较大冲击。最后是对岗位的冲击。冠致智能工厂采用智能生产线前每条生产线需要2000人，采用后每条生产线需要200台机器人和200名工人，生产一线岗位减少90%，而研发设计、销售岗位则增加。大兴国际机场投入使用后，大规模使用人脸识别、语音交互等人工智能技术，值机、托运、安检、登机全程“刷脸”；虚拟人像机器人“小兴”通过语音交互对话帮助旅客查询；智能旅客安检系统实现行李和旅客的准确绑定，安检效率提升40%；大数据精准画像提供私人定制服务，智能标签实现行李全流程追踪，智能视频分析主动识别安全风险。上述人工智能技术的应用，对机场值机柜员、安检人员、问询服务人员岗位产生很大影响。

综上所述，随着人工智能技术的应用和产业发展，对北京市的行业、职业和岗位的替代与结构性冲击将会越来越普遍。那么必须回答我们面临的“人工智能将给北京的就业带来何种影响，影响是否显著，程度如何？以什么样的方式和路径产生影响？不同阶段的影响有何不同？”等现实问题。

（五）人工智能带来的就业破坏效应

人工智能技术进步对就业既有正向的创造效应，也有负向的破坏效应，如失业、技术进步引致的心理恐慌，收入不平等加剧等问题。与前三次工业革命仅是改变工具不同，人工智能给人类带来了更多的挑战，对人类劳动世界的冲击将更加复杂，可能带来三种影响效应，即“吞噬替代效应”、“工作重塑效应”和“人机共生效应”，其中“吞噬替代效应”将引发失业现象。“吞噬替代效应”是指对人的劳动的完全替代，人工智能不仅对中低技能劳动形成替代，如会计、制造业生产线工人、卡车司机；同时，由于人工智能具有自适应、自学习、自主决策能力，对高技能的工作也形成替代，如放射科医生、金融分析师等。“机器换人”“技术失业”引致社会心理恐慌。人工智能技术进步带来的就业极化现象凸显带来的收入不平等加剧。这些负向影响如不加以关注必将引发社会问题，不利于首都的和谐稳定。同时，负向影响也会造成劳动力市场“不平衡不充分的发展”，与“人民日益增长的美好生活需要”相矛盾，需要着力解决。

本书拟从人工智能产业与劳动力结构动态匹配的视角，较为系统地分析人工智能对北京市就业的影响现状，厘清具体涉及哪些细分行业领域、职业和人群，影响程度如何？人工智能影响就业的机理是怎样的？人机共生情境如何发挥人与机器各自的比较优势，未来有怎样的发展趋势？如何制定政策目标及体系化的政策措施来积极应对人工智能带来的破坏效应和创造效应，协同推动人工智能技术进步与北京市经济增长及就业质量提升。

## 二、研究意义

### （一）理论意义

人工智能对就业的影响问题，理论上属于就业理论范畴。本书进一步拓展理论研究范畴，将就业理论置于更宽泛的技术进步和产业发展的宏观理论框架进行分析，建立“技术—产业—就业”互动的整合理论分析框架，从产业与就业动态匹配的理论视角，结合北京市经济社会的现实情境，对北京市人工智能的就业影响问题进行分析，提出产业与就业动态匹配、协同发展的策略。因此，本书的理论意义之一在于拓展和丰富技术进步下的就业相关理论。

本书从宏观的产业与就业互动、微观的企业、人机协同情境三个方面开展就业影响机制及路径理论研究，旨在突破技术进步对就业影响研究中只见结果不见过程的理论困境，有助于揭开人工智能技术进步对就业影响机制的“黑箱”，拓展人机关系对就业的影响，丰富技术进步对就业的影响理论，弥补现有文献研究的理论困境。本书根据北京市的情境变量对就业模型进行改进，引入人工智能技术进步水平、产业结构变动、人工智能技术进步与产业结构变动的交互作用三个模型，扩展了就业理论模型，有助于丰富和完善更贴近中国现实的就业理论。同时，构建人工智能产业就业质量评估指标体系、心理冲击程度理论指标体系及测度方法，是对以往仅关注技术进步对就业的总量、结构的影响，不关注就业质量与劳动者心理感受和心理冲击的突破，使研究更加人本化。本书对人工智能影响北京就业总量以及影响的行业、职业、波及人群、作用方向及程度、未来趋势进行研判，能够为其他相关研究提供经验证据。

综上所述，本书通过把握人工智能技术进步、产业发展与就业关系互动的发展脉络，从理论层面深入分析技术进步引致的产业发展与就业的互动关系，以及影响机制，是对现实情境就业理论的延伸和拓展。

（二）实践意义

随着人工智能技术的不断进步，大量简单、重复性，不需要复杂思考就能完成决策的工作将被人工智能取代，如证券交易员被人工智能系统取代，汽车将不需要人员驾驶，翻译的工作将逐渐消失，这些可能产生的失业问题需要有解决方案。同时，人工智能必将创造大量新的工作，让更多的人可以转换到新的岗位。劳动者如何实现知识技能和工作转换，人与智能机器如何发挥各自的优势协同工作？如何疏解技术进步引致的心理恐慌？如何消弭因人工智能技术进步带来的收入不平等加剧等负面效应？……这些问题都需要尽早开展相关研究，拿出解决方案。这将对提前应对人工智能带来的负面冲击具有重要的现实意义。

本书在对人工智能技术进步对就业的影响进行历史考察和国内外比较研究，北京市人工智能产业发展现状及对就业的影响现状分析基础上，从产业角度测度当前技术进步水平及未来趋势，从人的角度测度当前人工智能劳动力市场的就业总量、分行业就业量，预测未来劳动力供需及缺口，测度心理冲击程度，为制定精准的劳动力市场匹配政策提供了经验证据，同时为制定阶段性的与人工智能产业发展相匹配的政策目标奠定了实证基础。

本书提出促进技术进步方向与劳动力技能结构相匹配的策略，以及与未来就业趋势相协调的劳动应对政策，为相关政府部门，如人力资源和社会保障部、国家发展改革委和地方政府制定产业、就业、社保的协同政策提供参考。

综上所述，本书立足人工智能产业与就业动态匹配，以解决人工智能技术冲击下的就业结构矛盾为出发点，剖析人工智能对就业影响的现实问题，结合实证分析，试图提出推动人工智能产业与就业动态匹配的劳动政策应对体系，目的是提前应对人工智能对就业的负面冲击，以及推动北京市产业高质量发展和劳动者就业质量同步提升，提供决策参考，对提前应对人工智能对就业的负面冲击具有现实意义。

# 第二节　研究对象、目标、思路及方法

## 一、研究对象

本书在对人工智能技术进步对就业影响进行历史考察和国内外比较研究的基础上，调查和分析人工智能产业发展现状及劳动力市场现状，从理论上对人工智能影响的破坏和补偿机制及路径进行较为深入的分析。在历史考察、比较研究、现状分析、理论研究的基础上，从产业和人的角度对北京市人工智能技术进步水平、就业影响程度、未来发展趋势及心理冲击程度进行定量测算。在相关政策约束下，制定与人工智能产业规划相适应的短期和中期、长期政策目标，构建与人工智能产业发展趋势相适应并相互协调的政策体系，为政府提前应对人工智能对就业的破坏效应，有效缓解北京市就业结构矛盾及提升各类劳动力的就业质量提供对策建议。

## 二、研究目标

研究目标主要包括以下三个方面。

### （一）理论研究目标

①厘清不同技术进步发展阶段对就业结构的影响，以及技术进步与就业关系的动态演进过程，分析发达国家人工智能技术进步的就业弹性变化规律，归纳人工智能发展较好的国家及城市提前布局应对冲击的思路与做法，旨在提供应对的经验借鉴。②结合北京市的经济社会及政策背景因素，从理论上分宏观、微观层面解释人工智能对就业的破坏机制和补偿机制，并刻画影响路径，探索人工智能技术进步引发的劳动力市场波动问题，丰富就业领域的文献与理论研究。构建人工智能下的心理冲击程度理论指标体系，为测度因技术进步给劳动力带来的心理冲击效应奠定理论基础。

### （二）实证研究目标

对北京市人工智能的细分行业领域、职业、人群的就业现状及影响程度进行精准分析和描述，测算北京市人工智能技术进步水平及就业影响效应，预测2019—2030年北京市人工智能产业劳动力市场的供需量及缺口，为精准制定政策目标及应对措施提供实证依据。

### （三）政策研究目标

根据北京市人工智能产业发展规划、北京市新的城市规划及政策约束条件，制定科学的短期、中期、长期政策目标，构建各类政策相互协调、互为支撑的应对政策体系，分析实施路径，制定具体措施，精准发力，对处在人工智能等新技术破坏区间的重点行业、职业、群体制定干预政策措施，切实解决促进创新经济发展中面临的就业结构性矛盾和劳动力能力转型升级的问题。

## 三、研究思路

本书将按照“历史考察与国内外比较、产业及劳动力市场现状分析、影响就业的机制及路径刻画、对就业的影响测算及未来发展趋势预测、应对政策体系及实现路径”的逻辑思路展开研究。具体技术路线如图1-1所示。

## 四、研究方法

本书主要采用了以下研究方法。

### （一）文献计量分析法和文献研究法

（1）文献计量分析法。运用知识图谱分析法，采用Citespace软件，对筛选出的2009—2019年关于人工智能影响就业主题的100篇有效WOS英文核心文献和145篇中文文献从机构、关键词共现、文献共引，以及关键词聚类等可视化分析，对核心国家和地区、重要研究机构合作网络、研究现状、聚焦领域及热点趋势进行分析，总结研究热点及未来趋势。

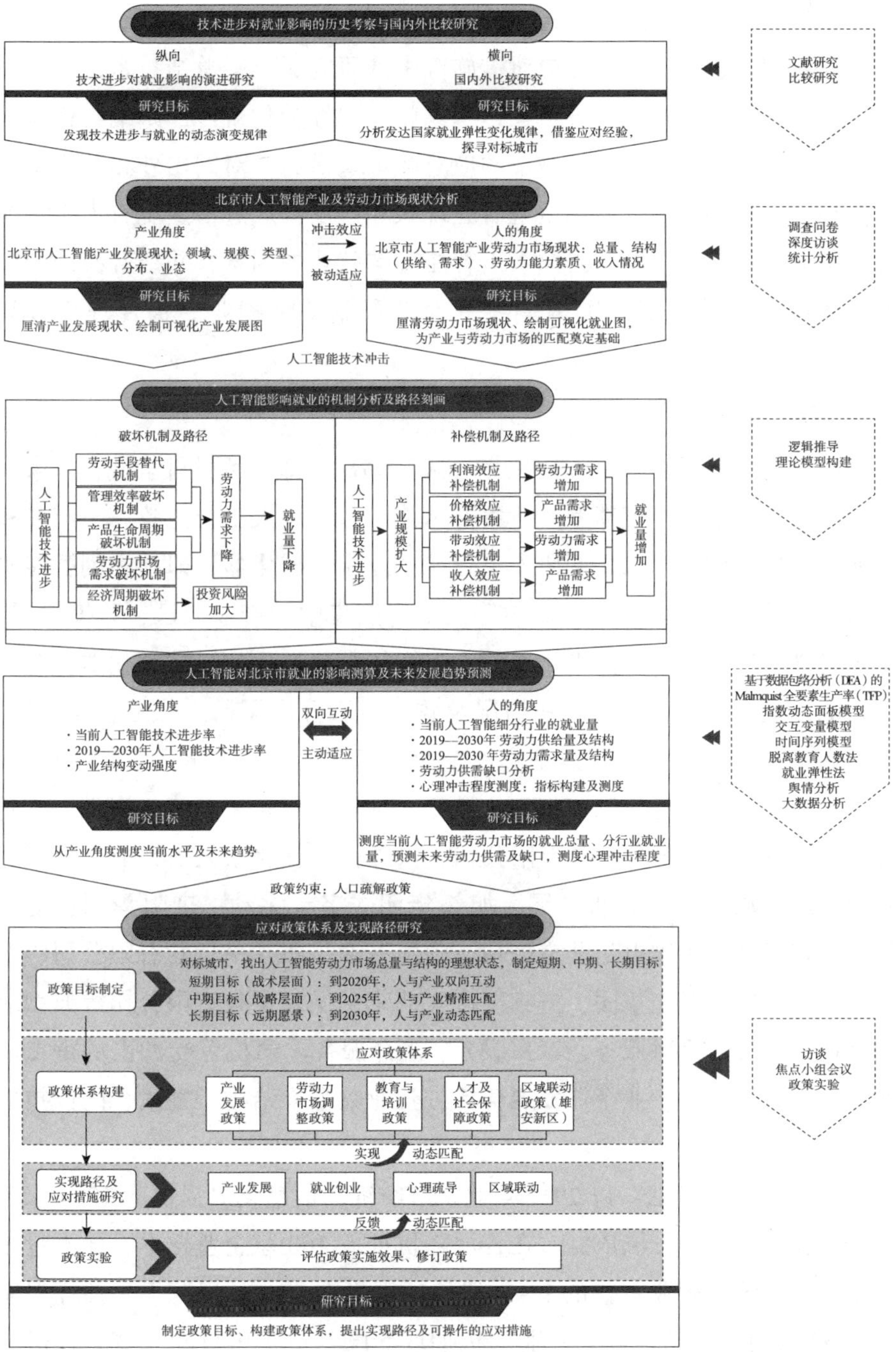
技术进步对就业影响的历史考察与国内外比较研究
纵向
技术进步对就业影响的演进研究
研究目标
发现技术进步与就业的动态演变规律
横向
国内外比较研究
研究目标
分析发达国家就业弹性变化规律，借鉴应对经验，探寻对标城市
文献研究
比较研究
北京市人工智能产业及劳动力市场现状分析
产业角度
北京市人工智能产业发展现状：领域、规模、类型、分布、业态
冲击效应
被动适应
人的角度
北京市人工智能产业劳动力市场现状：总量、结构（供给、需求）、劳动力能力素质、收入情况
研究目标
厘清产业发展现状、绘制可视化产业发展图
研究目标
厘清劳动力市场现状、绘制可视化就业图，为产业与劳动力市场的匹配奠定基础
调查问卷
深度访谈
统计分析
人工智能技术冲击
人工智能影响就业的机制分析及路径刻画
破坏机制及路径
人工智能技术进步
劳动手段替代机制
管理效率破坏机制
产品生命周期破坏机制
劳动力市场需求破坏机制
经济周期破坏机制
劳动力需求下降
投资风险加大
就业量下降
补偿机制及路径
人工智能技术进步
产业规模扩大
利润效应补偿机制
价格效应补偿机制
带动效应补偿机制
收入效应补偿机制
劳动力需求增加
产品需求增加
劳动力需求增加
产品需求增加
就业量增加
逻辑推导
理论模型构建
人工智能对北京市就业的影响测算及未来发展趋势预测
产业角度
· 当前人工智能技术进步率
· 2019—2030年人工智能技术进步率
· 产业结构变动强度
双向互动
主动适应
人的角度
· 当前人工智能细分行业的就业量
· 2019—2030 年劳动力供给量及结构
· 2019—2030 年劳动力需求量及结构
· 劳动力供需缺口分析
· 心理冲击程度测度：指标构建及测度
研究目标
从产业角度测度当前水平及未来趋势
研究目标
测度当前人工智能劳动力市场的就业总量、分行业就业量，预测未来劳动力供需及缺口，测度心理冲击程度
基于数据包络分析（DEA）的Malmquist全要素生产率（TFP）
指数动态面板模型
交互变量模型
时间序列模型
脱离教育人数法
就业弹性法
舆情分析
大数据分析
政策约束：人口疏解政策
应对政策体系及实现路径研究
政策目标制定
对标城市，找出人工智能劳动力市场总量与结构的理想状态，制定短期、中期、长期目标
短期目标（战术层面）：到2020年，人与产业双向互动
中期目标（战略层面）：到2025年，人与产业精准匹配
长期目标（远期愿景）：到2030年，人与产业动态匹配
政策体系构建
应对政策体系
产业发展政策
劳动力市场调整政策
教育与培训政策
人才及社会保障政策
区域联动政策（雄安新区）
实现
动态匹配
实现路径及应对措施研究
产业发展
就业创业
心理疏导
区域联动
反馈
动态匹配
政策实验
评估政策实施效果、修订政策
研究目标
制定政策目标、构建政策体系，提出实现路径及可操作的应对措施
访谈
焦点小组会议
政策实验

**图 1-1　技术路线**

（2）文献研究法。搜集整理有关技术进步影响就业的表现、特征、趋势、影响因素、产生原因、应对措施等中外研究文献，总结技术进步与就业关系的动态演进过程，分析发达国家就业弹性变化规律，归纳与借鉴人工智能发达国家和国内发达城市的应对政策及措施。对国内外相关文献进行梳理、比较和分析，力图呈现研究现状和进展，通过借鉴现有人工智能影响就业的理论和思路，提取人工智能影响就业的因素，并结合我国当前的具体情况，提出基于中国情境下人工智能影响就业的整合理论分析框架。

（二）调查法

（1）深度访谈法。一是“三城一区”调研，即中关村科学城、未来科学城、怀柔科学城、创新型产业集群示范区，开展人工智能政策、产业和企业发展情况调研。二是调研人工智能产业园、孵化器，即赴亦创智能机器人创新园、香河机器人产业园等人工智能集中的产业园区，国安龙巢、中关村创客中心人工智能孵化器等人工智能企业聚集的科技孵化器，对人工智能产业、企业发展、就业情况及政策需求开展调研。三是企业调研，包括人工智能研发企业和典型应用企业。对百度、科大讯飞、旷视科技、商汤科技、格灵深瞳、阿里巴巴、腾讯、搜狗、三角兽、博云视觉、希姆计算、北京郁金香伙伴科技有限公司、未感科技等北京人工智能重点研发企业，以及玛氏公司、碧桂园、旭辉集团、字节跳动、京阳集团、爱立信、京东科技、中国电信北京公司、中国石油集团共享运营有限公司、中科原动力、中国航空集团、博雅瑞特（北京）文化科技有限公司等典型应用企业；会计、金融服务、客户服务、翻译服务、司机等受冲击的重点职业开展调查，收集产业企业发展现状，就业数量、结构、方式、岗位技能要求等。

（2）调查问卷法。以 2019 年北京市经济和信息化局提供的 1084 家各区人工智能企业为分层依据，在各层随机抽取 100 家企业样本，样本量占北京市人工智能企业总量的 9%，置信区水平在 95% 的情况下，抽样误差约 4.6%。进一步从被调查企业随机抽取 506 名员工进行问卷调查，形成企业—员工匹配数据，收集 2016—2018 年的数据。调查问卷分企业问卷和员工问卷，企业问卷由企业高层管理人员填写，员工问卷由员工填写。企业问卷包括：企业岗位和人员信息、企业经营情况、企业发展情况、人工智能政策。员工问卷包括：工作现状、工作感知、工作要求、员工心理感受等。

(3) 焦点小组会议。深度访谈受波及的重点企业及劳动群体，了解其对政策的诉求，对不同领域的政策制定专家进行访谈并组织焦点小组会议，讨论政策目标的科学性、政策体系的前瞻性和适用性，以及实施路径的可操作性。

### (三) 描述统计法

收集和整理相关人工智能领域的统计数据，结合第一手调查数据，对北京市人工智能产业规模、产业特征，人工智能企业分布、企业特征，人工智能行业企业就业总量、结构和质量，从区域、不同细分领域行业、职业和人群对北京市人工智能对就业的影响现状进行统计描述。

### (四) 空间计量统计法

基于 GIS 空间统计分析工具，使用空间统计分析标准差椭圆分析方法，以北京市各区（县）国土空间为参照标准，以国土面积为基准分布要素，以企业销售额、员工数量、工资水平为产业与就业的属性要素，分别计算产业和就业的空间分布标准差椭圆，从分布重心、空间展布范围、密集性、分布方向和形状等多重角度，揭示 2016—2018 年北京市产业和就业的空间分布及变动特征。在此基础上，进一步通过构建空间差异指数，分析北京市产业与就业的空间匹配及时空演变。

### (五) 理论模型分析法

以资源依存理论、创新扩散理论、工作任务模型等作为理论基础，分别从宏观和微观两个层面构建人工智能对就业的影响机制理论模型，深入分析破坏机制、补偿机制及总体效应机制和路径。对宏观层面人工智能技术进步对社会心理的影响机理及过程、微观层面人工智能技术进步对企业员工心理的影响机理及过程进行深入分析。根据要素集聚效应理论，从直接影响与间接影响两个圈层分析北京市人工智能产业与就业动态匹配的形成机理。

### （六）实证分析法

采用DEA-Malmquist指数法测算人工智能企业TFP及分解变化情况，比较分析人工智能上市公司与非上市公司、不同行业的人工智能TFP差异及变化。采用自回归移动平均模型（ARIMA），测度北京市人工智能技术进步水平，并对2019—2030年北京人工智能技术进步水平进行了预测。

利用德国IFR面板数据，建立关于北京市人工智能技术应用、地区经济发展水平分别与北京市就业总量、北京市从业人员年平均工资、北京市大专及以上学历从业人员数之间的回归模型，分析人工智能技术应用对北京市就业总量、工资收入、从业人员素质的影响效应，并采用灰色预测模型对未来影响趋势进行定量判断。

### （七）舆情分析和大数据分析法

情感分析法。采用基于支持向量机（SVM）的情感分析模型测度人工智能技术进步引致的社会大众心理冲击。基于人工智能标志性事件提取关键词，爬取2010年至今的7万多条新浪微博评论文本数据，分析社会大众情绪特征和微博文本特点，提出社会大众心理冲击情感分类，构建人工智能对社会大众的心理冲击情感语料库。基于机器学习——SVM方法，人工标注1万条微博文本作为训练数据，使用SVM进行训练，构建基于SVM的情感分类模型，对测试文本进行情感分类和情感值计算。分析人工智能典型事件对社会大众的心理冲击程度和变化趋势，以及社会大众对人工智能的总体反应。

### （八）案例研究法

选取北京市人工智能的典型应用场景开展案例研究，旨在解释和探究人工智能对北京市就业的影响。以餐饮行业海底捞智慧餐厅为研究对象，采用扎根理论方法，从理论上构建人工智能对就业的影响机制和路径。选取医疗行业的北京协和医院，金融行业的光大银行、民生银行、兴业银行，汽车领域的北京奔驰，分析人工智能的应用带来的就业影响效应，以及对员工的心理影响。

# 第三节 研究内容与结构安排

## 一、研究内容

本书从产业与人动态匹配的视角，主要就北京市人工智能对就业影响的现状、机制与路径，对就业的影响测算及未来趋势预测，对心理的影响及测度，应对政策体系与实现路径进行研究。本书主体分为六个部分，具体研究内容为：技术进步对就业影响的历史考察与国际比较研究、北京市人工智能产业及劳动力市场现状分析、人工智能影响就业的机制分析与路径刻画、人工智能对北京市就业的影响测算及未来发展趋势预测、人工智能技术进步对劳动者的心理冲击研究、应对政策体系及实现路径研究。

## 二、研究重点

本书的研究重点如下。

（1）人工智能影响就业的机制分析和路径刻画。从就业和心理双维度，以及宏观和微观两个层面构建人工智能对就业及心理的影响机制理论模型，清晰刻画影响路径。根据要素集聚效应理论，从直接影响和间接影响两个圈层分析北京市人工智能产业与就业动态匹配的形成机理，为实证及应对政策研究提供理论基础和理论分析框架。

（2）人工智能对北京市就业的影响测算及未来发展趋势预测。对北京市人工智能的细分行业领域、职业、人群的就业现状及影响程度进行精准分析和描述，测算北京市人工智能技术进步水平及就业影响效应，预测2019—2030年北京市人工智能产业劳动力市场的供需量及缺口，测度人工智能对劳动力的心理冲击程度，为精准制定政策目标及应对措施提供实证依据。

（3）政策应对体系构建及实施路径。根据产业规划、北京市城市规划及政策约束，制定短期、中期、长期政策目标，构建应对政策体系，分析实施路径，精准发力，对处于人工智能等新技术破坏区间的重点行业、职业、群体制定干预政策措施，切实解决促进创新经济发展中面临的就业结构性矛盾和劳动力能力转型升级的问题。

## 三、总体框架

根据上述研究内容和研究重点，形成研究的总体框架如图 1-2 所示。

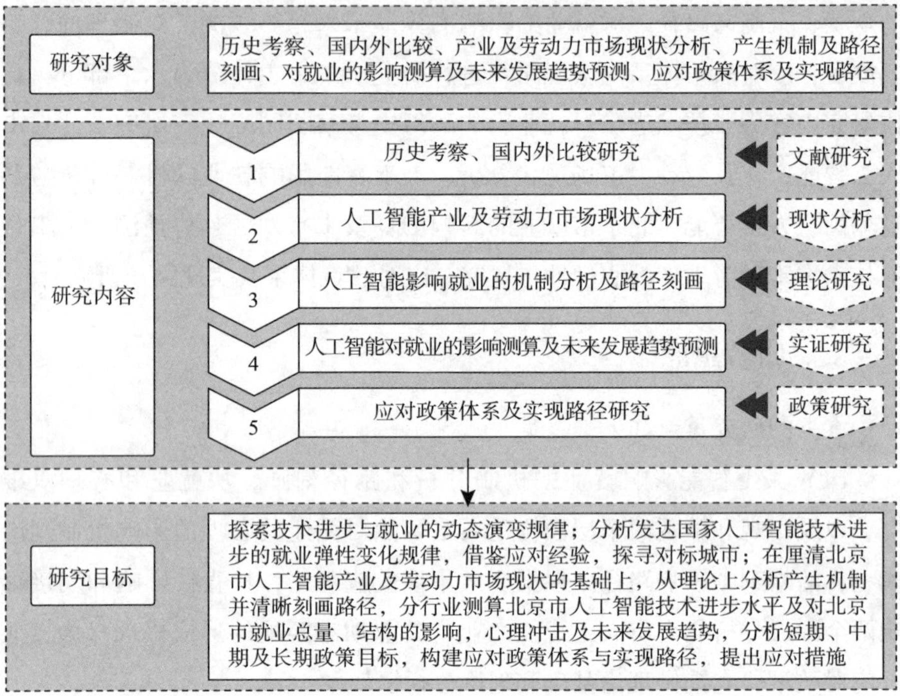


**图 1-2　研究总体框架**

## 四、结构安排

本书研究内容主要包括八章。

第一章：人工智能对就业的影响与应对研究导言。以北京市人工智能对就业的影响为研究对象，针对人工智能技术进步给北京市就业带来的负面冲击，梳理研究对象、目标、思路及方法，构建研究框架及内容；以北京市人工智能产业和就业现状、对就业的影响测算及未来发展趋势预测等实证分析为基础，研究影响机制及路径、产业与人的动态平衡机理，提出短期、中期和长期的政策目标，体系化的应对政策及实施路径，并阐释创新之处。

第二章：人工智能对就业的影响与应对研究现状与趋势。界定人工智能、就业等基本概念，厘清人工智能对就业影响的理论演进，探索人工智能对就业影响的研究缘起，追踪研究热点和趋势，梳理人工智能产业与就业关系、人工智能对就业的影响机制、影响效应，为后续研究提供文献基础和研究借鉴，对现有研究进行述评，发现该领域的研究缺口和拓展新的研究空间。

第三章：技术进步对就业影响的历史考察与国际比较研究。①技术进步对就业影响的演进研究。根据演化经济学家佩蕾丝的技术演进过程阶段划分方法，划分技术演进过程，深入分析蒸汽、电子、信息、互联网、人工智能每个技术革命阶段的特征、表现及其对就业结构的影响，并进一步梳理技术进步与就业关系的动态演进过程，旨在发现技术进步与就业的动态演变规律。②国内外比较研究。比较分析人工智能产业较为发达的国家如美国、德国、日本，国内人工智能产业发展迅速的城市如上海、深圳等人工智能产业发展现状、对就业的影响及应对政策，分析发达国家技术进步引致的就业弹性变化规律，归纳上述国家及城市面临人工智能冲击的应对思路与做法，探寻人工智能背景下北京市劳动力市场未来的对标城市。

第四章：北京市人工智能产业及劳动力市场现状分析。①北京市人工智能产业发展现状分析。通过统计数据及课题调研，摸清北京市人工智能产业涉及的领域、规模、类型、分布、业态，绘制可视化的北京市人工智能产业分布地图，为研究北京市劳动力市场结构与产业发展的匹配奠定基础。②北京市人工智能产业劳动力市场现状分析。从北京市人工智能产业劳动力市场的供、需两个方面，从总量、结构、劳动力能力素质三个维度，对北京市人工智能产业就业总量、劳动力供给和需求、收入情况、劳动力能力素质情况开展调研，对北京市人工智能的细分行业领域、职业、高中低三类技能人群在人工智能冲击下的就业现状及影响程度进行精准分析和描述，重点对受冲击最为严重的中等技能人群的影响规模及程度进行较为深入的分析，形成可视化的北京市人工智能就业分布图。③研究2016—2018年北京市人工智能产业发展与就业数量、质量匹配的时空演变特征。

第五章：人工智能影响就业的机制分析与路径刻画。分别从微观和宏观两个层面，对人工智能影响就业的机理和路径开展理论分析。①人工智能对就业的破坏机制分析及影响路径刻画。微观层面主要包括：劳动手段替代机制、管理效率破坏机制、产品生命周期破坏机制。宏观层面包括：劳动力市场需求破坏机制、经济周期破坏机制。②人工智能创造就业的补偿机制分析及影响路径刻画。微观层面主要包括：技术进步引发企业产品和工艺创新产生的利润效应补偿机制。宏观层面包括：价格效应补偿机制、带动效应补偿机制、收入效应补偿机制。③人工智能产业与就业动态匹配形成机理。根据要素集聚效应理论，从直接影响与间接影响两个圈层分析北京市人工智能产业与就业动态匹配的形成机理。

第六章：人工智能对北京市就业的影响测算及未来趋势预测。在人工智能技术进步的冲击下，北京市的产业结构和劳动力市场结构发生变化，从产业和人的角度定量测量影响程度及未来发展趋势是制定精准政策的实证基础。①北京市人工智能技术进步水平测算及趋势预测。研究人工智能技术进步对就业的影响，首先要测算北京市的人工智能技术进步水平。构造北京市人工智能产业投入、产出的面板数据，采用基于DEA的Malmquist TFP指数测算当前及2019—2030年北京市整体及细分行业领域的人工智能产业TFP变化指数。本书引入反映产业结构变动强度的变量（*TSTR*）以考察人工智能技术进步的“破坏效应”对就业增长的影响，为后续测算人工智能对就业的影响奠定基础。②北京市人工智能对就业的影响测算及趋势预测。采用柯布-道格拉斯生产函数，得到劳动力就业的基本模型，在此基础上，逐步引入人工智能技术进步、产业结构变动、人工智能技术进步与产业结构变动的交互作用三个模型，得到北京市就业扩展模型，采用层级回归法建立联立方程，测算人工智能细分行业的就业量。进一步，在不同的人工智能技术进步水平上对劳动力供需进行预测，供给预测采用“脱离教育人数法”，需求预测采用就业弹性法，引入产业结构变动强度、实际工资代表的劳动力成本变量，计算就业弹性系数，再乘以人工智能产业增长速度得到就业岗位吸纳量，加入时间序列模型，以此预测 2019—2030 年人工智能产业的劳动力需求量。在上述基础上，进一步分析和预测供需缺口情况。

第七章：人工智能技术进步对劳动者的心理冲击研究。人工智能技术进步对就业的冲击，不仅表现在数量和结构上，也表现在对劳动力心理的冲击上，因此，关注并测度受影响劳动力的心理冲击程度对制定以人为本价值导向的应对政策至关重要。本章从理论上构建心理冲击程度指标体系，利用多套高质量的大数据及招聘专业网站和社交网站等抓取的相关数据，测度人工智能技术进步引发的心理冲击程度、原因及作用机理。

第八章：应对政策体系及实现路径研究。从产业和人的视角，分劳动力市场冲击和心理冲击应对两个方面，考虑到北京市人口疏解政策约束条件，制定短期（战术）、中期（战略）和长期（愿景）的政策目标，系统化构建产业发展、就业创业、教育与培训、社会保障、区域联动等协调政策，设计可操作的实现路径及应对措施。①政策目标分析。根据对标城市，结合北京市新的城市规划、城市功能定位，以及北京市人工智能产业发展目标，分阶段勾勒北京市人工智能产业劳动力市场总量和结构的理想状态，分三个阶段：短期（战术）目标，到 2020 年，主要研究适应性问题，即劳动力市场如何适应人工智能技术进步带来的调整。中期（战略）目标，到 2025 年，主要研究匹配问题，即劳动力市场与人工智能产业结构如何进行精准匹配。长期（愿景）目标，到 2030 年，主要研究动态匹配问题，即劳动力市场如何主动地动态匹配技术进步带来的调整。②政策体系构建，设计产业发展、劳动力市场调整、教育与培训、人才及社会保障、区域联动等互为支撑、相互协调的政策体系。③实现路径及应对措施研究。分产业促进、就业创业、心理疏导、区域联动四条路径制定应对措施，以主动适应和动态匹配人工智能技术进步与产业发展。具体表现在如下方面。一是产业促进：积极发展人工智能新兴产业和新型业态，放大人工智能对就业的创造效应。二是就业创业：劳动力供给端，变革和调整教育培训体系以动态匹配人工智能技术进步趋势引致的劳动力市场效应，具体包括变革和调整教育体系，在高校、职业院校开设“人工智能+X”相关专业，以及在现有专业开设人工智能相关课程，在中小学开设相关课程，增加高技能劳动力供给，通过“人工智能+培训”，提升劳动力适应人工智能背景下的技能水平。劳动力需求端，从宏观层面推进实施与人工智能趋势相协调的政策，如高层次人工智能人才引进、受冲击人员的工作转换、中低等技能人员的技能培训、收入缓冲与再分配、社会保障、劳动关系调整政策；从微观层面精准发力，对处在人工智能等新技术破坏区间的重点行业、职业、群体制定干预政策措施。同时，要扩大人工智能的创业推动效应，构建人工智能带动创业、创业促进人工智能技术突破与应用、创业提拉就业的多效能系统。三是心理疏导：根据各行业、职业及人群心理冲击程度，制定失业恐慌心理干预措施，重点关注中等技能人群的心理干预。四是区域联动：在疏解非首都功能及人口疏解的政策约束下，设计与雄安新区进行产业、劳动力市场及人才联动发展的政策措施。④采用政策实验法，选取典型园区和企业开展政策实验，评估政策实施效果，并进行修订和改进。

## 第四节　创新之处

本书的创新之处体现在研究视角创新、理论创新、政策创新和学术观点创新四个方面，具体如下所述。

### 一、研究视角创新

北京市人工智能技术进步对就业的影响已经在部分行业显现，政府角色进入并主动作为的时期已经到来。人工智能技术进步对劳动力市场的冲击既是挑战，也是北京市劳动力市场调整的机遇。抓住机遇，在外部冲击和内部调整的共同作用下，使人工智能与北京市劳动力市场结构的关系由单向影响、被动适应到双向互动、主动适应，最终实现动态匹配的理想状态，这将对促进北京市经济社会的高质量发展具有战略性意义。人工智能技术进步将引发北京市劳动力市场的结构性调整，政府应提高警觉性，提前布局政策，以“平抑破坏效应”，应对可能出现的就业问题。与历史上一般技术冲击显著不同，人工智能技术进步引发的就业结构问题既不是单纯的岗位调整，也不是简单的人力资本流动，它既有社会保障托底的潜在压力，又有引发失业心理恐慌的严峻风险。因此，系统化构建产业、人才、就业创业、社会保障、教育培训、区域联动相互协调的政策体系，从产业发展、劳动力市场结构调整、心理疏导、区域联动四条路径，则可能在解决北京市就业结构、降低劳动者就业转换成本、提高劳动力就业能力基础上，实现政府科学管理和劳动力市场平稳过渡的双重目标。

## 二、理论创新

一是对于前三次技术进步对就业数量、结构、质量的影响进行了全面历史考察，总结了技术进步与就业关系的理论规律，对生动的就业实践图景进行了逻辑解读，梳理了技术进步与就业关系的动态演进过程，发现了以人工智能为代表的第四次技术进步对就业影响的特殊规律。二是重新定义了人工智能的概念，论证了其在劳动力市场中的类人主体地位，将人工智能赋予了社会意义和劳动价值。三是勾画了人工智能冲击对就业影响理论体系的基本架构，构建了人工智能就业替代、重塑和创造效应的理论逻辑框架。四是打开了人工智能对就业影响的宏观、微观理论机制的“黑箱”。

## 三、政策创新

全新构建了体现“首都特点”的应对系统和政策体系，提出分两步走，即建设北京“高质量就业”先行示范区和率先实现北京“高质量就业”的北京样板的政策导向，确立了“五大率先”的政策目标体系，形成了经济高质量发展政策、产业政策、自主创新政策、区域联动政策、弹性劳动力市场政策等协同联动的政策框架和体系。分长期、短期提出了可操作的实现路径，即短期的渐进式政策方案和长期的改变社会模式的制度安排。本书将政策创新成果及时转化，获相关领导批示，政府部门和企业采纳应用。

## 四、学术观点创新

首先，采用经济学、管理学、心理学、人工智能科学、大数据科学等多学科交叉融合的方法，使研究更具科学性、整体性和系统性。本书既考虑技术因素，也考虑人本因素；既关注宏观层面对劳动力市场的冲击，也关注微观层面对人的心理冲击；既有纵向的历史考察，也有横向的国内外比较研究；既有静态的现状分析，也有动态的趋势预测及动态适配研究；既考虑人工智能政策红利，也加入北京市新的城市规划、人口疏解等政策约束条件。

其次，深度分析人工智能技术进步对北京市就业影响的方向、程度、作用路径，以及波及的细分行业领域、职业、人群特征，是对技术进步引致的就业效应的扩展研究。考虑人工智能技术进步对就业的双向作用，在规避风险的同时把握机遇。理论上认为，人工智能进步技术会带来失业压力的增加，但并不意味着只能对失业风险进行被动防范，通过人工智能产业快速发展，在未来发展中创造更多就业岗位；制定劳动力市场调整政策，完善就业服务体系，促进劳动力能力转型升级，提高人才供应和市场需求的匹配度；促进人工智能领域创业带动就业，使得技术升级的同时实现劳动力市场的优化配置。同时，应重点研究中等技能劳动者的失业、能力转型升级问题，高技能人才的引进问题，高低技能人员的合理配置问题，中低收入劳动人群因技术失业带来的社会心理恐慌问题。上述问题的深入研究，为分人群制定精准应对政策措施奠定了基础。

最后，考察北京市人工智能对就业影响的动态性，分析了人工智能对北京市就业影响的时序差异性，弥补了以往技术进步对就业影响静态研究的不足。一方面，从历史角度分析了技术进步与就业关系的动态演进过程；另一方面，在就业影响测算中加入时间序列模型，考察了人工智能对就业影响的时序性差异和动态变化，预测了 2019—2030 年人工智能技术进步对劳动力供需量的影响。

# 第二章

# 人工智能对就业的影响与应对研究现状与趋势

本章将清晰界定人工智能、就业等概念内涵，厘清人工智能对就业影响的理论演进，探索人工智能对就业影响的研究缘起，分析研究热点和趋势，梳理人工智能产业与就业关系，人工智能对就业的影响机制、影响效应，为后续研究提供扎实的文献基础和研究借鉴，同时有利于把握研究前沿，帮助发现该领域的研究缺口并拓展新的研究空间。

## 第一节　概念界定与理论基础

深入探索人工智能对就业的影响离不开坚实的理论支撑，本节首先清晰界定相关概念及内涵，以廓清研究对象和研究边界。其次阐述本书的几个重要基础理论的核心观点、研究进展及对本研究的启示，旨在为本书提供坚实的理论基础。最后从经济学和管理学两个学科视角梳理相关理论的发展脉络，为后续研究提供理论基础。

### 一、相关概念界定

与以往技术进步相比，人工智能技术的发展既具有相似之处，也具有其独特性，现有研究常将人工智能与其他诸如自动化等概念混淆，同时当前学术界缺乏对人工智能的科学定义，导致研究的语境不同、研究对象和研究边界模糊不清，因此研究结论的可比性和可靠性受到质疑。

（一）人工智能

1．人工智能相似概念的比较与辨析

为了能够更加清晰地界定人工智能的概念，本书将人工智能与技术进步、自动化、计算机和机器人等相似概念进行了梳理和比较（见表2-1），通过区分这些概念的内涵、原理、功能，对就业的影响及发展潜力，以厘清这些相似概念的差异，明确人工智能的特征。

**表2-1　人工智能与相似概念的比较**

| 比较内容 | 人工智能 | 自动化 | 计算机 | 机器人 |
|---|---|---|---|---|
| 内涵 | 人工智能是具备人的特征，能够实现既定目标的智能化系统。（McCorduck，1976；John McCarthy，1956；杨伟国等，2018） | 由资本生产来扩展一系列任务的技术。（Daron，2018） | 赋予机器人适用性和实用性，是一个容易产生大规模影响的主要技术群。（David，2017） | 完全自主的机器，不需要人操作，可以通过编程执行一些手工任务，如焊接、喷漆、组装、搬运材料或包装。（Acemoglu等，2017） |
| 功能 | 更好地传输、学习和运用知识，完成人们不愿执行、无法执行，以及常规性、操作性的任务。（Nilsson，1998；周文斌，2017） | 代替人执行任务，提高精确度和完成速度。（Daron，2018） | 信息处理、传输、存储和转换能力提高。（Nordhaus，2007；Nagy等，2011） | 自动控制、可编程、多用途。（IFR，2014） |
| 对就业的影响 | 不仅对操作性岗位产生替代效应，也开始替代会计、律师等高技能人员。（吕荣杰，2018） | 由于节约了劳动成本，虽降低了劳动力需求，但也增加了非自动化劳动力的需求。（Daron，2018） | 虽具有就业补偿效应，但也会引发技术性失业。（David，2017） | 导致工资不平等及就业两极分化。（Goos & Manning，2007） |
| 发展潜力 | 自动化进步过程的最新成果，可能成为人类最后的发明。（Gordon，2016；James Barrat，2013） | 自动化技术对不同层次职业的替代能力有限，许多学者对于职业自动化潜力估值偏高。（Melanie，2017） | 大约55%的工作在未来由计算机承担。（David，2017） | 到2025年预计有400万～600万机器人运用于各个领域。（Acemoglu等，2017） |

现有研究中比较容易混淆的概念是人工智能与智能机器人（Intelligent Robot），“智能机器人”是指自动执行工作的机器，本书认为智能机器人是人工智能的一种形态，是人工智能技术搭载在机器载体中的应用，智能机器人相当于身体，人工智能则扮演着大脑的角色，智能机器人是“硬件”，而人工智能是“软件”。

还有一组比较容易混淆的概念是“自动化”（Automation，Robotization）和“人工智能”（Artificial Intelligence），自动化是建立在确定的模型和流程基础上的，能自动反馈控制，具有对环境确定性参数变化的调整能力；强调在封闭系统中受中央控制器控制，按照输入程序的流程操作。人工智能是信息化的高级阶段，是自动化的升维，具有独特性和内在规律性，其本质是计算机程序，必须具有大数据、算法、算力三大要素，是深度学习与大数据的结合。人工智能建立在不确定的模型基础上，模型的结构和参数变化范围较大，具备对非结构化环境变化系统的适应能力，也就是自主性，系统根据任务需求自主完成“感知—判断—决策—执行”的动态过程，并能够应对意外情况；强调在开放复杂环境中模仿人的思维、感知、认知、决策、情感、行动等智能行为。

2. 人工智能概念界定

“人工智能”概念的最早提出是在1956年的达特茅斯会议（美国达特茅斯学院）上，指的是对机器进行改进和升级，使其能够具有人类的行为特征，从而可以从事人类能够执行的智能化活动。从当时的概念界定可以看出，人工智能技术的理想阶段将会拥有类人特征，与以往所开发技术的可操作性相比，人工智能对就业的影响将会更深刻、更加复杂。人工智能的基本目标是使机器具有人类或其他智慧生物才能拥有的能力，包括感知（如语音识别、自然语言理解、计算机视觉）、问题求解/决策能力（如搜索和规划）、行动（如机器人）以及支持任务完成的体系架构（如智能体和多智能体）。

国内外学者基于不同的研究视角对人工智能提出了不同的概念，本书根据现有研究中学者提出的概念进行分类，主要包括类人特征视角、功能视角、运作方式视角、认识论视角以及技术演化视角，如表2-2所示。一部分学者认为人工智能应该是具备与人类相似的特征，如思考能力、行动能力、操作能力等；另一部分学者认为人工智能是对以往技术的进一步升级，主要运用于生产过程，对生产力起到较为明显的作用，但仍然需要人对其进行操作。

**表 2–2 现有研究关于人工智能概念的界定**

| 视角 | 概念 | 作者 |
|---|---|---|
| 类人特征 | 人工智能是对机器进行改进和升级，使其能够具有人类的行为特征，从而可以从事人类能够执行的智能化活动 | John McCarthy，1956 |
| | 人工智能是拥有与人类相似的思考和行动能力，并具备可以超越人类能力的智能机器 | McCorduck，1976 |
| | 人工智能是一项探索如何让计算机具备能够完成人类劳动任务的智能性研究 | Winston，1984 |
| | 人工智能是为实现特定任务目标而创造的能够表现与人类能力（认知、思维或行动）相似水平的技术，这一技术需要借助相应的载体（工具）及应用环境发挥作用 | 杨伟国等，2018 |
| 功能 | 人工智能领域主要研究的是更好地传输、学习和运用知识 | Nilsson，1998 |
| | 人工智能是一种新型的通用目的技术，是新一代信息技术的重要组成部分，具有渗透性特征，可以广泛运用于社会的各方面 | 蔡跃洲等，2019 |
| | 人工智能是由机器学习推动发展的一种预测技术，可以在预测方面取代人类的认知 | Agrawal et al.，2018 |
| 运作方式 | 人工智能是一个有机整体，是通过模型建立的关于思维、感知和行动的表达系统，以生产测试法为基本运行方式，这一系统存在一定的约束条件，并通过算法（程序或方法）实现约束条件的作用 | Finlayson 等，2010 |
| | 人工智能在未来可以具有像人一样的身体构造和社会背景，但其能力的发挥需要特定的载体与外部环境 | Dreyfus，1972；Searle，1913 |
| 认识论 | 由于人工智能正在全面进入和重塑生产、生活空间，对其描述既要避免认识论上的卢德主义，又要避免技术决定论，以保持对人工智能技术的客观认识 | 张成刚，2018 |
| 技术演化 | 人工智能是自动化技术进步的最新成果 | Gordon，2016 |
| | 人工智能是技术进步的延续，而且有可能是人类最后的发明 | Jmaes Barrat，2013 |

上述概念的提出，从不同视角、某一侧面对人工智能进行了界定，但缺乏对其本质特征、内在规律及场景应用的系统化、科学化定义，本研究在学者和实践界定定义的基础上，根据研究问题的语境和本书关注的焦点对人工智能进行界定。本书将人工智能的概念定义为通过大数据、算法模型、算力建立的机器模仿人的思考、感知、认知、推理、学习、决策和行动的表达系统，在工作场所和社会扮演特别的角色，以及在广泛应用场景中实现特定目标任务的机器系统。

根据《人工智能标准化白皮书（2018 版）》，人工智能关键核心技术包括：机器学习、知识图谱、自然语言处理、人机交互、计算机视觉、生物特征识别、AR/VR 七个关键技术。本书将研究和调查对象确定为进行以上技术研发或应用的行业和企业。

3. 人工智能主体性

近年来，人工智能技术迅速发展，人工智能在各领域及企业的生产、经营、管理等各个环节中发挥了巨大的作用，多位学者指出，人工智能背景下，人工智能与劳动者之间存在“共生”“共融”的关系（唐波等，2021；姚建华等，2020）。也有学者指出，人工智能与以往技术革命相比具有自主性及模拟人类大脑的能力（郑召利等，2019；姚建华等，2020）；赵放等（2020）认为，随着智能机器与劳动者之间协作紧密程度的提升，两者之间主次地位的差异也会逐渐减弱。在此背景下，学术界开始探究人工智能是否具有主体性地位的问题。

目前，多位学者基于自己的理解探讨了人工智能的主体性地位，其对人工智能主体性地位的认识主要有三种：一是认为人工智能的主体性地位完全等同于人类，二是认为人工智能的主体性地位不完全等同于人类，三是认为人工智能不具备主体性地位。在这三种基本认识中，认为人工智能具备完全的主体性地位或者根本不具备主体性地位的学者较少，大部分学者认为人工智能具有不完全的主体性地位。例如，袁曾（2017）指出，将人工智能主体性地位完全等同于人类的认知，无法解决主体之间责任承担的公平公正问题，而单纯地将人工智能作为工具的说法，忽视了人工智能具有的能够独立思考、表达意思的能力，因此应该将人工智能的主体性地位视为不完全的主体性地位。王春梅等（2021）认为由于人工智能具有自主性与社会性，应该将其纳入主体范畴，但也指出这种主体性资格是有限的。杨振坤（2019）指出，虽然人工智能既具有人的属性，也具有物的属性，但它不具有完全的人的主体性。

通过以上梳理可以发现，虽然学界对于人工智能是否具有主体性地位的意见尚未统一，但学者大都认同人工智能具有不完全的主体性地位，能够纳入主体的范畴，认为人工智能虽然具有物的属性，但也不能忽视其具有的类人特征，这使得在组织中人工智能与企业员工之间也可能产生类似人与人之间的关系、行为等特征，故而本书将人工智能作为组织中一个重要的类人主体，对人机竞合关系、人机知识共享、人机任务依赖性与员工创新行为几个重要变量之间的关系进行研究。

### （二）就业

就业是指达到法定劳动年龄、具有劳动能力的劳动者，运用生产资料依法从事某种社会劳动，并获得赖以为生的报酬收入或经营性收入的经济活动。根据国际劳工组织（ILO）的定义，就业是指在劳动年龄范围内，具有一定劳动能力的人为取得工资、实物报酬或经营收入而从事的生产、经营和服务性活动。我国劳动法规定，就业是指在法定劳动年龄范围内，即男性16~60岁、女性16~55岁，从事一定社会劳动并获取劳动报酬或经营收入的活动。就业通常包括就业规模、就业结构和就业质量三个维度。就业规模是指劳动就业的数量。就业结构是指劳动力在国民经济的各部门、各行业及不同地区的分布特征、人力资本要素的分配结构与相关关系。宏观层面的就业质量包括部门结构、城乡结构、所有制结构和行业结构等；微观层面的就业结构包括职业结构、性别结构、知识结构、技术结构、岗位结构等。就业质量是指就业状况的优劣。宏观层面的就业质量是指某个国家、地区或行业内劳动者整体就业状况的优劣程度；微观层面的就业质量是指与劳动者个体就业状况相关的要素。客观视角的就业质量包括劳动者的工资收入、职业培训、工作时间、社会保障和劳动合同等，主观视角的就业质量包括劳动者的工作满意度、个人发展前景、职业期望满足程度等主观感受。影响就业的因素主要有劳动力供给、劳动力需求和劳动力资源的配置方式三个方面，主要涉及人口因素、经济因素、技术因素、制度因素和心理因素。

### （三）失业

现有文献及实践表明，人工智能会在一定范围内对劳动形成替代，将导致人工智能技术进步引起的失业现象发生，因此有必要清晰界定失业的概念。失业是指凡是统计时被确定有工作能力，但没有工作，且在此前4周曾专门努力寻找工作，但没有找到工作的社会现象。按照ILO的定义，失业是指有劳动能力并愿意就业的劳动者找不到工作的一种社会现象。失业分为摩擦性失业、结构性失业和周期性失业。摩擦性失业是指由于劳动者特长、技能和效率差别与企业的人才需求不同，劳工和雇主在匹配过程中出现的短期失业现象；结构性失业是指经济总体产出正常下存在的长期失业，主要是因为劳工的技能和空缺的职位之间出现了长期的不匹配，或是由劳动力市场规则造成的高门槛或歧视问题；周期性失业是指在经济衰退期间出现的失业。当前处在经济下行与人工智能技术替代双重叠加期，应该避免结构性失业，即由于劳动力供需长期不匹配，特别是劳动力的技能跟不上技术进步引起工作需求变化产生的不匹配导致的长期性失业。

## 二、理论基础

本书以经济学、管理学的相关理论为基础，为后续的理论视角分析、模型构建、变量选择提供坚实的理论基础。

### （一）破坏性创新理论

破坏性创新的概念最早源自Christensen（1997）在其出版的《创新者的困境：当新技术导致大企业失败时》一书中提出的技术创新理论。Christensen（1997）将创新的路径分为两种：一是维持性创新，即在现有市场使得现有产品或服务更好、更快或更便宜；二是破坏性创新，通过不连续的变化对技术能力产生破坏，从而取代现有产品或产业。与维持性创新相比，破坏性创新起初主要立足一些低端市场或新市场，随着技术进步程度的深化，产品性能不断提高，新产品逐渐侵蚀现有市场，甚至取代现有产品或产业。在关于破坏性创新概念方面的探析中，研究者从不同角度提出不同的定义，其中具有代表性的观点为，破坏性创新是被成功开发的过程、技术、产品、服务或商业模式，能够使组织显著改变传统竞争规则，并改变现有市场的需求。

破坏性创新理论产生的背景主要是发达国家的企业竞争和创新实践，解决的主要问题有两类：一是企业追求新增长的努力为什么会失败，二是企业如何面对破坏性技术的挑战。在早期的创新理论中，根据创新程度及产生的效果不同，将技术创新过程划分为渐进性创新和突破性创新。渐进性创新是指产品在技术升级过程中按照原有的技术路径，在一个产品生命周期循序渐进的创新过程；而突破性创新是指在产品或技术进化过程中，产品从一个生命周期跃升到另一个生命周期的自然更迭。

国内外学者根据不同领域的研究，从不同角度对破坏性创新进行界定。Cumming 等（1998）指出破坏性创新是创新中包含显著的新科技，并使消费者的消费性能发生相当程度的改变，最后则是消费者能强烈感受到创新带来的真实利益。Frank（1999）认为破坏性创新是破坏市场上已有的成熟主流产品，并取代的过程。Sandberg（2002）提出破坏性创新是能够创造自有新市场的创新，如电话的发明。陈劲等（2002）认为破坏性创新是指基于突破性技术的创新，不是按照主流用户对产品性能的需求进行的创新，可能暂时不能满足主流用户的需求。Markides（2006）将破坏性创新界定为，由商业策略破坏创新和产品技术突变破坏创新构成。其中，商业策略破坏创新并不产生新产品，而是对市场产品和服务重新定义，分配给消费者而达到破坏效果；产品技术突变破坏创新会创造新产品，这种新产品给消费者带来前所未有的新特性，对消费者和生产者都是具有破坏性的。孙启贵和汪莹（2009）对破坏性创新演化路径及其各阶段特征和主导因素进行了梳理（见图 2-1、表 2-3），破坏性创新最初并没有技术上的突破，而是从延续性技术发展轨迹的下方进入市场，并沿着与延续性创新不同的技术轨道发展。但其破坏力之大，影响范围之广，足以带来产品技术轨道的转移和跨越，以及市场结构的调整，乃至引发产业内部企业重新洗牌。

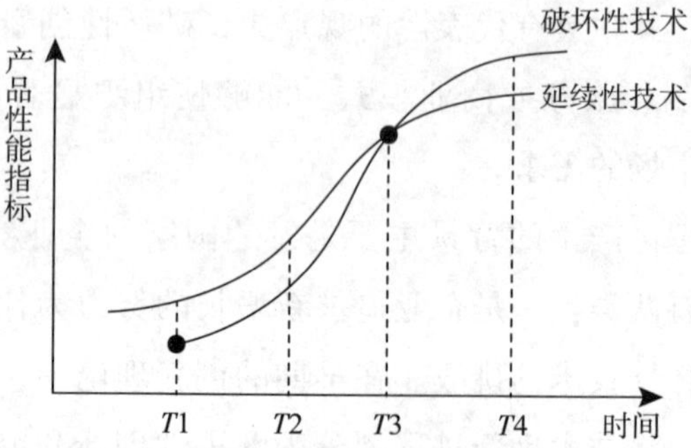


**图 2-1　破坏性创新演化路径**

**表 2-3　破坏性创新演化特征和主导因素**

| 时间 | 主导因素 | 战略特点 |
|---|---|---|
| *T*1 | 市场 | 开拓新市场 |
| *T*1—*T*2 | 内部市场 | 调整组织结构 |
| *T*2—*T*3 | 技术 | 技术持续创新 |
| *T*3—*T*4 | 外部关系 | 建立良好的外部关系 |

人工智能的应用及创新本质上属于破坏性创新，依据破坏性创新理论可以开展以下研究：企业对人工智能创新的识别和应对；人工智能创新的障碍和路径研究；人工智能破坏性创新的理论价值研究；比较传统企业技术创新和人工智能企业技术创新的不同路径，传统企业运用人工智能技术进行延续性创新，人工智能企业作为新进入企业进行破坏性创新；揭示人工智能技术创新的多样性与动态性；构建人工智能创新的演进模式、演进过程，揭示人工智能作为破坏性创新驱动产业演化，从而影响就业的内在机理。

（二）创新扩散理论

Rogers 最早运用时间观点研究创新扩散的过程，1995 年在其编著的

《创新的扩散》一书中利用大量案例对创新和扩散过程进行总结，将创新定义为一种被个人或其他采用单位视为新颖的观念、实践或事物，创新随时间推移通过沟通渠道被传递或共享给社会系统中的人们，从而形成扩散的过程。他认为创新特征、传播渠道、时间和社会系统是构成该过程的四个基本要素。

创新扩散理论主要关注信息、技术等随时间传递给人或组织的过程，在这一过程中会带来创新的应用。根据学者对创新扩散理论的研究，主要以 Rogers 提出的创新扩散理论内容为基础，包括创新采用的特征、创新决策过程和创新扩散过程。一项创新被采用的可能性主要与五个特征有关：①相对优越性，即和现有方法相比具有的相对优势；②兼容性，即与现有价值观、过去的经验及当前的需求相容；③易懂性，即简单易懂；④可试用性，即可以被潜在采用者尝试或使用；⑤可观察性，即采用者可以看到结果。在此基础上，Rogers（1983）将创新决策过程分为五个阶段，即认知、说服、决策、实施和确认，并构建创新采纳决策过程模型（见图 2-2）。当一项创新逐渐被多数人采用时，会推动创新在更大范围内被运用，即产生“扩散效应”。创新在组织中扩散的过程同样被分为五个阶段，即议程设置、匹配、重新定义或重组、清晰化和惯例化，其中，前两个阶段反映了在创新扩散过程中组织采用创新的决策过程，后三个阶段为创新在组织中融合的过程。

创新扩散理论认为，创新扩散的整个过程可以划分为引入期、增长期、成熟期和衰退期（见图 2-3）。由于创新扩散的时间不同，Rogers（1962）提出创新采用的曲线呈现从左下到右上的 S 形，左下方曲线的斜率表明创新采用率在初始阶段处于较低状态，而随着创新被采用的速度加快，采用率也随之增长，曲线上部表示某项创新能够被后期采用者采用所要经历的时间。随着创新成熟度的不断提高，创新应用的渗透达到饱和，逐渐呈现下降趋势。创新扩散理论被学者用来判断决策者采纳新技术的成因，以及创新在组织中扩散的过程。学者对创新扩散理论进行了拓展，检验了创新的“再创造”过程，以分析创新在扩散过程中的发展、变化情况。

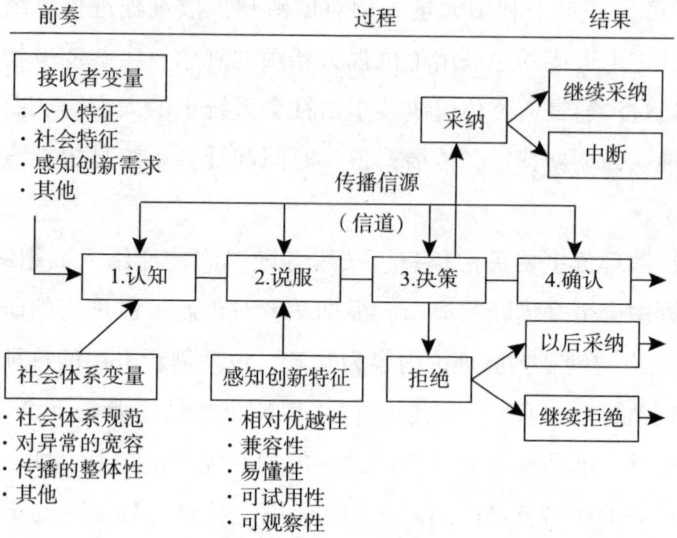


**图 2-2　Rogers 创新采纳决策过程模型（华锦阳，2014）**

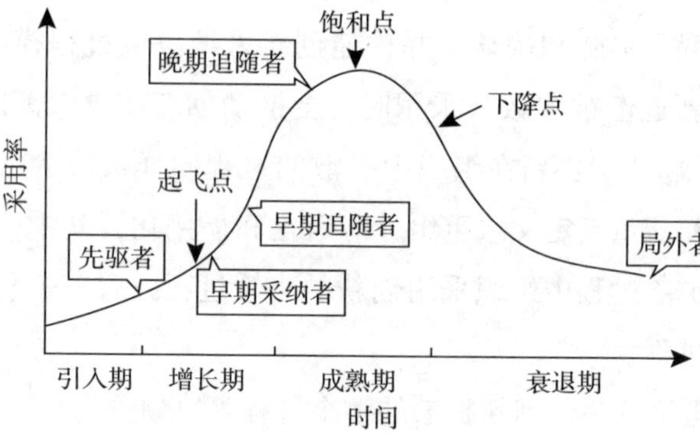


**图 2-3　创新扩散理论模型**

随着创新扩散的研究范围不断扩大，学者开始运用数学建模等方式进行技术预测和市场研究。斯通曼（1989）在《技术变革的经济分析》一书中运用经济学观点对技术变革的过程进行研究，主要分析新技术的产生、扩散及影响。他提出，随着新技术的快速发展和广泛应用，会以一定的物质形式对经济产生影响，反映了新技术扩散的路径和意义。王友奎等（2019）研究人工智能在我国公共部门的运用情况，结果显示，我国地方政府采纳机器人的主要动力来自上级政府的政策要求和考核压力，以及紧密相关的同级竞争压力。

根据创新扩散理论的内容和当前的应用，创新扩散理论探究了信息、技术随时间传递给人或组织的过程，这个过程可以带来创新的应用。人工智能在当下作为一项创新技术，在技术不断提升的过程中，越来越多的企业将其运用到生产和运营中。同时，人工智能对就业的影响取决于人工智能技术的创新和扩散趋势。创新扩散理论给本书带来以下研究启示：第一，人工智能技术采纳条件分析及决策过程，根据创新扩散理论对创新特征的归纳，从微观企业层面探讨采纳人工智能技术企业的特征，包括规模、类型、结构、主营业务等的技术优势及岗位类型，以发现当前人工智能技术对人类工作的主要替代方向；第二，人工智能下知识和技术创新扩散过程研究，根据人工智能发展产生的相关新知识和新技能，探究其在组织中扩散的影响因素和机理；第三，人工智能技术采纳人群分析，根据学者对不同创新采纳者特征的划分，研究人工智能技术采纳偏好的人群特征；第四，在创新扩散S形曲线的不同阶段对就业规模、结构、质量的影响分析，并进行相关预测。

### （三）资源基础理论

资源基础理论源于Penrose提出的“组织不均衡成长理论”，在其所著《企业成长理论》一书中，运用经济学原理对企业资源与企业成长之间的关系进行了研究。Penrose（1959）将企业定义为由一个行政管理框架协调并限定边界的资源集合，认为企业成长受到企业内部资源的推动。在此基础上，Wernerfelt（1984）、Barney（1991）等学者根据企业可持续竞争优势，对该理论进行完善，提出从企业内部资源特质或能力的角度解释企业绩效之间的长期差异。

Wernerfelt（1984）在其发表的《企业的资源基础论》一文中，对资源基础理论进行阐述，提出企业的竞争优势来源于组织内拥有的资源，以及对资源的控制力。这一学术成果标志着资源基础理论正式诞生，使该理论成为企业战略管理的重要基础理论。资源基础理论在当前作为理解企业竞争优势的重要理论依据，主要用于检验由资源异质性造成的绩效差异，旨在解释组织如何在竞争环境中保持独特和持续的优势。Barney（1991）提出该理论需遵循两个假设：一是行业中的组织可能拥有不同的资源，二是这些资源在组织间具有不可复制性。一个组织相对其他组织的竞争优势主要在于其拥有的异质性资源和关系，即具有某种价值、存在稀缺性、难以被模仿或替代，以及能够被企业利用的资源构成该企业的竞争优势。绩效差异主要是由不同绩效水平的资源带来收入差异导致，具有相对优势的资源能够使组织生产更优质的产品。该理论将研究视角从企业外部转移至企业内部，把企业作为一组资源和能力的集合体，侧重于考察不同组织管理效能的差异。组织可以通过产品、资源、能力和替代品的相似性识别竞争对手，资源基础理论假定组织选择和积累资源的决定是理性的，由于信息的有限性、主观偏见和因果的模糊性，从而产生不同的绩效效果。

传统资源基础理论强调具体的、静态的有形资源对竞争优势的影响，然而后来有部分学者对其提出不同的看法。Grant（1991）认为，企业间持续竞争优势的差异更表现为资源组合、利用能力的不同。Mahoney 和 Pandain（1992）提出，企业的竞争优势在于对资源的开发和利用能力，因而需要对资源进行合理使用和有效管理。Peteraf（1993）从市场竞争的角度，对构成企业持续竞争优势的竞争战略和战略结果进行分析，将该理论聚焦于资源差异，分离出不同的竞争战略，并对企业绩效差异的产生和维持进行解释。Priem 和 Butler（2001）在 Barney 理论框架的基础上，提出需要对“资源—持续竞争优势”的过程展开深入研究。资源基础理论不仅能够解释企业竞争优势的差异，而且能够用于研究企业间的关系和企业内部权力结构。随着资源概念相关研究的不断深入，知识能力、动态能力、社会关系资本、组织资本等无形资产越来越受到竞争优势研究的重视。

资源基础理论假设一个组织可以通过控制有价值、稀缺、不可替代和难以复制的资源实现可持续的竞争。从企业角度来看，在人工智能技术发展背景下，对不同技术水平的企业拥有的资源和能力组合进行分析与对比，从而梳理影响企业人工智能技术发展水平的因素，构建“资源异质性—绩效差异—微观层面就业（岗位、工作、收入）”的影响机制和路径，厘清在企业微观层面，人工智能技术作为一种企业资源是如何影响岗位和收入的。从员工角度来看，资源基础理论能够为员工自我认知提供借鉴和参考，员工通过分析自身知识和技能，并与从事的工作相比对，发现与组织当前匹配和不匹配的特质，并为培训内容提供基础。可以采用该理论探究人工智能采纳动机和对就业及员工的心理与行为的影响机制、路径，同时可以为人工智能下员工的知识技能转移转化机制分析提供理论基础。

（四）要素集聚理论

本书的一个重要理论视角是产业与人的动态匹配，因此需要厘清产业与就业的关系，以及产业如何影响就业和就业对产业的反作用。

集聚效应是指各种产业和经济活动向特定空间集中产生的经济效果，是吸引经济活动向产业或空间集中的向心力。要素集聚是指各种生产要素通过生产活动聚集在特定区域产生集聚效应，形成增长极，从而促进产业或地区发展。集聚效应是指各生产要素通过分工、外部性与要素多样性产生循环累积因果效应，促进产业区位形成。早期关于集聚效应的研究中，亚当·斯密的分工与专业化理论、新古典经济学派马歇尔的产业区理论、韦伯和胡佛等的产业区位理论、新经济地理学派克鲁格曼的国际贸易理论等，均对生产要素流动性增强与产业集聚化发展的经济现象进行了深入探讨，强调产业集聚的积极作用，如有利于分工协作、信息交流、知识溢出和技术扩散。Krugman（1991）提出集聚效应对技术进步的规模效应体现在三个方面：一是共享劳动力及中间产品投入，补充创新生产要素的供给；二是促进分工，分工加深了专业化程度，进而推动技术进步；三是信息共享和知识溢出，即产生竞争效应和创新环境的正向影响。

根据要素集聚效应理论，人工智能产业集聚了大量的劳动、资本、技术等生产要素。为了实现产业的可持续发展，各种要素之间存在一定的比例或匹配关系，并且处于相对合理的范围。因此，推动产业与就业动态匹配有助于人工智能产业的集聚发展，而人工智能产业的快速集聚又会加强产业与就业的动态匹配关系。当产业与就业两者中一个集聚规模及速度快于另一个时，就会导致两者之间的不匹配程度扩大，出现“非协同集聚”的情形。一方面，某一国家或地区的产业在快速发展过程中会吸纳各种生产要素，如资本和劳动力的流入，这些要素的流入在强化产业集聚的同时，产出水平和生产要素存在一定的数量比例或成本组合。另一方面，劳动力集聚伴随产业发展和集聚的整个过程，产业和就业两者之间的比例处于不断变化中。特别是某些产业如人工智能产业的大力发展，可以模拟或替代人的部分行为决策，结果是生产效率不断提高，以更少的劳动力和更低的工资成本生产出更高的产量，产业发展与就业分布之间的比例会发生变化，不匹配程度在原有基础上进一步扩大。此时需要借助政府以宏观调控为主的间接圈层力量，实现人工智能产业与就业的匹配发展。

## 三、人工智能影响就业的理论发展脉络

根据现有相关文献，大部分学者借鉴和运用西方经济学理论推演人工智能对就业的影响，我国目前缺乏适用本土情境的原创理论来研究人工智能对就业的影响。本书在王君等学者研究的基础上对技术进步与就业关系的相关经济学理论进行了梳理（见表 2-4），主要包括经济增长理论、创新和经济周期理论、技术创新经济学派理论、要素聚集理论和微观劳动经济学模型等。

**表 2-4　人工智能等技术进步对就业影响的相关经济学理论**

| 序号 | 理论类别 | 主要内容 | 具体理论 | 提出学者 |
|---|---|---|---|---|
| 1 | 经济增长理论 | 技术进步促进就业，主要源自生产力的提高带动劳动力需求增加 | 外生增长模型 | Aghion 等，1998；Romer，1986、1990 |
| | | | 内生增长模型 | |
| | | | 内生化技术的增长模型 | |
| 2 | 创新和经济周期理论 | 技术创新会加速经济增长，新旧技术的交替会带来周期性失业危机 | 创新理论 | 熊彼特，1912 |
| | | | 经济周期理论 | |

**续表**

| 序号 | 理论类别 | 主要内容 | 具体理论 | 提出学者 |
|---|---|---|---|---|
| 3 | 技术创新经济学派理论 | 技术创新影响技术、制度和管理等的变革 | 技术-经济范式理论 | Christopher 和 Carlota Perez，1970 |
| 4 | 要素聚集理论 | 产业经济学 | 产业、生产要素聚集效应；产业与就业匹配理论 | Krugman，1991 |
| 5 | 微观劳动经济学模型 | 从微观层面探寻技术进步与就业的关系 | Canonical 模型<br>劳动市场任务分配模型 | Acemoglu 和 Autor，2011；Tinbergen，1974；Rosen，1974、1981、1982；Sattinger，1975、1993 |

上述理论主要从宏观层面探索新技术的运用影响就业的机制，解释技术进步影响就业的技术体系、经济增长、产业结构、制度变革四条路径，分析就业市场带来的直接后果，以了解和预测人工智能技术发展带来的长短期影响、消极与积极影响，以及从劳动经济学角度阐释技术进步与就业的关系。

在管理学领域，主要从微观视角解释技术创新行为是如何产生的，技术进步影响就业是如何发生的，在何种情境发生，会产生什么后果？旨在从微观视角解释企业技术创新行为，以及技术进步对就业影响的情境因素、前因、过程机理及后果，具体包括：新技术的采纳动因、决策过程、创新特征、创新的扩散过程、组织如何通过技术创新影响企业绩效进而影响就业的过程及机制、影响后果、技术特征与组织情境的匹配。

表 2-5 从微观层面梳理了企业技术创新行为及对就业影响机制过程的五个理论，包括破坏性创新理论、创新扩散理论、资源基础理论、伦理理论、结构权变理论。

表 2-5　人工智能等技术进步对就业影响的相关管理学理论

| 序号 | 理论类别 | 主要内容 | 具体理论 | 提出学者 |
|---|---|---|---|---|
| 1 | 破坏性创新理论 | 主要解决两类问题：一是企业追求新增长的努力为什么会失败，二是企业如何面对破坏性技术的挑战 | 技术创新理论 | Christensen，1997 |
| | | | 破坏性创新周期演变 | |
| 2 | 创新扩散理论 | 主要关注信息、技术等随时间传递给人或组织的过程，在这一过程中会带来创新的应用 | 破坏性创新周期演变 | Rogers，1983；Bass，1969；Stoneman，1983；Moore 等，1991 |
| | | | 创新决策过程 | |
| | | | 创新扩散过程 | |
| 3 | 资源基础理论 | 主要用于检验由资源异质性造成的绩效差异，旨在解释组织如何在竞争环境中保持独特和持续的优势 | 组织不均衡成长理论 | Penrose，1959；Wernerfelt，1984；Barney，1991 |
| | | | VRIN 框架 | |
| | | | VRIO 框架 | |
| 4 | 伦理理论 | 提供了一种为人处世的观点和建议，阐述在不同情况下，如何判断一种行为“正确”或“道德” | 性格伦理 | Baumhart，1961；Bartels，1963；Garrett，1963；Walton，1968 |
| | | | 行为伦理 | |
| 5 | 结构权变理论 | 没有最优的组织结构，组织结构的适用性取决于组织当下的情境因素，能够将组织特征（组织结构）与组织当下情境匹配的组织是最有效的 | 7S 理论 | Drucker，1946；Chandler，1962；Woodward，1965；Lawrence 和 Lorsch，1967；Pugh 和 Hickson，1976 |
| | | | Z 理论 | |
| | | | 卓越企业的八个特质 | |
| | | | Leavitt 钻石特征模型扩展 | |
| | | | 生产要素集聚效应 | |

## 四、本节小结

首先，本节清晰界定相关概念及内涵，将人工智能的概念定义为通过外部大数据、算法模型和算力建立的机器模仿人的思维、感知、认知、情感和行动的表达系统，在工作场所和社会扮演特别的角色，以及在广泛应用场景中实现特定目标任务的机器系统。本书将研究和调查对象确定为进行机器学习、知识图谱、自然语言处理、人机交互、计算机视觉、生物特征识别、AR/VR七个关键技术研发或应用的行业和企业。

其次，本节阐述了经济学、管理学领域中用于构建理论分析框架及机制模型、假设提出、变量选择相关的几个重要理论的核心观点、研究进展及对本书的启示。这些理论包括：破坏性创新理论、创新扩散理论、资源基础理论和要素集聚理论。一是破坏性创新理论。人工智能的创新及应用本质上属于破坏性创新，依据破坏性创新理论构建人工智能创新的演进模式、演进过程，揭示人工智能作为一种破坏性创新，驱动产业演化从而影响就业的内在机理。该理论成为破坏机制的重要理论基础。二是创新扩散理论。人工智能对就业的影响方向和程度，取决于人工智能技术的创新和扩散趋势，创新扩散理论为创新扩散S形曲线的不同阶段对就业规模、结构、质量的影响及预测提供理论基础，同时可以支持从微观企业层面探讨采纳人工智能技术企业的特征、决策过程及机制，以发现人工智能技术对工作的主要替代方向，探究影响因素和机理。该理论作为微观层面的重要理论分析框架。三是资源基础理论。采用该理论探究人工智能采纳动机和对就业及员工的心理与行为的影响机制、路径；人工智能下员工的知识技能转移转化机制分析。四是要素集聚理论。采用该理论分析人工智能产业和就业的动态关系、匹配程度、产业影响就业的宏观作用机制，并为政府宏观调控实现人工智能产业与就业的匹配发展提供理论依据。

最后，本节从经济学和管理学两个学科视角梳理相关理论的发展脉络，经济学视角主要包括经济增长理论、创新和经济周期理论、技术创新经济学派理论、微观劳动经济学模型，以及要素集聚理论分析，主要从宏观层面探索新技术的运用影响就业的机制，解释技术进步影响就业的技术体系、经济增长、产业结构、制度变革四条路径，分析给就业市场带来的直接后果，以了解和预测人工智能技术发展带来的长短期、消极与积极影响，以及从劳动经济学的角度阐释技术进步与就业的关系。

管理学视角主要包括破坏性创新理论、创新扩散理论、资源基础理论、伦理理论和结构权变理论，主要从微观视角解释技术创新行为是如何产生的，技术进步影响就业是如何发生的，在何种情境下发生，会产生什么后果？旨在从微观视角解释企业技术创新行为，以及技术进步对就业影响的情境因素、前因、过程机理及后果。

## 第二节　研究缘起、热点及趋势

应用 Citespace 软件，对 CNKI 数据库和 WOS 核心集合中关于人工智能影响就业主题的国内外文献进行可视化分析，旨在梳理和总结人工智能对就业影响领域的研究现状、热点，发现研究趋势和未来研究方向。本节对国内外文献进行计量分析，主要回答以下问题。当前涉及研究人工智能影响就业的国家有哪些？国内外学者当前的研究现状是怎样的？人工智能对就业影响的研究热点和趋势是怎样的？通过运用知识图谱的文献计量分析方法，以可视化的方式呈现核心国家、研究机构和重点文献，在对关键词进行共现分析的基础上，将关键词进行聚类和时区划分，以直观地了解人工智能影响就业主题下的研究现状，并提出未来研究的十大趋势。

### 一、数据来源与方法

#### （一）数据来源

本书选取 2009—2019 年国内外相关文献进行分析，数据来源分为两个部分：一是外文文献，源自 Web of Science（SCIE/SSCI）数据库，以“Artificial Intelligence”兼“Labor”“Job”“Work”为检索词，筛选 100 篇有效 WOS 核心文献；二是中文文献，源自中国知网（CNKI）数据库，以“人工智能”并含“就业”“劳动力”“劳动”为检索词，筛选相关的有效文献 145 篇，其中包括 CSSCI、核心期刊文献 65 篇。

#### （二）研究方法

知识图谱是当前较受欢迎的研究文献的方法，它将计算机技术和计量学两门学科相结合，可以呈现一定时期内某一研究领域的研究热点、演进历程和发展趋势，并且形象地表达文献中蕴含的信息，有效地发掘文献背后隐藏的特性、模式和趋势，显示科学知识发展进程与结构关系。它主要以所导入的研究文献为样本，根据需要研究的内容和标准形成可视化图示。

本节采用的知识图谱分析方法主要包括文献共引分析及机构、关键词共现分析。文献共引分析可以用来研究在某一领域内早期的研究、理论传播过程，以及知识前沿，文献共引知识图谱能够识别最有影响力的文献和与之相关的理论。关键词共现分析是通过提取所导入文献数据中的关键词，并根据关键词出现的频率以及相近词组之间的联系进行分析。关键词共现知识图谱可以针对一组文献分析对象的主题、趋势和结构特征。

本书借助 Citespace 5.4 软件对人工智能与就业领域的文献进行知识图谱分析。Citespace 软件是由美国德雷塞尔大学陈超美教授基于 JAVA 平台开发的一种可视化分析工具。通过从 WOS 数据库和 CNKI 数据库检索出国内外文献，生成国家/地区知识图谱、发文机构知识图谱、文献共引知识图谱和关键词共现知识图谱，以此分析学术界关于人工智能影响就业的研究现状、热点和趋势，并根据重点文献进行深入分析，与经典理论和前沿问题对接。

## 二、研究缘起

在学者开展人工智能对就业影响的相关研究前，关于技术进步与就业关系的讨论自第一次工业革命开始涉及。新技术为社会生产提供动力，促进经济持续增长，其对劳动力市场的影响一直存在争议，探讨的核心问题是技术进步会带来就业的增加或是减少。在英国工业革命开始阶段，以亚当·斯密等为代表的古典经济学派对技术进步在就业领域产生的影响持积极态度，认为新技术的运用不会带来就业量减少。李嘉图在萨伊定律基础上对技术进步与就业关系进行分析，认为被替代的工人因劳动需求的增加会被重新雇用。然而，到了 19 世纪上半叶，失业率不断攀升，许多经济学家对此前的观点展开了激烈的争论，提出了相反的观点。马克思认为，技术进步对生产率的提高起到积极作用，然而会导致大量工人被替代，加剧失业现象。在此期间，受到约翰·巴顿等经济学家的影响，李嘉图也提出相反的观点，即机器的广泛使用使工人失业数量与日俱增，生产过程对劳动力需求量不断降低。许多学者针对研究技术进步与就业的关系提出相关理论，从理论视角解释新技术引发劳动力市场的变化。例如，最早涉及技术进步的理论为经济增长理论，这一理论指出技术进步主要表现为要素生产能力的提高，从而提高边际生产率和劳动力需求。熊彼特于1912年提出“创造性毁灭”的概念，研究创新对就业的“毁灭”过程，认为技术创新必然带来生产力的创新，技术性失业存在周期性，并且无法消除。在此基础上，技术创新经济学派提出了技术-经济范式理论，阐述技术与经济演变对就业影响的机理，认为失业上升是由于旧的制度结构与新的技术经济范式之间的矛盾。后期学者开始从微观经济角度研究技术进步对就业的影响，包括Canonical模型、劳动市场任务分配模型等从微观劳动力市场层面探讨技术进步对就业的结构性影响。

人工智能对就业影响的研究随着人工智能技术的发展经历了三个阶段：起步阶段、缓慢发展阶段和逐渐兴起阶段。①起步阶段（1956—1966年）。从1956年达特茅斯会议成为“人工智能”的缘起，到10年后的1965年美国麻省理工学院人工智能实验室开创了机器视角领域，“人工智能”一词才真正被广泛认可。②缓慢发展阶段（1966—1996年）。1966—1996年的30年间，由于人工智能技术经历了寒冬等发展障碍，未取得实质性的突破，而其他的新技术异军突起。这一阶段学者主要开展“自动化”“计算机”“电子技术”“工业机器人”对就业的影响研究。虽然上述研究中技术进步类型和刻画方式各不相同，但研究问题都聚焦于技术进步是否替代了劳动力及对未来发展趋势预测。王传宗（1984）认为机器人广泛替代工人生产作业已无可避免，分析了其给社会就业、经营管理、社会教育等方面带来的一系列冲击和挑战，并针对我国国情提出对策。现有文献首次明确提出人工智能对就业影响的是Jay Liebowitz，他于1989年提出人工智能时代已经到来，对社会的影响未来几年值得注意，对现在及未来的工作和职业都很重要，从整体效果来看将产生积极影响。该文从人工智能角度创建新的工作类别，并提出要更好地让员工熟悉人工智能。③逐渐兴起阶段（1996 年至今）。1997 年“深蓝”胜利，2006 年辛顿深度学习的提出，2016 年 Alphago 战胜世界顶级围棋高手李世石，人工智能技术得到蓬勃发展，同时随着人工智能在产业中的应用不断展开，人工智能这一高阶技术进步对就业的影响逐步被纳入研究视野。国内第一篇明确以人工智能对就业影响为主题公开发表的论文是包海娟于 2016 年 Alphago 事件后发表的论文，她认为人工智能正以多种形式取代人的工作，人工智能发展还不会造成大规模失业，就业者本身要主动顺应人工智能发展带来的劳动力市场变革，政府应重点关注如何使人才供应和市场需求相匹配。国内对于人工智能对就业的影响研究，可以说自 2016 年才正式拉开帷幕。随着政策红利的推动及各行业对人工智能技术的不断重视，人工智能对就业的影响逐渐凸显，获取人工智能对就业影响主题方面的知识结构和最新研究进展对明确这一领域的未来研究和发展方向尤为重要。

## 三、研究现状

### （一）研究规模

从国内外发文数量可以看出，当前在人工智能对就业的影响领域，学者还没有形成较大的研究规模，但随着人工智能技术不断在全球劳动力市场产生较大影响，学术界逐渐意识到问题的重要性和研究的必要性，并针对人工智能对就业的影响开展深入研究。

### （二）研究合作网络

1. 研究的核心国家或地区分析

根据上述方法收集文献，运用 Citespace 对于 WOS 数据库中所收集的 2009—2019 年 100 篇国际期刊文献所属国家或地区进行知识图谱分析（见图 2-4），这些文献所涉及国家或地区总数为 9 个，分别为美国、荷兰、德国、意大利、英国、中国、澳大利亚、芬兰和法国。在图 2-4 中，每一个圆点（节点）代表一个国家或地区，其中圆点的大小与该国或该地区的发文数量成正比，即发文频率越高，圆点越大。两个节点之间的连线代表两国或地区在该领域的联系，线条越粗表示联系越密切。可以看出，发文量最多的是美国，说明在美国学术界较早开始研究人工智能对就业的影响，并且形成了一定数量的研究成果，其次是德国、荷兰和意大利。目前，我国对于人工智能对就业影响这一主题的研究论文被国外期刊收录较少，在国外还未产生较大的影响力。德国与荷兰、中国与澳大利亚、美国与英国的学者在该领域的研究有一定联系。

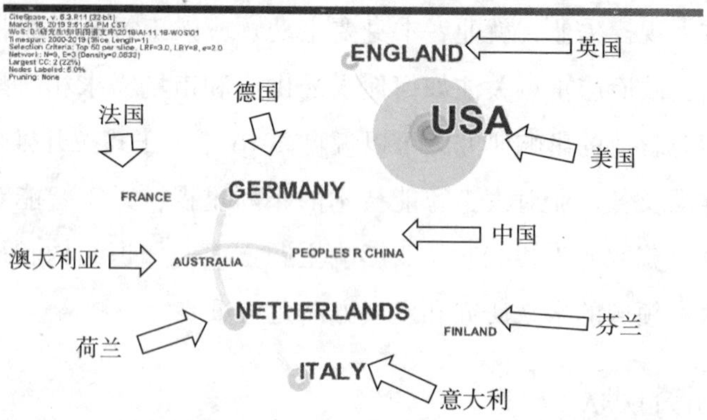


**图 2-4　2009—2019 年发文国家或地区可视化知识图谱**

2. 主要研究机构分析

对 WOS 数据库和 CNKI 数据库所收集文献分别利用 Citespace 软件绘制了人工智能对就业影响研究的机构共现知识图谱（见图 2-5、图 2-6）。通过对比呈现的国内外机构，可以看出，发文机构基本上为高等院校或研究单位，研究的学科领域集中于管理学和经济学，这和以往学者的研究领域类似，说明当前该领域主要是运用经济学和管理学相关理论来分析人工智能技术进步对就业的影响。

在当前阶段，人工智能技术带来的影响不仅与以往技术进步有相似之处，也有其独特性。例如，人工智能在制造业中不仅带来了技术手段的更新，也带来了工作方式的变革，工作场所既有机器人对生物人的完全替代，也有人机协同工作，还有机器无法替代人类的工作，工作场景、管理对象更加复杂化和多样化，并且人工智能的影响逐渐由制造业领域向服务行业拓展，由对中低技能人群的冲击向对高技能人群的冲击延伸，这是以往技术进步无法企及的。在一些研究人工智能的相关文献中，将人工智能的发展阶段分为“弱人工智能阶段”、“强人工智能阶段”和“超人工智能（Super Intelligence）阶段”。人工智能与大数据、云计算等技术有着紧密的联系，人工智能的发展阶段也与当前计算机领域的发展水平有关。也有学者提出了“奇点”的相关理论，当强人工智能时代到来时，智能化机器人将会拥有类人思维和能力，人类将会与智能机器人共同生存和工作，这就涉及了人工智能的法律和伦理等方面的问题，这需要结合社会学、法学、哲学等多学科进行研究。因此，研究人工智能对就业的影响不仅需要经济学与管理学的理论和原理，也需要跨学科、跨领域开展研究，包括计算机科学、哲学、法学、社会学等，从具体的应用领域进行分析。

此外，从图 2-5、图 2-6 中可以看出，各机构之间较为独立，国外研究机构间仅美国麻省理工学院与美国波士顿大学、日本联合国大学与英国伦敦政治经济学院之间存在合作关系，国内仅南京大学经济学院与南京审计大学经济学院之间存在合作关系。一方面，各机构独立研究可以充分利用内部资源，凭借各院系或部门之间的合作提出新的研究视角；另一方面，与外部机构建立合作关系能够更加广泛和快速地了解到前瞻性研究趋势，相对于独立研究更能够做出有价值的研究。

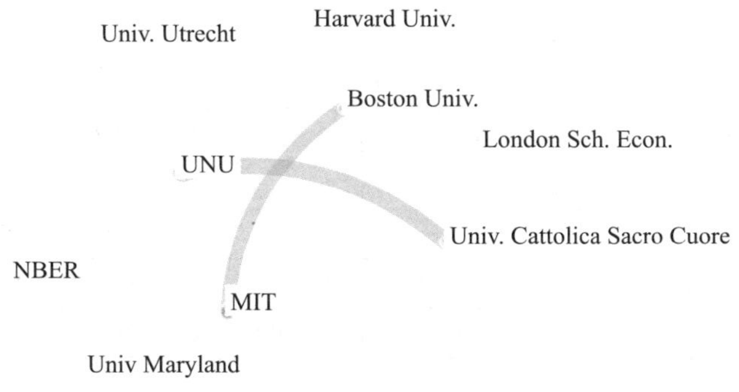


**图 2-5　2009—2019 年国外关于人工智能对就业影响研究机构共现知识图谱**

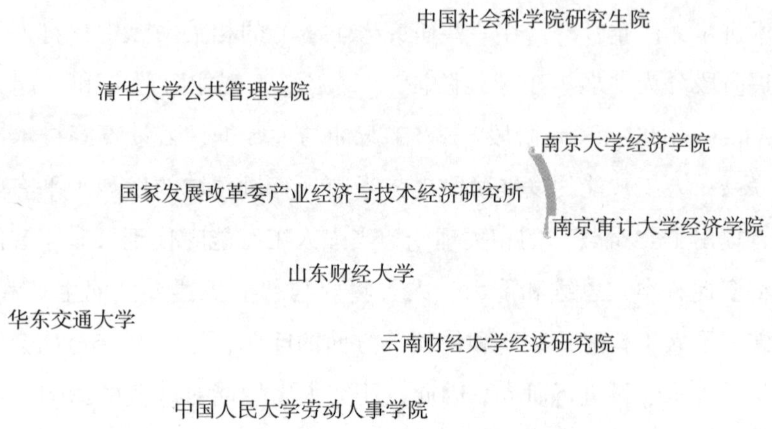


**图 2-6　2009—2019 年国内关于人工智能对就业影响研究机构共现知识图谱**

综上所述，通过研究机构分析发现当前多学科及跨学科研究开展不足，研究机构之间开展的合作研究甚少，很难形成跨领域及多学科交叉融合创新。国内外文献中关于人工智能影响就业的研究机构如表 2-6 所示。

**表 2-6　国内外文献中关于人工智能影响就业的研究机构**

| 国外机构 | | 国内机构 | |
|---|---|---|---|
| 序号 | 机构名称 | 序号 | 机构名称 |
| 1 | MIT（美国麻省理工学院） | 1 | 中国人民大学劳动人事学院 |
| 2 | Univ. Utrecht（荷兰乌德勒支大学） | 2 | 南京大学经济学院 |
| 3 | Boston Univ.（美国波士顿大学） | 3 | 南京审计大学经济学院 |
| 4 | Univ. Cattolica Sacro Cuore（意大利卡托里卡·萨克罗·库尔大学） | 4 | 华东交通大学 |
| 5 | NBER（美国国家经济研究局） | 5 | 山东财经大学 |
| 6 | London Sch. Econ.（英国伦敦经济学院） | 6 | 中国社会科学院研究生院 |
| 7 | Harvard Univ.（美国哈佛大学） | 7 | 云南财经大学经济研究院 |
| 8 | Univ. Maryland（美国马里兰大学） | 8 | 清华大学公共管理学院 |
| 9 | UNU（日本联合国大学） | 9 | 国家发展改革委产业经济与技术经济研究所 |

# 四、研究热点

## （一）关键词共现主题分析

文献中的关键词用于表达主题的主要内容，承载着研究中富有创造性的发现和思想，关键词的中心性与频次能够反映其热度和趋势。针对2009—2019年的文献，统一选择时间切片为一年，在Node Types选项中将节点类型选择为“Keyword”，以此反映了这一研究领域当前及过去的研究热点。在Selection Criteria选项中将Top N%的N值设为50，并且不超过100，绘制2009—2019年人工智能对就业影响效应研究的关键词共现图谱（见图2-7、图2-8）。图中的节点表示的是分析的对象，根据出现的频次，节点大小不一，即频次越高，节点视图越大，说明该关键词在这一领域受关注程度越高。文献的影响程度由中心性体现出来，中心性越强，说明该文献的影响力越大。

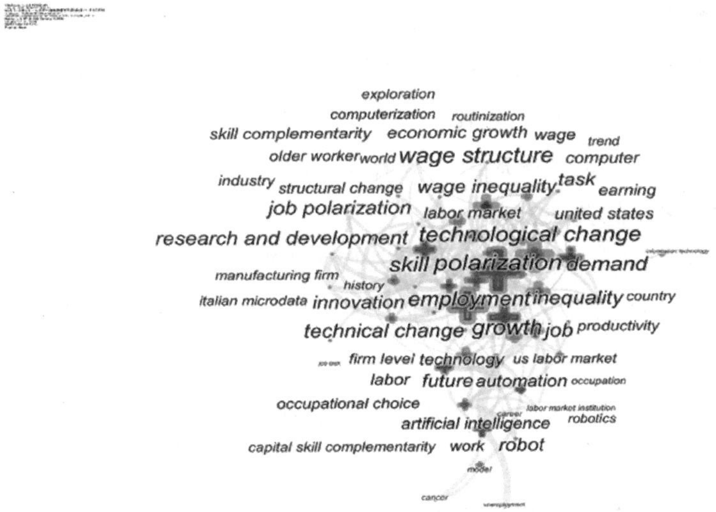


图2-7 2009—2019年国外关于人工智能对就业影响研究的关键词共现知识图谱

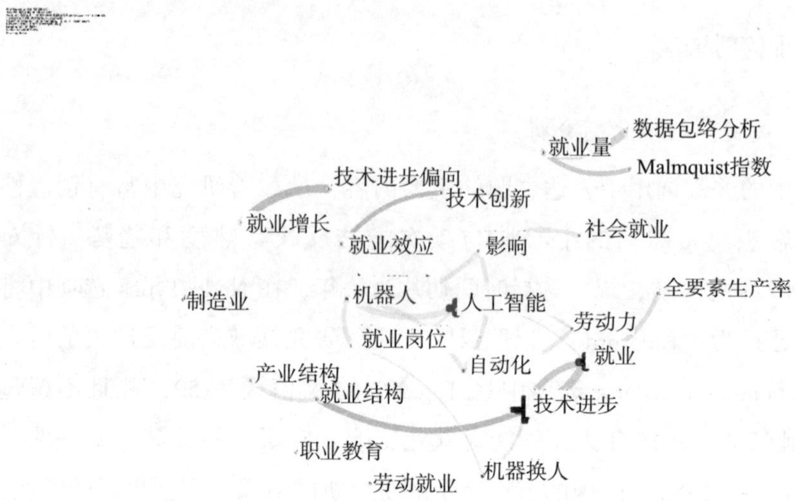


**图 2-8　2009—2019 年国内关于人工智能对就业影响研究的关键词共现知识图谱**

从图 2-7 和图 2-8 中可以看出，学者在研究人工智能对就业影响这一主题中所涉及的关键词较为丰富，并且关联较为密切，说明从国际视角来看，当前学术界对人工智能与就业关系的问题较为关注，并从多个角度挖掘人工智能所带来的劳动力市场变化，以探寻其中的成因和本质。然而，从我国国内期刊文献关键词共现知识图谱来看，其所涉及的关键词数量较少，并且各关键词之间的关联较为单一，说明我国学术界在人工智能等方面的技术进步对就业影响这一主题的研究还不够成熟，并且规模较小，说明国内学者在这方面的研究尚处于起步阶段，有待进一步深入开展相关研究。

针对图 2-7 和图 2-8 中的高频关键词进行统计，分别对国内外在 2009—2019 年人工智能技术对就业影响研究中关键词进行了排名（见表 2-7、表 2-8），排名的标准有两类，依次是关键词的频次和中介中心性。其中，关键词的频次反映的主要是在这一主题下研究热点的整体情况；中介中心性的高低表示的是其对应的关键词在整个研究网络中的媒介能力，以及网络资源控制能力的强弱，由这一点出发将其他的节点连接起来。

**表 2-7　国外文献关于人工智能技术进步对就业的影响研究的前十位关键词排名（依据频次和中心性）**

| 基于频次排序 | | | | 基于中心性排序 | | | |
|---|---|---|---|---|---|---|---|
| 序号 | 关键词 | 频次 | 中心度 | 序号 | 关键词 | 频次 | 中心度 |
| 1 | Polarization（极化） | 27 | 0. 26 | 1 | Polarization（极化） | 27 | 0. 26 |
| 2 | Employment（就业） | 19 | 0. 11 | 2 | Skill（技能） | 15 | 0. 22 |
| 3 | Growth（经济增长） | 19 | 0. 17 | 3 | Future（对未来预测） | 11 | 0. 19 |
| 4 | Technological Change（技术性变革） | 18 | 0. 19 | 4 | Growth（经济增长） | 19 | 0. 17 |
| 5 | Artificial Intelligence（人工智能） | 16 | 0. 13 | 5 | Wage Structure（工资结构） | 6 | 0. 17 |
| 6 | Skill（技能） | 15 | 0. 22 | 6 | Artificial Intelligence（人工智能） | 16 | 0. 13 |
| 7 | Automation（自动化） | 13 | 0. 05 | 7 | Robot（机器人） | 6 | 0. 13 |
| 8 | Wage Inequality（收入不平等） | 13 | 0. 04 | 8 | Demand（需求） | 13 | 0. 12 |
| 9 | Labor Market（劳动市场） | 13 | 0. 02 | 9 | Job（工作内容） | 8 | 0. 12 |
| 10 | Demand（需求） | 13 | 0. 12 | 10 | Employment（就业） | 23 | 0. 11 |

**表 2-8　国内文献关于人工智能技术进步对就业的影响研究的前十位关键词排名（依据频次和中心性）**

| 基于频次排序 | | | | 基于中心性排序 | | | |
|---|---|---|---|---|---|---|---|
| 序号 | 关键词 | 频次 | 中心度 | 序号 | 关键词 | 频次 | 中心度 |
| 1 | 技术进步 | 64 | 0. 16 | 1 | 就业 | 50 | 0. 17 |
| 2 | 就业 | 50 | 0. 17 | 2 | 人工智能 | 48 | 0. 17 |

续表

| 基于频次排序 | | | | 基于中心性排序 | | | |
|---|---|---|---|---|---|---|---|
| 3 | 人工智能 | 48 | 0.17 | 3 | 技术进步 | 64 | 0.16 |
| 4 | 机器换人 | 10 | 0.06 | 4 | 机器人 | 5 | 0.08 |
| 5 | 就业结构 | 6 | 0.08 | 5 | 就业结构 | 6 | 0.08 |
| 6 | 就业效应 | 6 | 0 | 6 | 影响 | 2 | 0.08 |
| 7 | 机器人 | 5 | 0.16 | 7 | 就业岗位 | 2 | 0.08 |
| 8 | 就业量 | 4 | 0.01 | 8 | 机器换人 | 10 | 0.06 |
| 9 | 劳动就业 | 4 | 0 | 9 | 自动化 | 2 | 0.02 |
| 10 | 数据包络分析 | 3 | 0 | 10 | 劳动力 | 2 | 0.02 |

从表2-7和表2-8中均可以看出，国外学者在研究人工智能对就业的影响中，关注的议题更为广泛，既包括人工智能技术进步带来的就业极化、工资结构失衡和不平等性等消极影响，同时关注人工智能对推动经济增长等方面的积极作用，以及人工智能技术在就业市场带来的需求变化、技能要求变化和未来可能性预测等方面的研究；在国内文献的关键词中，主要关注人工智能对就业量、就业结构的影响，以及带来的就业效应两大议题，对就业效应的结论中大部分为中性词，即国内学者的研究中没有明显的消极或积极偏向。分析其中的原因：一是我国国内对人工智能技术进步的研究还未成熟，缺乏相应的定量研究，也就很难得出一致性的结论；二是国内学者在借鉴国外理论和研究中，认识到了人工智能对就业影响的双重作用。

此外，基于频次排名的关键词和基于中心性排序的关键词存在差异，尤其是国外文献关键词排名中的差异更为明显，这说明国外学者在研究人工智能技术进步对就业的影响因素时，不限于对这一主题所有主要因素的研究，而是更注重对关键因素的深入剖析，由此深入研究人工智能技术进步对就业产生的影响，这为解决国内就业问题可以提供较为明确的指导，然而，众多学者的研究方向较为分散，不利于开展整合性研究；相比较而言，国内文献中关键词排名也有不同，但总体上大致相似，体现了我国学者在对这一主题的研究中，倾向于将注意力放在宏观问题的思考上，在一个较大的主题中涵盖多种因素，但缺乏对影响因素的深度分析。

综上所述，通过对国内外相关文献的关键词共现分析发现，当前研究存在以下不足：一是缺乏对微观企业层面的深入研究；二是主要关注就业量、就业结构，而对就业质量鲜有关注；三是对就业人群、细分行业的“异质化”研究不足。

（二）聚焦领域分析

在上述人工智能对就业影响主题关键词分析的基础上，对外文文献中关键词共现结果进行聚类处理，得出这一研究主题下具有代表性的研究子群，从而绘制人工智能对就业影响的关键词聚类视图（见图 2-9）。关键词聚类分析知识图谱显示，Sihouette=0. 8286，说明所划分各研究子群明确度较强。

图 2-9　2009—2019 年人工智能对就业影响研究的关键词聚类图谱

从图 2-9 中能够直观地看到，关键词划分出的 4 个聚类及其标签，即技术进步（Technological Change）、数字化转型（Digital Transformation）、工作时长（Job Duration）和常规件结构变化（Usual Structural Change）。一方面，技术进步与数字化转型两个主题从宏观层面研究环境因素对就业的影响，即外生的技术环境变量（技术进步、数字化转型）对就业的影响，探索了人工智能对就业影响的前因变量中的环境因素。当前世界正在经历第四次科技革命，结合过去的三次技术革命来看，每一次新技术的研发和运用都是在原有手段的基础上进行改造升级，在技术积累的基础上创新，以推动生产效率的提高和经济的发展。同时，当前正处于信息时代向智能时代过渡的时期，数字化转型成为人工智能对就业影响的重要情境因素。另一方面，工作时长和常规性结构变化两个主题从影响效应角度探讨人工智能对以工作时长表征的劳动效率，以及就业结构的影响结果，即人工智能对就业在岗位层级、技能等级、工资收入、工作时间等方面的影响。从经济学理论和过去三次技术革命来看，技术进步必然提高劳动生产率，拉动经济增长，进而提高国民收入，让消费者产生更多的需求，增加各行业的劳动力需求，这些方面都会对一个国家的就业产生各方面的影响。例如，国内外部分学者着重研究技能偏向型技术进步对就业和劳动力工资的影响，他们认为，由技能偏向型技术进步所增加的就业岗位主要满足了高技能劳动者的就业需求，低技能岗位依旧处于减少的趋势，因此加剧了工资水平的两极化。

综上所述，人工智能对就业影响研究的热点聚焦在影响因素和影响结果两个方面，技术进步、数字化转型、工作时长和常规性结构变化四个领域。

### （三）研究热点演进历程分析

通过对关键词分析及关键词聚类，在 Citespace 中选择 Timeline 构建基于关键词的人工智能影响就业时区图谱（见图 2-10）。

从研究主题来看，一方面，较早且持续受到关注的子主题为技术进步、数字化转型及工作时长，并且在当前仍然成为发展趋势；另一方面，常规性结构变化这一子主题的研究在近两年兴起，说明学者开始关注在微观领域人工智能对就业结构的影响。

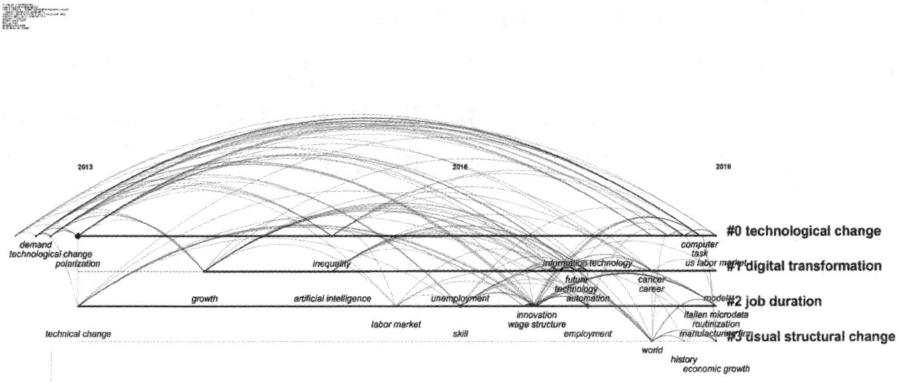


**图 2-10　2009—2019 年人工智能对就业影响研究的时区图谱**

从时间节点来看，在所收集的 2009—2019 年的外文文献中，人工智能对就业影响这一主题的研究较为集中起始于 2013 年。在 2009—2013 年，人工智能对就业影响相关主题的研究处于平静期，原因是人工智能技术的研发暂未取得突破性进展，没有体现与自动化和以往技术创新相比的独特优势，技术成本和人才资源使得各行业对人工智能的采纳程度还未达到一定规模，并且在就业市场技术性失业还未成为长期性的严重问题。从 2014 年开始，数字化转型方面的研究受到较多学者的持续关注，并且与技术进步和工作时长两个主题成为学术界现在与未来关于人工智能影响就业领域的重要研究方向。2017 年至今，关于常规性结构变化主题的研究开始出现，但还未形成一定的规模，在 2018 年越来越多与这一主题相关的关键词开始出现，说明在未来这一主题的研究将成为学术界关注的新的研究方向。

（四）关键节点文献分析

文献共引分析可以较为直接地了解一篇文献与其被引用的文献之间的结构关系，建立学科或学术领域的关系构架，并且通过知识图谱的绘制，能够确定某一学科领域的研究起源和理论基础。

在学者对以往技术进步影响就业的研究中，基本上以西方的经济学原理和管理理论为基础，目前将其运用到人工智能对就业的影响研究中。为了寻找并分析这些理论的来源和基础，本书根据所选取 WOS 数据库中的外文文献，绘制共引文献知识图谱（见图 2-11）。图 2-11 中的每个节点都表示一篇被引文献，并且节点的大小与其被引用的次数成正比。两个节点之间的连线则代表了文献间的共引关系，连线的粗细与这两篇文献一同被引用的次数成正比，并且连线越粗，说明文献内容越相似。

图 2-11　外文文献关于人工智能影响就业的共引文献知识图谱

点的中心性不仅体现了该点所代表被引文献在网络中的重要地位，也代表了研究热点，常用中心度指标表示，测算方式为一条经过网络中某点并连接这两点的最短路径比上这两点间的最短路径总数。根据中心度的高低，截取了前 5 篇关键节点文献并进行了排名（见表 2-9）。影响力最高的 5 篇论文的研究结论和主要观点如下。

发现和解释了人工智能技术进步带来的就业极化现象。排在首位的是 Goos M. 于 2014 年发表的论文 *Explaining job polarization：Routine-biased technological change and offshoring*，在 Web of Science 中被引率为 138。Goos 认为，偏重常规的技术变革造成了就业的两极分化。虽然以往学者收集了几十年的数据来说明“技能偏向型技术变革”假说，但是对就业两极分化的解释不足。Goos 等（2014）通过收集西欧 16 个国家的就业数据，表明在发达经济体中普遍存在就业极化现象，即当前的技术变革主要对常规性的劳动任务起到替代作用，中等技能岗位的劳动需求相对于高技能和低技能岗位呈减少趋势。并且，Goos 根据 Katz 开发的规范模型，对就业极化现象进行量化解释和估计，尤其是证实了行业间和行业内部的就业分化，高薪专业人员和管理人员及低收入的服务工作者的就业份额不断上升，而制造业和常规办公室工作人员的就业份额在不断下降。当前，全球所达到的人工智能水平还是弱人工智能阶段，虽然人工智能技术由制造业向服务业逐渐延伸，但工作效率仍不高，智能机械设备与传统的自动化技术还存在着紧密的联系。在弱人工智能阶段向强人工智能阶段的发展过程中，将进一步促进就业极化趋势。

**表 2-9　外文文献关于人工智能影响就业的关键节点文献信息**

| 被引率 | 中心度 | 年份 | 作者 | 来源 | 文献名 |
|---|---|---|---|---|---|
| 138 | 0. 27 | 2014 | Goos M. | AM ECON. REV. | *Explaining job polarization: Routine-biased technological change and offshoring* |
| 38 | 0. 23 | 2012 | Evangelista R, etc. | IND. CORP. CHANGE | *The impact of technological and organizational innovations on employment in European firms* |
| 336 | 0. 22 | 2013 | Autor D H, etc. | J. LABOR ECON. | *The growth of low-skill service jobs and the polarization of the US labor market* |
| 257 | 0. 2 | 2015 | Autor D H. | J. ECON. PERSPECT | *Why are there still so many jobs? The history and future of workplace automation* |
| 33 | 0. 19 | 2016 | Beaudry P. | J. LABOR ECON. | *The great reversal in the demand for skill and cognitive tasks* |

提出人工智能对就业的影响机制并进行了实证检验，发现了企业绩效在人工智能技术创新与就业之间的中介作用，以及创新类型的调节作用及其在制造业和服务业的表现差异。其次影响度较高的是 Evangelista R. 等在 2012 年发表的文章 *The impact of technological and organizational innovations on employment in European firms*，被引率为 38。他通过实证研究得出结论，即技术创新通过提高企业的绩效对就业产生间接的正向影响，并且影响强度因创新类型的不同而存在差异，主要取决于产业间的投入产出关系、劳动力市场结构、产品和工艺创新的相对比例、部门内和部门间的替代弹性，以及需求和收入弹性。Evangelista 等（2012）将服务业引入研究，提出了当前有待分析的问题，即技术和组织创新是为了降低生产成本、提高生产力，还是为了提高产品与服务的性能和质量内容？在服务业领域，引进新技术带来的产品和过程创新并不一定能够代表企业的经济活动和创新活动，而在制造业，过程创新带来的对就业的消极作用是较为显著的。人工智能技术在制造业发挥了较大的作用，主要表现为生产效率的提高，然而在服务业投入使用智能机器人还没有产生较为理想的效果，因为这一领域对人类的思维和意识有一定的要求，但目前的人工智能仅在程序性操作方面的运用较为广泛。

发现并解释了人工智能技术进步带来的工资极化和结构性失业。排在第三位的是 Autor D H. 等于 2013 年发表的文章 *The growth of low-skill service jobs and the polarization of the US labor market*，被引率为 336。他提出以技能为导向的技术变革是导致工资不平等加剧的主要原因，并且提出了不平等演变的两个主要特征：一是按照技能水平划分，就业增长呈现“U”形；二是在同一时期，工资增长呈“U”形。基于“鲍莫尔成本病”理论，Autor 等（2013）提出有两种力量驱动两极分化的程度，即消费者偏好和非中性技术进步。他们认为专门从事常规性任务、密集型职业会：①通过计算机技术取代工人；②随着低技能劳动力重新配置到手工任务密集型的个人服务行业，就业两极分化日益凸显；③工资（名义）水平在职业技能划分的两端呈现更大程度的增长趋势；④由于商品生产中抽象劳动和服务生产中手工劳动需求上升，受教育程度较高和较低的劳动力需求都较大。人工智能对中等技能岗位的替代，使得这一部分就业人员朝着高技能和低技能岗位流动，从而形成了就业极化现象。与此同时，由于人工智能等技术进步存在创造和替代双重效应，对于不同行业来说，何种效应占据主导地位会对这一行业的劳动力需求产生影响，于是会出现一部分岗位被替代而导致大量人员失业，还有一部分岗位空缺无人填补的现象，即结构性失业。

探索了人工智能技术进步对就业质量的影响及原因，并关注到人机协同效应。排在第四位的是 Autor D H. 在 2015 年发表的文章 *Why are there still so many jobs? The history and future of workplace automation*，被引率为 257。在文献中，Autor（2015）将现阶段的人工智能技术水平看作自动化技术的一种，说明现阶段人工智能技术还处于弱人工智能阶段，也就是说，人工智能的运用依旧仅限于生产和制造等处理程序化工作的环节。与他在 2013 年发表的文章有相似的观点，即人工智能等技术进步会进一步加深就业的两极分化；该篇文献提出，自动化不一定会减少就业总量，但会影响工作的质量。Autor（2015）认为，以人工智能为代表的自动化技术与就业的关系受到三个因素的影响：第一，人机协同完成工作的工人会从自动化中直接受益，被机器人替代的工人会被淘汰；第二，劳动力供给弹性会减缓工资增长；第三，需求弹性可以抑制或者放大自动化的收益。虽然当前中等技能工作较易受到人工智能的影响，但就业极化不会无限期持续（Autor et al.，2013）。并且，由于技能结构的变化，人工智能也会带来工资的两极分化，能够进行人机协同完成任务的新型劳动者在未来会更有市场。

观察和证实了人工智能技术进步带来的认知任务需求减少导致的由高技能对低技能劳动者的挤压造成的失业问题。排在第五位的是 Beaudry P. 在 2016 年发表的文章 *The great reversal in the demand for skill and cognitive tasks*，被引频率为 33。Beaudry 等在其研究框架中证明，21 世纪，认知任务的需求（与具有高水平教育的技能相关的需求）较过去一直在下降，这不仅会对更多熟练（高技能）工人产生直接影响，并且可能对低技能工人产生较大影响。为了应对技术进步带来的需求逆转，高技能工人可能不得不转移到过去由低技能工人从事的工作中，从而导致低技能工人走向失业。在其所建立的模型中说明，由于当前处于对通用技术（GPT）投资的成熟阶段，认知任务的需求并不是停止了，而是变慢了。

对以上5篇关键节点文献进行分析，整理出主要观点（见表2-10）。可以看出，人工智能对就业的影响主要表现为就业极化现象，中等技能就业任务不断被替代，从而引发劳动力向低技能工作和高技能工作流动，其中包含了人工智能技术运用所带来的新的工作任务。在就业极化的趋势下，人类所从事工作趋于技能岗位的两极，从而导致收入不平等性，即工资极化现象。

**表2-10　外文文献中5篇关键节点文献主要观点**

| 序号 | 文献名 | 作者 | 年份 | 主要观点 |
|---|---|---|---|---|
| 1 | *Explaining job polarization: Routine-biased technological change and offshoring* | Goos M. | 2014 | （1）当前的技术变革主要对常规性的劳动任务起到替代作用；<br>（2）行业间和行业内部的就业分化，导致工资极化，制造业和常规办公室工作人员的就业份额在不断下降 |
| 2 | *The impact of technological and organizational innovations on employment in European firms* | Evangelista R，etc. | 2012 | （1）技术创新通过提高企业的绩效对就业产生间接的正向影响，并且影响强度因创新类型的不同而存在差异；<br>（2）技术和组织创新是为了降低生产成本、提高生产力，还是为了提高产品与服务的性能和质量内容？这一问题有待进一步研究 |
| 3 | *The growth of low-skill service jobs and the polarization of the US labor market* | Autor D H，etc. | 2013 | （1）以技能为导向的技术变革是导致工资不平等加剧的主要原因；<br>（2）不平等的两个特征：就业极化和工资极化；<br>（3）消费者偏好和非中性技术进步驱使就业两极分化 |

续表

| 序号 | 文献名 | 作者 | 年份 | 主要观点 |
| --- | --- | --- | --- | --- |
| 4 | *Why are there still so many jobs? The history and future of workplace automation* | Autor D H. | 2015 | 以人工智能为代表的自动化技术与就业的关系受到三个因素的影响：第一，人机协同完成工作的工人会从自动化中直接受益，被机器人替代的工人会被淘汰；第二，劳动力供给弹性会减缓工资增长；第三，需求弹性可以抑制或者放大自动化的收益 |
| 5 | *The great reversal in the demand for skill and cognitive tasks* | Beaudry P. | 2016 | (1) 认知任务的需求（与具有高水平教育的技能相关的需求）较过去一直在下降；<br>(2) 由于当前处于对 GPT 投资的成熟阶段，认知任务的需求并不是停止了，而是变慢了 |

## 五、研究趋势

人工智能技术的发展和运用再次引起人们对技术进步对于就业影响的关注，随着技术研发不断取得突破，新的问题将不断涌现。基于前文的研究现状、研究热点，以及发现的研究缺口，提出未来可能的十大研究趋势。

### （一）人工智能对就业影响的"情境化"研究

现有关于技术进步及人工智能技术进步对就业影响的理论大都基于西方情景，我国相关的实证研究大都引进西方的相关理论，缺乏我国现实情境下的理论分析框架和基于本土情境的理论构建。当前，我国面临人口老龄化、产业转型升级、政府和法律强监管等现实情境因素，研究人工智能技术对就业的影响将为我国经济和劳动力市场的发展提供更有针对性的理论基础和分析框架。陈秋霖等（2019）从人口老龄化角度研究人工智能的劳动力替代效应，结果显示，人口老龄化对人工智能发展起到推动作用，人工智能技术与劳动力之间的替代效应体现为"补位式替代"，即在劳动力人口短缺的工作岗位代替人类完成任务。郭凯明（2019）通过建立多部门动态一般均衡模型，研究人工智能对产业结构转型升级和劳动收入份额变动的影响，提出其影响方向根据产业部门的不同存在差异，因而需要根据特定行业进行具体分析。综上所述，结合中国的具体情境对人工智能与就业的关系、影响机制和作用路径、影响效应展开研究，将为构建适用于我国本土情境的理论分析框架奠定基础。

### （二）人工智能对就业影响的“异质化”研究

当前，关于人工智能等技术进步对就业的影响，国内外学术界已经开展了大量研究，并且主要是从宏观视角进行整体性分析。然而，在人工智能对就业的影响结果上，学者的观点存在较大差异。这说明仅从宏观层面分析技术创新对就业的影响会因情境偏差导致研究结论失真。人工智能对就业的影响具有复杂性，涉及的领域广、影响范围大，但对于不同地区和行业来说，人工智能技术的发展水平和应用程度不同，会对不同区域、行业、职业、人群就业的数量、结构和质量产生不同的影响。因此，需要进一步对区域、行业或领域、职业、人群进行细分，以把握不同情境下人工智能影响就业的“异质性”。

### （三）人工智能对就业的“重塑效应”研究

现有关于人工智能影响就业的文献，大多关注到两种效应，即“替代效应”和“创造效应”。事实上，人工智能对就业的影响较前三次工业革命更加深刻和复杂，还有除上述两种效应外的其他效应值得深入探究。已有较多研究关注人工智能技术进步对就业数量和就业结构的影响。在就业数量方面，学术界通过理论和实证分析已经取得了一定的研究成果，形成了一定的研究规模，然而，在就业结构重塑方面还停留在理论探索阶段。与以往技术进步相比，人工智能技术对就业产生的“重塑效应”主要体现在技术创新虽然替代人力劳动完成部分枯燥、烦琐的工作任务，但并非剥夺了人类的工作机会，而是更好地激发人类从事体现其价值的工作，从而引发就业结构重塑。当前，世界各国普遍处于“弱人工智能阶段”，人工智能技术的运用更多的是为了将就业人员从过去烦琐、乏味、沉重的工作任务中解放出来。例如，人工智能替代了翻译工作，过去负责繁重的翻译工作的人员将从事对智能设备翻译的内容进行审核、修改和完善。当前阶段需要针对人工智能对就业领域的替代程度进行界定、分析和测度：一方面，梳理人工智能技术能够替代人类完成的工作类别；另一方面，分析目前仅能由人类完成的工作任务，从而有助于厘清未来就业结构的重塑方向，以提高就业者的知识技能与工作岗位需求的匹配程度。综上所述，从一个长期、全局视角来看，人工智能技术进步不仅不会造成人类的既有工作被取代，而且会创造足够多的新的就业机会，工作不是消失了，而是转变为新的形式，未来的工作转变成何种形式，具有怎样的新的特征，值得深入研究。

### （四）人机协同情境下的人机“共生关系”研究

在人工智能技术不断发展的过程中，呈现出新的发展趋势，即人机协作的工作模式。已有文献针对人工智能与就业的关系进行了分析，但大多数研究将人工智能与人类劳动者在工作中的角色相分离，将当前的工作任务分为两类，即人工智能可以替代人类完成的工作任务和现阶段仅能由人类完成的工作任务。但在现阶段人工智能技术发展水平下，人工智能作为一项通用型技术，对人类工作起到辅助作用，在与各行业融合的同时需要人类的参与加以完善。在未来技术不断取得突破的情况下，“人机协作”不仅作为缓解就业压力的一项手段，而且为提升人类工作和生活质量奠定基础。综上所述，在人机共生情境下，人类和人工智能如何发挥各自的比较优势？人工智能下人机协作的工作特征、合作模式、形成机制、影响效应、管理变革等都是亟须研究的问题。

### （五）人工智能下基于人类价值的就业质量提升研究

人工智能技术对就业的影响不仅体现在数量和结构方面，还体现在就业质量方面。目前，关于就业质量方面的研究，学者大多数关注了收入的“两极化”现象，然而较多文献主要通过理论模型进行推演，实证研究较为缺乏。也有部分学者对人工智能替代人类完成的工作内容进行分类，周文斌（2017）将其概括为三类，即简单重复性工作、危险性较大的工作，以及强调精度和效率的工作。通过对人工智能能够完成的工作任务进行梳理，探索其对人类特有的价值及在各领域的应用。此外，在人工智能代替人类完成较为烦琐工作任务的同时，推动人类从事更能够体现本身价值的工作。因此，在人工智能影响就业的过程中，需要对人的价值进行挖掘，以进一步改善人类劳动者的就业质量。

### （六）人工智能下劳动者的知识技能转化研究

从前文关键词共现分析中发现，在国外文献的十大关键词中已关注到劳动者“技能”问题，而在国内文献中还较为鲜见。在以往技术进步过程中，机械化生产使得工作任务不断细化，从而对劳动过程产生去技能化作用。在人工智能时代，随着劳动力市场环境及工作任务的变化，对劳动者知识技能需求也提出了新的要求。在人工智能技术的推动下，就业状态呈现“两极分化”现象，大量制造行业具有重复性、精确性、常规性等特征的工作任务被智能机器替代。然而，服务行业较多岗位仍然有许多人工智能无法替代的技能要求，如智能机器在当前无法替代人类的人际沟通、审美等完成相应工作。例如，餐饮行业、美容美发行业、个人护理等，这类岗位较多需要凭借人类肢体灵活性及情感交流来完成。并且，“人机协同”的工作模式是当前人工智能发展的一大趋势，各类岗位的人类工作者需要更加体现“综合素质”的知识技能，如人对于复杂系统的综合分析、决策能力，对于艺术和文化的审美能力，人际沟通能力，基于人自身的情感与他人互动的能力，以及创造性思维。人工智能技术发展过程带来了工作知识技能的转换和迁移，对其展开研究能够发现人类未来的发展方向及有效应对失业问题。综上所述，人工智能下各职业的劳动者应该具备什么样的知识技能？如何推动劳动者的知识技能转换，成为重要的研究议题。

### （七）人工智能下就业心理的研究

技术进步在对就业产生影响的同时，会给就业人员的心理带来一定程度的影响。当前，较多文献对新技术与就业之间的关系进行了分析，然而，在对人工智能等技术进步带来劳动力市场变化的心理反应方面的研究存在较大缺口。从消极方面来看，由于人工智能对大量重复性、烦琐性工作任务的替代，从事这一岗位的劳动者对“机器换人”会存在焦虑心理。并且，新技术推动了整个劳动力市场技能要求的变化，劳动者需要对自身从业能力进行重新界定，从而产生对参与培训所耗费的时间成本的担忧。从积极方面来看，人工智能技术创造一些新的产业和岗位，为人类开辟了新的就业空间，理论上对就业人员的焦虑心理具有一定的补偿作用。此外，在不同的人工智能技术进步阶段，对于不同人群来说，人工智能对就业产生的影响所带来的心理变化也呈现不同趋势。因此，从宏观层面整体角度分析人工智能下的社会心理恐慌及发展趋势，从微观层面掌握企业员工在“机器换人”下的心理恐慌及在人工智能下的心理状态、意愿、行为，以及人机协同工作下的心理问题，并从宏观、微观层面尽早提出调适和疏解的应对措施，显得十分必要。

### （八）人工智能在就业领域的伦理道德研究

对人工智能伦理道德展开研究能够推动人工智能技术朝着健康、积极的方向发展，使其符合人类社会道德和价值观念。现有学者将人工智能水平划分为“强人工智能阶段”、“弱人工智能阶段”和“超人工智能”阶段，当前世界各国的人工智能发展水平普遍处于“弱人工智能阶段”，人工智能技术在人类社会整体运作中主要起辅助和服务人类的作用。然而，随着技术进步的不断推进，逐步达到“强人工智能阶段”，人工智能的先进程度逐步达到人类水平，将会涉及包括人格认可、法律责任和义务等与伦理道德相关的一系列问题。从技术进步中受益，对人工智能伦理道德主题进行分析，对于梳理未来人工智能与就业的关系起到重要作用。因此，要重视人工智能在就业领域的伦理道德研究，包括人类被机器“吞噬性替代”下的社会保障、工作转换问题，人机协同工作时的安全、心理健康问题，人工智能带来的安全和隐私威胁问题。

### （九）基于产业与就业动态匹配的应对政策研究

在世界各国对于人工智能的重视程度逐渐加深的同时，催生了对于相关制度政策的需求。面对人工智能技术快速发展及其带来的就业风险、伦理风险、社会风险等问题，需要通过制定政策和法律加以协调和控制。各国政策制定机构根据其人工智能发展程度及产业发展方向，制定了相应的应对措施。德国在《保障德国制造业的未来：关于实施“工业 4.0”战略的建议》中提出将人力与机器相结合，实现制造业领域的智能化生产。在此基础上，我国制定了《中国制造 2025》，旨在将人工智能技术与我国制造业相融合，提升我国制造业的国际地位。日本提出的“社会 5.0”概念，强调在人工智能技术迅速发展的背景下关注人类社会问题，认为人工智能应该服务人类社会。总之，当前关于制度政策下人工智能发展应对方面的研究集中在两个方面：一是对政策文件的计量分析，以分析政策走向；二是政策的国际比较研究，以提供经验借鉴。然而，现今出台及研究的大部分制度政策，是促进人工智能产业发展、人工智能与实体经济的融合政策，如何实现人工智能产业与就业的动态匹配，以及如何应对人工智能发展给就业带来的负面冲击还有很大的研究空间。

### （十）人工智能与就业关系的跨学科交叉研究

已有的经典经济学和管理学理论为研究人工智能与就业关系，以及人工智能对就业的影响提供了重要的理论基础和分析框架。然而，人工智能技术的发展带来了新的就业领域问题，需要新的研究理论和视角对其进行阐述和论证，如人工智能的哲学、法律和伦理，新的人机协同的工作模式等，都需要结合更多其他学科，如计算机科学、认知科学、脑科学、哲学、社会学、法学、心理学、伦理学等跨学科理论进行分析。人工智能技术因其应用领域广泛而具有较大发展和研究潜力，并且影响范围较大，包括金融、医疗、制造、零售、供应链、物流和公用事业等行业，这些行业的许多工作都会受到人工智能技术的影响，降低甚至完全不再需要人力劳动。当前，学术界对人工智能技术的关注领域涉及科学和技术、商业和管理、艺术、人文和法律，以及政府或公共部门。针对各领域人工智能技术的发展，分析人工智能带来的机会和挑战，为处于不同专业的学者进行合作和沟通奠定基础。因此，在人工智能对就业的影响研究中纳入多学科理论体系，形成新的研究视角，开展多学科交叉融合研究，进行跨学科组合研究，正在成为一种新的趋势。

## 六、本节小结

本节通过运用 Citespace 软件进行文献计量可视化分析，对 CNKI 和 WOS 数据库 2009—2019 年人工智能影响就业相关文献绘制知识图谱，根据核心国家、相关机构、关键词共现和聚类，以及重点文献分析，厘清人工智能影响就业领域近年的研究现状、热点和发展趋势，得出以下结论。

### （一）欧美国家研究体系较为成熟，国际联系密切度较低

当前，对人工智能影响就业主题的研究较为广泛的地区主要是欧美国家，但各国间联系较松散。其中，相对形成一定规模的国家是美国，其次是德国、荷兰和意大利。我国当前对这一主题的研究还处于初步探索阶段，理论基础有待完善，在国际期刊发表的文献数量较少，还未在国际学术界产生一定的影响力。从各国的联系程度来看，德国与荷兰、中国与澳大利亚、美国与英国的学者在研究这一领域的问题中存在合作关系，然而总体来看，各国学术界缺乏跨国学术交流且联系对象较为单一，研究者有待根据不同情境和劳动力市场对人工智能与就业的关系开展合作研究。

### （二）经管类研究机构关注度较高，缺乏多学科领域合作

在研究机构方面，无论是国内还是国外，有关人工智能与就业关系主题的文献主要来自高校的经管学院或财政相关机构，且研究视角较为单一。从以往技术进步与就业的相关研究来看，需要借鉴前人的理论或文献对劳动力市场就业的影响进行分析。过去文献中主要运用经济学和管理学理论阐述人工智能对就业的影响，然而当前有学者提出“奇点”这一概念，突出人工智能与以往新技术的不同之处，除了经济和管理领域外，还

将涉及计算机科学、认知科学、脑科学、哲学、社会学、法学、心理学、伦理学等较多其他学科，从而产生更加复杂的研究问题。

（三）就业极化和收入极化成为学术界重要的研究视角

在关键节点文献的分析中，主要提炼了目前学术界广泛认同且较常作为研究切入点的观点和理论。人工智能会带来两个方面的不平等。一是就业极化，中等技能的工作存在较大的被替代风险，而低技能工作和高技能工作对人力劳动的需求相对来说存在一定的上升趋势，其中既包括技能结构受到新技术的冲击而产生重塑现象，也包括人工智能技术的引进创造新的工作任务以增加对就业者的需求。二是收入极化，不同阶层的收入水平与其所从事的工作特性相对应，中等收入阶层对应的事务性工作，即中等技能工作，被人工智能技术广泛替代，使得人类劳动者更多向低收入阶层、少部分向高收入阶层流动，从而导致收入极化现象。并且，在高技能型人才的需求不断扩大而低技能人力劳动的需求增长缓慢的作用下，进一步加剧了收入不平等性。

（四）当前研究热点有待进一步展开，新的研究方向逐渐受到重视

关键词的分析展现了当前的研究前沿、热点和趋势。国际研究中关键词的频次与中心性的排名较为接近，已经显示较为明确的重点研究领域和方向；我国当前的研究还处于初级阶段，学者的研究倾向和领域内重要研究议题的匹配度有待完善。根据关键词的聚类及时区图谱中关键词的时间变化，过去几年所关注的技术进步、数字化转型、工作时长等主题在当前仍然作为研究人工智能对就业影响的重要视角，并且在未来的研究中需要进一步厘清其中的变化过程和影响因素。近年来，学者从常规性结构变化角度，进一步探讨微观层面人工智能技术对就业的影响，为未来的实践和政策分析奠定基础。

（五）人工智能对就业影响研究方兴未艾，十大研究趋势需要把握

人工智能不仅是一次技术层面的革命，未来它必将与重大的社会经济变革、教育变革、思想变革、文化变革同步，对人类就业产生重大的影

响。以下趋势需要把握，并开展深入研究：人工智能对就业影响的“情境化”研究、人工智能对就业影响的“异质化”研究、人工智能对就业的“重塑效应”研究、人机协同情境下的人机“共生关系”研究、人工智能下基于人类价值的就业质量提升研究、人工智能下劳动者的知识技能转化研究、人工智能下就业心理的研究、人工智能在就业领域的伦理道德研究、基于产业与就业动态匹配的应对政策研究、人工智能与就业关系的跨学科交叉研究。

综上所述，通过本节的文献计量研究发现，当前各国、各研究机构间的联系较为松散，缺乏多学科领域合作。就业极化和收入极化成为重要研究视角，技术进步、数字化转型、工作时长和常规性结构成为重要的研究领域，人工智能对就业影响的“情境化”“异质化”研究，“重塑效应”研究，人机协同情境下的人机“共生关系”研究，基于人类价值的就业质量提升研究，劳动者的知识技能转化研究，人工智能下的就业心理研究，就业领域的伦理道德研究，基于产业与就业动态匹配的应对政策研究，以及人工智能与就业关系的跨学科交叉研究，将成为未来的十大研究趋势。

## 第三节　人工智能产业与就业的关系研究

本书以产业与就业动态匹配视角探索人工智能对就业的影响，并提出应对政策措施，因此厘清产业与就业的关系，特别是人工智能产业与就业的关系，梳理产业与就业的测度方法，将为后续人工智能产业与就业的时空匹配特征及形成机理奠定文献基础，提供方法借鉴。

### 一、产业发展与就业的关系

产业是就业的载体，就业是产业的基础，两者相互影响、互为因果，形成一定的匹配和耦合效应。产业发展与就业的关系体现在数量、结构和质量等方面。

### （一）产业发展与就业数量的关系

从产业发展对就业数量的影响来看，产业规模扩大既可能产生较高的就业弹性、增加就业数量，也可能产生较低的就业弹性、减少就业数量。一方面，产业规模扩大有助于推动技术进步，而技术进步可以促进新兴产业发展，增加新的劳动岗位，从而创造更多的就业数量；同时，技术进步可以降低企业的生产成本，间接提高了居民消费能力，全社会产出水平相应提高，从而增加了就业数量。此外，产业规模扩大在促进经济产出增加和社会进步的同时，提高了劳动力素质，使其更能适应产业发展的要求，间接增加了就业数量。另一方面，在产业规模扩大过程中，技术进步使得劳动生产率与资本生产率都有所提高，从而替代劳动力。从就业数量对产业发展的影响来看，就业数量的增长既可能促进产业规模的扩大，有力支撑经济增长，也可能缩小生产规模，阻碍经济发展。一方面，充足的劳动力与产业投资相结合能促使生产力显著提高，从而扩大产业规模和促进经济发展；就业数量增加可以提升整体消费能力，扩大消费需求，进一步促进产业规模的扩大和经济增长。另一方面，就业数量过多可能导致劳动生产率降低、劳动力素质较低，缩小生产规模，可能阻碍经济的发展。

### （二）产业发展与就业结构的关系

从产业发展对就业结构的影响来看，就业结构变化主要受经济发展水平、技术进步和制度变迁等因素影响，但经济增长与产业结构优化对其影响最为直接，贡献率最大。产业结构优化会改变区域间的就业结构。产业结构会影响就业的区域结构、行业结构、性别结构、年龄结构、教育结构等。首先，产业结构调整通过引导劳动力在城乡和产业间的流动，影响地区和行业的就业结构。其次，产业结构优化升级提高了就业的从业年龄和受教育水平。随着传统产业规模化、专业化发展，对劳动者的专业知识和技能要求越来越高，因此需要劳动者具备良好的教育背景和专业技能，导致其从业年龄相对延后。新兴产业具有投资大、周期长、科技含量高等特点，其发展依赖掌握高精尖技术的科技人才，因此提升了就业的教育结构。与从事简单劳动相比，高端产业对就业劳动者的体力要求不高，使就业的性别结构差异相对较小。从就业结构对产业发展的影响来看，就业结构随产业结构优化而升级。随着产业优化升级，一方面，产业的资本有机构成和劳动生产率提高，使企业可以用设备和技术等要素代替劳动力的投入。从短期来看，企业因劳动力成本支出减少而获得利润；从长远来看，逐渐提高的劳动生产率，可以增强企业在产品研发、运营管理等方面的创新能力，增加产业和企业的高技术含量，反过来推动产业结构优化升级。另一方面，就业的区域结构也会对产业产生效应，就业劳动力在城乡、区域、行业间的流动，使就业资源更集中，有利于对就业劳动力的统筹管理和优化配置，有利于提高就业结构与产业结构的匹配度，促进产业结构优化调整。

### （三）产业发展与就业质量的关系

从产业发展对就业质量的影响来看，产业规模扩大和经济发展既可能对就业质量产生积极影响，也可能产生负面影响。以劳动报酬为例，一方面，产业规模扩大，生产力水平提高，经济得到发展，劳动者工资水平也随之提高，从而改善就业质量；产业结构的升级使得高端化产值比重明显提高，劳动者报酬将维持在较高水平，就业质量得到显著提升。另一方面，产业规模扩大对技术进步提出更高要求，通过技术进步能够提高劳动生产率，需要大量高素质劳动力，若劳动力素质低于产业发展的需要，则会使劳动力供需不匹配，从而影响就业质量。从就业质量对产业发展的影响来看，就业质量既可能对产业规模扩大和经济发展产生积极影响，也可能产生消极影响。一方面，劳动者报酬的增加可以扩大居民的消费支出，增加全社会消费总需求，促进居民消费转型升级，从而扩大产业规模，实现经济增长和优化产业结构的目标。另一方面，劳动者报酬的增加，对人力资本的投资相应增加，相当于提高了单位的用工成本，在一定程度上抑制了扩大再生产的积极性，不利于产业和经济发展。

## 二、人工智能产业发展与就业的关系

《人工智能标准化白皮书（2018版）》界定了“人工智能”概念，即利用数字计算机或者数字计算机控制的机器模拟、延伸和扩展人的智能，感知环境、获取知识并利用知识获得最佳结果的理论、方法、技术及应用系统。人工智能产业发展依靠良性的人工智能产业生态系统，包括技术、研究和数据投入及人工智能组织。亚当·斯密最早提出技术进步可能对产业发展和社会分工产生积极效应。人工智能作为新一轮引领未来的战略技术、产业变革的驱动力，比以往任何技术进步对社会的影响力都要强。本书的人工智能产业包括“人工智能产业化”，即人工智能技术自身产业化和“产业人工智能化”（传统产业行业与人工智能技术相融合，或是人工智能技术在其他产业应用）两类产业。人工智能产业与就业之间形成复杂的互动关系，体现在数量、结构和质量方面。

### （一）人工智能产业发展与就业数量的关系

从人工智能产业对就业数量的影响来看，已有成果主要围绕人工智能产业和技术进步对就业的“破坏效应”或“补偿效应”展开。一方面，表现为破坏效应，人工智能对于人类就业具有极大的威胁，造成就业岗位的减少、技术失业等。如芬兰35.7%的工作面临较高的被替代风险。另一方面，表现为补偿效应，通过创造新岗位、新工作，在新领域创造新的就业机会等。从宏观角度来看，人工智能对某个行业的负面影响可能被其他行业的就业增长弥补。Dauth等（2017）研究发现尽管人工智能的出现会导致制造业岗位的流失，但服务业创造了足够多的新岗位以抵消制造业的负面就业影响，甚至增加了社会就业总量；Mann和Püttmann（2017）的研究也验证了上述结论。国内学者王君等（2017）分别从宏观、微观角度对破坏机制和补偿机制进行了总结与阐述。从时间效应来看，人工智能技术的应用在短期内会造成较大范围的失业现象，而长期则会增加社会对就业和劳动力的需求。从就业数量对人工智能产业的影响来看，就业数量对人工智能产业也会产生反作用，但对作用方向的结论存在不一致问题。一种观点认为充足的劳动力与产业投资相结合能促使生产力显著提高，从而扩大产业规模；同时，就业数量增加可以提升整体消费能力，扩大消费需求，进一步促进产业规模的扩大和经济增长。另一种观点认为就业数量增加未必促进人工智能产业发展，劳动力的冗余会降低劳动生产率，从而抑制人工智能产业发展。

（二）人工智能产业发展与就业结构的关系

从人工智能产业对就业结构的影响来看，人工智能将改变各行业的现有工作情境、工作方式、工作特征、商业模式等，会引起社会工作结构的大规模调整。但这种调整是以工作转变为主要特点的结构性调整，如无人驾驶汽车替代传统汽车，将改变该产业的就业生态，小轿车和卡车司机、传统汽车修理人员、汽车制造商、道路维护工人等工种将面临失业的风险，但新产业供应商的研究、生产、管理人员，新设备研发企业的研发、技术人员，无人驾驶系统培训、设备检查、维修、安全员等新岗位将层出不穷。但无论哪个层级结构的劳动者都需要知识技能转换，重新适应人工智能对就业的冲击。从就业结构对人工智能产业发展的影响来看，随着劳动生产率的提高，一方面通过资本对劳动的替代，减少劳动力成本支出而获得利润，提升企业绩效，推动人工智能产业发展；另一方面随着劳动者素质及科技水平的提升，带动就业结构优化升级，可以增强企业在产品研发、运营管理等方面的创新能力，增加产业和企业的高技术含量，反过来推动产业结构优化升级。

（三）人工智能产业发展与就业质量的关系

从人工智能产业发展对就业质量的影响来看，人工智能技术投入使用的最初几年通常会伴随较强的工资停滞、劳动力份额下降、生活条件恶劣、贫困加剧等现象，这需要政府与市场共同发力才能使劳动力市场尽快平衡人工智能技术带来的负面影响。正如 Rothwell 和 Zegveld（1985）针对产业政策的研究指出，积极发挥供给端作用，如对产业需求人才的培养等。其作用虽然存在一定的时滞效应，但由于解决了产业发展所需的推动力，作用效果较为持久，对未来就业质量的提升有积极价值。随着人工智能技术和产业的成熟，通过劳动生产率的提升带动劳动者收入的增加和工作时间的减少，提升劳动者的就业质量。从就业质量对人工智能产业发展的影响来看，劳动者报酬的增加可以扩大消费支出，增加全社会消费总需求，促进居民消费转型升级，从而扩大产业规模，实现优化产业结构的目标。

### （四）人工智能产业政策与就业的关系

在人工智能产业政策中，政策密集出台，促进发展内容多，稳定就业内容少。2010—2019 年，全国各省份陆续出台人工智能政策，其中，中央 12 项，各省（自治区、直辖市）中北京最多，共 16 项。2016 年是各省份出台人工智能政策的爆发点。目前的政策集中在知识产权保护、税收优惠、租金减免、科技成果转化四个方面，发布的政策数量分别为知识产权保护 121 项、税收优惠 122 项、租金减免 123 项、科技成果转化 79 项，人才引培、社会保障、劳动标准规范等人力资源方面的支持性政策还比较少。政策出台力度与产业发展规模、劳动者转岗频率、新兴岗位劳动者权益保障情况不匹配。

综上所述，人工智能产业与就业之间存在必然联系，随着人工智能技术不断深入创新及与应用领域的深度融合，人工智能产业与就业在数量、结构和质量方面的关系也在不断发生变化。人工智能产业与就业互为因果关系，彼此相互作用，但现阶段以人工智能技术进步和产业发展对就业的作用为主，人工智能产业与就业还未形成良好的双向互动关系。人工智能产业政策鲜有涉及人才引进与培养、社会保障、劳动标准规范等人力资源方面的支持性政策。政策出台力度与产业发展规模、劳动者转岗频率、新兴岗位劳动者权益保障情况不匹配。

## 三、产业与就业关系的测度方法

现有文献关于产业与就业关系的测度方法中，大部分学者主要运用传统的测评指标体系，包括结构偏离度法、比较劳动生产率法、就业弹性法，以及计量经济学方法，从而得出产业与就业的匹配程度，具体描述和测度方法如表 2-11 所示。

**表 2-11　产业与就业的协调与匹配关系的主要传统测度方法**

| 名称 | 方法描述 | 测度方法 |
| --- | --- | --- |
| 结构偏离度法 | 产业国民收入的相对比重与产业劳动力相对比重之间的比值 | 结构偏离度 = 国内生产总值（GDP）的产值构成比重÷就业的产值构成比重-1 |
| 比较劳动生产率法 | 从生产率角度反映产业结构与就业结构均衡性问题，对比该产业与其他产业劳动生产率情况 | 比较劳动生产率 = 某产业的产值比重÷该产业的就业比重 |
| 就业弹性法 | 反映产业结构与就业结构间对称状况或均衡状况，结果大小与正负情况表示产业发展对就业的吸纳能力 | 就业弹性 = 某产业的就业变化率÷该产业的产值变化率 |
| 计量经济学方法 | 运用时间序列经济计量技术研究我国产业结构和就业结构的关系 | 回归分析法、协整分析法、灰度关联分析法、相关性分析法 |

以上方法虽然能够对二者匹配度进行测量，但仅从时间序列层面研究难以反映就业的空间分布特征。对于现有关于空间分布视角下就业问题的探索，较多研究缺乏将其与产业特征紧密结合，难以反映产业与就业之间匹配程度的问题。此外，当前关于产业与就业的时空匹配视角下的研究较少，仅部分文献有所涉及，空间统计分析指标体系还有待构建，需要从时间和空间二维视角深入开展可视化研究，以探索人工智能产业与就业的时空匹配特征、演变规律及形成机理。

## 第四节　人工智能对就业的影响机制研究

本节将对人工智能对就业影响的机制和路径的相关文献进行梳理，旨在厘清人工智能对就业的影响因素、机制和路径，并在文献分析的基础上构建中国情境下的影响机制分析框架，为后续研究提供文献基础和分析框架。

## 一、影响因素

人工智能为社会进步提供了新的动力，同时在经济、就业、伦理等领域也产生了一定的影响。如前文所述，影响就业的主要因素为人口因素、经济因素和制度因素，结合我国当前面临的主要形势，影响因素可以具体化为人口老龄化速度加快、产业转型升级亟待突破，以及政府和法律管制日趋严格，人工智能对就业的影响必须考虑上述情境因素。

### （一）人口老龄化

人口是劳动力供给量的决定性因素，人口的数量、素质和特征直接决定着人工智能技术进步下的就业水平。在人口老龄化进程逐渐加快的情境下，原有劳动人口逐渐衰退，工作能力不断降低，新劳动力增加速度缓慢，从而导致劳动力供给出现结构性短缺。老龄化现象在新技术与就业关系间的作用主要体现在：一是劳动力人口规模日益减少，推动人工智能技术快速发展，形成人工智能对就业的“补位式替代”；二是劳动力素质与人工智能技术发展不匹配，扩大了对复合型人才、中高等技术型人才的需求，从而拉大就业极化趋势。老龄化是推动人工智能发展的因素之一，并且智能化技术在生产中的应用可以对老龄化产生的经济增长放缓问题起到积极的补偿作用。

### （二）产业转型升级

劳动者与生产资料相结合的自然形式和就业容量取决于社会各产业所提供的就业岗位总量，因此产业结构是人工智能技术进步下的重要就业影响因素。在产业结构方面，我国当前正在向着创新驱动、内涵式发展、协调发展和绿色发展方向转型，需要运用创新型技术推进产业转型升级。我国颁布了一系列与人工智能技术相关的鼓励性文件，为新技术的发展提供保障，例如，国务院颁布《中国制造 2025》政策文件，旨在推进我国制造业智能化改造，实现制造过程智能化，提升其产品生产效率和质量。人工智能运用领域广泛，不仅包括制造业等传统行业，而且开始向服务行业渗透。一方面，人工智能技术在与我国传统产业融合的过程中，带来生产手段和工艺的创新，从而使生产效率得到有效提升，推动传统产业转型升级；另一方面，新型人工智能相关产业不断出现，从而产生新业态和新模式，由此推动产业结构转型升级。

（三）政府管制和法律监管

人工智能技术进步下的就业除了受人口、生产力发展和经济形势影响以外，还受产业、劳动等管理制度的影响。其中，通过政府和法律的管制影响人工智能技术发展，从而影响就业。政府和法律的管制作用主要体现在引导人工智能技术的发展方向，促进我国人工智能技术更多地发挥积极作用。根据已有研究成果，人工智能对产业转型、经济发展等起到较大的推动作用。我国政府在支持人工智能技术发展的同时，重视新技术在社会实践中可能带来的风险和后果，如人工智能在推动社会和经济发展的同时使得不平等现象加剧，技术使用目的的正当与否，“机器换人”带来的失业风险等问题。作为政府公共管理的一项重要内容，人工智能技术发展应当发挥服务社会和辅助人类的作用。在当下“弱人工智能阶段”，人工智能技术对就业的替代效应加剧了我国就业难题，部分劳动者面临失业风险，并且新技术带来新的岗位技能要求与多数劳动者现有技能不匹配的状况，使得就业群体朝着技能等级两端的工作岗位流动，在一定程度上引发了就业极化现象及收入不平等问题；在未来“强人工智能阶段”，将面临智能机器人在人类社会的人格赋予和伦理等方面的问题，包括智能机器人权利和义务赋予、身份认可、人类安全、人与机器相处原则等问题，需要对法律进行修订，以应对人工智能技术带来的新的风险。就我国而言，政府管制和法律监管在调整社会秩序中起到重要作用，能够对人工智能的发展产生一定程度的控制和约束效果，在满足新技术为各领域提供更优化的生产和服务手段的同时，也防止技术滥用，保障绝大多数人的利益，从而实现人类与智能机器和谐共处，维护社会秩序和提供安全保障。

## 二、影响机制和路径

现有文献中，较多涉及人工智能影响就业结果方面的因素，并且以定性或理论分析为主，实证研究较少。结合我国具体情境，本书主要从两个方面分析人工智能技术运用带来的新任务：一是从人工智能技术应用的积极作用出发，分析在人工智能技术供应链中创造的新的工作机会；二是根据人工智能对就业的消极作用，探讨缓解这一作用的因素，让就业者更好地适应新的工作任务。基于技术创新扩散理论，一项创新被采用主要依据五个方面的特征，即相对优势、相容性、易懂性、可试性、可观察性。

### （一）替代机制

在人工智能技术扩散的过程中，会造成对部分人类工作的完全替代，引发失业问题。在学术界的许多研究中提出就业极化现象，即人工智能技术的应用对部分中等技能岗位的替代较为明显，并不会大规模消灭就业机会，在对就业者提出新的技能要求的同时，带动就业人员工作岗位转移，引起岗位结构的调整。在人工智能替代中等技能岗位的过程中，使就业者不断朝着技能岗位两端转移，会进一步导致收入差距不断拉大。为促进被人工智能替代的就业人员适应新任务的要求，主要考虑四个方面的问题：一是技能结构的变化，需要实现员工个人技能转型；二是地域、行业和职业的差异性，不同地区人工智能技术的创造效应进度不同，员工技能提升速度存在差异，从事不同行业和职业的人群需具备的技能要求也各有侧重；三是员工情绪会影响其工作效率，企业应予以重视；四是企业对人工智能投资的意愿会影响创新扩散的效果。

在技术对就业的替代机制方面，受到学术界广泛关注的理论是“技能偏向型技术进步”假说，该假说强调，新技术的运用会增加对高技能劳动力的需求，而对低技能劳动力的需求在不断减少，从而导致就业者不断向技能密集型部门转移。在此基础上，西方学者提出了“程序偏向型技术进步”假说，认为比起对技能的需求，技术进步对就业的影响更多的是来自对工作任务的需求。程序性工作任务更容易被自动化，是因为其内容较容易通过智能化系统编写程序被大规模地复制，因此出现中等技术水平和收入阶层的就业人员被大量替代，以致引起就业和工资的两极分化现象。

（二）创造机制

人工智能技术逐渐成为一项通用型技术，学者在人工智能提高生产力和降低劳动力成本方面达成一致看法。各企业在运用人工智能技术的过程中取得积极效果，从而促进了技术创新扩散程度，带动包括供应商企业、人工智能研发企业、人工智能应用企业和相关企业等一系列人工智能相关产业链的内部再创新。第一，对于人工智能应用型企业，如医疗领域、餐厅服务领域等，人工智能技术能够完成心理压力强度大、工作内容繁重等类型的工作，将人类从这部分工作中解放出来，并转移到新任务的过程中，包括智能化设备使用培训、检查和维修等。第二，人工智能研发型企业的快速发展，一方面由于人工智能应用型企业对相关产品和设备的需求增加，从而运用到生产和服务中，提升其质量和创新度；另一方面来自消费者对日常生活中人工智能技术产品的需求量增加。基于这两个方面的需求，带来技术研发和产品设计等新任务的增加，即需要更多人员从事相关工作。第三，供应商企业需要为人工智能研发企业提供相应的材料，随着人工智能技术与相关产品的研发和创新需求增多，从而增加相应供应商企业工作量，并且人工智能会影响其生产和管理方式，创造新的工作任务。第四，人工智能技术在深入人们生活的过程中产生了新的消费需求，从而带动相关消费品提供类企业的出现，增加新的就业机会，以提供多样化的人工智能相关消费品，包括语音唤醒设备、智能计步设备、学习机器人等。

（三）重塑机制

与以往技术进步不同，人工智能技术在其发展过程中除了存在对就业的创造效应和替代效应以外，也会产生对就业的“重塑效应”。“重塑效应”指的是技术创新并不是将人类从原来的岗位彻底解雇，而是根据工作内容和技能要求的变动，对原来的就业结构进行重新塑造。在跟进时代潮流中，当前我国正处于“弱人工智能阶段”，人工智能技术的运用更多的是为了将就业人员从过去烦琐、乏味、沉重的工作任务中解放出来，推动人们从事与原先岗位相关的相对轻松的工作。针对人工智能技术产业链四类相关企业，人工智能技术对就业的重塑引起企业工作内容的变化：对于供应商企业，传统的生产工作由智能化设备完成，劳动者的工作内容转变为对生产过程的监控及管理；对于人工智能应用企业，各领域和行业的企业引进人工智能技术后带动工作任务智能化改造，例如，医疗领域的手术操作由智能化仪器完成，劳动者将完成智能机器的训练、调试和监测；对于人工智能研发企业和相关企业，在人工智能技术发展趋势下直接增加了对技术研发人员和相关企业工作者的需求。人工智能技术的“重塑效应”体现了技术创新并不会消灭人类的工作机会，在更新人类工作内容的过程中，产生对企业工作结构的调整，其理想状态是达到“人机协同”的工作模式，因此劳动者更需具备人机协同的任务知识、技能及其他必备特征。

在我国具体情境下，产业转型升级及缓解人口老龄化问题的需求都会推动人工智能的发展，为新技术在我国各行业和领域的扩散提供较大空间。同时，在政府和法律的管理与监督下，员工的权益同样会受到保护。当前，我国发布了较多政策鼓励人工智能的发展，为我国就业人员参与新工作提供了相应的支持和保障。基于上述分析，绘制中国情境下人工智能影响就业的整合理论分析框架（见图 2-12）。

## 三、本节小结

在人工智能影响就业的因素和路径方面，国内学者的研究大多还停留在对产生影响的现象进行描述，以及对以往技术进步方面的文献进行汇总和整理上。也有一部分学者对人工智能影响就业的因素进行了提炼，并根据已有理论推演得出结论，缺乏对理论模型的实证分析。在国外文献中，有较多学者从不同角度对人工智能如何影响就业进行分析，并运用经济学理论和模型进行论证，然而这样就不得不将人工智能与自动化技术混为一谈，因为以往的经济学原理大多适用于过去技术进步产生的影响。因此，

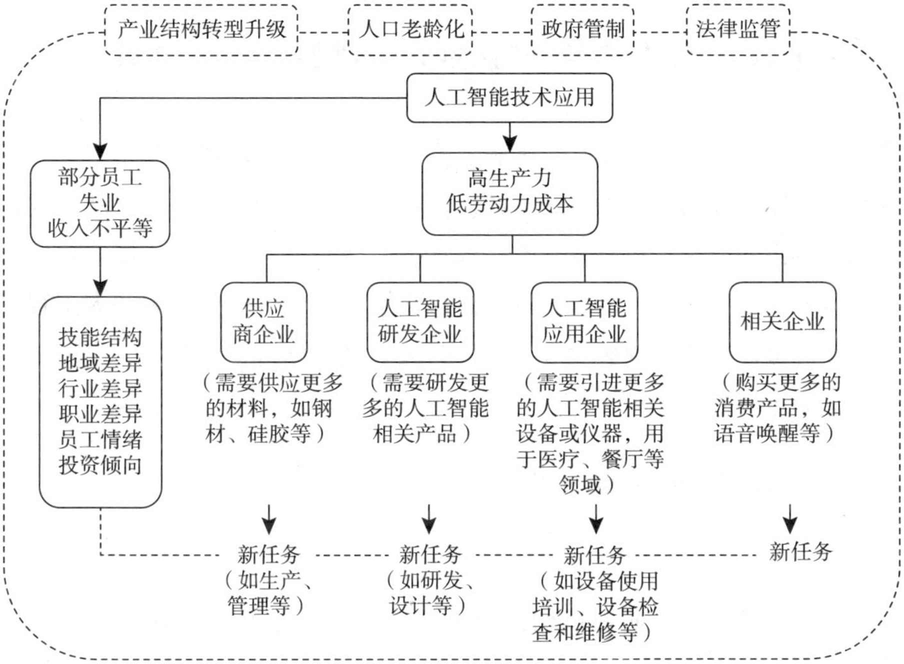


**图 2-12　中国情境下人工智能影响就业的整合理论分析框架**

关于人工智能对就业的影响还需要根据当前实际的案例和数据进行分析并论证，以产生新的适用理论。

本书根据现有文献并结合中国特有的情境，包括产业转型、人口老龄化、政府管制和法律监管，对人工智能影响就业的因素及作用机制进行梳理，构建了人工智能影响就业的理论整合框架。基于技术创新扩散理论，分别从创造机制和替代机制两个方面进行了分析：在人工智能的就业创造机制方面，新工作的产生源自三个部分，即供应商企业、人工智能技术研发企业和人工智能技术应用企业；在人工智能的就业替代机制方面，本书从四个因素，即技能结构、地域、行业与职业差异、员工情绪与投资倾向，分析如何促进被新技术替代的员工更好地适应新工作。这一框架主要从理论视角来研究我国特有情境下的人工智能就业影响机制，有待进一步的检验与证实。

## 第五节　人工智能对就业的影响效应及应对研究

人工智能对就业的影响结果和后果是什么？这一问题是学术界、产业界和政策制定部门共同关注的问题，但现有研究关于人工智能对就业的影响结果得出的结论存在矛盾和不一致性。归纳和总结现有关于影响效应与应对研究的相关文献，可以为本书提供借鉴和参考。本节将围绕人工智能对就业的破坏效应、创造效应、中性影响效应、结构影响效应，以及应对研究五个主题展开综述。

### 一、影响效应及应对研究

#### （一）破坏效应

国外学者和相关研究机构认为人工智能技术进步对就业产生负面影响，技术进步不仅导致就业减少，而且严重影响了收入分配和社会稳定。早在 19 世纪，马克思就认为："机器不仅在采用它的生产部门，而且在没有采用它的生产部门把工人抛向街头。"这是早期技术进步对就业抑制的认知。Clower（1965）、Malinvaud（1977）和 Fabien（2002）对技术进步给失业带来的影响持悲观态度，并提出了"技术性失业"这一概念，他们认为技术进步对就业的影响以直接破坏为主。Katz 和 Murphy（1992）借助供求框理论，分析了技术进步对就业结构的影响，认为技能偏好型技术进步将增加对高技能劳动力的需求，并导致低技能劳动力的失业率趋于上升。Aghion 和 Howitt（1994）认为，技术进步虽然提高了经济增长率，但对企业利润最大化和就业产生了相反影响；同时，他们提出了技术进步的"磨损效应"，即技术进步降低了现有工作岗位创造的价值，直接结果就是失业水平的提高。Rifkin（1995）提出了"工作终结论"，认为技术创新正把人类推向一个没有工人的失业境地，即使出现新的职位，大多数也是以临时性和低收入为主。Sachs 等（2012）指出人工智能将提供更高效的服务并且取代很多工人，导致大量失业。牛津大学的 Carl Frey 和 Michael

Osbourne（2013）在对人工智能可能取代的职业进行分类后得出47%的岗位可能被取代的结论。OECD（2016）研究认为，将有9%的就业机会在未来20年完全消失。世界经济论坛（WEF，2016）发布报告称，未来5年全球劳动力市场因机器人和人工智能技术的崛起，将导致全球15个主要国家的就业岗位减少710万个。Acemoglu和Restrepo（2017）分析了美国地方劳动力市场工业机器人的使用情况，认为机器人的增加会降低就业率和工资。Marta和Radostaw认为，人工智能给就业带来减少部分工作、减少对中等技能工人的需求、大量求职者需要通过财政支持赶上新的工作、高收入的制造业工作需求下降、新岗位的要求更加严格等消极作用。

国内学者认为人工智能技术进步会造成结构性失业，一些学者对替代规模进行了测算。国内学者总结了人工智能替代人类就业的两种测算方法：一是基于任务的方法，即区分了劳动技术和任务，一个职位包含多种任务，低劳动技能只能从事常规任务，高劳动技能才可以从事非常规任务，人工智能未来将替代全部常规任务和部分非常规任务；二是基于职位的方法，这也是目前多数学者在研究人工智能替代效应时采用的方法。他们通过对不同国家的人工智能对就业的职业替代率展开研究，发现尽管替代率有所差异，但是人工智能都会不同程度地替代人类的现有职业。受限于数据的可得性问题，国内学者对人工智能替代效应的研究仍较多偏于理论探讨。熊国荣和李贤秀探讨了人工智能对于新闻行业这一特定行业的影响，认为“机器人记者”会迫使新闻行业减少对记者的需求并增加对现有就业人群的压力。王君等（2017）认为，人工智能等新技术进步正在引领技术革命，从短期来看影响并不明显，但从长期来看将产生较大的就业压力。赵磊和赵晓磊指出在人工智能技术发展初期阶段，第三产业会吸纳第二产业被人工智能挤出的失业人群，但随着人工智能的进一步发展，第三产业就业人群也将面临人工智能的替代压力。龚益（2001）认为，技术进步会引起非熟练劳动力失业增加和熟练劳动力就业的增加，由此导致结构性失业出现。宋小川（2004）和张智勇（2005）认为，技术进步带来了经济增长的同时，导致就业机会减少。《中国人工智能行业发展前景预测与投资战略规划分析报告》显示，到2025年人工智能将创造140亿~330亿美元，其中包括因人工智能导致的工作自动化减少的90亿美元雇佣成本。麦肯锡的调查数据则给出了更直观的比较，如今的人工智能相比于18世纪、19世纪的工业革命对于人类社会的瓦解程度高达3000倍。马岚（2015）发现，工业机器人在中国具备了大规模普及和应用的条件，这将形成对传统劳动力的规模性替代。马洪君等（2016）提出机器换人势必增加就业压力，据预测，未来5年机器人对制造业简单重复劳动工种的替换率将达到25%。翟振明等（2016）认为当前处于弱人工智能阶段，虽尚未达到人类智能水平，但已经能够大规模替代人的体力劳动和基础性脑力劳动。鲍春雷（2017）认为，人工智能对就业的替代效应不可避免，对一些常规性、程序性工作岗位的冲击较大，人工智能的替代范围不只局限于蓝领岗位，一些白领岗位也面临被替代的风险。孙文凯等（2018）研究发现，由于我国的常规性就业占比远远高于发达国家，人工智能技术的大规模应用会给劳动力市场带来巨大冲击。蒋南平，吕荣杰等（2018）对人工智能的就业效应持悲观态度，认为人工智能技术将会大量替代人类岗位，从而带来失业问题。张于喆（2019）认为对我国而言，从短期来看，更多负面影响将来自机器人对从事中低技能工作人群的冲击；从长期来看，当人工智能技术进入应用扩散阶段时，很有可能引发链式反应并导致我们无法预测和控制的复杂困局。

（二）创造效应

国外大多经济学家认为人工智能技术进步对就业具有补偿性，共性的认识是技术进步提高了劳动生产率，降低了商品的生产成本和价格，以此刺激总需求，从而增加就业机会。人工智能既能产生替代效应，也能凭借新兴产业发展机遇创造新的就业岗位。早在18世纪，古典经济学家亚当·斯密就认为机械发明提高了劳动生产率，促进了就业。萨伊定律认为供给会自动创造需求，受技术进步解雇的工人会重新被吸收。Pissarides（1990）提出了技术进步的就业创造机制。Carnoy M.（1997）认为，即使技术进步在微观层面产生了就业的损失效应，这种损失也通常被产出增长所导致的创造效应抵消。Clas Erikson（1997）发现技术进步在长期不存在对失业的挤出效应，仅在短期有可能导致摩擦性失业水平上升。Pini（1997）认为在既定的名义收入水平下，技术进步降低商品的生产成本和价格，并刺激总需求，从而引致产出和就业增加；同时分析了收入效应，认为这些变化将导致对消费品需求的上升，并通过长期积累的效果对就业总水平产生强有力的补偿。Martech（2013）在研究中发现，在21世纪初，美国的制造业出现了很多工业机器人，但是这并没有导致美国制造业出现大规模失业，反而增加了部分就业岗位。Brynjolfsson 和 Mcafee（2015）指出，机器人的出现使得数据处理能力大大加强的同时产生了对从事数据分析的人类工程师的岗位需求。伦敦市场调研机构发布的《工业机器人对就业的积极影响》报告认为，工业机器人对就业实际上产生了积极而非消极影响，并认为未来5年机器人将为全世界创造100万个更高质量的就业机会。Autor 和 David（2015）认为在中短期内，自动化和智能机器人将替代部分劳动岗位，但一些岗位工作如中等水平的数字、文字、解决方案，仍需要人类协助处理。Alan Dorich（2016）通过研究美国的工业机器人产业发现，焊接机器人的开发和引进能够增加企业的工作岗位。Gaggl 和 Wright（2017）通过实证研究的方法阐述了人工智能创造新岗位的必然性。Marta 和 Radoslaw（2018）认为，人工智能可以创造高技能的新工作机会，促使员工从事非常规决策和任务的工作，简化工作流程，高技能工作变得具有内在激励作用，使更多技能成为可能。

国内学者对于人工智能技术进步对就业的创造作用开展了大量的实证研究，得出较为一致的结论，认为人工智能技术进步以直接创造就业岗位和间接关联带动效应方式增加了就业。齐建国（2002）、王诚（2002）等通过分析认为技术进步创造了就业。葛新权和金春华（2004）通过生产函数测定得出相似结论。罗润东（2006）认为，随着技术的不断进步，将出现非技能劳动力的“无限供给”和技能劳动力的“无限需求”，使就业结构发生变化。罗军（2014）认为，我国劳动力就业的拉动作用随着研发投入的增加而增加。鲍春雷（2017）认为，人工智能发展对就业具有较强的创造效应，人工智能快速发展会促进经济发展，继而创造更多的就业岗位；人工智能产业发展对其他产业具有关联带动效应，产生了新的就业机会；人工智能发展带来工作效率的提升，继而降低成本、增加需求。一些学者同样持积极态度，认为人工智能将创造更多新的就业岗位，并且从长期来看，其创造效应大于替代效应。李亢（2018）认为，人工智能带动的"机器换人"有效缓解了中国目前的用工紧张状况，创造了许多新的更高质量的就业岗位。猎聘发布的《2019 年中国 AI & 大数据人才就业趋势报告》指出，全国人工智能人才需求呈快速增长态势，2019 年该领域的人才需求约为 2015 年的 12 倍，其中机器学习和数据产品经理岗位人才需求最多，深度学习、算法工程、数据分析师、图像处理、数据仓库、机器视觉、自然语言处理、数据架构等岗位人才需求呈逐年递增趋势。广东省东莞市随着一批高科技企业的入驻，"无人车间""智能车间"密集出现，人才需求结构悄然发生变化，对技能较高的产业工人的需求逐渐增多，2017 年东莞市城镇新增就业人口超过 8 万人。

（三）中性影响效应

与上述观点不同，一些学者认为人工智能技术进步对就业具有吸纳和排斥的双重效应，以及明显的就业质量改善效应。王君等（2017）认为，技术进步对就业总量的影响具有拓展性，一方面，技术进步提高了劳动生产率和资本生产率，在直接减少就业岗位的同时，导致资本对劳动的替代，对就业造成冲击。另一方面，技术进步及其广泛应用会创造新的就业岗位，对就业产生正向创造效应；同时，技术进步能够显著降低劳动强度，提高劳动生产率，改善工作环境，提高劳动者的报酬、工作舒适度和满意度，整体上具有明显的就业质量改善效应。人工智能技术进步对就业的影响分为短期和长期两个方面，刘春燕（2010）认为，在短期内技术进步会导致一些行业的就业减少，但在长期内又会促进就业的增长。王君等（2017）认为，技术进步在时序上对就业影响具有阶段性差异，在技术进步大导入期，破坏效应明显；在拓展期，创造效应凸显；在衰退期，对就业的影响减弱。人工智能技术进步对就业人群的影响存在极大的非对称性，导致就业结构性矛盾凸显。王君等（2017）认为，从人工智能技术进步的长期趋势来看，技能偏向型技术进步已成大势所趋，导致对高技能劳动力需求的增加和对低技能劳动力需求的降低，最终造成高技能人才资源稀缺和低技能劳动力就业困难的结构性矛盾。一些学者指出当前人工智能对就业同时存在替代效应和创造效应，其总效应尚不确定。

（四）结构影响效应研究

国内外学者认为，人工智能对就业结构的影响分为通过宏观层面对产业结构的间接影响和通过微观层面对职业结构的直接影响带来的就业结构性变化。从宏观层面来看，人工智能通过产业结构引发就业在产业间重新分布。从第一产业来看，美国、加拿大等国家人工智能技术的应用对农业人口就业并没有太大影响，因为这些国家农业机械化程度本身就很高，农业人口就业占比很小。对于劳动密集型国家如中国或东南亚国家，人工智能技术如智能播种、施肥、收割等的应用对农业人口的就业存在不同的影响效应。农业的智能化将减少对就业人口的需求，农民将从土地上转移出来，进入第二、第三产业。从最早受人工智能影响的第二产业来看，杜传忠和许冰（2018）认为，随着人工智能技术的不断进步和应用的推广，传统制造行业的可就业人数将不断萎缩。尹振宇和吴传琦（2019）认为，随着人工智能的发展，制造业雇用工人将会越来越少，真正的“无人工厂”将成为可能，第二产业的就业方向将更多集中于销售和技术等部门。就第三产业来说，Autor（2013）等认为，随着人工智能的发展，从制造业领域流出的劳动者将转移到服务业领域从事低技能服务，进而造成服务业就业人口过剩。从微观层面来看，人工智能直接影响对不同职业的就业需求。在受到人工智能技术影响的具体领域方面，Frey 和 Osborne（2017）认为，在管理、商业、金融、计算机、工程、科学教育、法律、社区服务、艺术、媒体、健康保健等领域的工作，受计算机化影响较小；在服务、销售、办公室、行政支持、建筑、制造、交通和物流领域的工作，受计算机化影响较大。工程、科学等职位基本不会受到影响，因为这些职业存在不可替代性。Benjamin 采用了与 Frey 和 Osborne 相同的研究方法研究了计算机化对日本劳动力市场的影响，得出未来日本有一半以上的就业机会将受到冲击。总之，第一产业和第二产业受人工智能影响将在创造新岗位的同时将部分劳动力转移到第三产业，一些职业也会受到严重影响。

（五）应对研究

创新和技术进步推动的经济增长对就业的影响存在着双重作用，即“创造效应”和“冲击效应”，一方面可以创造新的就业岗位来增加就业量；另一方面使某些岗位消失，从而导致失业，而“冲击效应”是劳动政策关注的重点。国内学者针对技术进步产生“冲击效应”的原因，从市场机制和政府调控两个方面提出政策建议，包括：①促进技术创新，缩小不同技能劳动力的收入差距；②积极参与国际经济分工，促进产业结构升级；③完善和升级产业结构，加大产业发展与技术融合，改变增长模式；④增加对技能的投资，消除人力资本投资阻碍，提升劳动力技能水平，改善劳动力供给中的技能结构；⑤充分发挥政府的调控作用，利用行政或税收及制度设计方式调整要素收入结构，采用转移支付手段调节收入再分配以抑制收入差距扩大；⑥加强失业和就业监测，建立失业预警机制和基本收入制度，为失业者提供基本经济保障；⑦优化高校专业设置，根据未来产业发展需要，加快设置和发展相关专业，加强职业技能培训，重视对传统产业工人进行技术技能升级培训、转岗转业培训；⑧消除情绪化、非理性化的恐慌心理，唤醒社会集体意识来应对人工智能时代的到来；⑨建立人工智能安全发展、符合伦理发展的监督机制。

## 二、本节小结

近年来，人工智能技术因其运用领域广泛，在一些特定工作任务中远超人类能力极限，而受到国内外各行业的重视。以无人驾驶、智能机器人为代表的人工智能技术发展迅速，深刻地改变了人们的工作方式和生活方式。与以往技术进步相比，人工智能不仅对以制造业为代表的机械化工作产生影响，而且将进入以服务业为代表的情境类工作任务中。在改变生产和生活空间的过程中，人工智能给当前的就业结构带来一定程度的“重塑效应”，同时对就业市场的技能结构和进入门槛产生冲击。

新技术对就业的影响在学术界一直是学者探讨和争论的焦点。经济和管理领域的学者主要将人工智能对就业的影响分为四种：一是破坏效应，即对人类劳动力的替代；二是创造效应，即创造新的工作机会；三是中性效应，即人工智能技术进步对就业具有吸纳和排斥的双重效应，以及明显的就业质量改善效应；四是结构影响效应，人工智能对就业结构的影响分为通过宏观层面对产业结构的间接影响和通过微观层面对职业结构的直接影响所带来的就业结构性变化。

然而，随着技术创新不断取得新进展，人工智能技术对就业的影响呈现复杂性特征，主要表现为：一是短期和长期对就业的不同影响，二是不同发展阶段对就业的不同影响，三是基于地域、行业或职业特定情境下的不同影响。“破坏效应”和“结构效应”是劳动政策关注的重点，国内学者针对人工智能技术进步产生“冲击效应”的原因，从市场机制和政府调控两个方面提出应对的政策建议，对就业结构与就业质量的影响和应对策略还有待深入研究。

## 三、研究述评

人工智能对就业影响的研究是近年来兴起的话题，其根源来自技术进步对就业的影响研究。关于技术进步对就业影响的研究可以追溯到古典经济学时代，以李嘉图为代表的古典经济学家普遍认为，技术进步对就业的影响具有两面性。马克思从生产力和生产关系角度出发，提出了关于技术进步与就业关系的科学理论。熊彼特试图以创新理论和经济周期理论从结构角度分析技术进步对就业的影响。目前的研究针对技术进步的破坏效应、创造效应、中性效应，以及技术进步对就业影响的应对政策建议等展开了理论分析和经验检验，为研究人工智能技术进步对就业的影响及其应对政策奠定了坚实的理论和实证基础，但仍存在一些不足。

第一，针对北京市的经济社会情境研究不足。面向中国国情与实践，在引进和应用西方理论及模型的基础上，针对人工智能对就业影响这一新现象面临的情境进行改进和创新。人工智能技术进步对就业的影响并非孤立的，而是与政策体制、经济环境、社会文化等因素密切相关，北京市的经济社会发展现实具有不同于发达国家及其他地区的趋势与特点，人工智能技术进步方式、制度环境、应用场景等也存在差异。北京市建立全国科技创新中心、着力发展高精尖产业，产业高端化，并在疏解人口等政策下，产业结构与劳动力结构不匹配的矛盾凸显。

第二，人工智能对就业影响的“异质化”和“动态性”研究缺乏。当前，对技术进步影响就业的研究大部分从宏观层面的整体技术进步开展，缺乏对于具体行业细分领域、职业、人群影响的异质性精准分析，针对人工智能对北京市就业总量的影响及对不同行业、职业和群体结构的影响，与人工智能技术规划阶段相匹配的劳动力市场供需未来预测未见有相关研究。同时，技术进步对就业影响的总效应取决于替代效应和创造效应的动态变化，现有研究大多为静态研究，缺乏不同时序两种效应的动态变化研究。

第三，人工智能对就业影响内在机理的理论分析欠缺。国内关于技术进步影响就业的研究主要有技术进步影响就业总量、结构和劳动力素质三个方面。以对现象及规律的描述为主，缺乏对现象背后理论机制的深入探讨。同时，从产业与劳动力结构动态匹配及解决就业结构性矛盾的视角，考察人工智能技术进步减少和增加就业的过程机制、路径的理论研究不够深入。人工智能比以往技术进步更具复杂性、多样性和不确定性，依据以往经验数据得出研究推论与现实证据并不完全吻合。因此，这些理论在人工智能应用场景下的适用性，以及在中国情境下的独特性都有待进一步拓展和丰富，亟须在理论创新的基础上探索并构建人工智能影响就业的路径和机制。

第四，对人工智能应用场景下劳动者心理影响的研究严重不足。人工智能技术的发展不是要取代人，造成人类大规模失业，而是让人变得更有价值，让人从事更有意义的工作，获得更大的自由和更丰富的人生体验。从短期来看，人工智能的发展很难避免某些行业、地区出现局部失业现象，特别是在一个适应人工智能时代的社会保障和教育体系建立之前，这一“阵痛”在所难免。从长远来看，会引起整个社会工作结构的大规模调整，在调整基础上，人类工作会大量转变为新的工作类型，这个过程中劳动者需要适应人工智能技术的应用、人机协作的工作场景和工作方式，需要提高和转换知识技能。无论是短期可能发生的技术失业，还是长期的知识技能调整和工作转换，都可能对劳动者个人、群体和整体的心理造成一定压力与恐慌。此外，人工智能会导致社会性技术恐慌，导致劳动者对竞争加剧、不确定性风险增加、技术过度依赖、技术不安全等方面产生焦虑与担忧。Atkinson（2018）认为，技术恐慌呈“钟形”曲线。劳动者的心理对其行为和效率具有重要的预测作用，但有关人工智能这一新现象对劳动者整体、群体和个体心理影响的研究严重不足。为帮助劳动者适应人工智能技术发展，提高就业质量、心理健康水平和工作效率，需要研究劳动者面临人工智能技术进步的情绪反应、心理状态、心理压力阈值。上述研究对提出以人为中心的政策体系也极为重要。

第五，体系化的应对政策和可操作化实现路径的研究断点（见图 2-13）。国内学者针对人工智能技术进步对就业影响的对策进行了探索，但针对的是产生的原因，从某一角度提出对策，缺乏对政策的“体系化”设计，对如何制定政策目标，如何根据人工智能发展的不同时段针对不同群体的负面影响进行精准施策，如何完善技能结构的供需匹配，如何实现多种政策的协调和良性互动等的系统化政策研究不足。同时，缺乏对政策的“全链条”研究，即构建涵盖“政策预测与模拟、政策实施、政策后评估”全链条的精准化政策，特别是对可操作化实现路径的研究非常缺乏。

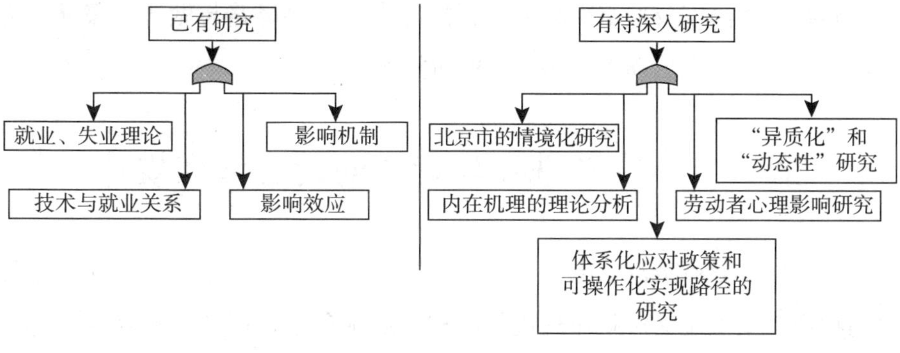


**图 2-13　研究进展与文献缺口**

# 第三章

# 技术进步对就业影响的历史考察与国际比较研究

本章首先根据演化经济学家佩蕾丝的技术演进过程阶段划分方法，划分技术演进过程，深入分析蒸汽、电子、信息、互联网、人工智能每个技术革命阶段的特征、表现及其对就业的影响规律，并进一步梳理技术进步与就业关系的动态演进过程，旨在发现技术进步与就业的动态演变规律。其次比较分析人工智能产业较为发达的国家如美国、德国、日本，以及国内人工智能产业发展迅速的城市如上海、深圳等人工智能产业发展现状、对就业的影响及应对政策，分析发达国家技术进步引致的就业弹性变化规律，归纳上述国家及城市面临人工智能冲击的应对思路与做法，探寻人工智能背景下北京市劳动力市场未来的对标城市。

## 第一节　技术进步与就业的动态演变规律

本节通过分析蒸汽、电子、信息、互联网、人工智能每个技术革命阶段的特征、表现及其对就业规模、结构、质量三个方面的影响规律，进一步梳理技术进步与就业关系的动态演进过程，旨在发现技术进步与就业的动态演变规律，以及人工智能技术进步对就业影响的特殊规律。

## 一、不同技术革命阶段对就业的影响规律

### （一）蒸汽时代

1. 技术革命的阶段特征及表现

18 世纪 60 年代至 19 世纪 40 年代，爆发了第一次工业革命，即蒸汽技术革命，以英国发明的珍妮纺织机为标志，形成了以蒸汽机技术为主导的技术创新体系，并在欧洲各国得到传播。蒸汽机作为这一时期的通用型技术，被广泛运用于纺织业，并被逐渐推广至瓷器生产等较多领域，极大地推动了生产力提升，大量替代农业、手工业等行业对人力劳动的需求，产业结构向工厂机械化转型，对英国工业的发展起到了积极的推动作用。

根据这一时期的历史情况，新技术的运用引发了失业现象，然而失业对国家经济的影响持续时间较短，技术对就业影响比重极小。从长远来看，技术进步对就业产生的积极影响远大于消极影响，根据学者的研究，其原因主要为在资本主义工业化早期，技术进步主要替代低技能型工作，如纺织业和矿山开采等行业，对于技术性行业未产生较为明显的影响。

2. 蒸汽技术革命对就业的影响规律

关于蒸气技术对就业总量的影响存在较大争议，在工业革命开始阶段，随着生产率不断提高，人们普遍认为雇用人数会大幅下降，在理论界研究者持相反的观点；然而在 19 世纪上半叶，失业率不断提高使得许多经济学家展开辩论。李智明（2018）对第一次工业革命产生的失业现象进行归纳后认为，一方面，在 18 世纪中期以后，西欧国家的出生率逐渐超越死亡率，从而导致新增人口增长迅速，这为劳动力市场创造了更多潜在劳动力。数据显示，1700—1800 年，英国人口总数增加了 300 万，并且有 70%~90% 比例的增长人口都发生在后半期，即工业革命时期。技术进步为雇主节省了劳动力成本，而劳动人口数量增长需要更多就业机会，二者间的冲突使得部分劳动者失业。另一方面，从这一时期的雇用结构来看，由于机器使得劳动简单化，童工雇用比例几乎与成人

雇用比例相同，并且童工的雇用成本低廉，导致成人的工作机会被挤占，工人失业率提高。

蒸汽技术运用对农业、手工业等领域产生较为明显的替代作用，促进工业的发展，使劳动力由农业向工厂转移。在工业革命开展前，英国的农业劳动力占比为70%~80%。蒸汽技术的发明与运用引起一系列相关技术创新成果诞生，农业生产工具得到改良，对人类劳动力的需求大幅下降，从而使得部分剩余劳动力向城市大规模流动。与此同时，工业部门因技术手段的更新带动制造业的产生和发展，扩大了第二产业的生产规模，在提高生产效率的同时增加了对人力劳动的需求。数据显示，经历第一次工业革命后，英国农业就业比重为18.7%，与以往相比减幅显著，而工业就业比重为43.6%，呈现较大的增长幅度。在这一时期，就业结构的变化主要表现为第一产业就业比重大幅下降，第二产业就业比重快速上升，农业、手工业中由新技术替代的大量劳动力向制造业流动。

在第一次工业革命中，就业质量的变化主要体现在工人工资水平的提升上。以蒸汽机为代表的新技术使近代工厂制度得以确立，在提高生产效率的同时，促进雇主剩余价值率的增加，从而促进第二产业快速发展。工业生产规模扩大为劳动者提供了大量就业机会，并相应地提高工人的工资水平。过去从事农业生产的劳动者收入水平仅能够为其基本生活需求提供保障，与从事工厂生产的劳动者存在较大差距，在一定程度上拉动了劳动者整体收入水平的提升。

综上所述，蒸汽时代对就业的影响体现在：一是从就业数量来看，蒸汽技术的应用带来失业现象，并在一定阶段出现失业率上升，就业总量的变化趋势是先下降后上升；二是就业结构变化，劳动力就业由第一产业向第二产业中资本密集型的纺织、冶金等制造业转移，第一产业就业下降，第二产业就业增加；三是就业质量，劳动者整体收入水平提升（见图3-1）。

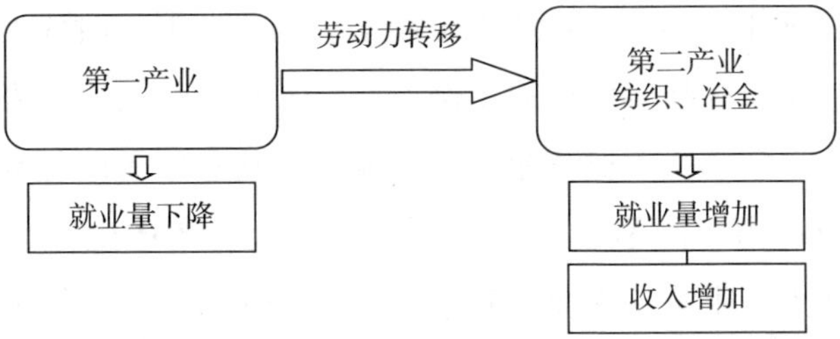


**图 3-1　蒸汽时代技术对就业的影响规律**

（二）电气时代

1. 技术革命的阶段特征及表现

19 世纪 70 年代，电力的广泛应用，尤其是发电机、内燃机的发明，标志着第二次工业革命的到来，汽车、轮船、飞机、电话、电灯等新技术产品不断出现，自然科学技术开始与企业生产紧密结合。从技术发展催生的新兴产业来看，与蒸汽时代产生的纺织、冶金等资本密集型产业相比，电气时代的新兴产业主要是电力、汽车、飞机等技术密集型产业，大量劳动力由农业、纺织等传统部门转向新兴部门。在此期间，第一产业就业比重不断下降，第二产业就业比重不断上升，第三产业就业比重也有所上升。自然科学技术的发展使工业生产方式得到极大的改进和重塑，推动了企业规模化、集中化的生产（如福特公司的流水线生产），极大地促进了企业生产力的发展，与此同时，垄断组织开始出现。

2. 电气技术革命对就业的影响规律

从就业数量来看，电气技术的不断发展使得汽车、轮船等新型机器不断出现，同时造成了马夫、船夫等职业的消失，导致就业率的下降；但从整个社会就业量来看，电气技术的发展也拓展了就业领域，增加了就业机会，例如，新兴产业中汽车、轮船、飞机等的制造、运用与维护对劳动力产生的大量需求，企业由于规模化、集中化生产带来的对管理岗位的需求等，都会提高全社会就业率。

从就业结构来看，一是电气技术的发展改变了就业技能结构，技术密集型产业的兴起对技术工人的需求大大提高，而企业的规模化、集中化生产也对具有管理能力的劳动者产生了需求。因此，电气时代的就业技能结构得到优化，中、高技能结构的比例上升。二是电气技术的发展改变了就业的产业结构，第二次工业革命后，农业机械化程度不断提高，从而释放大量的农业劳动力，而第二产业企业的规模化生产产生了大量劳动力需求，促使就业人口由第一产业转向第二产业，使得工人在职业结构中占据主导地位。同时，第二产业的发展带动了第三产业的发展，产生了对交通运输、金融服务等方面的需求，从而使第三产业的就业比重得到提升。三是电气技术的发展改变了就业的区域结构，技术的发展推进了城市化进程，使得大量劳动力由农村转向城市。

在就业质量方面，电灯的发明改善了劳动者的工作环境，技术岗、管理岗的增加也充分发挥了劳动者的能力。另外，虽然电气技术的发展使得劳动者最大限度地脱离了农业体力劳动，但劳动者在生产流程上的被束缚程度大大提高。

综上所述，在电气时代，一是从就业数量来看，电气技术的应用带来局部失业现象，促进了新兴产业中汽车、轮船、飞机等行业就业率上升，就业总量增加。二是就业结构变化，体现在技能结构、行业结构、区域结构的变化上，其中技能结构优化，中、高技能结构的比例上升。劳动力就业由第一产业农业向第二产业工业中技术密集型的汽车、飞机等制造业转移，同时带动第三产业交通运输、金融服务等就业量增加，劳动力由农村向城市转移。三是就业质量，通过改善劳动环境、提升劳动者技能，就业质量得到改善（见图 3-2）。

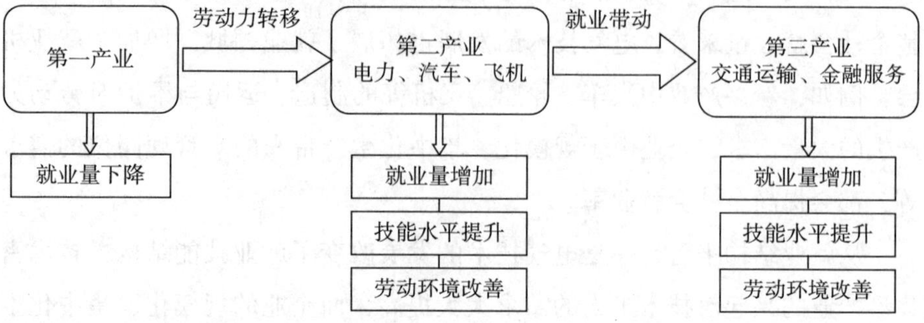


**图 3-2　电气时代技术对就业的影响规律**

### （三）信息时代

1. 技术革命的阶段特征及表现

第三次技术革命，即信息技术革命，从20世纪中期开始延续至今。经过战后恢复，以美国为首的新进工业化国家开始研发原子能、电子计算机、空间技术和生物工程等新技术，与以往两次工业革命相比，这一轮技术革命亚洲等新兴经济体参与其中，将新技术推广至全球。高奇琦（2019）将第三次技术革命划分为四个阶段：第一代到第四代计算机的研发、计算机的出现、互联网的出现，以及智能手机和移动互联网的出现。信息技术的运用范围较以往技术进步进一步扩大，涉及医学、教育、航空等较多领域，实现生产自动化、精细化。机器逐渐替代会计、律师等行业的高技能就业者，引起人们的失业恐慌。同时，被替代的部分劳动者能够通过培训、学习等方式提升自身技能，从而转到其他行业，在一定程度上缩减了失业数量。

2. 信息技术革命对就业的影响规律

信息技术对就业总量的影响仍然没有准确的定论，王君等（2017）将这一时期技术进步对就业影响的观点分为悲观派和乐观派。悲观派的观点主要为，先进工业国在提升本国技术水平过程中，已经形成了“减员增产”形式，在信息技术革命趋势下，失业率会进一步提高；而“乐观派”认为，技术进步在改造传统制造业的同时，促进了新产业的出现和发展，增加了劳动力需求，为社会提供更多就业机会。

就业结构的变化主要体现在信息技术对传统制造业进行改造升级方面，低技能型劳动力向中高技能转型。世界银行汇总美国、日本、法国三大产业的就业比重数据显示，1960—2000年，第一产业就业比重呈现持续下降趋势，第二产业就业比重呈现先上升后下降的倒“U”形态，而第三产业就业比重则为持续上升趋势。在信息技术迅速发展下，大量物质流经虚拟化后形成信息流，生产环节被进一步细分，生产方式由工业化生产转为社会化生产。以互联网技术为创新型的GPT，进一步加速了各行业和领域的自动化进程，更加强调技能水平，对体力类、机械化生产的低技能型劳动者需求减少。同时，信息技术的广泛运用产生较多新兴高技术产业，从而对高技能型人才的需求大量增加。谭友林（1999）对 1972—1991 年美国各类职业劳动者数量进行统计研究，结果显示，管理及专业人员总数在此期间增加了 687.3 万人，而操作人员和体力劳动者人数则减少了 68.1 万人。由此看出，在信息技术革命过程中，新技术的研发和运用推动第一、第二产业劳动者向第三产业岗位流动。

信息技术对就业质量的影响主要通过劳动者收入水平呈现，王子敏（2019）提出，互联网技术对劳动者收入的影响体现在两个方面：一是技能偏向导致技能溢价，从而使高技能劳动者收入提高；二是互联网扩大了工作检索范围，从而提高了高收入职位的获取概率，以增加收入。Krueger（1993）对美国具备计算机技能与不具备计算机技能工作者的收入进行比较，发现掌握计算机相关技能和知识的劳动者能够获得 10%~15%的技能溢价。Dimaggio 和 Bonikowski（2008）研究显示，劳动者收入水平会随其掌握的信息技术程度的上升而提高。

综上所述，在信息时代，一是从就业数量来看，还未形成一致结论，一些学者认为信息技术的应用会带来失业率的提高，另一些学者认为信息技术的应用会催生新的就业。二是就业结构变化，第一产业农业的就业比重继续下降；第二产业产生新兴高技术产业，制造业就业比重先上升后下降；第三产业现代服务业行业增加，就业比重持续上升。三是就业质量，随着信息技术对传统制造业的改造升级，提高了自动化水平，因此对高技能人才需求增加，提高了高技能劳动者的收入水平。信息时代技术对就业的影响规律如图 3-3 所示。

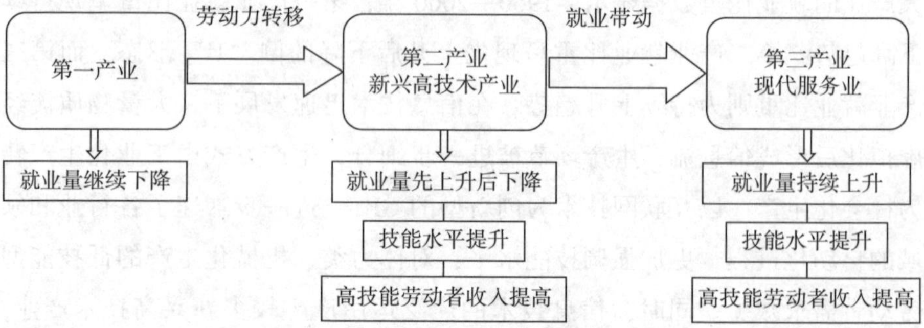


**图 3-3　信息时代技术对就业的影响规律**

### （四）人工智能时代

#### 1. 技术革命的阶段特征及表现

人工智能技术作为即将到来的第四次技术革命的 GPT，与之前的技术进步存在紧密的联系，并在其基础上不断更新和改进，但与以往三次技术革命的技术进步相比，人工智能引发的技术变革具有自身的独特性。人工智能具备深度学习、重复逻辑等方面的特征，不仅能够完成机械性、重复性等工作，而且随着学习阶段的推进，将大量替代逻辑性强、算法精度高的岗位，如会计、律师等。此外，人工智能影响就业呈现阶段性特征。我国学术界广泛接受的是将人工智能的发展阶段划分为“弱人工智能阶段”、“强人工智能阶段”和“超人工智能阶段”。有学者预测，2030 年将是“强人工智能阶段”与“弱人工智能阶段”的分界点，2045 年为人工智能超过人类智慧的“奇点”，2070 年为“强人工智能阶段”与“超人工智能阶段”的分界点。在“弱人工智能阶段”，智能化设备只能处理特定领域、重复性、逻辑性的任务，包括下棋、语音识别、人脸识别、指纹识别等；到了“强人工智能阶段”，人类的大部分工作均可由人工智能完成，人工智能将成为真正的通用型技术，在各领域的能力都能够与人类相当，甚至超过人类。“超人工智能阶段”，人工智能在科学创造力、智慧和社交能力等方面都比人类大脑聪明。Huang 和 Rust（2018）根据人工智能在服务业对人力劳动的替代，将其过程分为五个阶段，在前四个阶段显示了各领域工作逐渐被自动化的过程中，到了第五个阶段，则实现了人工智能对人类工作的完全替代。

#### 2. 人工智能技术革命对就业的影响规律

关于人工智能对就业总量的影响，学术界的观点主要分为三类：第一，部分学者认为人工智能创造了新的就业机会，对就业总量产生积极影响。Autor 等（2015）提出，从历史进程来看，在人类发展的过程中，自动化技术对就业总量没有产生大幅降低作用。杨虎涛（2018）在其研究中阐述，新技术的运用虽然在一定程度上对劳动力存在挤出效应，但没有减少对劳动力的总体需求，并且从长期来看，人工智能技术的发展不会对就业和收入造成较大冲击。第二，人工智能的就业替代效应更为显著，一些学者对人工智能技术与就业的关系持悲观态度。熊国荣等（2016）针对新闻记者领域的就业状况进行研究，认为“机器人记者”因其处理速度快将会大量减少在数据繁多领域及摘录性的工作。Acemoglu 等（2017）运用 1990—2007 年美国劳动力市场数据进行实证研究，结果显示，机器人的运用不断减少就业岗位，降低工资水平。然而，有学者的研究显示，人工智能对就业的替代效应不完全是消极的，可以用于解决社会难题。陈秋霖等（2018）根据我国老龄化情境对人工智能的劳动力替代效应进行了实证研究，结果显示，人工智能对劳动力产生“补位式替代”，并非“挤出式替代”。随着老龄化不断加深，劳动力人口日益下降，需要人工智能替代人类填补空缺职位完成工作任务。第三，还有学者在研究中表示，人工智能对就业数量的影响存在不确定性。Graetz 等（2015）发现工业机器人的使用对总体就业影响不明显，仅对高技能型人才的影响相对有利。由于各国当前处于不同的发展阶段，在面对人工智能带来的问题时存在较大差别，从我国人工智能发展现状来看，短期内人工智能技术对程序性强的工作任务影响突出，但长期则难以估计人工智能对就业的影响。

关于人工智能引起就业结构的变化，学者较多从理论模型构建或解释现象的角度进行研究。Autor 等（2003）构建了 ALM 模型，将生产任务分为两类，即程序化任务和非程序化任务。通过分析发现，智能化技术加剧了高、低技能劳动的分化，技能要求的变动带动了劳动力需求的改变，从而对就业结构进行调整。在此基础上，后期学者分别利用不同国家或组织的数据对 ALM 模型进行验证，研究结果与之类似。目前，人工智能技术运用范围的广泛性，使得对就业结构的影响更为复杂，不同行业领域的就业结构变动速度和程度存在差异。Aghion 等（2017）对人工智能发展过程中的“鲍莫尔成本病”问题进行分析，服务行业中技术进步速度相对于工业显得较为缓慢，从而使得工业中的就业岗位数量减少，服务行业中的就业岗位相对增多，导致跨行业的就业结构变动。朱巧玲等（2018）对人工智能技术进步与劳动力结构关系展开实证研究，认为人工智能的发展通过提升工作任务的技能要求，改善劳动力供给水平，优化劳动力结构。同时，现阶段较多学者关注技能结构引起的“就业极化”现象，由于人工智能技术的发展与人才匹配之间存在一定的滞后性，从而进一步加深了极化趋势。井上智洋（2018）在其《就业大崩溃：后人工智能时代的职场经济学》一书中，将职业分为“体力劳动”、“事务性劳动”和“脑力劳动”三类，构建就业结构重塑趋势，提出对应中等收入阶层的“事务性劳动”工作者正向着技能结构或收入水平两端的工作岗位流动。

人工智能对就业质量的影响，主要表现在对劳动者收入的影响。Autor等（2013）以1980—2005年劳动者收入作为研究对象，发现较多行业低技能劳动者的收入水平呈现停滞或下降趋势，而服务业中非大学学历员工的薪酬水平却相对于其他行业有所增加。Acemoglu等（2017）根据人工智能技术进步对劳动力的替代效应，提出在制造业领域工业机器人的运用会对该行业的就业水平产生较大的负面影响。周文斌（2017）提出，工业机器人所替代工作主要为三类：一是人类不愿做的工作，即简单的重复性工作；二是人类难以完成的工作，即危险性较大的工作；三是与人类相比，人工智能优势显著的工作，即对精度和效率要求较高的工作。人工智能带来的技能要求及工作结构两极分化，会引起劳动者收入的不平等性。此外，有部分学者关注工作环境、工作时间等就业质量要素的变化。人工智能技术的运用通过提高生产效率，减少了人类的工作时间，从而使人类有更多的闲暇时间来规划对自身有益的活动。

综上所述，在人工智能时代，人工智能技术对就业的影响更加深刻和复杂，一是从就业数量来看，仍未形成一致结论。总的来看，呈现阶段性变化，短期出现局部失业，长期对就业总量影响不大。二是就业结构，将引起社会就业结构的大规模调整，劳动者技能的转移升级现象更加凸显，整个社会就业极化效应更加明显，但极化的趋势与信息时代不同，被替代的第二产业中等技能劳动者不是向本产业的低技能岗位转移，而是向第三产业的低技能及第二产业的高技能岗位转移。而被替代的第三产业劳动者向本产业的高技能岗位转移，导致第二产业就业下降，第三产业就业有更大规模的增加。三是就业质量，通过提高生产效率，减少了劳动者的工作时间，提高了工作效率的意义，提高了高技能劳动者的收入水平（见图 3-4）。

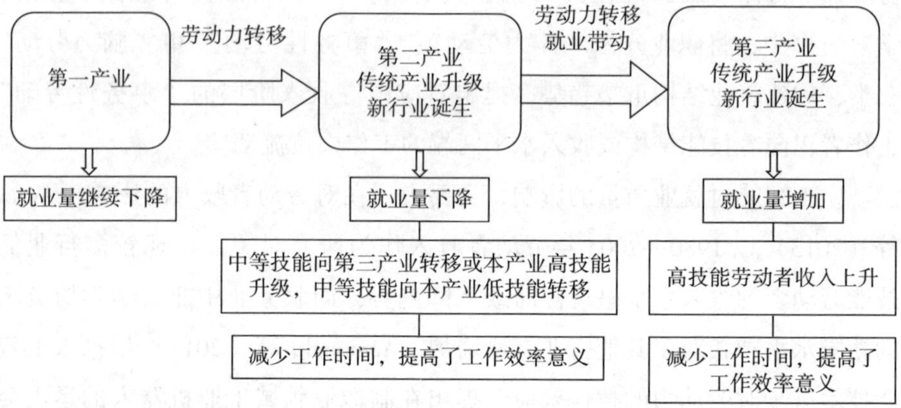


**图 3-4　人工智能时代技术对就业的影响规律**

## 二、技术进步与就业关系的动态演进过程

GPT 是指可以不断催生后续发明的技术，是影响行业发展的必要条件，历次技术革命都由不同的 GPT 主导。根据杜传忠等（2018）对工业革命影响就业结构机理的研究，将其分为三条路径：一是工业革命通过变革技术体系引发就业结构的变化，二是工业革命通过变革产业结构引发就业结构的变化，三是工业革命通过变革生产方式引发就业形态的变化。以往技术进步对就业的影响既具有共性，也存在人工智能作为高阶技术的特殊性和差异性。

第一次技术革命，以蒸汽机为主导的新技术主要影响的领域为农业和手工业，从事这一领域工作的劳动群体被大量替代，产业结构向工厂的机械化转型，从而引发就业结构的调整；在第二次技术革命过程中，以电气技术为代表的创新型技术出现，使得诸如交通、运输等领域的人力工作者被替代，而汽车、轮船等机器的出现引发企业对技术型工人的需求大量增加；第三次技术革命中以互联网技术为创新型的GPT，进一步加速了各行业和领域的自动化进程，更加强调技能水平，造成就业人员由低技能向中、高技能岗位迁移。人工智能技术作为即将到来的第四次技术革命的GPT，与之前的技术进步存在紧密联系，并在其基础上不断更新和改进，但与以往三次技术革命的技术进步相比，人工智能引发的技术变革具有自身的独特性。人工智能具备深度学习等方面的特征，不仅能够完成机械性、重复性等工作，而且随着学习的深入，将大量替代逻辑性强、算法精度高的岗位，如会计、律师等。也就是说，人工智能不仅对中、低技能岗位形成替代，还可能对部分高技能岗位形成替代。也有学者提出了产业价值链的“微笑曲线”和劳动力就业的“倒U形曲线”（见图3-5），呈现技术创新与就业的反向关系。

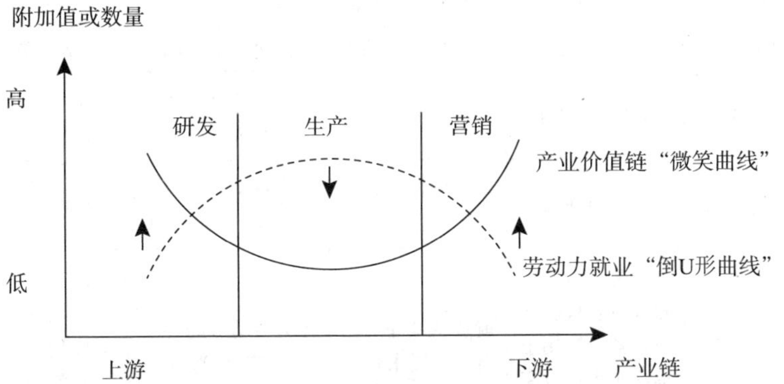


**图3-5 产业价值链与劳动力就业曲线图**

本书对四次技术革命对就业的影响进行比较，分别从涉及领域、特征、就业影响三个方面进行梳理和总结（见表3-1）。从技术进步的演进及劳动力市场的变化来看，每一轮技术革命都会对部分行业产生较强的替代作用，相应地在其他行业产生新的劳动需求。第一次技术革命，蒸汽机技术主要对以农业、手工业为首的体力类劳动产生破坏效应，反而促进了机械化、操作性、事务性劳动，以及研发性脑力劳动需求的增加；在此基础上，第二次技术革命进一步提升了制造业的生产效率，体力类劳动需求在这一阶段呈现进一步降低趋势，而操作类岗位劳动需求，以及脑力劳动需求随着技术进步呈现持续上升的状态；第三次技术革命，信息技术对传统行业进行改造升级的同时，将虚拟网络引入现实工作任务中，导致体力类、脑力类劳动需求下降，事务性劳动需求呈现先上升后下降趋势；第四次技术革命，人工智能技术显示出更强的通用性特征，对各行业的劳动力都存在替代的可能性，从而在全行业范围内造成体力、脑力和事务性劳动力需求均减少。结合井上智洋（2018）的划分思路，根据不同阶段技术进步对就业产生影响的变化，本书绘制技术进步与就业关系的演化路径图，如图 3-6 所示。

**表 3-1　四次技术革命对就业的影响**

| 技术革命 | 第一次 | 第二次 | 第三次 | 第四次 |
|---|---|---|---|---|
| 时间 | 1760—1850 年 | 1890—1900 年 | 1960 年至今 | 即将到来 |
| GPT | 蒸汽机 | 内燃机、电动机 | 计算机、互联网 | 人工智能 |
| 涉及领域 | 农业、手工业 | 制造业 | 医学、教育、航空等较多领域 | 主要是制造业，逐渐转向服务业 |
| 特征 | 生产机械化 | 生产规模化、集中化 | 生产自动化、精细化 | 生产和服务智能化 |
| 就业影响 | 体力劳动者被机器大量替代，同时机器的运用虽提高了生产效率但需要更多劳动力操纵机器，就业结构的转变体现为劳动者由农业和手工业领域转向机器大生产领域 | 就业人群扩大，劳动力需求量总体呈上升趋势，就业结构呈现运输类人力劳动者流向掌握技术运用的技能型劳动者 | 体力劳动者的替代效应更为显著，从事专业领域的脑力劳动者需求量增加，就业结构开始出现就业的“两极化”现象 | 替代领域扩大，不仅中低技能的劳动者存在被替代的风险，高技能的脑力劳动者也在一定程度上受到影响，同时创新型劳动者和智力型劳动者的需求比例增加，就业结构被重塑，人类的工作内容朝着“人机协同”的方向趋近 |

资料来源：笔者根据文献整理而成。

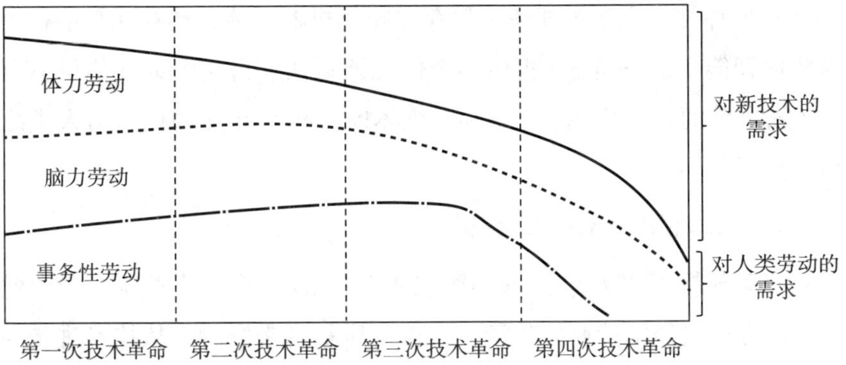


**图 3-6　技术进步与就业关系的动态演化**

## 三、人工智能影响就业的特殊规律

### （一）人工智能的独特特征

人工智能体（ Artificial Intelligence Agents）有自己的行为模式及生态反应，由算法（类似生命内部特质，生理和生化特质）及算法所在社会环境（外部环境，生态和进化）构成，与其他技术相比，具有以下特征。

（1）自主性。人工智能体根据算法及与任务环境的互动产生特定的行为，如智能驾驶汽车的变道、超车，对行人发出信号行为。

（2）学习性。具有超强的学习能力，既有建立在大量数据基础上的静态学习，又有通过与环境互动的动态学习，以及在自己经验中的习得性学习，如商品推荐算法可以根据对用户的选择学习来推荐产品，并实时更新。

（3）主动性。人工智能体可以塑造人类行为，影响人类及产生社会后果，如根据兴趣植入广告引导消费者购买特定产品，选择特定的电视节目，进行新闻内容推送，导致消费者视野和关注窄化，如网恋算法可能会影响婚姻制度。

（4）进化性。改进算法，提高算法精度，进行大量复制应用，如智能驾驶目标检测算法能传播到其他数百万辆汽车上。

（5）群体性。人工智能体不仅存在智能机器个体，还存在智能机器群体（集体智能）和混合人-机体。个体强调算法、群集，即智能机器群体强调机器之间的相互作用，混合人-机体即人机交互强调机器与人类之间的相互作用。

### （二）人工智能影响就业的特殊规律

从前文分析可以看出，每一次技术革命都会通过技术体系、产业结构、生产方式路径给就业的数量、结构、质量带来影响。从技术进步与就业演进的规律来看：在时间维度上，都存在影响的短期效应和长期效应，即短期存在明显的替代效应，出现失业率上升；长期则创造效应大于替代效应，每一次技术进步都将创造更多的新工作。在空间维度上，呈现的首先是“产业转移性”，即技术进步创造的新工作逐渐由第一产业向第二产业，再向第三产业转移；其次是“技术需求比例增大性”，对人的替代由体力劳动、脑力劳动，向事务性劳动方向转变。以上是各个技术革命阶段技术进步对就业影响的一般规律。

第一次、第二次、第三次技术革命可以称为“第一次机器时代”，始于18世纪蒸汽机的发明，机械机器通过大规模替代体力劳动任务实现了大规模生产。而以人工智能技术为代表的第四次技术革命，是前三次技术革命的升维，这一GPT的广泛应用，将推动经济社会向“第二次机器时代”发展，其对就业的影响表现出不同于“第一次机器时代”的特殊规律。

#### 1. 就业替代的“不确定性”和“阶段化”

纵观人工智能技术发展史（见表3-2），虽经历过数次波折、几起几落后得到蓬勃发展，但因人工智能技术本身仍然具有局限性和非线性，增加了技术发展的不确定性，导致人工智能对就业影响的不确定性，以及随着技术发展成熟度的不同所体现的“阶段性”替代差异，归纳起来有二阶段、三阶段和五阶段三种类型。

**表 3–2　人工智能技术发展史**

| 时间 | 人工智能技术发展 | 标志性事件 |
| --- | --- | --- |
| 1950—1956 年 | 人工智能的诞生 | 图灵测试、达特茅斯会议 |
| 1956—1974 年 | 黄金之年 | 第一个人工智能程序、Lisp 语言、机器翻译、模式识别、专家系统 |
| 1974—1980 年 | 第一个人工智能之冬 | 机器翻译失败、连接主义被遗弃、语音理解研究失败、大幅消减经费 |
| 1980—1987 年 | 人工智能的繁荣期 | 第五代计算机系统用于知识处理、决策树模型、多层人工神经网络 |
| 1987—1993 年 | 第二个人工智能之冬 | Lisp 机市场崩溃、专家系统溃败 |
| 1993 年至今 | 突破 | 机器学习、深度学习引起关注，深蓝、沃森、Siri、Alphago 等 |

首先是二阶段。我国学术界广泛接受的是将人工智能的发展阶段划分为“弱人工智能阶段”和“强人工智能阶段”两个阶段。井上智洋（2018）在《就业大崩溃：后人工智能时代的职场经济学》一书中认为，2030 年将是“强弱人工智能阶段”的分界点。在“弱人工智能阶段”，智能化设备只能处理特定领域、重复性、逻辑性的任务，包括语音识别、人脸识别、指纹识别等；在“强人工智能阶段”，到 2045 年，人工智能全面超越人类比较优势外的智能，人类的大部分工作均可由人工智能完成，人工智能将成为真正的通用型技术，在各领域的能力都能够与人类相当，甚至超过人类。

其次是三阶段。李开复和王咏刚（2017）认为，人工智能处于高德纳（Gartner）技术成熟度曲线的成熟上升期（见图 3–7），并将人工智能发展划分为弱人工智能、强人工智能和超人工智能三个阶段，每一阶段对就业的影响不同，在弱人工智能阶段，也称“限制领域人工智能”（Narrow Artificial Intelligence）或“应用型人工智能”（Applied Artificial Intelligence），专注于且只能解决特定领域问题的人工智能。总体上来看，人工智能技术只是一种技术工具，如果存在风险，也与其他已经大规模使用的技术没有

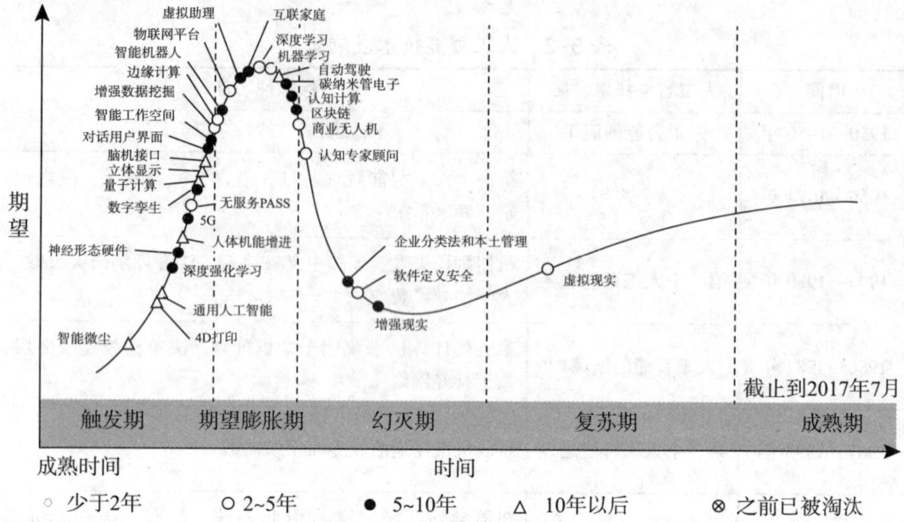


**图 3-7　人工智能成熟度曲线**

本质不同，只要严格控制、严密监管，人类完全可以放心使用。人与机器的关系是使用工具者与工具的关系。在强人工智能阶段，又称“通用人工智能”（Artificial General Intelligence）或“完全人工智能”（Full Artificial Intelligence）——人工智能可以胜任人类所有工作。强人工智能具有不确定性下推理、知识表示的能力，规划、学习、使用自然语言交流沟通、整合实现既定目标的能力，因而对人类劳动就业有更大威胁，人工智能可能成为与人类平等的另一工作种群（硅类员工）。在超人工智能阶段，人工智能在科学创造力、智慧和社交能力等方面都比最强的人类大脑聪明。霍金认为，工厂自动化已经让众多传统制造业工人失业，人工智能的兴起很有可能让失业潮波及中产阶级，最后只给人类留下护理、创造和监督工作。

最后是五阶段。Huang 和 Rust（2018）根据人工智能在服务业中对人力劳动的替代，将工作分为机械类、分析类、直觉类、移情类及所有人类工作或人机整合工作，并将替代过程分为五个阶段（见图 3-8），在前四个阶段显示了各领域工作逐渐被智能化的过程：第一阶段，机械类工作被替代；第二阶段，机械类、分析类工作被替代；第三阶段，机械类、分析类、直觉类工作被替代；第四阶段，对所有智能水平的工作形成替代。到了第五阶段，则实现了人工智能对人类工作的完全替代。

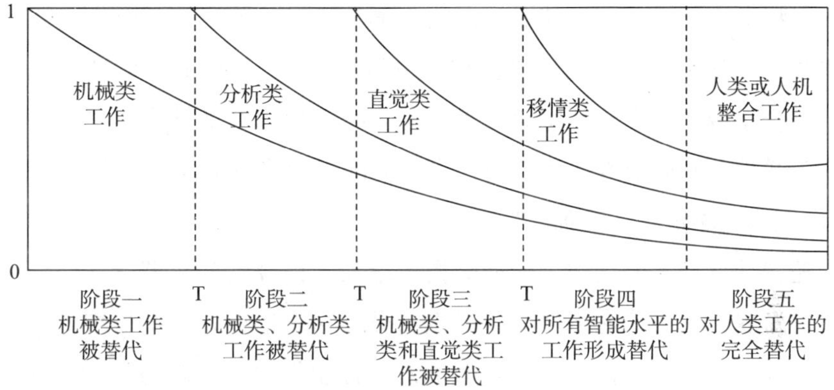


**图 3-8　人工智能五阶段模型**

2. 技术失业影响的“深刻化”

如前文分析，人工智能对就业的影响取决于人工智能技术的成熟程度及人工智能技术发展的阶段性，在“弱人工智能阶段”，机器只能娴熟地处理某一特定领域的工作，仅会对就业带来“量”上的影响，本质上与前三次技术革命的耕田机、自动检票机、自动取款机并没有太大区别。技术性失业最终不过是暂时性、局部性的问题，但人工智能技术与其他技术的显著差异表现在能够对复杂问题进行处理。Decanio（2016）基于 Houthakker 模型，研究了人工智能与就业的关系，认为二者的替代弹性大于 1.9，人工智能的应用对于劳动力工资有显著的替代效应。但由于提高了劳动生产率，节省了劳动力成本，消费需求随之扩大，导致就业的扩大，或者劳动者进行“劳动转移”，即转向服务业及新兴产业就业，技术性失业问题得到解决，因此技术性失业并没有发展为严重的长期性问题。

但是，当与人类具有同等智能的强人工智能得以实现并获得普及时，其带来的变化与前三次工业革命相比，对就业有“质”的影响，到那时，理论上所有的人类劳动都将被搭载人工智能的机器人替代，人类的情感、欲望、意识都能输入人工智能，原来认为人工智能无法取代人类的“创造性”“社会性智慧”“认知”技能，也将面临被人工智能取代。此时，就业结构将发生质的、颠覆性的变化，现有的法则可能无法适用，也无法预测未来将发生什么。其对就业的影响不再是“量”的影响，而是“质”的根本改变，这种影响将不再是短期、局部的，而是长期和颠覆性的。此外，融合了智能机器与数字化技术的人工智能比以往的技术进步更具复杂性、多样性和不确定性，因此对技术失业的影响将更加深刻。

3. 人机关系的“增强化”

随着计算能力的突破、数据的指数增长，以及新的机器学习、深度学习快速发展，人工智能不仅能执行机械类工作，还可以承担传统上完全属于人类领域的认知工作。然而，由于人工智能仍然有很多局限性，这就意味着人机关系不再是简单的“机器换人”呈现的完全替代人类工作，也不再是以“吞噬性替代”和“全新创造”为标志的“两分”时代，人工智能已经进化到人机相互增强的时代。一方面，人工智能极大地增强了人类的能力。人工智能模拟、延伸和扩展人类智力，旨在扩展和补充人类的能力，而不是减少或限制人类的能力，其应用有助于增强人类的能力和经验，帮助人类充分释放潜力。另一方面，人类极大地增强了机器的能力，机器完成相对常规和结构化的任务，人类则通过独特的能力，如擅长的直觉与常识推理来补充和增强机器的能力，让机器完成更加复杂和不明确的任务。增强（Augmentation）是机器向人类学习及人类自身不断学习的一个共同进化过程，人和机器在这种高级交互中不断迭代。在人机相互增强这一新的发展阶段，人和机器相互学习，提高各自的能力，人机优势互补，紧密合作执行任务。人机的这种相互增强、相互赋能将极大地提高工作绩效。

人工智能具有增强其他领域技术的潜力，是一种“使能”技术，随着人工智能与各产业领域的深度融合，正在形成“数据驱动、人机协同、跨界融合、共创分享”的智能经济形态，人机协同成为主流生产和服务方式，人机共生成为工作的重要特征，在人机共生的工作情境下人与机器各自发挥比较优势。人工智能的优势是从大量数据中发现规律，帮助人类完成只需要简单思考就能做出决策的重复性工作，在程序可量化、可标准化的工作方面，人工智能比人类完成得更好。而人类具有思考、创造、沟通、情感交流、协作精神、好奇、热情、志同道合的驱动力等独特性，有情感、明善恶、懂美丑，更擅长从事对创造性要求高的工作。人工智能与人类各擅胜场，预计未来人工智能会迅速占领所有标准化领域，而人类将在各种差异化、个性化产品和服务的供应中寻觅到新的擅长领地。

4. 工作的“重塑化”

人工智能处于快速发展的初级阶段，在这一阶段，人工智能很难对整体岗位进行替代，更多的是对工作任务的替代，工作任务的重新组合带来了工作的重塑化，给劳动力市场带来“重塑效应”，对就业结构产生深刻的影响。

以长期、全局的视角来看，人工智能发展会造成人类既有工作的替代，同时会创造新的就业机会，大多数工作不是消失了，而是转变为新的形式。这种工作转变不是以大规模失业为标志的灾难性事件，而是人类社会结构、经济秩序、就业结构的重新调整。在调整基础上，人类工作会大量转变为新的工作类型，从而为生产力的进一步解放、人类生活水平的进一步提高打下更好的基础。例如，随着人工智能最大的应用场景自动驾驶技术的发展，改变了整个汽车的产业生态，从而改变了就业生态。汽车产业生态可能发生以下变化：汽车整车需求增加；自动驾驶技术需要廉价、可靠的传感器如激光雷达、摄像机、GPS、惯性传感器，这可能成为一个千亿美元规模的大产业；道路改造升级，涉及庞大的固定资产投资和相关产业的升级；智能车上的数据服务、应用程序、导航服务、娱乐服务、远程服务、软件升级等服务性产业；自动驾驶技术驱动的共享汽车等新兴业务销售额将大幅增长。麦肯锡咨询公司预测，到 2030 年，自动驾驶技术的普及将为现有的汽车工业带来约 30% 的新增产值。随着产业生态的改变，就业生态也将发生调整，例如，大卡车司机、小车司机、公交车司机、交警等面临被替代的风险，但更多的工作，如智能汽车的研发设计、安全员、道路测试员、设备维修人员、新机器培训人员等新工作不断产生。又如，人工智能替代了翻译工作，过去负责繁重的翻译工作的人员将转而从事对智能设备翻译的内容进行审核、修改和完善。眼科手术医生在应用手术机器人后，主要工作任务由原来完成消毒、打麻药、做手术，转变为远程调参数、与患者沟通、安抚（安慰）患者及健康宣教。

从上文分析可以看出，人工智能必然引起社会就业结构的大规模调整，即便处在就业结构中层、高层的劳动者，也将面临人工智能技术的冲击，因此劳动者必须主动适应机器，即要迅速提升知识技能，以适应和匹配人工智能新技术对知识技能的需要，如医生必须适应与人工智能协同工作以提高诊断效率；银行柜员必须学会销售技巧及与智能机器协同的工作能力。但这种工作转换的结果并不等于大量从事简单工作的人必须勉为其难地完成高层次的分析、决策、领导管理等创造性工作，被机器替代的劳动者还可以朝着服务业需要与人沟通的护理、理发等服务性工作转变。政府要提供教育、培训帮助劳动者提高知识技能，帮助他们度过工作转型期和技能转型升级期。

## 四、本节小结

本节通过分析蒸汽、电子、信息、互联网、人工智能每个技术革命阶段的特征、表现及其对就业规模、结构、质量三个方面的影响规律，进一步梳理技术进步与就业关系的动态演进过程，旨在发现技术进步与就业的动态演变规律，以及人工智能技术进步对就业影响的特殊规律。

发现技术进步对就业影响的共性规律如下：蒸汽、电子、信息、互联网、人工智能每一次技术革命都会通过技术体系、产业结构、生产方式路径给就业的数量、结构、质量带来影响。从技术进步与就业演进的规律来看，在时间维度上，都存在影响的短期效应和长期效应，即短期存在明显的替代效应，出现失业率上升；长期则创造效应大于替代效应，每一次技术进步都将创造更多的新工作。在空间维度上，呈现的首先是“产业转移性”，即技术进步创造的新工作逐渐由第一产业向第二产业，再向第三产业转移；其次是“技术需求比例增大性”，即对人的替代由体力劳动、脑力劳动，向事务性劳动方向转变。

以人工智能技术为代表的第四次技术革命，是前三次技术革命的升维，这一 GPT 的广泛应用对就业的影响表现出不同于前三次技术革命的特殊规律，体现为：一是替代的“不确定性”和“阶段化”，二是技术失业影响的“深刻化”，三是人机关系的“增强化”，四是工作转变的“重塑化”。

首先，人工智能对就业的冲击是由人工智能技术变化速度带来的冲击，人工智能对就业的冲击速度和强度取决于技术创新与技术创新普及的速度，因此技术发展速度的不确定性带来了其对就业替代的不确定性。当前人工智能技术本身仍然具有局限性，这就增加了技术发展的不确定性，导致人工智能对就业影响的不确定性，以及随着技术发展成熟度的不同而体现的“阶段性”替代差异。

其次，当与人类具有同等智能的强人工智能得以实现并获得普及时，其带来的变化与前三次工业革命相比，对就业的影响不再是“量”的影响，而是“质”的根本改变，到那时，理论上所有的人类劳动都将被搭载人工智能的机器人替代，这种影响将不再是短期、局部的，而是长期和颠覆性的。

再次，人机协同成为主流生产和服务方式，人机共生成为工作的重要工作情景，人机增强成为促进增长的赋能手段。在人机增强过程中，要处理好人机的分工与协作及人机的双向适应：一是人类主动适应机器，即人的知识技能要迅速提升，以适应和匹配新技术对知识技能的需要；二是人工智能技术的研发和应用不仅要关怀人类，促进人类的发展，赋能人类对工作的美好体验，还要注意在研究人机共生中，机器应该具备什么能力才能更好地解放人类。

最后，人工智能会造成短期、局部的失业，但从长期、全局视角来看，通过“技术进步—产业生态改变—就业结构重塑”的路径，带来社会就业结构的大调整和工作形式的转换与重塑。

总之，在智能时代，不必过度担心“机器换人”对人的完全替代，人工智能作为“硅基新人类”广泛参与劳动，在工作场景处处与人共舞，解放人类劳动。而人作为“碳基人类”，一定会更加优雅、有尊严、智慧地享受工作和生活。

## 第二节 人工智能对就业影响的国内外比较研究

近年来，人工智能对就业的影响一直是国内外关注的热点议题，但不同的国家、地区，不同的产业发展水平，对就业造成的影响也不尽相同。美国、德国、日本等主要发达国家作为人工智能领域的引领者，比较、分析其人工智能产业发展现状、对就业的影响，以及国家采取的应对政策，对我国应对人工智能对就业造成的冲击有较好的借鉴意义。而上海、深圳作为我国人工智能的先导地区，比较、分析其在目前人工智能产业发展中对就业造成的影响，以及采取的应对政策，旨在为我国提供更加本土化的建议，同时找到能够对标的城市，以借鉴其经验。

### 一、国际比较研究

#### （一）美国

1. 人工智能产业发展现状

美国作为人工智能领域的主要引领者，目前正处于领先地位，本书主要从政策环境、科技产出、企业数量、投融资规模四个方面分析美国的人工智能产业发展现状。

（1）政策环境。为保持美国在人工智能领域的领先地位，美国政府不断出台相关的政策措施。2016 年，美国相继出台了以政府更好地把握人工智能方向为目的的《为人工智能的未来做好准备》、以促进人工智能技术发展为目的的《国家人工智能研发战略计划》、以剖析人工智能对经济与就业影响为目的的《人工智能、自动化与经济》三份报告；2018 年，特朗普政府在“人工智能峰会”上提出要将学界与产业界的力量整合起来，由政府协调，促进美国人工智能的发展；2019 年 2 月，特朗普正式签署了“美国人工智能计划”，要求联邦政府从资金、数据、项目等方面支持人工智能的发展。同时，美国着力推动与人工智能相关的法律和专门机构的设立，如推动《人工智能国家安全委员会法案》《开放政府数据法》等法律的设立，推动联合人工智能中心（JAIC）、人工智能国家安全委员会等专门机构的设立，为美国人工智能的发展提供重要的数据、资金等方面的支持。在资金支持方面，美国不仅将人工智能设为国会预算的重点投入领域，更有较为完善的资金支持渠道，保障人工智能领域的资金支持。

（2）科技产出。科技产出主要包含论文发表数量及专利数量两个方面。在论文发表数量上，由中国信息通信研究院于2019年发布的《全球人工智能产业数据报告》显示，在2009—2018年近10年，在全球范围人工智能相关论文发表数量呈现递增趋势，这表明人工智能的发展在全球范围受到广泛关注。其中，美国近10年人工智能论文发表数量占全球总量的20.4%，居于第二位，中国以22.7%的比例高居第一位。而从被引论文数量来看，美国是被引论文数量最多的国家，其次是中国。张鑫和王明辉（2019）指出，虽然中国人工智能相关论文相较全球质量较高，但与美国的差距还是较为明显的。在专利数量方面，《2019年人工智能行业现状与发展趋势报告》数据显示，2018年美国人工智能技术专利数量占全球总量的25%，居于第二位，中国以37%的比例高居第一位。但陈军等（2019）指出，中国虽然拥有的人工智能专利数量较大，但质量较低，美国的专利申请关注点在人工智能技术应用新兴领域，中国则更多关注传统领域，并且专利拥有者在美国以企业为主导，在中国却以高校为主导，不能贴近市场。

（3）企业数量。《全球人工智能发展报告（2018）》显示，2009—2018年，美国人工智能企业数量累计超4000家，排第一位，中国居于第二位。但从企业布局层次来看，美国的人工智能企业在人工智能技术的基础层、技术层、应用层的布局较为全面，而中国多集中于应用层，基础层及技术层涉猎较少。

（4）投融资规模。中国与美国在全球人工智能领域投融资额中占主导地位，《全球人工智能发展报告（2018）》指出，2018年美国融资规模达

135.93 亿美元，占全球融资总额的 38%；中国融资规模达 157.54 亿美元，占全球融资总额的 46.94%。《2019 年人工智能行业现状与发展趋势报告》指出，2019 年第一季度，在 16 笔全球单笔融资金额超 1 亿美元的交易中，中国企业占 6 笔，美国企业占 4 笔。由以上数据可以看出，美国人工智能融资规模排第二位，中国居第一位。但从资金流向来看，美国所融资金大部分流向基础层，而中国更注重应用层。

从美国人工智能产业发展情况来看，美国政府高度重视人工智能产业的发展，通过颁布相关政策，设立专门机构，完善资金支持、数据开放渠道等方式促进人工智能产业的发展；在科技产出方面，虽然人工智能相关论文数量与专利数量略低于中国，居于第二位，但质量较高；在人工智能企业数量方面，全球排名第一，且企业在人工智能基础层、技术层、应用层的布局较为全面；在投融资规模方面，美国人工智能融资规模在全球排名第二，但与排名第一的中国相比，其资金更多流向基础层。从以上分析来看，美国的人工智能产业发展状况仍处于世界领先地位。

2. 人工智能对就业的影响

目前，学术界普遍认为人工智能对就业既有创造效应又有替代效应，多位学者及一些权威报告也考察或预测了人工智能对美国劳动力市场的冲击。

（1）替代效应。Frey 和 Osborne（2017）对美国 702 项职业进行自动化替代风险分析，结果显示，47%的职业有被人工智能替代的风险。Richard Berriman 和 John Hawksworth（2017）预测，到 2030 年，美国将有 38%的工作岗位有很大风险被替代。而据 OECD（2016）估计，仅有 9%的美国职业会被人工智能完全取代。Acemoglu 等（2017）对美国 722 个通勤区进行工业机器人大规模使用与就业率之间的关系研究，研究发现，在每 1000 名工人中，每多出一台机器，就业人口的比例就会降低 0.18%~0.34%，同时工资会下降。据已有学者的研究，那些容易被人工智能替代的岗位通常是常规性、重复性的工作，而非程序性工作则会受益于人工智能（Autor & David，2015）。易被人工智能替代的人群通常具有低学历、低技能的特点。OECD 研究报告的作者指出，在容易被自动化的岗位，具有低于高中学历的美国劳动者中有 44%从事这些岗位，而仅有 1%的具有本科及以上学历的美国劳动者从事这些岗位，较低的教育水平通常意味着从事的工作技能水平较低。虽然人工智能对就业具有替代效应，但从目前人工智能发展来看，尚不能完全取代人类。

（2）创造效应。James Bessen（2015）通过美国人口普查数据，建立了职业自动化模型，指出自动化虽然影响了很多职业，但同时会创造更多与新技术相关的职业。舒亚琦（2020）指出，虽然人工智能对美国劳动力市场产生了一定的影响，但智能化与劳动力之间的互补性能够提高生产力，增加对劳动力的需求。美国白宫发布的《人工智能、自动化及经济》指出，人工智能的发展将使美国的经济潜力得到更好的释放。《全球人工智能发展报告（2018）》显示，美国在人工智能相关领域的投融资规模较大，2018 年人工智能融资规模达 135.93 亿美元，人工智能累计企业数量也在不断增长，从而产生更多的劳动力需求，使得人工智能对就业起到拉动作用。虽然人工智能确实能够创造新的就业岗位，弥补失业率的提高，但其创造的与新技术相关的岗位通常需要较高的知识和技能，对人才的需求正朝向人机协作、软件开发等具有人工智能相关知识、技能方面发展，并且对于新产生的岗位，劳动者可能无法顺畅地在新旧岗位间转换。但从全球来看，美国人工智能人才在全球处于遥遥领先的地位。《中国人工智能发展报告 2018》显示，美国杰出人工智能人才数量排名全球第一，并远超排名第二的英国，中国人工智能人才拥有量排名全球第二，但杰出人工智能人才数量排名第六。并且，美国人工智能人才数量在人工智能基础层、技术层、应用层的分布较为平均，而中国大部分分布于应用层，基础层人才数量仅占 3.3%。

据以上分析，在替代效应方面，根据多位学者预测人工智能将危及美国最高约 47%的职业，且这些职业大多具有常规性、重复性的工作内容，同时被替代人群具有低学历、低技能特点。虽然具有替代效应，但是目前人工智能的发展水平尚不能完全取代人类的作用。在创造效应方面，人工智能的发展不仅能够释放经济潜力，增加对现有技能、职业劳动力的需求，还能够创造与新技术有关的岗位，但其对人才的需求向高学历、高技能，具有人工智能相关知识等方向转变，劳动者可能无法在新旧职位间顺畅转换，需要进行培训。

3. 应对政策

(1) 全民教育，促进公众对人工智能的理解。为促进公众对人工智能的科学理解，保证人工智能的持续发展，美国在1979年成立美国人工智能协会（AAAI），改善教学与培训使基础教育阶段的学生均能接受计算机教育。通过以上政策措施，能够使美国公民更科学地理解人工智能，具备人工智能相关的基础知识和技能，减少因缺乏人工智能相关知识和技能造成的劳动者失业数量，同时为人工智能的人才储备奠定基础。

(2) 加大培训、教育力度，使劳动者拥有在人工智能时代工作的技能。2018年，美国设立美国工人全国委员会，为保障美国工人的权益，它要求美国的公司及贸易组织签署“对美国工人承诺计划”，以此保障从高中到接近退休年龄的650多万美国工人能够被雇用，以及接受教育和培训；同时，该委员会采取了一系列措施提高工人技能，使工人能够获得新岗位所需技能，顺利过渡到新的工作岗位。美国白宫发布的《人工智能、自动化与经济》报告也提出要普及就业培训，提供就业指导，帮助美国劳动者顺利度过转型期；同时，该报告提出要为美国儿童提供高质量的早期教育，使美国的所有家庭都能为青少年接受更高的教育做好准备。此外，美国还强调将人工智能技术赋能教育领域，更好地培养人才。以上措施，能够通过培训减少在人工智能时代美国劳动者因缺乏相关技能而造成的失业，帮助美国劳动者顺利过渡，同时较高的教育程度使美国劳动者能够更加符合人工智能背景下劳动力市场的需求。

(3) 为困难劳动者提供帮助。美国白宫发布的《人工智能、自动化与经济》报告提出，在转型过程中要加大在失业保险、家庭临时援助（TANF）、医疗补助等政策上的支持力度。在转型过程中，并不是所有的劳动者都能够通过培训等手段顺利过渡，并且由于个人天赋等因素，劳动者可能并不适应新的工作岗位或者较长时间培训，此时为困难劳动者提供帮助就显得尤为重要。

（二）德国

1. 人工智能产业发展现状

为能够进行有效的国际比较，对德国与对美国的分析角度相同，从政策环境、科技产出、企业数量、投融资规模四个方面分析其人工智能产业发展现状。

（1）政策环境。随着人工智能热潮的到来，为确保德国在未来的国际竞争中有足够的竞争力，德国发布了一系列政策措施使其人工智能发展水平处于世界领先地位。2015 年，德国提出“智慧数据项目”，人工智能被列为重点资助对象。2018 年，德国政府宣布将在 2025 年前投入 30 亿欧元用于 2019—2025 年的人工智能发展，且大量资金用于人工智能基础研究；同年，德国政府连续发布《联邦政府人工智能战略要点》及《联邦政府人工智能战略》，提出要将“人工智能德国造”发展成全球认可的标识，并提出重点扶持初创企业及中小企业，使研发成果更易被中小企业转化运用。同时，为提高人工智能发展所需数据支持，德国政府提出“智能联网战略”及“经济数字技术”资助计划；《数字化法》《自动驾驶伦理准则》等法律、准则的颁布，德国人工智能研究中心（DFKI）机构的设立，也为保障人工智能的发展提供了良好的运行环境。

（2）科技产出。在论文发表数量上，《全球人工智能产业数据报告》显示，2009—2018 年德国有关人工智能论文发表数量占全球总量的 5.5%，与日本并列全球第四名，前三位分别为中国（22.7%）、美国（20.4%）和印度（5.8%），与排名世界第一、第二的中国和美国差距较大。在专利数量方面，《2019 年人工智能行业现状与发展趋势报告》显示，2018 年德国人工智能技术专利数量占全球总量的 9%，居于第四位，前三位分别为中国（37%）、美国（25%）、日本（13%），与排名第一、第二的中国和美国有一定差距。

（3）企业数量。乌镇智库发布的《全球人工智能发展报告（2018）》

指出，2009—2018 年德国人工智能企业累计数量为 333 家，美国在这期间人工智能企业数量最多，超 4000 家。可以发现，德国人工智能企业数量与世界领先水平差距较大。

（4）投融资规模。《全球人工智能发展报告（2018）》显示，2018 年德国人工智能企业融资规模达 2.81 亿美元，与美国和中国的融资规模差距较大。在 2019 年第一季度全球单笔融资金额超 1 亿美元的 16 笔交易中，中国企业占 6 笔，美国企业占 4 笔，德国企业占 1 笔。不管从总融资规模还是单笔融资规模来看，德国与世界领先水平均有较大差距。

从德国人工智能产业发展情况来看，德国政府同样高度重视人工智能产业的发展，通过颁布相关政策，设立专门机构，提高资金投入，促进数据共享等方式促进人工智能产业的发展，且德国政府更注重“人工智能德国造”，以及中小企业的发展和研发成果的运用；在科技产出、企业数量、投融资规模等方面虽然能够排到世界前列，但与处于世界领先水平的国家差距还较大。

2. 人工智能对就业的影响

人工智能对德国就业的影响同样体现在创造效应和替代效应方面，许多学者、机构等对于人工智能对德国劳动力市场的影响进行了分析预测。2016 年，经德国联邦劳动和社会事务部（BMAS）测算，其国内机器替代岗位的可能性为 13%；据 OECD（2016）估计，德国将有 13%的职业被人工智能完全取代；Richard Berriman 和 John Hawksworth（2017）指出，预计到 2030 年德国将有 35%的岗位面临被自动化技术替代的风险。但就目前德国人工智能发展水平来看，不会造成对人力的完全取代。此外，根据 Dauth 等（2017）对德国数据的分析，虽然在制造业每增加一台工业机器人会造成两个就业岗位的消失，但是在服务业会增加更多的就业岗位，体现了创造效应。《全球人工智能发展报告（2018）》显示，德国在 2018 年人工智能融资规模达 2.81 亿美元，与美国差距较大，但 2018 年德国政府宣布将在 2025 年前投入 30 亿欧元用于人工智能发展；同时，人工智能企业累计数量在不断增长，能够产生更多的对于现有职业、技能，以及新职业、新技能劳动力的需求，拉动就业。

目前，学术界普遍认为人工智能对低技能、低学历的人群，以及程序性强的工作岗位会产生更大的冲击，但人工智能也能够创造新的就业岗位，而新的就业岗位的出现也伴随着对劳动者知识技能需求而进行转化。为促进人工智能的发展，未来劳动力市场对具备人工智能知识技能的高级人才的需求也会大大提升，而《中国人工智能发展报告2018》数据显示，德国杰出人工智能人才拥有数量，以及拥有的人工智能人才总量均排名全球第三，但与排名第一的美国差距较为悬殊。德国政府发布的《联邦政府人工智能战略》指出，人工智能对需求、职能、工作等都会产生影响，教育、培训和继续教育必须适应数字化转型，以及人工智能的应用对劳动力需求产生的变化，开展社会和创造性技能的教学教育，以保障人工智能技术得到充分的应用。该战略也指出，许多中小企业面临资金不足的困境，从而无法对员工进行必要的培训。

3. 应对政策

（1）提高劳动者适应工作变化的能力，使劳动者具备更加灵活的职业技能。为使劳动者拥有持续学习的机会，德国在2013年实施“终身学习国家资格框架”；2017年9月，德国联邦教研部启动“学习系统”人工智能平台，促使劳动者提高技能的灵活性。德国政府发布的《联邦政府人工智能战略》指出，在促进人工智能发展的同时，要确保劳动者处于中心位置，开发劳动者的技能、才华、创造力，为此，联邦政府将提供基础较为广泛的工具包来开发劳动者技能，同时进一步制定符合数字化转型和人工智能技术背景的技术工人战略。此外，联邦政府将根据各特定领域的特点，推广培训和继续教育计划，并在职业教育和培训内容中纳入人工智能基础知识。通过以上政策和措施，能够帮助德国劳动者满足人工智能时代劳动力市场需求，顺利完成过渡，削弱人工智能对劳动力市场造成的冲击。

（2）加大高校人工智能人才的培养力度。德国政府在发布的《联邦政府人工智能战略》中指出，要将大学的人工智能专业发展为多学科专业，并增加人工智能学位；同时，联邦政府将推出人工智能领域的科学训练和青年学者培养及教学计划，并增加至少100名教授，推进高校人工智能教育的发展。

### （三）日本

1. 人工智能产业发展现状

日本人工智能产业在国家经济增长中所占比重相对其他国家较大，拥有机器人用户、设备及生产商的数量居世界首位。为便于同美国、德国人工智能产业发展现状相比较，本书仍然从政策环境、科技产出、企业数量、投融资规模四个方面对日本人工智能产业发展态势进行梳理。

（1）政策环境。日本同美国、德国一样经历了工业领域的恢复建设时期，为了使其制造业在全国占据领先地位，制定了一系列发展战略和规划。受到欧美等国家先进科技水平迅速发展的影响，日本实行“科技立国”“殖产兴业”等策略，以提高国家的经济实力。早在1989年，日本就制定了智能制造系统计划，旨在运用智能化技术提高制造业的先进程度。1999年，日本出台了《制造基础技术振兴基本法》，从基础性技术方面实现制造业各项工序的突破性进展。2004年，随着技术水平不断发展到新高度，新产业逐渐兴起，日本政府在鼓励制造业进行智能化升级的同时，重视新兴产业的发展，并在《新产业创造战略》文件中提出，将人工智能运用到与社会福利、环境保护和商务支援等相关产业，以缓解相应的社会问题。到了2014年，日本政府提出“机器人驱动的新工业革命”作为新一轮技术发展潮流的目标，并在同年成立“机器人革命实现委员会”，分析人工智能发展成果对日本经济产生的影响。此外，在德国“工业4.0”战略基础上，日本政府于2016年提出“社会5.0”概念，即“超智能社会”，通过对未来信息社会的图景进行刻画，最大限度地运用新型技术融合网络和现实世界。次年，日本政府制定人工智能产业化路线图，提出从三个阶段发展人工智能技术水平，并与各领域相结合，以进一步提升制造业、医疗等行业的效率。2019 年，日本政府出台《人工智能战略 2019》，旨在通过鼓励技术研发、人才培养和产业发展等方式建成人工智能强国。

（2）科技产出。从 2009—2019 年全球学术论文发表现状来看，日本学术界关于人工智能论文发表量在全球占 5.5%，与德国排名相同。然而，在人工智能相关的高被引论文数量及相关发文机构排名中，日本当前均暂未排名在全球前十之列。从人工智能专利申请量来看，根据世界知识产权组织的统计数据，2018 年日本人工智能专利申请数量占据全球人工智能专利总数的 13%，排名第三，同中国和美国成为全球人工智能专利申请数量领先的国家。这些说明日本对人工智能技术和相关产业的关注程度较高，在技术研发和运用方面投入较多资金、人才等资源。然而，日本在人工智能研究方面目前未能在世界范围取得突破性进展，与中国、美国等存在较大差距，有待进一步深入研究，以提高人工智能的运用程度。

（3）企业数量。虽然日本的机器人相关产业曾在世界处于领先地位，但现阶段对于人工智能创新方面较其他国家处于落后状态。根据《全球人工智能发展报告（2018）》，在全球人工智能企业国家或地区分布中，日本人工智能企业数量不足 100 家，居后四位；在全球人工智能“独角兽”企业中，日本仅有 3 家。这反映了日本近年人工智能活跃度陷入瓶颈期，需要提升对新兴科技的接受力和反应力。

（4）投融资规模。日本政府将 2017 年定为“人工智能元年”，在当年政府预算中体现较多对人工智能技术研发给予的支持，主要包括总务省（4.1 亿日元）、文部科学省（71.09 亿日元）、经济产业省（45 亿日元）、厚生劳动省（4.7 亿日元）、农林水产省（500 亿日元）和国土交通省（3 亿日元）。此外，日本部分企业开始投资人工智能相关技术的研发和应用。例如，富士通向理化研究所投资 7 亿日元订购用于人工智能开发的超级计算机，并设立相应的研发基地以实现校企合作。

根据对日本人工智能产业现状的分析，日本政府通过政策鼓励及资金支持促进人工智能产业发展，以提升国家的经济实力，学术界对人工智能相关主题也进行了研究。然而，人工智能企业数量在世界范围与一些国家存在较大差距，并且学术成果的国际影响力不足，体现了日本在人工智能创新方面有较大提升空间。

2. 人工智能对就业的影响

人工智能作为一项新技术，对部分职业或工作任务产生替代风险。有学者根据 Frey 等（2017）对职业自动化的研究，发现日本等发达国家中有较多职业存在较高的被自动化风险。1985—1990 年，日本将机器人引入制造业，导致其对劳动力需求直接减少 7.1 万人，其中受新技术影响较大的行业主要包括电力机械、运输设备、化学品、精密仪器制造等。根据日本经济产业省 2016 年对日本就业状况的统计，在人工智能技术研发和应用进程不断加快的过程中，若不采用相应的应对措施，预计到 2030 年日本的就业人数将减少 735 万人，并且部分高薪工作岗位人才将从日本流失。日本制造业的发展在国际上一直处于领先行列，随着人工智能技术的快速发展，其首先大范围应用的领域为制造业。由于技术和生产手段的更新，大量制造业领域的工作任务由人工智能技术替代人类完成，并且在效率、精度、任务量等方面均体现出较大优势，从而引起对应劳动力需求大幅度下降。

此外，日本作为老龄化较为严重的国家，人工智能的发展对就业的影响也体现出与其他国家不同的特征。人工智能技术创新体现在两个方面，即“赋能于人”的创新和“人力替代”的创新。“赋能于人”的创新是指，人工智能与劳动者应为互补关系，在人口老龄化背景下，劳动力数量不足，人工智能对经济发展的推动作用降低；“人力替代”的创新是指，人工智能与劳动者之间相互替代，表现为在劳动力数量匮乏的状态下，激发人工智能创新，以代替人类完成工作。研究显示，在 1965 年平均 1 个退休老人的生活有 9.1 个中年劳动力担负，到了 2012 年可担负的中年劳动力减少至 2.4 人，而在未来的 2050 年平均劳动力人数则减少为 0.3 人。在人口老龄化不断加剧、劳动人口逐渐减少的同时，日本当前存在对新技术的接受和导入速度过慢的问题，促使人工智能难以迅速同空缺岗位及时有效地对接。日本大学研究指出，由于机器人行业效率和收益同制造业存在差距，导致有较少就业人员倾向在人工智能相关产业寻找就业机会，从而导致日本人工智能进程发展缓慢，甚至人工智能专业型人才从日本流失。

3. 应对政策

（1）转变职业观念，留住人才。日本职场的主流价值观是实力主义和成果主义，导致就业者过于重视薪酬水平而忽视职业发展前景，与传统制造业相比，许多新技术产业较难留住人才，对日本人工智能产业的发展及就业问题的解决产生不利影响。根据这一现象，日本制定了“综合创新战略”的政策，通过对年轻一代人工智能研究者进行扶持和培养，扩大人工智能对就业的创造效应。

（2）实施教育改革，培养人才。2016年，日本政府发布《日本振兴战略2016——面向第四次产业革命》，分别将人工智能相关课程、实践活动纳入基础教育阶段和高等教育阶段培养体系，将人才培养和人才引进作为战略规划的重要部分。2017年，日本人工智能技术战略会议发布了《人工智能技术战略》，从三个阶段进一步对人工智能教育进行深入探讨：在第一阶段，注重对计算机通用能力的培养；在第二、第三阶段，更加重视运用人工智能创造价值能力的培养。

（3）制定人工智能伦理规范。开展人工智能伦理研究有利于促进人工智能与人类社会健康发展，将新技术用于解决相关社会问题。《人工智能战略2019》提出，在日本推行“以人为本的人工智能社会原则”，主要涉及人类主权、教育、隐私、安全、竞争、公平、创新等多个方面，以预防人工智能发展中产生的道德问题。

## 二、国内比较研究

### （一）上海市

1. 人工智能产业发展现状

上海市的人工智能发展水平在我国处于领先地位，本书主要从政府政策、研发实力、企业状况、投融资状况四个方面对上海市的人工智能产业发展现状进行分析。

（1）政府政策。近年来，国家对人工智能的重视程度不断加深，发布了一系列相关的政策文件，上海市根据自身的发展特点也颁布了一些相关政策和规划。2017 年，上海市接连发布《关于本市推动新一代人工智能发展的实施意见》《上海市人工智能创新发展专项支持实施细则》；2018 年，上海市发布《关于加快推进上海人工智能高质量发展的实施办法》。从这些政策可以发现，上海市重视智能驾驶、智能机器人、智能硬件、智能软件、智能核心芯片五大产业，明确提出在 2020 年要达到的产业规模；重视人才培养，建立人才实训基地，鼓励高校、科研机构与企业联合培养人才；强调人工智能发展与城市紧密结合，重视与城市的融合应用；重视对人工智能领域的研发投入；重视推动产业集聚和人工智能特色示范园区的建立；等等。

（2）研发实力。在专利数量方面，《全球人工智能发展报告（2018）》数据显示，2009—2018 年，上海人工智能专利数占全国总量的 15%，居全国第三位。从拥有的人工智能人才数量来看，《2019 中国智能经济发展趋势与展望》报告显示，截至 2018 年底，上海人工智能专业人才占全国总量的 33.7%，居全国第二位。《全球人工智能发展白皮书》指出，从所拥有科研院校来看，上海市主要有上海交通大学、复旦大学、同济大学等高等院校，拥有众多的高校资源；从科研机构来看，上海市主要有上海交大-Versa 脑科学与人工智能联合实验室、中国科学院自动化研究所与松鼠 AI 联合成立的平行 AI 智适应教育联合实验室两个实验室，可以看出上海人工智能的研发实力比较雄厚。

（3）企业状况。《2019 年人工智能行业现状与发展趋势报告》数据显示，从上海人工智能企业数量来看，截至 2019 年 2 月，上海市人工智能企业数量占全国总量的 14.9%，居全国第二位，排名第一的为北京市（43.2%）。从企业布局来看，截至 2019 年 6 月，有 64%的上海市人工智能企业分布在应用层，28%分布在技术层，仅有 8%的企业分布在基础层。其中，机器人等智能终端是应用层的发展重点，技术层的重点是计算机视觉、AI 芯片制造。

（4）投融资状况。《2019 中国智能经济发展趋势与展望》报告显示，在 2018 年全国所有的与人工智能相关的投融资项目中，上海市占 16%，与深圳市并列全国第二位，第一位为北京市占 33.3%。

2. 人工智能对就业的影响

上海市人工智能的发展处于我国领先水平，目前发展态势较好。2017 年 11 月，上海市发布《关于本市推动新一代人工智能发展的实施意见》，明确提出到 2020 年，在人工智能的重点产业领域要实现超过 1000 亿元的产业规模。人工智能发展的同时带动了人工智能企业数量的增长，《全球人工智能发展报告（2018）》数据显示，上海市人工智能企业累计数量不断增长；《2019 年人工智能行业现状与发展趋势报告》数据显示，到 2019 年，上海市人工智能企业数量居全国第二位；在投融资状况中，上海市与人工智能相关的融资项目数量较大，2018 年，我国人工智能行业总融资额达 750 亿元，在涉及的所有投资项目中，上海市获得的投资项目居全国第二。可以看出，上海市人工智能产业规模、企业数量、投融资状况均较好，而人工智能产业规模、企业数量的增长，较高的投融资规模必然产生对劳动力需求的增长，从而拉动就业，缓解人工智能对部分中、低技能人群，以及一些程序性较高的工作产生的替代效应所造成的失业率上升。但是，在人工智能时代，新产生的劳动力需求对劳动者的知识技能要求也有所提高，尤其是与人工智能相关的知识技能。郑鑫（2019）指出，由于人才培养、引进的措施尚不完善，上海市目前的高端人工智能人才还较为稀缺，复合型的人工智能人才储备不足，在人工智能的基础研究、技术研发、社会应用方面尚需大量人才。

3. 应对政策

在关于就业影响的应对政策上，上海市尤为关注对人工智能高端人才的培养。为促进上海市人工智能发展，缓解人工智能高端人才稀缺问题，政府提出了以下应对政策。一是重视人工智能人才的培养，鼓励产学研联合培养人工智能人才，建立人才实训基地和研究院所，精准培养符合人工智能发展需求的人才。二是重视人工智能高端人才的引进，以及人才在本地的社会保障，鼓励集聚、引进人工智能领域各类优秀人才，并因地制宜地探索人才在各区生活、就业的保障措施。

（二）深圳市

1. 人工智能产业发展现状

（1）政府政策。深圳市为推动人工智能产业的发展，在2019年发布《深圳市新一代人工智能发展行动计划（2019—2023年）》。该计划提出一系列促进人工智能发展的政策措施：促进基础理论的研究，同时要突破关键核心技术并支持智能产品创新；推动智慧城市融合发展；建立人工智能创新服务平台；引进国内外高端人工智能研发人才和团队，鼓励高校和企业联合培养人才；推动产业集聚，建立产业园区；开展人工智能专项扶持计划，加大资金支持力度；完善法律法规，促进人工智能的良好发展；等等。

（2）研发实力。在专利数量方面，《全球人工智能发展报告（2018）》数据显示，2009—2018年，深圳人工智能专利数量占全国总量的20%，居全国第二位，排第一位的为北京（45%）。在人工智能人才数量方面，《2019中国智能经济发展趋势与展望》数据显示，截至2018年底，深圳人工智能专业人才占全国总量的11%，位于全国第三位，居第一、第二位的城市分别为北京市（34%）和上海市（33.7%）。《全球人工智能发展白皮书》指出，从所拥有的科研院校来看，深圳市主要依靠深圳大学和深圳南方科技大学，拥有的高校资源较北京市和上海市都少；从科研机构来看，深圳市的人工智能科研机构主要是以政府为主导的深圳智能机器人研究院及深圳人工智能与大数据研究院。

（3）企业状况。《2019年人工智能行业现状与发展趋势报告》数据显示，从深圳市人工智能企业数量来看，截至2019年2月，深圳市人工智能企业数量占全国总量的12.2%，居全国第三位；从企业布局来看，截至2019年6月，有69%的深圳市人工智能企业分布在应用层，24%分布在技术层，仅有7%的企业分布在基础层。可以看出，深圳市人工智能产业重点在应用层，且集中在机器人智能终端领域，而技术层主要是计算机视觉和语音识别领域。

（4）投融资状况。《2019 中国智能经济发展趋势与展望》显示，在 2018 年人工智能领域的投融资项目中，深圳市占 16%，与上海市并列全国第二位。

2. 人工智能对就业的影响

深圳市作为我国人工智能发展领先地区，人工智能的发展态势较为良好。在产业规模方面，在 2019 年发布的《深圳市新一代人工智能发展行动计划（2019—2023 年）》中明确提出，到 2020 年，要实现人工智能核心产业规模突破 100 亿元，同时带动相关产业规模达到 3000 亿元；到 2030 年，则要实现 300 亿元的人工智能核心产业规模，以及带动 6000 亿元的相关产业规模。在企业数量方面，《全球人工智能发展报告（2018）》数据显示，深圳市的人工智能企业累计数量在不断增加。《2019 年人工智能行业现状与发展趋势报告》数据显示，到 2019 年，深圳市人工智能企业数量居全国第三位，数量略低于上海市。在投融资状况方面，深圳市与上海市的融资项目数量差距较小，在 2018 年人工智能行业 750 亿元的总融资规模涉及的所有投资项目中，深圳市获得的投资项目与上海市并列第二位。深圳市人工智能产业规模、企业数量，以及投融资状况均较好，能够对劳动力产生更大的需求，拉动就业。同时，人工智能对低技能和部分中等技能人群，以及一些程序性的工作会产生较大的替代效应，对高技能人群尤其是具有与人工智能相关知识技能人群的需求将大大增加。但郭源园（2019）指出，目前，深圳市劳动力市场缺乏高素质人才且技术人才的结构不平衡，高端、复合型人才较少，缺口较大，无法满足企业智能化对劳动力的需求。

3. 应对政策

为应对出现的问题，深圳市政府在发布的《深圳市新一代人工智能发展行动计划（2019—2023 年）》中明确提出以下政策措施。

（1）完善人工智能人才评价体系与机制。完善人工智能领域的人才评价体系并强调该体系的建立要以市场发现、市场认可、市场评价为基础，同时对人工智能领域的产业人才需求进行预测并建立急需紧缺人才目录。通过以上措施能够为人才的培养、引进等奠定基础，精准培养、引进所需人才，缓解劳动力供给无法满足企业智能化发展的问题。

（2）引进人工智能高端人才，完善引进人才的保障措施。深圳市政府鼓励本市企业与机构通过同全球人工智能企业与机构进行项目合作、技术咨询等方式引进人工智能高端人才、团队；同时，推动建立国际化的人才制度，完善引进人才在医疗、教育、居留等方面的保障措施。通过以上措施能够以更加柔性的方式引进高端人才，帮助弥补深圳市高端、复合型人才较少的缺陷；同时，与国际接轨的人才制度、保障措施能够减少人才外流的现象。

（3）加大人工智能人才的培育力度。为使青少年科学地理解人工智能，具备人工智能基础知识，在深圳市中小学开展人工智能相关课程；为培养人工智能人才，在深圳市高等院校建立人工智能相关专业，并适当增加招生名额。另外，鼓励产学研联合培养的新模式，建立人工智能实训基地，培养人工智能高端人才。

## 三、本节小结

本节进行了国际和国内比较研究：国际比较分析了美国、德国、日本的人工智能产业发展现状、对就业的影响，以及国家采取的应对政策；国内对上海市、深圳市，从人工智能产业发展现状、对就业的影响，以及应对政策三个方面进行了比较分析。

（1）国际比较研究。从人工智能发展处于领先水平的美国、德国和日本的人工智能产业发展情况来看，各国政府都高度重视人工智能产业的发展，通过颁布相关政策，设立专门机构，提高资金投入，促进数据共享等方式促进人工智能产业的发展。从人工智能对就业的影响来看，各国都充分认识到人工智能对就业产生的冲击，并对人工智能带来的替代效应进行了测算和实证；同时，对人工智能创造新就业岗位形成了一定共识，对人工智能带来的劳动者的转型也有一定认知。从应对政策来看，各国政策各有侧重，美国实行全民教育，促进公众对人工智能的理解；加大培训、教育力度，使劳动者拥有在人工智能时代工作的技能；为过渡困难的劳动者提供帮助等应对政策。德国实行提高劳动者适应工作变化的能力，使劳动者具备更加灵活的职业技能；加大高校人工智能人才的培养力度等政策。日本实行转变职业观念，留住人才；实施教育改革，培养人才；制定人工智能伦理规范等政策。

（2）国内比较研究。选择了人工智能发展水平在我国处于领先地位的上海市、深圳市开展研究，从政府政策、研发实力、企业状况、投融资状况四个方面对上海市、深圳市的人工智能产业发展现状进行分析。在国家战略的引导下，这两个城市均发布了促进人工智能产业发展的政策，都强调缺乏高素质人才及技术人才的结构不平衡，无法满足企业智能化对劳动力的需求。从应对政策上看，上海市更加关注对人工智能高端人才的培养，提出相应的政策。深圳市提出完善人工智能人才评价体系与机制；引进人工智能高端人才，完善引进人才的保障措施；加大人工智能人才的培育力度等人才政策。

# 第三节 比较研究与经验借鉴

## 一、比较研究

### （一）国际比较研究

（1）产业发展现状对比分析。其一，从政府政策来看，各国均对促进人工智能的发展非常重视，不断颁布相关政策，制定人工智能发展战略和规划，但是也存在一定的差异。可以发现，在促进人工智能发展的政策措施中，相较日本，美国、德国更加重视与人工智能相关的法律和专门机构的设立，以及数据的共享；相较美国、日本，德国尤其强调对中小企业的扶持，强调研发成果更易被中小企业运用。其二，在科技产出方面，美国不论是在论文发表数量、质量方面，还是在专利拥有数量方面，都优于日本和德国，并且差距较大。在这方面能够与之竞争的中国虽然论文发表数量和专利拥有数量略高于美国，但质量不高。尤其在专利申请方面，美国的专利申请更加重视新兴领域，且以企业为主导；而中国更重视传统领域，以高校为主导，但以高校为主导的专利申请通常与市场的契合度不会太高。其三，在企业数量方面，美国的人工智能企业数量远超德国和日本，日本的人工智能企业数量最少。中国的人工智能企业数量与美国相差不大，但企业布局较为极化，更多集中于应用层，而美国较为均衡，更加重视对基础层和技术层的布局与投入。其四，在投融资规模方面，中国与美国在全球人工智能领域的投融资规模占据主导地位，超过全球总规模的80%，德国、日本远低于世界领先水平。根据以上分析，美国的人工智能产业发展无论从数量，还是质量方面都处于世界领先水平，引领世界人工智能的发展，德国、日本在某些方面与世界领先水平还有一定差距，而中国在人工智能产业创新和发展方面已进入世界第一梯队，实现了人工智能总体技术和应用达到世界先进水平的目标。

（2）对就业的影响对比分析。目前，学者普遍认为人工智能对各国就业均会存在创造效应和替代效应，同时对职业、工作任务、劳动者技能等产生影响。在替代效应方面，虽然人工智能对就业的替代率有所差异，但是容易被替代的群体由中高技能向高技能移动，容易被替代的工作均具有常规性、重复性的特点。在创造效应方面，人工智能的发展释放了各国的经济潜力，能够对就业起到拉动作用。但是，其中创造的与新技术有关的职位对劳动者的素质要求更高，需要劳动者进行知识技能的转换提升，对高端人才的需求也更大。从差异来看，虽然人工智能的发展对各国的人工智能人才数量均产生较大的需求，但美国不管是人工智能人才数量还是质量方面均排名世界第一，德国、日本的人工智能人才数量较少，与美国差距较大。中国虽然人工智能人才数量较多，但质量有待提高，且大部分集中于人工智能应用层，而美国的布局更加体系化。此外，日本由于出现严重的人口老龄化问题，人工智能对人力的替代产生的更多是有益的影响，但人工智能专业人才的缺乏使得日本人工智能的发展较为缓慢。

（3）应对政策对比分析。其一，各国均较重视在基础教育和高等教育中加入人工智能相关课程，前者更加注重对计算机通用能力、人工智能基本知识技能的培养，后者更加注重对人工智能专业人才、高端人才的培养。但从差异来看，美、德两国对全民教育及终身学习的重视程度更高，德国更加重视推进高校人工智能教育。其二，美、德两国更加重视对劳动者知识技能转化的培训，以应对劳动者因不适应未来工作的变化而造成的失业；而日本、中国更加注重对高端人才的培训、培养和引进，但这主要是由两国人工智能高端人才不足的现实困境造成的。其三，美、德、日三国促进人工智能发展的过程均体现了“以人为本”的思想。其中，美国为保障工人权益设立了美国工人全国委员会，对美国工人的技能培训、就业等问题采取了诸多措施，除此之外，美国还强调了转型时期对劳动者的社会保障；德国制定了符合数字化转型和人工智能技术背景的技术工人战略，并为开发劳动者技能提供基础、广泛的工具包；日本明确提出“以人为本的人工智能社会原则”。

（二）国内比较研究

（1）产业发展现状对比分析。从国内人工智能产业发展状况来看，上海市与深圳市均处于我国领先地位，可以发现：从政府政策角度来看，上海市与深圳市均颁布了相关的政策文件，采取措施鼓励、支持人工智能的发展。但从两者的具体政策差异中可以发现，相比深圳市，上海市更加注重人工智能与城市的融合发展，但在人工智能相关法律法规的建立方面不够重视。在研发实力方面，上海市的研发实力略优于深圳市。虽然从拥有的专利数量占全国比例来看，上海市所占比例（15%）略低于深圳市（20%），但其拥有的人工智能专业人才数量占全国的比例（33.7%）大大高于深圳市（11%），且拥有的高等院校资源更为丰富，丰富的人才及高等院校资源能够为人工智能领域的研发提供支持。此外，从科研机构来看，上海市主要是院校主导的实验室，深圳市主要为政府主导的研究院。从企业角度来看，上海市与深圳市的人工智能企业数量相差不大，且企业在人工智能基础层、技术层、应用层的分布也大致相同，应用层的发展重点均集中于机器人等智能终端领域，但在技术层，上海市主要是计算机视觉和AI芯片制造，深圳市主要是计算机视觉和语音识别领域。从投融资状况角度来看，两者差异较小。

（2）对就业影响对比分析。人工智能使上海市与深圳市的经济潜力均得到更好的释放，两者均规定了较高的人工智能相关产业规模目标；在企业数量上，深圳市人工智能企业数量虽然略低于上海市，但企业累计数量也在逐年攀升；在投融资状况上，2018年两者的融资项目数量并列全国第二位。两市人工智能产业规模、企业数量、投融资状况的良好发展态势均能够对就业产生一定的拉动作用，抑制人工智能对部分中低技能人群，以及一些程序性较高的工作产生的替代效应造成的失业率上升。此外，虽然人工智能对两市的就业起到了一定的拉动作用，但两市都存在人工智能人才结构不平衡，高端、复合型人才缺口较大的问题。

（3）应对政策对比分析。两市的应对政策均更注重对高端人才的培养，对现有劳动者知识技能转化培训的重视程度不够。为缓解人工智能人才结构不平衡、高端人才稀缺的问题，上海市与深圳市均提出产学研联合培养、建立人才实训基地，从而精准培养人工智能所需人才的政策；提出引进人工智能高端人才，完善人才的生活、就业保障措施的政策。但从两者差异来看，其一，上海市在人才社会保障措施方面，着重强调要按本市各区特色因地制宜地探索。其二，深圳市的人才政策较上海市更为详细，明确提出要在中小学开设人工智能相关课程，在高等院校开设相关专业，并强调建立以市场为导向的人工智能人才评价体系；在人工智能高端人才引进方面，深圳市也明确提出鼓励以项目合作等更加柔性的方式进行。

## 二、经验借鉴

### （一）加大财政投入力度，完善资金支持渠道，为人工智能发展提供资金保障

目前，人工智能的发展还处于弱人工智能阶段，许多关键领域还未取得突破，要想保持我国在人工智能领域的国际竞争地位，实现引领世界人

工智能发展的目标，必须加大研发力度，而研发需要大量的资金支持。另外，不管是研发还是人工智能研发成果的转化运用，都需要大量的人工智能相关人才，但目前来看，我国人工智能高端人才稀缺，且大部分劳动者尚不具备人工智能时代所需要的知识技能，因此也需要大量资金进行人力资本投入。可以看到，资金投入对人工智能的发展至关重要，因此完善资金的支持渠道，保障资金支持的顺畅、高效尤为重要。

### （二）推动政府及企业数据的开放、共享，建立统一的数据标准

数据的开放、共享对人工智能的发展具有重要的促进作用，如深度学习领域需要大量的数据支持，而统一的数据标准的建立在数据繁杂的情况下也就显得尤为重要。为此，美国政府提出了“人工智能公开数据”计划，以促进人工智能公开数据标准的共享和使用。我国应加大政府数据开放力度，建立统一的数据标准，利用政府有效汇集数据的作用，为企业、高校等在人工智能领域的发展提供数据支持。同时，要推动企业数据的适当开放，但是在数据开放、共享的过程中尤其要注意数据滥用，以及隐私保护的问题。

### （三）重视人工智能基础研究，引导我国企业在基础层、技术层及应用层的合理布局

美、德、日等发达国家均较重视人工智能基础领域的研究，投入了大量的资金。从企业布局来看，处于世界领先地位的美国在人工智能基础层、技术层及应用层的分布较为平均，而中国的人工智能企业绝大部分集中在应用层，基础层较少。但基础研究的不足会导致人工智能的发展遭遇瓶颈，对芯片等关键部件的进口产生依赖，不利于我国人工智能发展在国际上的竞争。因此，应该加大对人工智能基础性研究的投入力度，同时引导企业在基础层布局。

### （四）加大对中小企业的扶持力度，重视中小企业受益于科技成果转化的程度

相较于对大型企业的扶持力度，我国对中小企业的扶持力度不足，而中小企业尤其是小型企业的竞争优势本身就较小，难于在市场竞争中发

展、存活，对中小企业的扶持力度弱于大型企业更加剧了这种差距，对中小企业尤其是小型企业造成更大的冲击，不利于社会经济发展。我国应该借鉴德国重视扶持中小企业，使研发成果更易被中小企业转化运用的政策，从而使社会经济良性发展，让人工智能更好地赋能中小企业，特别是小型企业的发展。

### （五）推动人工智能领域的法律建设

通过相关法律建设为人工智能的发展营造良好的环境，引导我国人工智能健康、快速发展，只有人工智能技术和产业发展好了、规范了，才能对就业产生有效的拉动作用。目前，随着人工智能的发展，与人工智能相关的伦理道德、法律纠纷问题逐渐出现（江丰光等，2020），如个人信息安全、知识产权保护、机器人及自动驾驶等技术的安全监管问题和责任认定等，更应引起关注的是对就业造成的冲击问题。除此之外，人工智能的快速发展还需要以立法的形式对其重点发展方向、资金支持、数据支持等进行明确规定，从而保障人工智能安全、快速、有效地发展。因此，为推动人工智能的健康、快速发展，需要推动人工智能专门立法的建立。

### （六）加大人工智能领域教育力度，推进全民普及教育、青少年基础教育、高校专业化教育

为使劳动者适应未来工作的变化，适应因人工智能带来的对劳动者知识、技能需求的变化，需要加大教育力度，改革固有的教育内容。首先，推进全民人工智能的普及教育，组织多种形式的科普活动，促进公众对人工智能的科学理解，掌握基本知识与技能。其次，改革青少年基础教育，确保所有学生能接受计算机教育；同时，在基础教育课程中加入人工智能相关课程，培养学生基本的知识技能，使其具有基本的从事未来工作的能力，这也为人工智能高端人才的培养奠定了基础。再次，在高等院校开设人工智能专业，并使其向多学科方向发展，适应人工智能发展对高端、复合型专业人才的需求；依托职业技术学院开展人工智能职业教育，使更多的人群能够接受更高层次的专业教育，具备更高的相关技能；同时，推动产学研联合培养，使人工智能人才的培养方向更适应实际的需要。最后，

除以上几点外，在教育过程中还可以利用目前人工智能的发展成果，为教育赋能，提高教育成效；同时，要注意培养学生的创造力、解决问题的能力。

（七）重视劳动者的知识技能转化培训，发挥政府与企业的双重作用

为使劳动者顺利度过转型期，需要对劳动者进行培训，使其具备人工智能时代需要的工作能力。其一，政府为失业人员进行再就业培训，使其具备新的知识和技能，同时要制定统一的人工智能人才评价体系与机制。人才评价体系的建立不仅能为失业人员的再就业培训提供标准，也能为人工智能人才的培养和评价提供标准。另外，政府可以通过推动研发适应绝大部分群体的技能开发工具包或系统，供政府、企业，甚至个人自主培训使用。其二，鼓励企业对员工进行转岗、培训，尽量减少因员工尚不具备新的知识、技能而造成的失业现象，同时，政府要提供相应的资金支持缓解企业压力。

（八）以人为本，完善社会保障及就业保障措施

政府在促进人工智能发展的同时，要确保劳动者处于中心位置，保障劳动者的权益，推进社会保障及就业保障措施的完善。其一，加大失业保险、医疗补助等的支持力度，同时为过渡困难的劳动者提供临时性的援助。其二，因地制宜地探索人工智能人才在各地的生活、就业保障措施，同时要关注引进的人工智能人才，尤其是引进的国际人工智能人才的生活、就业保障措施。

# ▶第四章

# 北京市人工智能产业及劳动力市场现状分析

北京市人工智能产业走在全国前列，企业数、产值均居全国首位，且细分行业全，涵盖了智能驾驶、媒体应用、智慧出行、智能医疗、智能安防等多个领域，对各类人才的吸纳力强。然而，以往研究偏重对产业特征、行业表象的现状描述，对劳动力市场就业特征、就业影响的分析、就业状态的评估，以及产业和就业关系的研究尚待补充。本书除了对行业特征进行科学描述，阐释哪些细分领域就业替代率高，哪些人群受冲击大，哪些区域和领域就业质量优等问题外，还有一个重要理论切入点，即从产业与就业动态匹配的视角探索人工智能产业对就业的影响及二者的动态匹配关系。

鉴于此，本项目组根据2019年北京市经济和信息化局的数据，采取分层抽样的方式进行企业问卷调查，以北京市1000余家人工智能企业所在地的区（县）分布作为分层依据，在各层随机抽取相应数量的企业，最终获得100家企业样本，样本量占北京市人工智能企业总量的9%。在被抽取企业中随机抽取员工进行员工问卷调查，员工样本量为506。与此同时，针对访问完成的被访者，按比例复核，确保回答真实有效。在95%的置信水平下，企业样本和员工样本的抽样误差分别为4.4%、4.6%，均小于5%。以下介绍企业样本和员工样本的基本分布信息。

所有企业样本均来自北京市各区（县）。从企业类型来看，研发型企业样本占比为34%，应用型企业样本占比为66%；从成立年限来看，新建企业占比较高，成立5年及以下的企业占比为53%，成立10年以上的企业占比为24%；从企业涉猎人工智能行业的情况来看，近3年涉猎该行业的企业占比最高，达到56%（见表4-1）。

**表4-1　企业样本分布基本信息**　　单位：%

| 类型分布 | | 成立年限 | | 从事人工智能相关产业年限 | |
|---|---|---|---|---|---|
| 研发型 | 34 | 1年 | 4 | 1年 | 11 |
| | | 2~3年 | 24 | 2~3年 | 45 |
| | | 4~5年 | 25 | 4~5年 | 29 |
| 应用型 | 66 | 6~10年 | 23 | 6~10年 | 10 |
| | | 11~15年 | 15 | 10年以上 | 5 |
| | | 15年以上 | 9 | | |

员工样本均取自上述100家企业，男性和女性比为56.90∶44.10；企业员工以中青年为主，26~35岁员工占比达到66.60%；从职级来看，高、中、基层管理者占比分别为0.20%、8.20%、11.80%，普通员工占比为79.80%；在公司工作3年及以下员工占比最高，占比为49.40%（见表4-2）。

**表4-2　员工样本分布基本信息**　　单位：%

| 性别分布 | | 年龄分布 | | 职级分布 | | 进入公司年限分布 | |
|---|---|---|---|---|---|---|---|
| | | 25岁及以下 | 8.40 | 高层管理者 | 0.20 | 不到1年 | 2.40 |
| 男性 | 56.90 | 26~35岁 | 66.60 | 中层管理者 | 8.20 | 1~3年 | 47.00 |
| | | 36~45岁 | 22.60 | 基层管理者 | 11.80 | 4~5年 | 35.20 |
| 女性 | 44.10 | 45岁以上 | 1.40 | 普通员工 | 79.80 | 6~10年 | 14.20 |
| | | | | | | 10年以上 | 1.20 |

# 第一节　北京市人工智能产业现状研究

由前文研究发现，人工智能对就业的影响，产业是重要影响路径。因此，厘清北京市人工智能产业现状，是分析人工智能影响就业的基础，也是廓清人工智能产业与就业动态匹配关系的前提。

## 一、北京市人工智能产业涉及的领域：产业链齐备，基础层薄弱

北京市人工智能产业链齐备，但基础层薄弱。本书界定的人工智能产业包括人工智能的研究、设计、系统集成及应用。北京市人工智能产业链包括基础层、技术层和应用层，基础层是人工智能产业链的上游，涉及芯片、传感器、云计算/大数据、计算能力平台领域；技术层是人工智能产业链的中游，涉及计算机视觉、自然语言处理、语音识别、人机交互、机器学习、知识图谱、生物特征识别、虚拟现实或增强现实领域；应用层是人工智能产业链的下游，涉及机器人、无人机、自动驾驶、智能客服、智能物流、智能医疗、智慧教育、智慧金融等领域（见表 4-3）。北京市人工智能产业链布局侧重技术层和应用层，分别占 24%和 68%，对需要长周期的基础层关注度较小，仅占 7%，表明北京市在产业布局中基础层明显薄弱。智慧医疗、智能家居、智慧零售、无人驾驶、智慧城市 5 个领域为北京市人工智能与实体经济融合的重点领域。

**表 4-3　北京市人工智能产业链涉及领域**

| 产业链层级 | 核心能力 | 细分领域 |
|---|---|---|
| 基础层（产业链上游） | 计算力 | 芯片、传感器、云计算/大数据、计算能力平台 |
| 技术层（产业链中游） | 技术开发及输出 | 计算机视觉、自然语言处理、语音识别、人机交互、机器学习、知识图谱、生物特征识别、虚拟现实或增强现实 |
| 应用层（产业链下游） | 商业化的解决方案 | 机器人、无人机、自动驾驶、智能客服、智能物流、智能医疗、智慧教育、智慧金融等 |

本书调查的100家样本企业覆盖了人工智能的不同核心技术领域，其中80.4%的企业涉及人机交互技术领域，74.2%的企业涉及机器学习技术领域，43.3%的企业涉及计算机视觉技术领域，37.1%的企业涉及自然语言处理技术领域，35.0%的企业涉及生物特征识别技术领域，28.9%的企业涉及知识图谱技术领域，22.7%的企业涉及虚拟现实或增强现实技术领域。从其覆盖比例可以发现，目前人工智能技术应用中，机器学习及人机交互技术的使用更为广泛（见图4-1）。

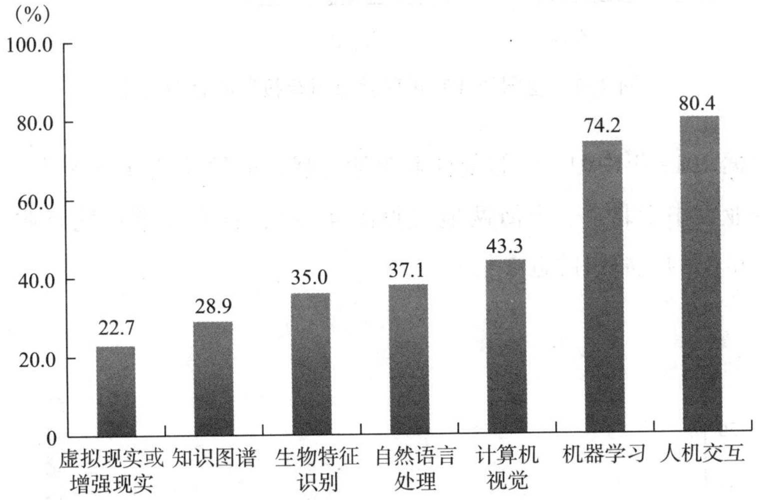


**图4-1　人工智能应用所涉核心技术在企业的分布**

## 二、北京市人工智能产业规模：全国首屈一指

北京市人工智能产业规模在全国首屈一指。北京市经济和信息化局的数据显示，2018年，北京市人工智能相关产业规模达1500亿元，占全国产业规模总额的30%。其中，北京市人工智能相关软件企业收入规模最高，约1122亿元，同比增长46.1%。

截至2019年上半年，全国人工智能企业4084家，北京市人工智能相关企业数量达1084家，占全国人工智能企业总量的26.5%。全国获得过风险投资的人工智能企业有 1259 家（含 31 家上市公司），如图 4-2 所示。其中北京市获得过风险投资的人工智能企业有 442 家（含 12 家上市公司），占比 35.1%。北京市、上海市、广东省为中国人工智能专利数量分布的三大中心，北京市人工智能专利数超过 2.5 万件。

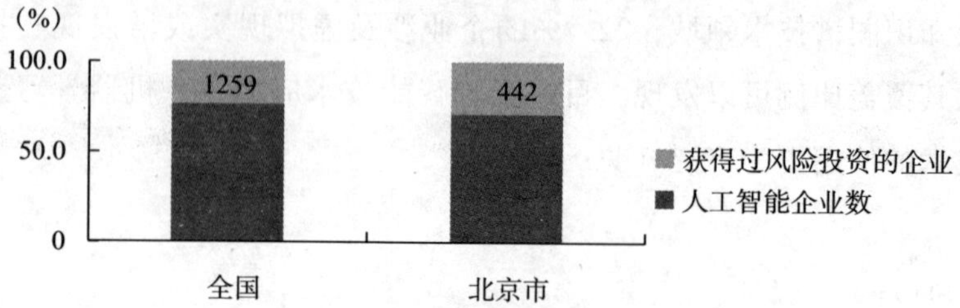


**图 4-2　全国和北京市获得过风险投资的企业占比**

根据 2019 年中国人工智能商业落地百强企业的地域分布情况，不难发现，企业集中于北京、上海两地（见图 4-3），且北京市落地企业 51 家，是排名第二的上海市的近 2 倍①。

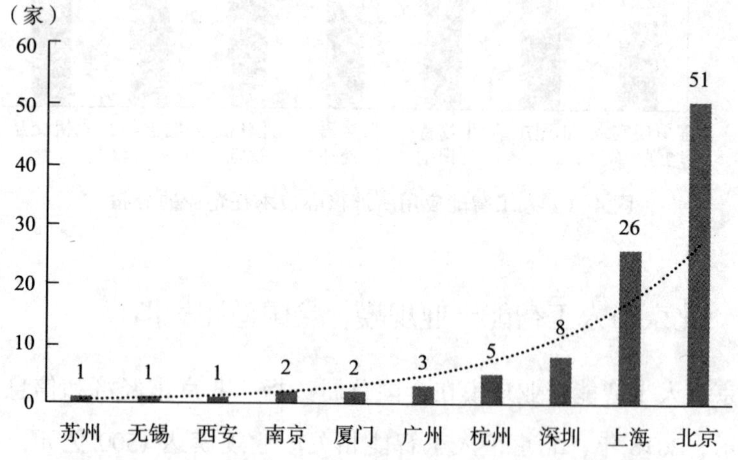


**图 4-3　2019 年人工智能商业落地百强企业数量对比**

资料来源：EO Intelligence，2019 年中国人工智能商业落地研究报告。

---

① 此处需要注意，企业地域分布以企业总部所在城市为准，分公司将不予考虑。

综上所述，从产业规模、企业数量、获得过风险投资的企业数、专利数、商业落地百强企业数量来看，北京约占全国的1/3，在全国首屈一指。

## 三、北京市人工智能产业分布：区域、行业集中度高

### （一）区域分布：海淀区企业数量在北京市一家独大

北京市人工智能企业主要集中于海淀区，在全市获得过投资的人工智能企业中，海淀区企业数量为676家，占北京市总量的62.44%，占全国的21.3%。朝阳区有280家企业，为北京市人工智能企业第二大聚集地，占北京市人工智能企业总数的25.79%。拥有人工智能企业数量在20~30家的区（县）有西城、丰台、大兴，企业数量占比在2%左右。拥有人工智能企业数量在10~20家的区（县）有东城、石景山、昌平，企业数量占比在1%左右。顺义、怀柔拥有人工智能企业数量小于10家。另外，其他区（县）合计不足10家。

海淀区能在北京市各区（县）中拔得头筹，得益于其在高科技产业方面的优势。2018年，海淀区平均每天诞生50家科技企业，全年新增注册科技型企业1.8万家，万人发明专利拥有量超过300件，是全国平均水平的30倍①。较好的科技发展基础为人工智能技术研发和应用创造了有利条件，而海淀区又以中关村为核心，聚集了众多优质的人工智能企业。

### （二）行业分布：依托四大产业园，五大行业集中度高

北京市产业园建设赋能人工智能产业合理布局。根据北京市委、市政府规划，未来北京市人工智能产业主要布局在4个重点区域，分别为中关村国家自主创新示范区、未来科学城、怀柔科学城、北京经济技术开发区。从产业布局来看，第一产业占比0.3%；第二产业占比26.1%；第三产业占比最高，达到73.6%。从细分行业来看，智能制造占26%、智慧教育占15%、智能家居占13%、智能交通与物流占11%、智慧安防占9%（见图4-4），以上5个行业产业规模较大，位列前五。

① 详见：北京市推动高质量发展情况通报会。

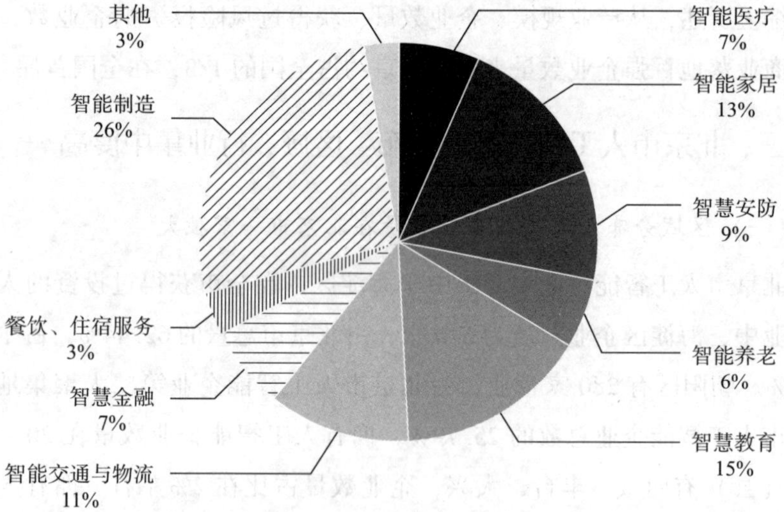


**图 4-4　北京市人工智能企业细分行业规模**

本书调查的 100 家样本企业中，有 37.1%的企业涉及智能制造，21.7%的企业涉及智能交通与物流，20.6%的企业涉及智慧教育，16.5%的企业涉及智能家居，15.5%的企业涉及智慧安防，9.3%的企业涉及智慧金融，6.2%的企业涉及餐饮、住宿服务，5.2%的企业涉及智能医疗，5.2%的企业涉及智能养老，此外有 2.0%的企业涉及其他行业（见图 4-5）。在调查样本中，智能制造、智能交通与物流、智慧教育、智能家居、智慧安防排名前五，与北京市人工智能产业的行业分布基本一致。

## 四、北京市人工智能产业的企业特征：初创企业多，创新发展潜力大

北京市人工智能处于初创期的企业多，有较大创新发展潜力。北京人工智能企业数量占全国人工智能企业总量的 26.5%，我国人工智能排名前 100 的企业一半来自北京的中关村。资本持续推动人工智能产业创新，北京市人工智能产业头部效应逐渐显现，创新潜力巨大，北京市处于 A 轮及以前的企业数量占比 73.08%，但是企业融资总额占比仅为 13.88%（见图 4-6），B 轮、C 轮及以后的企业数量占比合计 24.21%，企业融资总额

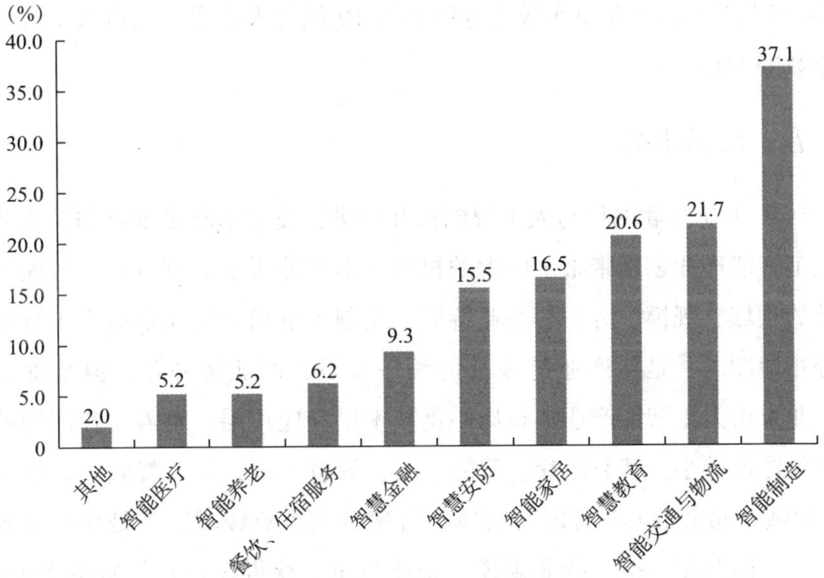


**图 4-5　调查企业的行业分布情况**

1319.89 亿元，占比 86.12%。北京市人工智能创新企业，从 2014 年开始增多，2015—2016 年呈现爆发式增长，2017 年有所回落，2018 年资本市场遭遇寒冬，新增企业数量明显减少，但人工智能仍受资本的青睐，可以看出，北京市人工智能在资本推动下的创新特点显著。

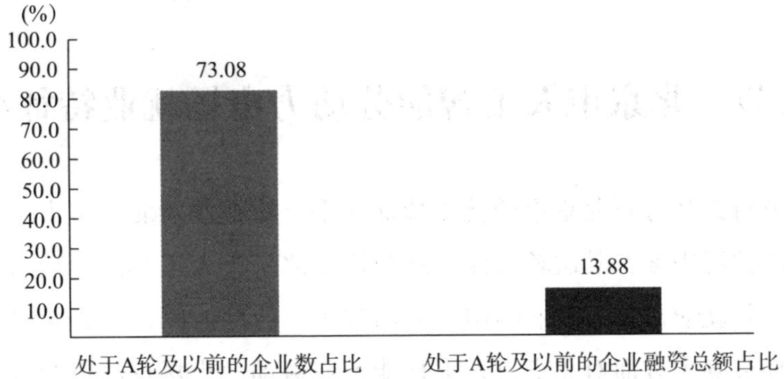


**图 4-6　北京市处于 A 轮及以前的企业数占比和企业融资总额占比**

北京市有 119 家人工智能企业单次融资金额超过 1 亿元人民币（人民币融资 69 家，美元融资 50 家），仅占人工智能企业总数的 10%。其中，有14家人工智能企业单次融资金额超过10亿元人民币，仅占人工智能企业总数的1%。

### 五、本节小结

5G、工业互联网等与人工智能相互促进，技术革新多重叠加，为北京市人工智能产业创新带来了巨大的机遇。本节分析了北京市人工智能产业涉及的领域、规模、分布和企业特征，绘制了可视化的北京市人工智能产业分布地图。一是从产业链涉及的领域来看，产业链齐备，但基础层薄弱。北京市人工智能产业链布局侧重技术层和应用层，对需要长周期的基础层关注度较小。智慧医疗、智能家居、智慧零售、无人驾驶、智慧城市5个领域为北京市人工智能与实体经济融合的重点领域。二是从产业规模来看，全国首屈一指。产业规模、企业数量、获得过风险投资的企业数，专利数、商业落地百强企业数量，北京约占全国的1/3，在全国首屈一指。三是从分布来看，区域、行业集中度高。北京市人工智能企业主要集中于海淀区，约占60%，一家独大，海淀区主要集中在中关村。行业分布智能制造、智慧教育、智能家居、智慧交通与物流、智能安防行业产业规模位列前五。四是从企业特征来看，处于初创期企业多，有较大创新发展潜力。

## 第二节　北京市人工智能劳动力市场就业特征分析

本节首先从分析北京市的就业特征入手，旨在厘清北京市人工智能产业就业的情境因素；其次较为深入地分析了北京市人工智能劳动力市场就业特征，从就业总量、就业结构、劳动收入、劳动时间、社会保险、劳动力市场环境6个方面对北京市人工智能产业劳动力市场现状进行分析，形成可视化的北京市人工智能就业的区域分布地图。

## 一、北京市就业特征分析

### （一）北京市城镇单位就业总量增加，但增长率降低

2009—2018 年 10 年间，北京市城镇单位就业人员数呈现逐年递增趋势，从 2009 年的 619.4 万人增加到 2018 年的 819.3 万人，累计净增 199.9 万人。不过这种增加趋势并非线性的，环比增速的波动区间在 0.8%~6.1%。其中，最小值出现在 2018 年，最大值同时是趋势反转值出现在 2011 年（见图 4-7）。

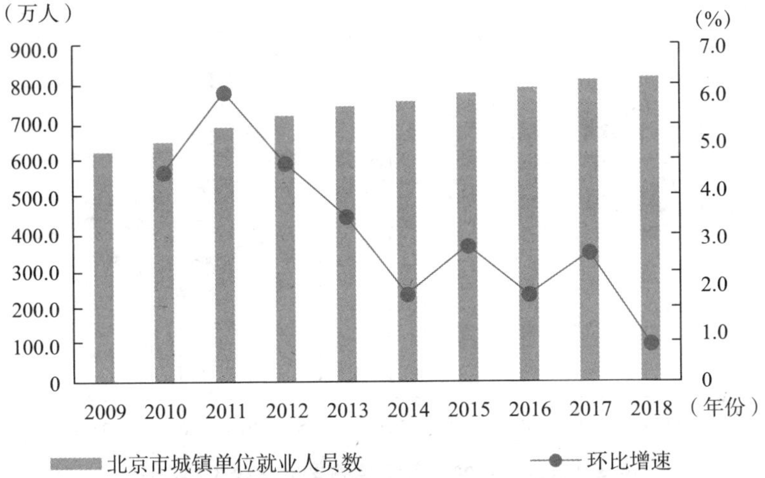


**图 4-7　2009—2018 年北京市城镇单位就业人员数和环比增速**

资料来源：国家统计局。

北京市城镇单位就业人员的就业增速下降有两个主要原因：一是北京市老龄化趋势加快，劳动年龄人口减少；二是与北京市人口疏解和控制政策有关。人口管控政策可以追溯到 2005 年国务院审议通过的《北京城市总体规划（2004—2020 年）》，其中明确提出到 2020 年，北京市总人口规模规划要控制在 1800 万人左右，然而上述目标在 2011 年被突破，这也是 2011 年出现城镇就业人口增速反转的原因。近几年，北京市人口政策再次调紧，到 2020 年 2300 万的人口控制目标已经写入《京津冀协同发展规划

纲要》。

（二）北京市已成为中度老龄化城市，劳动年龄人口呈减少趋势

2009—2018 年 10 年间，北京市劳动年龄人口呈现先增加后减少的趋势。按照国家统计局劳动年龄人口定义，计算 15~64 岁人口数占总人口数的比重发现，最近 10 年（2009—2018 年），北京市劳动年龄人口占比从 2009 年的 80.0%下降到 2018 年的 78.3%，下降幅度为 1.7 个百分点，且历年指标均在 75.0%以上。但是，各年份波动较大。最高值出现在 2011 年为 82.4%，最低值出现在 2017 年为 76.6%（见图 4-8），二者差距为 5.8 个百分点。

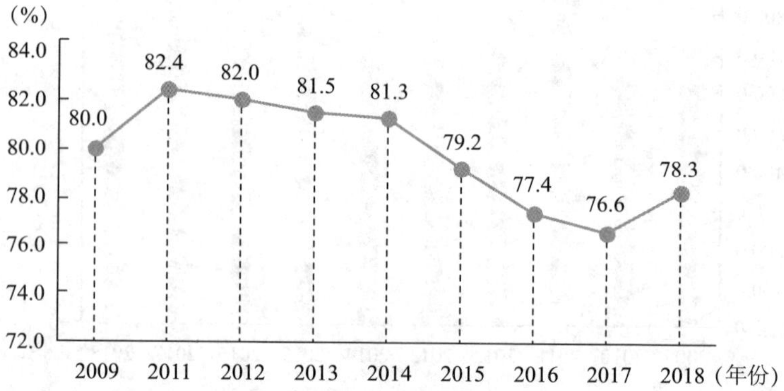


**图 4-8　2009—2018 年北京市劳动年龄人口占比**

资料来源：国家统计局。①

事实上，“老龄化城市”已经成为北京市的标签，北京市民政局 2018 年发布的《北京市老龄事业发展和养老体系建设白皮书（2017）》显示，北京市成为中度老龄化城市，60 岁及以上户籍老年人口从 2012 年的 262.9 万增长到 2017 年的 333.3 万，平均每天净增 500 余人。

（三）北京市人工智能人才需求缺口大

相关数据表明，北京市人工智能岗位人才缺口大，人工智能相关岗位

① 2005 年、2015 年为 1%人口抽样调查样本数据，其他年份为 1‰人口变动调查样本数据，具体抽样比详见《中国统计年鉴》，其中 2010 年数据缺失。

求人倍率超过2.0，一个高技能人才有两个以上的岗位等待，呈现需求大于供给的不平衡状况，但是政府正在做出努力填补市场缺口。一方面，北京市对优秀科技人才有特殊支持政策，放宽了引进人才年龄、落户要求和配偶子女随调随迁方面的限制。“三城一区”引进人才年龄可放宽至50周岁，个人能力、业绩和贡献特别突出的可进一步放宽年龄限制。引进人才无产权房屋的，可在聘用单位的集体户或聘用单位所在区人才公共服务机构的集体户办理落户。引进人才的配偶和未成年子女可随调随迁。另一方面，加大了相关技能培训力度。2019年，为了满足人工智能产业发展对编程人才的需求，北京市人力资源和社会保障局与北京市科委、北京市经济和信息化局搭建校企合作平台，累计培训编程人才4万人次。

### （四）北京市就业人员工资实现翻番且增速趋稳

2009—2018年10年间，北京市城镇单位就业人员平均工资从5779元增加到2018年的145766元（见图4-9），年平均增速达到了9.7%。即便剔除价格因素影响，也实现了翻番。但是，其增加趋势并非线性的，2011年，工资指数最高达到115；2009年最低，为103.5。2008年，国际金融危机是造成2009年工资增长缓慢的主要原因。

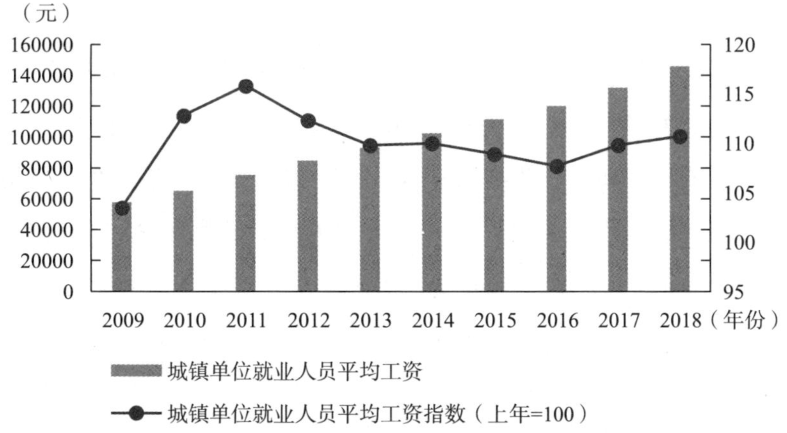


**图4-9　2009—2018年北京市城镇单位就业人员月平均工资和平均工资指数**

资料来源：国家统计局。

北京市明确了全国政治中心、文化中心、国际交往中心、科技创新中心的城市战略定位之后，产业调整同步启动，电子信息、生物、新能源和节能环保、高端装备、文化创意等以高科技制造、高端服务业为主的产业群逐步形成并趋于稳定，加之宏观经济稳定增长和价格指数波动不大，最近5年工资增长走势趋稳趋同。

## 二、北京市人工智能产业就业现状

### （一）就业总量：就业人员分布集中度高

北京市人工智能行业就业人员分布集中度高。北京市从业人员数约为9.5万人，其中海淀区人工智能企业从业人员数约为4.3万人，占北京市人工智能企业所有从业人员数的45.3%，呈现一家独大的特征。另外，海淀区人工智能研发人员占全市人工智能研发人员总数的56.2%。这表明，海淀区人工智能研发人员集中度比人工智能行业从业人员总体集中度更高，二者差值达到10.6个百分点。以中关村国家自主创新示范区为核心的产业园区中，研发型企业密集度高于应用型企业，诸多研发型企业吸纳了城区一半以上的研发人员，而部分与人工智能有关的生产、销售等辅助岗位分散到了其他区（县）。

### （二）就业结构：行业、岗位、学历、技能结构呈现优化趋势

#### 1. 行业结构变革：劳动力流转预示“大洗牌”时代已到

劳动者流动体现了行业结构变革。在所调查的人工智能企业新招聘人员中，招聘前从事非人工智能相关业务的劳动者达到了26.8%（见图4-10），这些劳动者主要来自制造业、居民服务、修理和其他服务业等传统劳动密集型行业。在所调查的企业内部岗位流转人群中，从其他非人工智能领域转到与人工智能业务相关的人数占比达到73.9%。行业洗牌时代已经到来，企业内部转型动力强劲。

行业调整可以分为两个层次。一是基于技术应用的融合式调整。就人工智能企业新入职人员原单位所属行业构成来看，来自信息传输、软件和

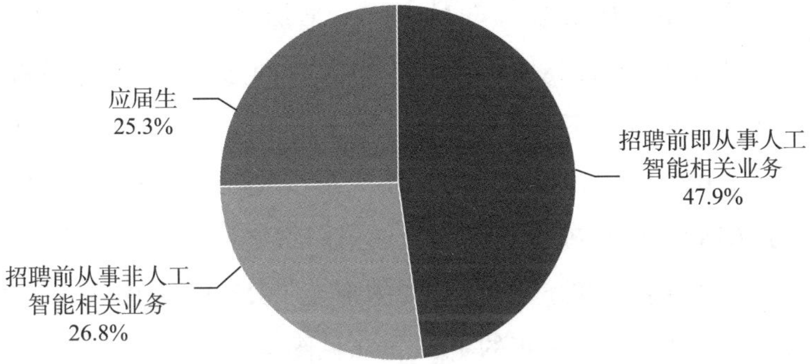


**图 4-10　北京市人工智能企业新招聘人员构成**

信息技术服务业，以及科学研究和技术服务业的劳动者占比分别达到28.0%和15.9%。这表明，人工智能行业正在吸纳计算机类和其他相关高技能劳动者参与生产和服务活动。二是基于技术冲击的变革式调整，北京市人工智能企业新招聘人员的原单位属制造业，居民服务、修理和其他服务业，建筑业，金融业，以及批发和零售业的劳动者占比分别为19.3%、11.7%、11.2%、6.2%和5.8%（见图4-11）。

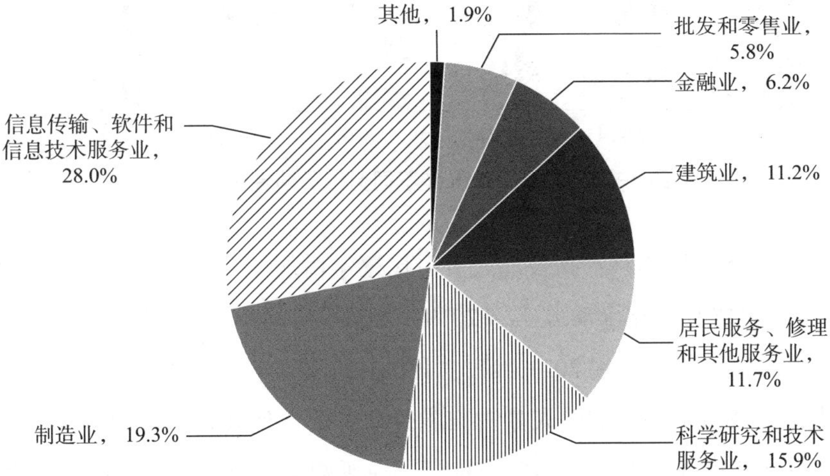


**图 4-11　北京市人工智能企业新招聘人员的原单位所属行业构成**

2. 岗位结构优化：研发岗和技术岗占比逐年增加

调查结果显示，研发岗和技术岗劳动者占比均呈现逐年增加的特征。

其中，研发岗人员占比从2016年的18.7%增加到2018年的21.8%，技术岗人员占比从2016年的18.8%增加到2018年的20.6%。其他岗位人员占比呈现逐年减少或变动不显著的特征。生产岗下降最为显著，从2016年的22.0%降至2018年的19.4%。行政岗人员变动最不显著，从2016年的9.6%变为2018年的9.7%。管理岗和销售岗次之，3年变动幅度在1个百分点左右，管理岗从2016年的10.2%降至2018年的9.4%，销售岗从2016年的20.7%降至2018年的19.1%（见图4-12）。综合以上分析可以发现，现阶段，人工智能技术替代最明显的岗位是生产岗，且主要是重复性的、需要重体力劳动者的岗位，而对其他岗位的冲击要弱一些。这与当前处于弱人工智能阶段特征相符合。

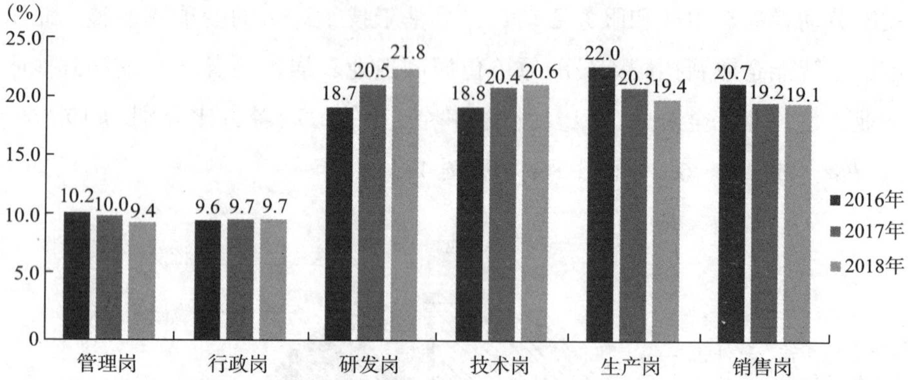


**图4-12　2016—2018年不同岗位劳动者占比变动**

3. 技能结构调整：高技能人员占比逐年增加

《职业技能提升行动方案（2019—2021年）》（以下简称《方案》）中提出的目标任务是到2021年底，我国技能劳动者占就业人员总量的比例要达到25%以上，高技能人才占技能劳动者的比例要达到30%以上，北京市人工智能产业已经提前实现该目标。在所调查的100家人工智能企业中，只具备初级技能的劳动者占比仅为37.7%，而中、高级技能劳动者占比达到了62.3%。其中，高等技能劳动者占比为39.0%，基本达到日本工业化阶段高级技能劳动者占比40%的水平。呈现中等技能水平劳动者数量少、高级技术水平劳动者逐渐增多的特征，这表明在弱人工智能阶段，技术极化现象已经显现。与此同时，人工智能行业会在一定程度上吸纳初级技能劳动者从事智能设备辅助工作。

4. 学历结构升级：本硕博学历劳动者占比逐年增加

人工智能应用型企业高学历员工占比增加，本科员工占比从 2016 年的 81%增加到 2018 年的 89%（见图 4-13），硕士及以上员工占比保持在 30%左右。应用型企业需要大量知识体系完备、能与研究人员对接业务和岗位要求的本科生。研发型企业硕士及以上学历员工占比超过 40%，博士学位员工占比超过 15%，且历年保持稳定。

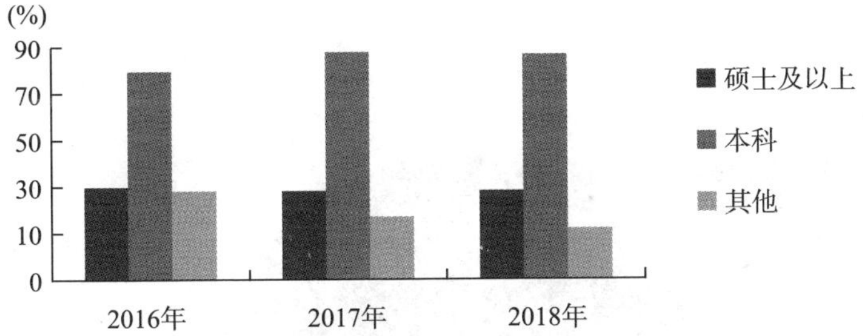


**图 4-13　2016—2018 年北京市人工智能应用型企业员工学历构成情况**

## （三）劳动收入：工资高于全市平均水平，且呈逐年上升趋势

北京市人工智能企业员工月平均工资呈现逐年上升态势，从 2016 年的 6611 元增长至 2018 年的 8532 元；从事与人工智能应用业务相关的员工平均月工资高于人工智能企业员工平均水平（见图 4-14），且差距扩大，从 2016 年的 25%增长至 2018 年的 38%；从事与人工智能应用业务相关的员工平均月工资比北京市全口径城镇单位就业人员平均水平高 49%。

## （四）劳动时间：短时加班是人工智能岗位员工常态

北京市人工智能企业员工平均周工作时间为 45. 2 小时，比全国平均水平低约 1 小时。随着智能化技术的应用，工作效率提高显著。北京市人工智能企业员工每天工作 9～10 小时是常态（见图 4-15），新兴行业人才不足、劳动力供给匮乏是造成该现象的根本原因。

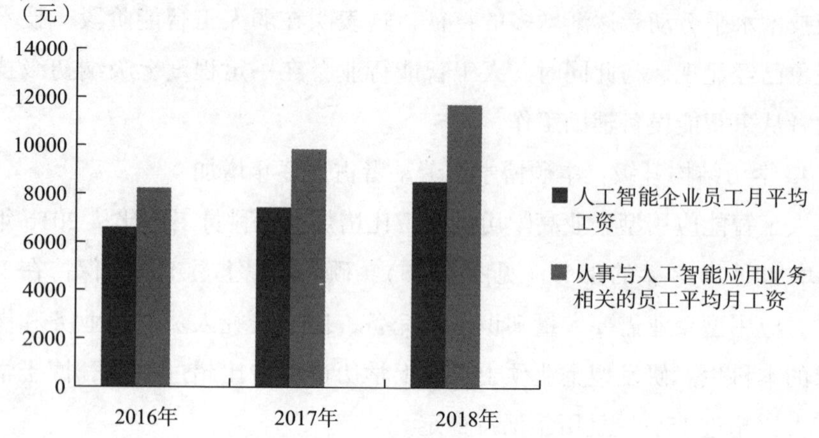


**图 4-14　2016—2018 年北京市人工智能企业人员工资情况**

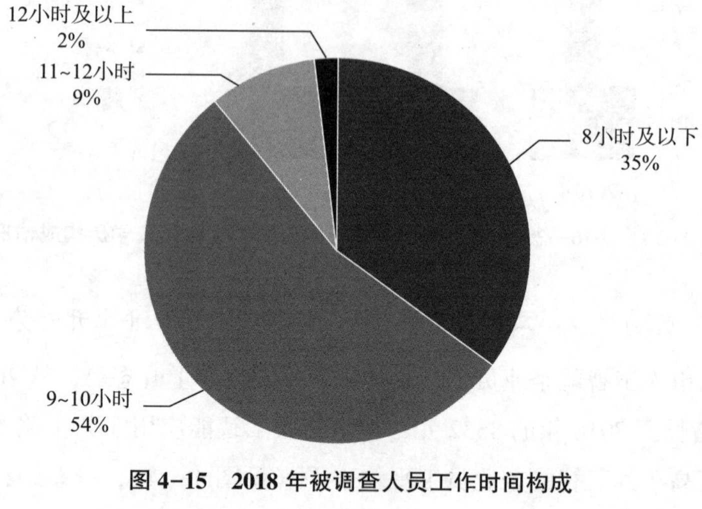


**图 4-15　2018 年被调查人员工作时间构成**

（五）社会保险：缴纳情况不乐观，抗风险能力弱

64%的劳动者缴纳了住房公积金（见图 4-16），30%以上的劳动者没有享受这一福利。9%的劳动者没有享受失业保险，意味着一旦遇到失业的冲击，他们将失去失业补偿的机会。另外，10%的劳动者没有享受生育保险。从上述数据可以看出，人工智能产业就业人员的失业保险、生育保险、住房公积金等社会保险缴纳情况并不乐观，这与常识认为的高技术行

业高收入人群拥有高保障的认知有偏差。值得关注的是失业保险的缺失，对技术失业风险本就高于其他产业的人工智能产业就业来说，这极大地增加了劳动者的保障风险和社会风险。

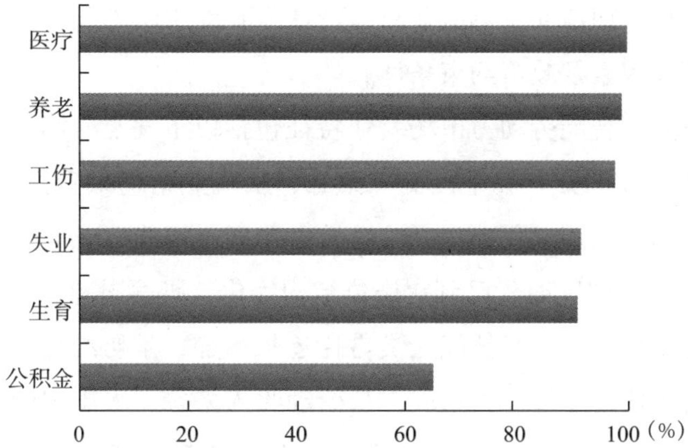


**图 4-16　北京市人工智能企业劳动者缴纳五险一金情况**

### （六）劳动力市场环境：社会性分割严重，内生性分割减弱

按照劳动力市场分割理论（赖德胜，2019），劳动力市场分割类型有社会性分割和内生性分割。在中国的大型城市，户籍制度造成的社会性分割是困扰政府和企业的主要问题之一，在所调查的 500 余名劳动者中，54.6%的人没有北京户口。同时，与一般行业类似，性别歧视在人工智能行业依然存在，男性劳动者工资比女性劳动者平均高约 1261.3 元。就内生性分割而言，传统的产业分割、行业分割问题在人工智能企业间体现得并不显著，北京市涉猎第一、第二、第三产业的劳动者收入差异不显著，且分布在智慧医疗、智慧教育、智慧金融、智能物流等板块的劳动者收入差异也不显著。不过不同岗位间收入差异显著，研发型岗位平均收入比应用型岗位平均收入高约 2920.4 元。这是劳动者人力资本水平不同形成的工资差异。

## 三、本节小结

北京市就业情况呈现以下特征：一是从就业总量来看，北京市城镇单位就业总量增加但增长率降低；二是从就业供给来看，北京已成为中度老龄化城市，劳动年龄人口呈减少趋势；三是从就业需求来看，北京市人工智能就业需求缺口大；四是从工资水平来看，北京市就业人员工资实现翻番且增速趋稳。厘清北京市就业总体特征，有助于明晰北京市人工智能产业就业的情境因素及政策约束条件。

北京市人工智能劳动力市场就业特征包括以下几点。第一，从就业总量来看，就业人员分布集中度高。第二，从就业结构来看，行业、岗位、学历、技能结构呈现优化趋势，劳动力由非人工智能行业向人工智能行业流转预示“大洗牌”时代已到；岗位结构优化，研发岗和技术岗占比逐年增加；技能结构调整，高技能人员占比逐年增加；学历结构升级，本硕博学历劳动者占比逐年增加。第三，从劳动收入来看，人工智能产业就业人员工资高于北京市平均水平，且呈逐年上升趋势。第四，从劳动时间来看，短时加班是人工智能岗位员工常态。第五，从社会保险来看，缴纳情况不容乐观，抗风险能力弱。第六，从劳动力市场环境来看，社会性分割严重，内生性分割减弱。

## 第三节　北京市人工智能对就业的影响现状分析

本节对北京市人工智能就业数量、就业结构中细分岗位、技能、教育结构、年龄人群，以及以劳动者报酬和培训为表征的就业质量在人工智能冲击下的影响现状及影响程度进行描述与分析，旨在发现人工智能对哪些岗位、哪些人群的冲击较大，对劳动者报酬等有何冲击。

### 一、对就业数量的影响：冲击较小，范围较窄

图 4-17 呈现了调查样本企业在 2016—2018 年员工规模的变化情况。从图 4-17 中可以看出，在研发型企业，有 70%企业的员工规模处于增长态势。在应用型企业，有近 90%企业的员工规模处于增长态势。无论研发型企业还是应用型企业，员工规模增长的企业所占比例远远大于员工规模

减小的企业。由此可以推断，在目前人工智能发展状况下，人工智能对就业数量产生的积极影响要远大于其产生的消极影响。出现这种状况的可能原因是人工智能发展初期，需要投入更多的人力进行研发且需要更多的人力辅助机器工作，也可能是因为企业规模的扩大导致对人员的需求量增长。

从图 4-17 也可以发现，在目前人工智能对就业的负向影响方面，人员规模减小的研发型企业占所有研发型企业的 23.5%，人员规模减小的应用型企业占所有应用型企业的 11.1%，研发型企业所受冲击要大于应用型企业。而在人工智能对就业的积极影响方面，应用型企业人员规模增加的企业比例要大于研发型企业人员规模增加所占比例。

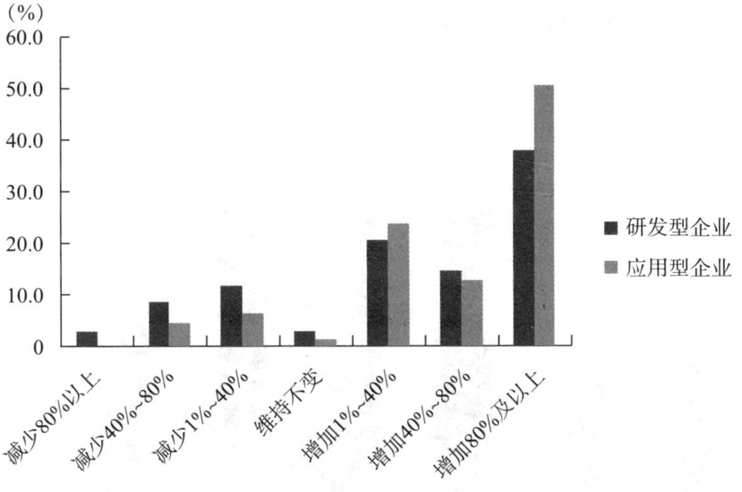


**图 4-17　不同类型企业 2016—2018 年人员规模变化**

综上所述，从现状来看，人工智能的应用对就业数量的冲击较小，范围较窄，尚没有对就业数量造成大范围的破坏效应，且人工智能下较大范围的企业就业规模仍呈上升趋势。故在目前人工智能的发展阶段，人工智能对就业数量造成的消极影响要小于其产生的积极影响，且其消极影响在研发型企业更为显著，积极影响在应用型企业更为显著。

## 二、对就业结构的影响：部分群体受冲击，呈现“单极化”发展趋势

### （一）对岗位结构的影响：体力类和认知类程序性岗位受冲击大

如图 4-18 所示，在所调研企业的六类就业岗位中，管理岗、行政岗、生产岗的规模所占比例呈下降趋势，而研发岗、技术岗及销售岗的规模所占比例呈上升趋势。大部分管理岗、行政岗、生产岗所从事工作属于程序性工作，大部分研发岗、技术岗及销售岗所从事工作属于非程序性工作。人工智能下岗位变动的现状表明，在短期体力类和认知类程序性工作将首先受到人工智能的挑战，而非程序性工作则会受益于人工智能的应用。但目前岗位变动幅度还较小，人工智能对就业岗位结构变动的影响初显。

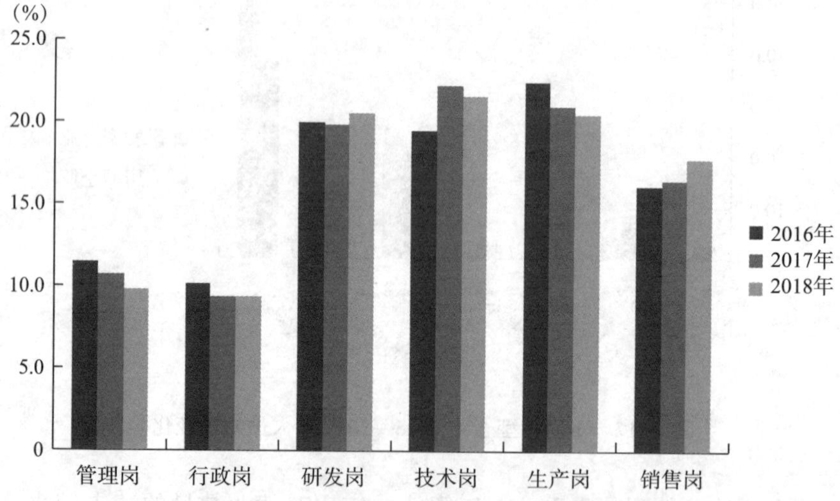


**图 4-18 2016—2018 年就业岗位结构变动**

### （二）对技能结构的影响：向高技能倾斜，对中、低技能冲击趋势不容忽视

从就业技能结构的变化趋势来看，高等技能就业比重呈现逐年上升的趋势；中、低技能从总体来看呈现下降的趋势（见图 4-19）。这表明人工智能对就业技能结构的影响已经初显，即人工智能会增加对高技能人力的

需求，减少对中、低技能人力的需求。虽然目前人工智能对就业技能结构变化的影响还较小，但从长期来看，随着关键性技术的突破，势必引发就业技能结构的大幅度变动。因此，需要及早关注中、低技能群体的就业变化，防止由就业极化趋势引发的就业波动，是否会像一些学者预测的一样向就业极化趋势发展，取决于第三产业内部的产业结构，因为第三产业是吸纳制造业因人工智能冲击的低技能劳动力转移的主要产业。

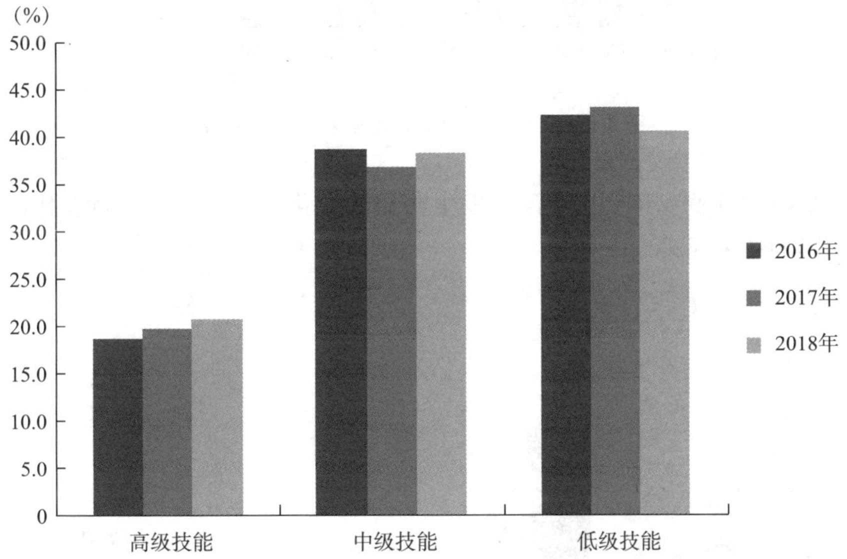


**图 4-19　2016—2018 年就业技能结构变化**

（三）对就业教育结构的影响：对本科以下学历冲击较大

从图 4-20 可见，大专学历、高中及以下学历就业比重不断下降，本科及硕士学历的就业比重不断上升，表明受教育程度较低的人群更容易受到人工智能的冲击，人工智能的发展增加了对高学历紧缺人才的需求，未来需重视通过研究生等高等教育的投资来获得符合新兴产业要求的高级紧缺人才。

（四）对年龄结构的影响：影响尚未显现

目前，学者普遍认为人工智能会对年龄偏高的人群产生较大冲击，年龄结构趋于年轻化。但从图 4-21 中就业年龄结构的变动情况来看，目前

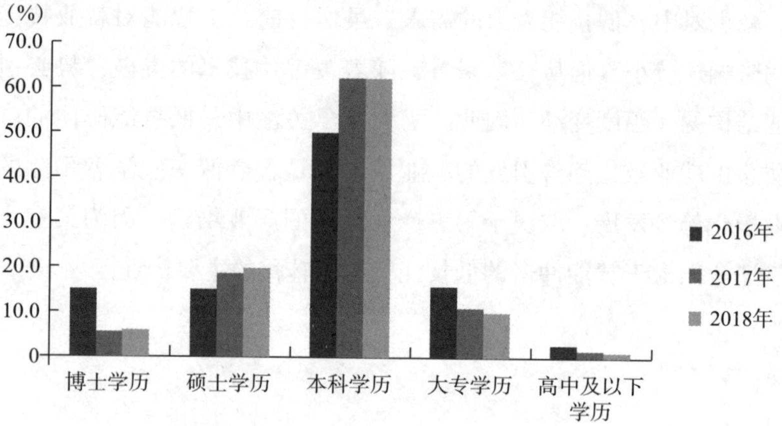


**图 4-20　2016—2018 年就业学历结构变动**

各年龄阶段的就业年龄比重没有发生明显的变化，人工智能对就业年龄结构的影响还未显现。

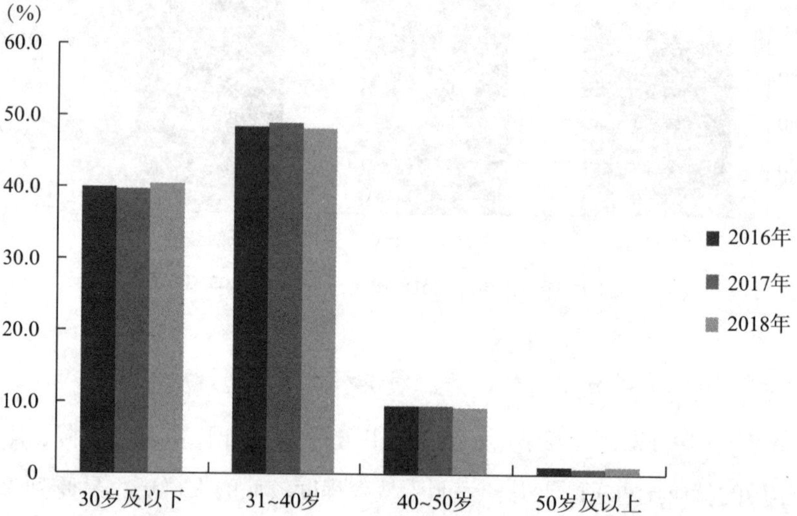


**图 4-21　2016—2018 年就业年龄结构变动**

综上所述，目前人工智能对就业的岗位结构、技能结构、学历结构的影响初步显现，对就业年龄结构的影响尚未出现明显变化。具体来说，人工智能对管理岗、行政岗、生产岗等体力类和认知类程序性岗位冲击较大，岗位结构向研发岗、技术岗、销售岗等非程序性岗位倾斜；就业技能结构向高技能倾斜，对中、低技能冲击趋势不容忽视；就业教育结构向高教育程度倾斜，对本科以下学历冲击较大。

## 三、对就业质量的影响：整体提高，存在群体差异

### （一）对劳动报酬的影响：整体报酬提高，与人工智能相关岗位收入高于其他岗位且差距逐年增大

如图 4-22 所示，企业员工的平均月工资呈现逐年上升的趋势，这印证了有关学者对人工智能会提高劳动者整体报酬，从而提升就业质量的观点。但同时，图 4-22 显示了另外一种现象，即从事与人工智能应用业务相关的员工平均月工资高于企业总体员工平均月工资，并且两者之间的差距逐年增大。据以上分析，虽然人工智能目前确实增加了员工的劳动报酬，在一定程度上提升了就业质量，但人工智能对劳动者收入的影响也已经显现。人工智能时代的到来，使掌握人工智能技术及能进行人机协作的群体易获得高收入，而没有掌握人工智能技术的群体，或者是被人工智能技术排斥的群体只能得到较少的财富。正如 Autor 等（2015）指出，在人工智能等新技术带来的新的自动化时代，更加重要的且容易被忽视的问题是财富的分配问题。

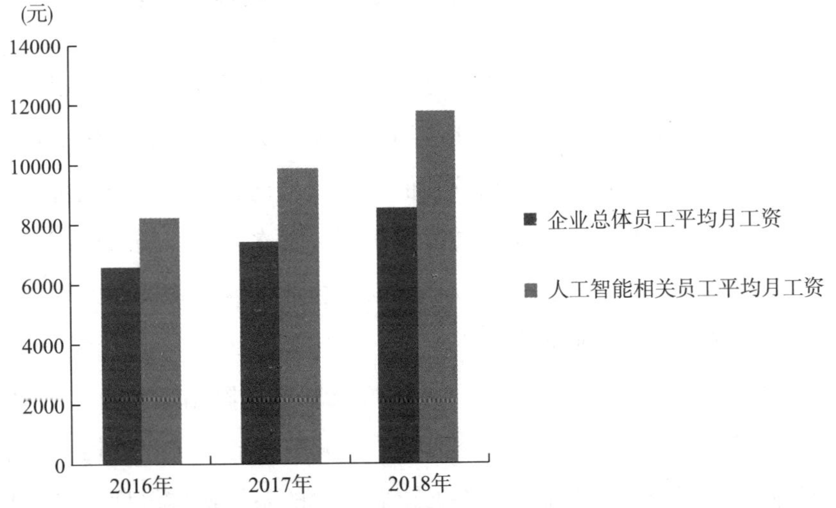


**图 4-22　2016—2018 年员工平均月工资变动情况**

### (二）对就业能力的影响：应用系统、人机协同成为主要培训内容

图4-23显示了所调查企业认为目前员工掌握的技能水平满足当前人工智能技术要求的程度。可以看出，87.6%的受访企业比较同意目前员工掌握的技能水平能够满足当前人工智能技术的要求，9.3%的企业表示不确定，仅有3.1%的企业表示不太同意，且没有企业表示极不同意目前员工掌握的技能水平能够满足当前人工智能技术的要求。也就是说，在当前人工智能技术发展和应用水平下，企业员工的就业能力能够满足当前的技能要求。

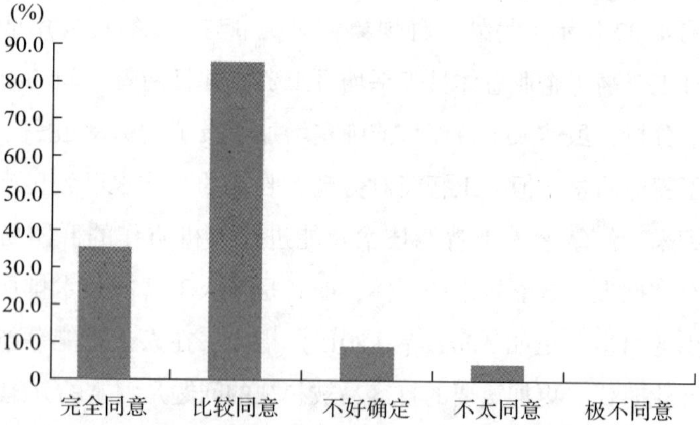


**图4-23　员工技能满足企业人工智能技术要求的程度**

图4-24显示了所调研企业进行的所有与人工智能应用业务相关的培训类型。可以看出，目前人工智能应用业务相关的培训中，系统操作、应用平台培训，以及新员工培训相较其他类型的培训而言更受企业重视，各有77.9%的企业进行了上述两种类型的培训；其次是具体场景应用、人机协同培训及项目实践培训，前者有69.1%的企业进行此种类型的培训，后者有66.2%的企业进行此种类型的培训；最后是算法、大数据分析等核心技术培训，智能管理培训及智能业务道德或职业风险培训，各有55.9%、55.9%和52.9%的企业进行培训。从企业与人工智能应用业务相关的培训类型来看，目前企业更为重视与人工智能相关的系统操作培训、对新员工

的人工智能相关培训，以及人机协同等方面，而对真正涉及人工智能核心技术的算法、大数据分析等的培训较少。综上所述，在当前人工智能发展阶段，企业对大部分劳动者的技能要求仅限于人工智能应用层面的系统、平台操作能力培训，对人工智能大数据、算法等核心技术的掌握还没有更多的要求。

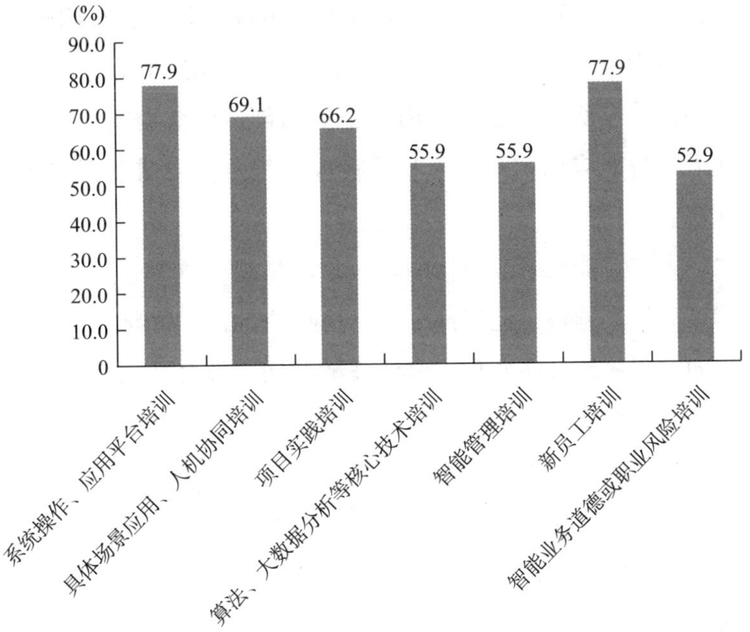


**图 4-24　与人工智能应用业务相关培训类型**

综上所述，从表征就业质量的劳动者的劳动报酬及就业能力方面来看，目前总体上人工智能的应用虽提高了就业质量，但对于不同的群体会有所差异。在劳动报酬方面，人工智能的应用虽提高了劳动者的劳动报酬，但这种提高更倾向于针对掌握人工智能技术，以及能够很好地进行人机协同的群体；在就业能力方面，目前员工的就业能力尚能适应人工智能对员工技能的要求，企业对员工的培训更多集中于对系统的操作、人机协同等基本方面，这与随着人工智能的应用，工作对初、中技能劳动者的创新要求下降，对软件程序操作技能要求提高有关。

## 四、本节小结

本节对北京市人工智能就业数量、就业结构中的细分岗位、技能、教育结构、年龄人群，以及以劳动者报酬和培训为表征的就业质量在人工智能冲击下的影响现状及影响程度进行描述与分析。结果有以下发现。

第一，当前人工智能对北京市就业数量的冲击较小，范围较窄，尚没有对就业造成大范围的破坏效应；现阶段正效应大于负效应，且对不同类型企业影响程度有所差异，对应用型企业的创造效应要大于研发型企业，原因是在人工智能应用初期，尤其是在应用型企业尚需要更多人力协同、解释、配合。

第二，人工智能对就业结构的影响初步显现，总的趋势是就业结构得到一定程度的优化调整，但对部分群体已形成冲击。优化调整表现在就业岗位结构向非程序性方向变化，就业技能结构、教育结构向高技能、高学历紧缺人才方向调整，与其他学者的“两极化”研究结果不同，北京市的就业结构呈现“单极化”发展趋势。原因在于北京的高精尖经济结构、人才结构特征，以及过去三次工业革命已经极大地提升了劳动者的信息化技能，同时当前仍处于弱人工智能的感知阶段，应用技术具有非复杂性及局限性。对部分群体的冲击体现在对体力类和认知类程序性岗位劳动者的替代，对中低技能人群、本科以下学历群体的冲击已经显现。现阶段人工智能对就业的年龄结构尚未产生明显的影响。

第三，在就业质量方面，就劳动报酬来说，人工智能使整体劳动报酬得到提高，与人工智能应用业务相关的员工平均月工资明显高于企业总体员工的平均月工资，且这种趋势正在不断拉大。在就业能力方面，目前，人工智能发展阶段员工的技能水平尚能满足人工智能应用的技术要求，但随着未来关键性技术的突破，劳动者素质与未来工作岗位的技能要求很可能不匹配，需提前应对；同时，企业对员工的培训更多集中于系统操作、人机协同等应用层面，而对涉及人工智能核心技术的算法、大数据分析等的培训相对较少，说明虽然人工智能提高了对劳动者技能水平的要求，但并不苛求劳动者必须掌握人工智能的核心技术，大部分劳动者只需要懂得系统操作、能够进行人机协同即可，未来大部分劳动者需提高的是综合素质、创新能力和人际沟通能力等。

第四，当前北京市人工智能正处于导入期，对就业数量、结构的影响初步显现，影响范围和程度还较小。但对体力类与认知类程序性岗位劳动者、中低技能人群、本科以下学历群体的替代和冲击已经显现。未来的发展趋势取决于人工智能技术的进展、与实体产业的融合程度、应用场景的变化、第三产业的发展，以及相关政策的影响。

## 第四节 北京市人工智能产业就业质量评估

为掌握北京市各区域及细分领域的人工智能产业就业质量，本节构建了人工智能产业就业质量评估指标体系。首先，对北京市 16 区人工智能产业就业质量进行总体评估、分区域评估和分指标评估；其次，分析 9 个人工智能细分领域就业的影响效应；最后，采用自然实验法，从人工智能产业政策与就业关系的视角对就业质量评估结果进行进一步检验及解释。

### 一、评估指标体系构建和方法选择

#### （一）评估指标体系构建

由于本书的研究目标是对北京市各区的人工智能产业就业质量进行评价，考虑到我国目前所处经济发展阶段，本书认为，如果一个地区的就业质量较高，则至少应包括 6 个方面的特点。①该区拥有一个良好的就业环境，劳动力供给与需求相匹配，就业服务水平逐步提高，统一竞争的劳动力市场逐渐形成。②该区在劳动者的教育、培训等方面进行了较好的人力资本投资，使得劳动者在总体上具有较强的就业能力。③就业状况良好，从平均水平来看，劳动者的就业能够带来经济效益，而非低水平的有岗劳动，且就业的稳定性好、安全性能得到保障。④该区劳动者通过就业能够获得合理的劳动报酬，体现自身社会价值。⑤该区为劳动者提供了较好的社会保护，社会保险覆盖率和水平不断提升，社会保障状况良好。⑥该区劳动关系逐步改善，劳动者的就业权益能够得到充分有效的保障。对就业质量概念的理解，构成了本书建立就业质量指标体系的基础。

在分析国内外已有指标体系研究的基础上，结合北京市人工智能产业发展特征和经济发展特点，本书制定了一套能够较全面反映北京市现阶段人工智能产业就业质量的综合指标体系。该指标体系构建的基本原则有以下5点。①维度完整。指标选取全面化，保证总体指数能够尽量客观地反映就业质量。②逻辑清楚。指标的划分在逻辑上保持一致，符合“产业和经济发展提升就业质量，就业质量服务于产业和经济发展”的规律，反映产业特点和经济发展是该领域就业质量的根本前提这一基本判断。③特征明确。每个指标都能独立反映就业质量某一方面的信息。④数据可得。指标数据来自两个方面：一是从官方的统计年鉴数据库获得，以保证评价体系中宏观指标的权威性；二是从课题组调查数据中获得，以保证评价体系中微观指标的特有性。⑤度量可行。每个指标值可以通过有关数据计算得到，但不改变原始数据的基本经济含义和特征。基于以上考虑，本书选取了6个维度的一级指标、17个二级指标作为衡量北京市各区人工智能产业就业质量的指标体系。其中，第一个维度指标就业环境中除了产业发展状况之外，其他指标数据均来源于北京市统计局或由北京市统计局数据计算获得。

第一维度：就业环境。产业发展状况、经济发展和就业基本面情况构成一个区域的中观、宏观就业环境，如果一个地区能通过先进产业的扩张促进当地经济发展，进而为劳动者提供更多、更好的就业岗位，劳动力市场的发育比较成熟，那么可以说该地区在该产业领域的就业环境是良好的。该维度由5个二级指标构成。一是人工智能产业规模，采用各区拥有的人工智能企业数表示。二是经济发展，用人均GDP表示。三是就业基本情况，用失业率即年末实有登记失业人员占常住人员比表示。四是劳动力供需，用劳动年龄人口占比表示。五是劳动力市场分割情况，用企业中拥有北京市户口的员工占比表示。

第二维度：就业能力。就业者自身的素质越高越容易从竞争中获得高质量的工作岗位。就业能力可以通过受教育水平、培训情况及技术等级三个二级指标来衡量。一是教育水平，从可考量的角度出发，本书选取的指标是劳动力受教育年限。二是培训情况，用三级量表表示，1 表示经常有培训，2 表示偶尔有培训，3 表示没有培训。三是技术等级，用拥有高级技术职称或高级技术证书的劳动者占比表示。

第三维度：就业状况。一是就业效率，用单位人员的人工智能营业收入（万元）表示。尽管每个社会和几乎每个行业都存在福利性岗位，这是社会托底保障的基础，但是从平均水平来看，劳动者创造价值的水平在一定程度上体现为就业效率。因此，用单位劳动者营业收入作为衡量就业质量的子指标之一。二是就业稳定性，用离职人员占比表示。三是劳动强度，用周一至周五每天工作时间（小时）表示。过劳和突发性安全事件都是劳动安全的重要考量范畴，但是就人工智能领域而言，劳动者遇到危险性工作环境的概率较小，突发事件的发生频率远低于过劳造成的对劳动者的损害，且出于可得性原则这里只衡量过劳水平。

第四维度：劳动者报酬。对劳动者报酬的测度从两个层面考虑，一个是报酬的多寡，另一个是报酬分配是否合理。一是工资收入，用员工平均月工资（元）表示。工资性收入是人力资本价值的最直接体现。二是收入分配。资本与劳动之间的力量对比关系可以通过劳动收入与 GDP 的比这一指标来反映，这里用人均工资与人均 GDP 的比反映收入分配状况。

第五维度：社会保障。社会保障是公共服务的重要内容，是国家就业托底保障的重要内容。一是社会保险，用参与社保项目数（项）来表示。二是公积金缴纳情况，用有公积金的劳动者占企业总人数的比来表示。

第六维度：劳动关系。根据“劳动者的就业权益能够得到充分有效的保障”的原则，针对就业利益和岗位权利两个方面设计指标。一是就业利益，用量表题目“公司顾及了我的利益”（五级量表，数值越大越符合）得分表示。二是岗位权利，用“工作中我的感受是被考虑的”（五级量表，数值越大越符合）表示。

### （二）指标权重的计算方法

关于指标赋权的方法，可分为客观赋权评价法和主观赋权评价法两大类。其中，客观赋权评价法根据指标间的相关关系或各项指标的变异系数来确定权数进行综合评价，如熵值法、神经网络分析法、TOPSIS 法、灰色关联度分析法、主成分分析法、变异系数法等。主观赋权评价法采取定性的方法由专家根据经验进行主观判断而得到权数，然后对指标进行综合评价，如层次分析法、综合评分法、模糊评价法、指数加权法和功效系数法等。两种赋权方法特点不同，其中，主观赋权评价法依据专家经验衡量各指标的相对重要性；客观赋权评价法综合考虑各指标间相互关系，根据各指标所提供初始信息量来确定权数。

本书指标权重确定采用专家评分法与主成分分析法。在专家评分法方面，为了增加指标的科学性，本课题组编制了《北京市人工智能产业就业质量评估指标体系》调查表，邀请了人工智能领域，以及人口学、社会保障学、劳动关系学、劳动经济学、人力资源管理等多个专业领域的专家对指标体系提出设计和修改意见，并针对专家提出的意见修改指标体系构成。25 位专家来自中国社会科学院、清华大学、中国人民大学、北京师范大学、首都经济贸易大学、北京工商大学、武汉大学等单位。征询意见的内容包括：请专家们对指标系统的三个维度，按重要度在 0~1，给出各个维度的权数值，最后计算回收的专家得分的均值，作为每个维度的权重，数值为 0~1；针对各个维度的二级指标，本课题组请每位专家对其进行正负方向的判定。指标方向为正，则称为“正指标”，是指实际值越大在考核评价中所起正面效应也越大的指标；反之，则指标方向为负，称为“逆指标”。

综合各专家的意见，在确定了最终的评价指标体、一级维度权重和二级维度的指标方向之后，对于三级维度指标的权重，本课题组采用主成分分析法进行稳健性验证，使用 Stata 统计软件对指标得分数据进行主成分分析，并进行特征值分解，按照特征值大小给指标分配权重。权数的确定公式为

$$\omega_i = \frac{\lambda_i}{p},\ i = 1,\ 2,\ \cdots,\ p \qquad (4-1)$$

其中，$\lambda_i$ 为第 $i$ 个因子的特征根；$\omega_i$ 为第 $i$ 个因子的权数。

最后，按照加权平均的方法求得各区的综合指数与各指标的得分，公式为

$$Index = \sum_{i=1}^{50} (weight_i \times score_i) \qquad (4-2)$$

其中，$Index$ 表示所在区的就业质量指数值；$weight_i$ 为所在区第 $i$ 个指标权重，由维度指标权重、二级指标权重乘积算得；$score_i$ 为所在区第 $i$ 个指标的得分。

为了进行稳健性检验，本书分别采用专家打分法和因子分析法，即分别采用了主观赋权评价法和客观赋权评价法进行稳健性检验，研究发现，二者没有显著差异。用不同方法计算的得分数值略有差异，但是排名梯队分布相同，本着不同方法、直观易懂的研究原则，这里呈现专家打分法的计算结果。人工智能产业就业质量评估指标体系及权重如表 4-4 所示。

**表 4-4　人工智能产业就业质量评估指标体系及权重**

| 指标 | 权重/% | 指标 | | 权重/% |
|---|---|---|---|---|
| 就业环境 | 20 | 产业规模 | 本区人工智能产业企业数（个） | 7 |
| | | 经济状况 | 人均 GDP（万元/年） | 5 |
| | | 失业率 | 年末实有登记失业人员数占常住人员数的比（%） | 4 |
| | | 劳动力供需 | 劳动年龄人口占比（%） | 2 |
| | | 劳动力市场分割情况 | 企业中拥有北京市户口的员工占比（%） | 2 |
| 就业能力 | 20 | 教育发展水平 | 硕士及以上学历占比（%） | 10 |
| | | 培训情况 | 接受培训情况（三级量表，数值越大接受培训越频繁） | 5 |
| | | 技术水平 | 高级技工占比（%） | 5 |
| 就业状况 | 20 | 就业效率 | 单位人员的人工智能营业收入（万元） | 8 |
| | | 就业稳定性 | 离职人员占比（%） | 7 |
| | | 劳动强度 | 周一至周五每天工作时间（小时） | 5 |

续表

| 指标 | 权重/% | 指标 | | 权重/% |
|---|---|---|---|---|
| 劳动者报酬 | 20 | 工资收入 | 员工平均月工资（元） | 12 |
| | | 收入分配 | 人均工资与人均 GDP 的比 | 8 |
| 社会保障 | 10 | 社会保险 | 参与社保项目数（项） | 7 |
| | | 公积金 | 有公积金的劳动者占企业总人数的比（%） | 3 |
| 劳动关系 | 10 | 就业利益 | 公司顾及了我的利益（五级量表，数值越大越符合） | 5 |
| | | 岗位权利 | 工作中我的感受是被考虑的（五级量表，数值越大越符合） | 5 |

注：微观指标对应的数据都是指本次调查的微观企业和人员的数据。

## 二、北京市人工智能产业就业质量评估结果

### （一）总体排名情况

根据北京市各地区就业综合评价指数的计算方法，本书对北京市 16 个区人工智能产业的就业综合评价指数进行了测算，并将所有区划分为 3 个梯队（见表 4-5）。表 4-5 中指数是地区间就业质量高低的相对比较值，指数值在 60~100。

总体来看，北京市各区人工智能产业劳动者就业质量总体水平较高，大部分区的就业质量指数较高。北京市就业质量总指数为 78.12，根据排名结果，可以将 16 个区分成 3 个梯队，第一梯队有海淀、朝阳、昌平、大兴、丰台、石景山，就业质量平均得分为 93.40 分；第二梯队有西城、东城、通州、顺义、门头沟，就业质量平均得分为 78.94 分；第三梯队有怀柔、密云、房山、平谷、延庆，平均得分为 63.34。

表 4-5　北京市人工智能产业就业质量评估结果（总指标）

| 级别 | 区域 | 平均分 |
|---|---|---|
| 第一梯队 | 海淀、朝阳、昌平、大兴、丰台、石景山 | 93.40 |
| 第二梯队 | 西城、东城、通州、顺义、门头沟 | 78.94 |
| 第三梯队 | 怀柔、密云、房山、平谷、延庆 | 63.34 |
| 总评分 | | 78.12 |

### （二）分区排名情况

排在前6位的地区是北京市综合发展水平高（见表4-6）、人工智能产业发展好或者得到政策支持的地区，反映的就业质量也较高。其中，第一梯队也可以划分为3类，海淀、朝阳是北京市人工智能产业集聚地，两区企业数占全市85%以上，产业发展、经济发展水平较高，其就业质量指数也较高；另外，排名靠前的丰台、石景山因受到海淀和朝阳的辐射影响，表现为劳动者薪酬和社会保险两项指标得分较高，所以最终排名靠前；昌平、大兴是政策支持新星。总指数排在后5位的地区是综合发展水平相对较低、就业质量也较低的区。

**表4-6 第一梯队细分情况**

| 类别 | 就业质量领跑者 | 领跑者辐射区 | 政策支持新星 |
| --- | --- | --- | --- |
| 地区 | 海淀、朝阳 | 丰台、石景山 | 昌平、大兴 |
| 共同特征 | 产业规模大<br>就业总量大<br>就业质量高 | 产业规模较小<br>就业总量小<br>薪酬高、社会保障好 | 产业规模较小<br>就业总量小<br>就业状况好、薪酬高 |

值得注意的是，第一梯队在劳动关系方面表现略差，得分为79.67分，比第二梯队低3.23分（见表4-7）。主要原因是劳动者认为岗位权利得不到充分保障，在量表“工作中我的感受是被考虑的”中得分较低。造成该现象的原因归结于三个：一是劳动者原因，第一梯队中劳动者就业能力较强，他们对劳动关系的诉求较高，不仅希望在工作中获得足够多的报酬，还希望获得足够的尊重和话语权；二是企业原因，说明虽然第一梯队的企业发展较好，利润率高，能够基本履行企业义务，但是在企业文化建设方面还有待加强；三是市场原因，虽然人工智能产业人才需求相对匮乏，但是在高质量企业集聚的第一梯队，特别是海淀，人才供给量相比其他地区要高，所以劳动者相对议价能力减弱，有“不被照顾感受”的看法。

表 4-7　北京市人工智能产业就业质量评估得分（子指标）

| 子指标 | 第一梯队 | 第二梯队 | 第三梯队 | 平均值 |
|---|---|---|---|---|
| 就业环境 | 80.77 | 75.33 | 68.87 | 74.99 |
| 就业能力 | 85.86 | 72.75 | 65.94 | 74.85 |
| 就业状况 | 84.17 | 77.13 | 71.16 | 77.49 |
| 劳动者报酬 | 86.36 | 74.24 | 64.10 | 74.90 |
| 社会保护 | 95.01 | 91.72 | 66.88 | 84.54 |
| 劳动关系 | 79.67 | 82.90 | 67.91 | 76.83 |

第二梯队在社会保护方面表现优良，但是在就业能力、劳动者报酬方面得分较低，都没有达到75分。根据是否属于行政区所在地，第二梯队可以分成两类。一类是在行政办公区设址企业，包括西城、东城、通州，这些是国家级和市级行政办公区所在地，在战略规划上弱化了其重点产业布局的设计，所以产业规模较小。不过也有零星人工智能企业散落其中，强政策管辖特征显著，在行政区内设址的企业社会保护方面得分较高，超过90分。另一类是在非行政办公区设址企业，包括顺义、门头沟，相比第一梯队，这两个区的人工智能产业规模较小，产业涉足领域单一，劳动者就业质量较低。

第三梯队6个子指标的得分都不太高，均低于平均水平。其中，指标值最高的是就业状况，为71.16分。劳动者的就业能够带来经济效益，而非低水平的有岗劳动，且就业的稳定性好、安全性能得到保障。指标值最低的是劳动者报酬，这些区或者没有人工智能企业，或者承接了较为低端的智能制造企业。因此，就业者多为人工智能操作辅助员，平均薪酬较低。这些区域或者是人工智能产业的非重点支持区域，如密云、房山、平谷、延庆；或者是已经在战略层面划为重点支持区域，但是产业布局尚未真正形成的区，如怀柔。尽管怀柔被列为第三梯队，但是它属于该梯队的“领头羊”，在各方面表现都要好于同一梯队的其他成员。

从上述发现不难看出，政策支持的“三城一区”中，海淀、昌平、大兴均在第一梯队，发展略微落后的怀柔在第三梯队也属于“佼佼者”，这有十分重要的政策含义，即政策支持区域和非政策支持区域产业发展差异显著，就业特征差异大。

（三）细分领域就业质量影响效应分析

在调查过程中，将人工智能企业划分成9个细分领域，分别为智能制造、智能交通与物流、智慧教育、智能家居、智慧金融、智慧安防、智能养老、智慧医疗，以及餐饮、住宿服务。在进行回归模型验证的行业哑变量对就业质量影响效应的过程中，以智能制造业为对比行业进行测度。

（1）智能制造领域在就业质量上的得分表现是最低的，为61.35分。从产业发展的角度来看，虽然我国在开展智能制造方面有着明显优势，但北京市由于经济结构调整及高精尖产业结构发展的定位，决定了制造业及升级后的智能制造业未能成为北京市的优势产业。从就业的角度来看，制造业是人工智能岗位替代最高的行业，这与上述人工智能产业就业分布特征分析结果一致。

（2）智能养老领域得分最高，为82.53分，且与制造业相比，行业哑变量对就业质量的影响是显著的。随着老龄人口的不断增加、居民优质养老意识的不断提高，未来智能养老的市场十分广阔。智能养老行业的规则、产品不断规范化，商业模式日渐成熟。智能化的发展使传统养老行业从业人员“社会地位不高”的感受下降，许多服务内容从“人对人”的模式转化为“人对机”的模式。这有利于提升该行业的就业稳定度，就业人员的满足感强，且相对于其他领域，进入门槛低。

（3）智能交通与物流领域得分次高，为78.22分，且与制造业相比，行业哑变量对就业质量的影响是显著的。随着网购消费量增加及智能技术在机场、车站的广泛应用，智能交通与物流行业发展的步伐加快。人工智能技术在交通与物流领域的应用也越来越广泛，该领域主要应用的人工智能技术包括遗传算法、人工神经网络等。虽然应用人工智能算法驱动下的机器人替代了一部分仓储员工，但随着供应链协同管理效率加快，对物流站衔接人员、“最后一公里”送货入户人员需求增加；与此同时，用人单位对于员工与人工智能技术的协作程度及技能要求高，人工智能技术的应用降低了作业人员的工作强度及安全隐患，提高了各环节的作业效率并且优化了就业环境，同时替代了低技能的工作岗位，高层管理者缺口大，从业人员需要进一步学习专业知识和相关技能，以平稳过渡人工智能技术大量应用所带来的冲击。虽然人工智能技术给就业人员带来了极大的便利，但交通与物流行业的劳动者工作时间长、劳动强度大，现在人工智能技术还处于弱人工智能阶段，在无法完全替代低技能劳动力的情况下，用人单位为实现工作目标须支付劳动者高报酬及提供基本的社会保障，以保证各个岗位的人员数量配置齐全。行业哑变量回归结果如表 4-8 所示。

**表 4-8　行业哑变量回归结果**

| 被解释变量：就业质量得分 | | 系数 |
|---|---|---|
| 控制变量 | （常量） | −7.710 |
| | 性别 | −0.034 |
| | 年龄 | 0.426 |
| | 学历 | 2.198*** |
| | 人工智能相关岗位上岗时间 | 0.044 |
| 行业哑变量 | 智慧医疗 | −0.418 |
| | 智能家居 | −0.552 |
| | 智慧安防 | −0.609 |
| | 智能养老 | 7.274*** |
| | 智慧教育 | 1.515 |
| | 智能交通与物流 | 5.512*** |
| | 智慧金融 | 2.846 |
| | 餐饮及住宿 | 4.313 |

注：括号外和括号内的数值分别代表估计系数与标准误差，*** 代表显著性水平为 1%。

## 三、评估结果的进一步验证：自然实验法

如本节第二部分所述，北京市人工智能产业就业质量综合评价结果显示，政策支持区域和非政策支持区域差异大。这只能从描述统计层面证实，但这一结论是否显著仍需要进一步验证。本部分从人工智能产业政策与就业关系的视角对就业评估结果进行实证检验及结果解释。与其他传统行业不同，在投入要素中，人力资本是人工智能企业最核心的要素，因此

人工智能技术最直接、最显著的冲击是对劳动者就业结构的影响。而政策层面的产业布局在一定程度上影响劳动者的就业转型和就业流动，因为由源自劳动者内因和社会及市场形成的外因共同决定了劳动者是否要转型，即固守原来的岗位或是转岗，或者说进行岗位升级或是转为其他岗位。

近年来，学者在人工智能对就业影响方面的研究正在逐渐增加，现有研究集中于对人工智能影响就业结果的探索。一方面表现为对就业产生较强的破坏效应，如造成就业岗位的减少、技术失业、劳动力市场两极分化、劳动力工资下降等。Pajarinen 等（2014）研究发现，芬兰 35.7%的工作面临较高的被替代的风险。Elon Musk（2017）研究认为，人工智能对于人类社会具有极大的威胁。另一方面表现为对就业产生的补偿效应，如创造新岗位、在新的领域创造新的就业机会等。Bessen（2017）发现，新技术能够提高生产率，会对就业产生积极影响。从宏观角度来看，人工智能对某个行业的负面影响可能被其他行业的就业增长弥补。Dauth 等（2017）研究发现，尽管人工智能的出现会导致制造业岗位的流失，但服务业创造了足够多的新岗位来抵消制造业的负面就业影响，甚至提升社会就业数量。Mann 和 Püttmann（2017）的研究也验证了上述结论。从时间效应来看，人工智能的应用在短期造成一定范围的失业现象，长期则会增加社会对就业和劳动力的需求，但人工智能技术投入使用后的几年通常伴随较明显的工资停滞、劳动力份额下降、生活条件恶劣、贫困加剧等现象，这需要政府与市场共同发力才能使劳动力市场尽快平衡人工智能技术带来的负面影响。此外，人工智能技术的市场应用速度极大地影响了对就业的冲击程度，过于快速地采纳不利于政府、市场或个人的及时调整，会带来更加严重的摩擦性失业。

现有研究在对人工智能影响结果进行分析时，通常采用的方法有以下两种。一是基于任务的方法也就是任务分配模型（Tasks-Based Model），这一直是研究技术进步对就业影响较为经典的方法。Autor 等（2003）采用了这种方法研究计算机如何影响职业技能的需求，Acemoglu 和 Restrepo（2018）运用该方法对人工智能影响就业进行了研究。二是基于职业的方法。Frey 和 Osborne（2017）根据美国职业信息数据定量分析了计算机技术和部分职业之间的关系，Pajarinen 等（2014）对芬兰进行了就业替代程度的测算。这两种方式均从微观视角出发，运用经济学原理进行测算，人工智能通常难以对整个职业进行替代，而替代率取决于人工智能技术水平及应用程度。

不过这些研究中对总量研究较多，较少有学者对就业岗位类型进行细化研究。就北京市而言，划分“三城一区”是最重要的产业战略布局影响因素，“三城”指的是中关村科学城、怀柔科学城、未来科学城，“一区”指的是北京经济技术开发区。“三城一区”分别位于海淀、怀柔、昌平和大兴，因此分区分层讨论就业问题具有现实政策意义。该战略在 2017 年提出，而本书的调研数据横跨 2016 年、2017 年、2018 年三年，可以做纵向对比研究。因此，本书采用自然实验法，对北京市人工智能企业的就业情况进行微观层面的量化研究。假设在“三城一区”和不在“三城一区”的就业者构成有显著差异。

被解释变量设计为研发人员占企业员工人数的比。研发企业和非研发企业在人员构成上有着显著差异，因此分别对研发型和应用型企业构建模型。解释变量，即政策干预因素，用以下分组结果的交叉项表示。具体地，第一，将数据分成 2017 年及以前、2018 年两组；第二，根据企业所在地分“三城一区”管辖地和非“三城一区”管辖地。这样，“三城一区”管辖地和非“三城一区”管辖地的劳动者就被随机分配到了实验组与控制组。控制变量的选择与就业质量指标体系基本一致，包括以下几个。第一，宏观变量，包括劳动者所在区的人工智能企业数量、人均 GDP；第二，人口统计学特征变量，包括劳动者性别、户籍、年龄；第三，能力变量，包括学历、技术水平；第四，薪酬水平，包括工资；第五，参与社保项目数和是否有公积金；第六，劳动关系，包括两个量表“公司顾及了我的利益”“工作中我的感受是被考虑的”。变量选取与说明如表 4-9 所示。

**表 4-9　变量选取与说明**

| 变量类型 | 变量名称 | 变量说明 |
|---|---|---|
| 被解释变量 | $Y_{it}$ | 研发人员占企业员工人数的比 |
| 解释变量 | $did_{it}$ | 年度分组和区域分组的交叉项 |
| 控制变量 | $comp_{it}$ | 劳动者所在区的人工智能企业数量 |
| | $GDP_{it}$ | 人均 GDP（单位：元） |
| | $male_{it}$ | 性别，男是 1，女是 0 |
| | $huk_{it}$ | 北京籍为 1，非北京籍为 0 |
| | $age_{it}$ | 年龄 |
| | $schy_{it}$ | 受教育年限（单位：年） |
| | $tech_{it}$ | 高级 3，中级 2，低级 1 |
| | $wage_{it}$ | 工资（元/月） |
| | $ins_{it}$ | 参与社保项目数 |
| | $fin_{it}$ | 有公积金为 1，没有为 0 |
| | $t1_{it}$ | 公司顾及了我的利益 |
| | $t2_{it}$ | 工作中我的感受是被考虑的 |

构建双重差分模型结果如表 4-10 所示。

**表 4-10　基于不同类型企业的计量结果**

| 模型 | 模型 1<br>所有企业 | 模型 2<br>应用型企业 | 模型 3<br>研发型企业 |
|---|---|---|---|
| 被解释变量 | 研发人员占企业员工人数的比 | | |
| 解释变量<br>（交叉项） | -0.674$^{**}$<br>（0.031） | -0.072$^{***}$<br>（0.028） | 0.002<br>（0.188） |
| 控制变量 | 部分显著 | 部分显著 | 不显著 |

注：括号外和括号内的数值分别代表估计系数与标准误差，$^{**}$、$^{***}$ 分别代表显著性水平为 5%和 1%。

如表 4-10 所示，上述假设得到部分验证。首先，将所有企业纳入模型，解释变量系数在 5%的水平上显著，且系数为负，说明有政策支持的地区研发人员占比高。其次，分别从应用型企业和研发型企业来看，政策效应在前者体现得更为显著。具体地，应用型企业模型，即模型 2 交叉项系数为-0.072，且在 1%的水平上显著，这表明是否在政策支持区（政策支持区一般也是企业集聚区）对其产品推广颇具价值，是否在“三城一区”对人员构成有显著影响。在支持区的企业为了提升竞争力会增加研发人员占比，或者说能在优势区立足的企业研发团队力量较大。与之形成鲜明对比的是研发型企业，模型 3 交叉项系数为 0.002，且不显著，这表明就研发型企业而言，成果是否有核心竞争力关系企业的生存与发展，是否在“三城一区”对其人员构成影响不大。这是可以解释的，因为坐在“象牙塔”里从事工科类研究的人员并不在乎工作地址是在城里还是郊区，就像中国科学院是否在郊区不影响科研人员占比一样。

这样的结果印证了之前的假设，与前三部分的描述性研究一致，且有一定的政策含义，就人工智能应用型企业而言，产业集聚是必不可少的，产业集聚对企业发展具有正向影响作用，人工智能企业劳动结构的升级同样离不开产业高地的打造。不过，“三城一区”刚刚公布，对该问题需要持续关注。“三城一区”在制定政策时，需考虑导向性：是高科技激励，还是一般就业人员的充分就业？战略布局是什么？非“三城一区”是否需要承接五大区的辅助企业？

除了需要持续研究的问题外，本部分研究亦有不足之处。首先，本部分只是利用统计数据和一系列客观指标对北京市各区产业水平与就业情况进行描述，并对就业质量进行测算和评价。鉴于就业质量是一个既包含客观指标又包含个人主观指标的综合性概念，所以其局限在所难免。其次，在选取的指标中，还存在部分指标之间存在相关关系的问题，但为了对影响就业质量的各个指标进行细致比较，实际上选择更多的指标比为了避免相关关系而删减这些指标更加合理。最后，部分指标由于调查的局限性没有被纳入在调查过程中，企业对劳动争议的填写缺失值较多，如评价劳动关系过程“劳动仲裁案件比率”等有关劳动争议的指标。

## 四、本节小结

本书以 ILO 使用的测度就业水平的指标体系为基本架构，结合中国国情和北京市特殊情况，构建了测度北京市人工智能产业就业质量的评价指标体系。该指标体系具体包括就业环境、就业能力、就业状况、劳动报酬、社会保障、劳动关系 6 个一级指标和劳动力供需、收入等 17 个二级指标。权重设计采用了专家打分法，并用因子分析法等进行稳健性检验，测度结果没有显著差异。在进行综合打分和评价之后，本书又借助实验经济学方法与计量经济学方法验证了政策支持区和非政策支持区的就业质量差异，得出以下研究结论。

第一，北京市各区域人工智能产业劳动者就业质量总体水平较高，大部分区域的就业质量指数较高。根据排名结果，可以将 16 个区分成 3 个梯队，第一梯队有海淀、朝阳、昌平、大兴、丰台、石景山，主要是人工智能发展较快的区域及这些区域的辐射区；第二梯队有西城、东城、通州、顺义、门头沟，主要是人工智能产业非重点布局区；第三梯队有怀柔、密云、房山、平谷、延庆，主要是人工智能产业非重点布局区或承接智能制造等产业的地区。

第二，政策支持的“三城一区”中，海淀、昌平、大兴均在第一梯队，发展略落后的怀柔虽在第三梯队，但属于第三梯队的“佼佼者”，具有十分重要的政策含义，即政策支持区域和非政策支持区域产业发展可能存在差异，就业特征差异大。用实验经济学的方法进一步证明了该结论，说明产业集聚对企业发展具有正向影响作用，人工智能企业劳动结构的升级离不开产业高地的打造，有效的产业政策对就业有正向促进作用。

第三，智能制造领域就业质量评分最低，智能养老、智能交通与物流领域评分较高，就业质量优。一方面，传统制造业转型企业中，不少企业沿用的原有员工管理措施不适合对转岗人员的管理，造成了部分主观评价得分低。另一方面，制造业是劳动力需求减少的行业，而智能养老、智能交通与物流领域是劳动力需求增加的行业，就业挤出行业的企业员工的就业焦虑感更强，因此就业质量较低。

## 第五节　北京市人工智能产业与就业动态匹配研究

产业与就业的动态匹配是本书的研究视角，本节从时间和空间两个维度测度并探索北京市人工智能产业与就业的动态匹配特征、演化规律及形成机理，以期对后续制定产业与就业动态匹配政策提供坚实的实证基础。

### 一、北京市人工智能产业与就业动态匹配的指标选择及测度方法

#### （一）研究区域

本书选择北京市各区为研究对象，具体包括东城区、西城区、朝阳区、丰台区、石景山区、海淀区、房山区、通州区、顺义区、昌平区、大兴区、门头沟区、怀柔区、平谷区、密云区、延庆区共16个区。之所以选择北京市作为研究对象，主要基于以下两个方面。第一，北京作为国家首都，吸纳和集聚了大量劳动力，目前已发展为备受瞩目的世界级特大城市，面临的产业与就业问题更具有代表性和前瞻性。第二，2016—2018年，北京市人工智能企业最集中，是就业岗位数量最多的城市，研究北京市产业与就业的空间关系，对于促进北京市高精尖经济结构的形成及劳动者充分就业和提高就业质量具有重要的借鉴意义。

#### （二）研究方法及数据

基于GIS空间统计分析工具，本书使用空间统计分析标准差椭圆分析方法，以北京市各区国土空间为参照标准，以国土面积为基准分布要素，以企业销售额、员工数量、工资水平为产业与就业的属性要素，分别计算产业和就业的空间分布标准差椭圆，从分布重心、空间展布范围、密集性、分布方向和形状等多重角度，揭示2016—2018年北京市产业和就业的空间分布及变动特征。在此基础上，进一步通过构建空间差异指数，分析北京市产业与就业的空间匹配及时空演变。主要参数的估计方法如下：

平均重心：$\overline{X}_W = \frac{\sum_{i=1}^{n} w_i x_i}{\sum_{i=1}^{n} w_i}$；$\overline{Y}_w = \frac{\sum_{i=1}^{n} w_i y_i}{\sum_{i=1}^{n} w_i}$

方位角：

$$\tan\theta = \frac{\left[\sum_{i=1}^{n} w_i^2 \tilde{x}_i^2 - \sum_{i=1}^{n} w_i^2 \tilde{y}_i^2\right] + \sqrt{\left[\sum_{i=1}^{n} w_i^2 \tilde{x}_i^2 - \sum_{i=1}^{n} w_i^2 \tilde{y}_i^2\right] + 4\sum_{i=1}^{n} w_i^2 \tilde{x}_i^2 \tilde{y}_i^2}}{2\sum_{i=1}^{n} W_i^2 \tilde{x}_i \tilde{y}_i}$$

$x$ 轴标准差：$\delta_x = \sqrt{\frac{\sum_{i=1}^{n} (w_i \tilde{x}_i \cos\theta - w_i \tilde{y}_i \sin\theta)^2}{\sum_{i=1}^{n} w_i^2}}$

$y$ 轴标准差：$\delta_y = \sqrt{\frac{\sum_{i=1}^{n} (w_i \tilde{x}_i \sin\theta - w_i \tilde{y}_i \cos\theta)^2}{\sum_{i=1}^{n} w_i^2}}$

其中，（$x_i$，$y_i$）表示研究对象的地理位置，表示权重；$w_i$（$x_w$，$y_w$）表示要素分布的平均中心和相对位置；$\theta$ 为方位角，表示椭圆沿正北方向顺时针旋转到长轴所形成的夹角，反映要素分布的主要方向；$\tilde{x}_i$、$\tilde{y}_i$ 分别表示各研究对象到平均中心的坐标偏差；$\delta_x$、$\delta_y$ 分别表示沿 $x$ 轴和 $y$ 轴的标准差，长轴和短轴分别表示要素的空间分布范围，两者相比可以反映要素空间分布形状差异，即其在主要分布方向和次要分布方向的空间差异。

空间聚集指数 $A = |\ 1-Area$（要素分布椭圆）$\div Area$（基本分布椭圆）$|$

空间匹配指数 $SDI_{w,\ p} = 1 - \frac{Area(SDE_w \cap SDE_p)}{Area(SDE_w \cup SDE_p)}$

其中，$SDE_w$、$SDE_p$ 分别为产业和就业的空间分布标准差椭圆；$Area$ 表示相关区域的面积；$SDI_{w,p}$ 为产业和就业的空间匹配指数，取值范围在（0，1），数值越小，表明产业和就业的空间匹配程度越弱。

本书使用的产业和就业人口数据均来自项目组实地调查。为了剔除价格因素对产业和就业的影响，本书以 2016 年为基期，对 2017 年、2018 年数据进行居民消费价格指数折算。将 2019 年北京市经济和信息化局提供的 1084 家各区人工智能企业数据作为分层依据，在各层随机抽取 100 家企业样本，样本量占北京市人工智能企业总量的 9%。进一步从被调查企业中随机抽取 506 名员工进行问卷调查。在 95%的置信水平下，企业样本和员工样本的抽样误差分别为 4.4%、4.6%，均小于 5%。城市经纬度数据从中国地图出版社平台获取。本书使用 ArcGIS 10.2 软件进行空间数据分析，参考坐标系为 Albers 投影（中央经线为 105°E，标准纬线为 25°N、47°N）。

## 二、北京市人工智能产业与就业动态匹配的时空演变

本书基于 2016—2018 年北京市人工智能产业发展与就业数量、质量数据，利用 ArcGIS 软件进行标准差椭圆统计分析，揭示了人工智能产业与就业的分布重心、主体范围、分布形态及方向等一系列指标的时空变化特征，并测算了 2016—2018 年北京市人工智能产业与就业两者的动态匹配程度。人工智能产业与就业的空间分布主体处于海淀和大兴区域，产业发展和就业数量分布重心均位于海淀区内，就业质量分布重心位于朝阳区内。产业和就业质量呈现先扩大再收缩的分布形态，就业数量则呈现不断扩大的分布形态。人工智能产业分布呈现向西北方向如昌平、怀柔等地区聚集的趋势，就业数量和质量的空间分布均呈现向东北方向如朝阳、顺义等地区聚集的特征。总之，北京市人工智能产业与就业匹配的时空演变特征较为明显。

### （一）空间分布重心

空间分布重心是衡量要素分布中心性和相对位置的重要指标。北京市人工智能产业分布重心变化较小，形成以海淀区为中心，呈现向东南和西北两个方向更替转移与扩散的趋势。具体由 2016 年（116°37′35″E，39°59′54″N）向东（略偏南）移动到 2017 年（116°15′8″E，39°57′15″N），

之后又向西（略偏北）移动到 2018 年（116°13′58″E，39°59′7″N）。同时，就业分布重心变化比较突出，以海淀区为中心，一直向东北方向移动。2016 年（116°16′40″E，39°56′49″N）向东（略偏北）移动到 2017 年（116°18′20″E，39°59′28″N），之后又向东（略偏北）移动到 2018 年（116°19′15″E，39°59′26″N）。其原因是目前北京市范围实施的“三城一区”人工智能产业规划战略初见成效，西北方向的海淀区人工智能产业发展迅速，吸纳和安排了一定数量的劳动者就业。此外，以工资水平为代表的就业质量分布重心变化较小，形成以朝阳区为中心，呈现向东偏南和西偏北两个方向更替转移与扩散的趋势。具体由 2016 年（116°24′40″E，39°58′16″N）向西（略偏北）移动到 2017 年（116°24′39″E，40°0′49″N），之后又向东（略偏南）移动到 2018 年（116°25′22″E，39°59′46″N）。根据产业空间分布重心与就业数量、质量空间分布重心的位置演变可知，产业与就业的空间匹配关系比较复杂，其程度大小及时空变化趋势需要结合其他空间特征加以判断分析。

（二）空间分布范围

加权标准差椭圆的长轴可以反映北京市人工智能产业发展、就业数量、就业质量的空间分布范围，加权标准差椭圆的面积则刻画了人工智能产业发展和就业数量、质量分布的主体区域大小，具体如表 4-11 所示。2016—2018 年，北京市人工智能产业加权标准差椭圆的长轴由 25.64 千米缩小到 23.78 千米，就业数量由 27.67 千米减少到 23.22 千米；就业质量长轴由 7.18 千米增加到 10.74 千米。与此同时，北京市人工智能产业加权标准差椭圆面积由 167.2 平方千米下降到 146.3 平方千米，而就业质量椭圆面积则由 180.5 平方千米增加到 202.0 平方千米。由此表明，北京市人工智能产业和就业质量的空间分布范围呈现先扩张再收缩趋势，围绕分布重心呈现密集型集聚发展；就业数量的空间分布范围则由中心向外围区域不断扩张，这在很大程度上决定了北京市人工智能产业与就业的空间匹配情况。

表 4-11　2016—2018 年北京市产业和就业的分布范围

| 年份 | 椭圆长轴产业发展/千米 | 椭圆长轴就业数量/千米 | 椭圆长轴就业质量/千米 | 椭圆面积产业发展/平方千米 | 椭圆面积就业数量/平方千米 | 椭圆面积就业质量/平方千米 |
|---|---|---|---|---|---|---|
| 2016 | 25.64 | 27.67 | 7.18 | 167.2 | 75.56 | 180.5 |
| 2017 | 26.20 | 26.52 | 10.19 | 173.6 | 182.4 | 189.3 |
| 2018 | 23.78 | 23.22 | 10.74 | 146.3 | 169.4 | 202 |

### （三）空间分布方向及形态

椭圆长轴与短轴的夹角大小反映了空间分布方向，2016 年北京市人工智能产业、就业数量和就业质量空间分布方位角分别为 133.77 度、154.30 度、46.09 度，2018 年方位角分别为 130.07 度、4.83 度、39.38 度。2016—2018 年，北京市人工智能产业和就业质量空间分布方向均发生了明显变化。北京市人工智能产业空间分布呈现向西北方向如昌平、怀柔等地区聚集的趋势，就业数量和就业质量两者的空间分布，不断向东北方向如朝阳、顺义等地区聚集的趋势，但就业数量的变动幅度更大些。这意味着，位于北京市西北方向如海淀、昌平两区的人工智能产业、就业数量和就业质量的空间分布变化比较突出，在一定程度上体现了人工智能产业战略在海淀中关村示范区和昌平未来科学城的实施效果。

椭圆形状指数由椭圆短轴与长轴两者的长度之比得到。其数值越接近 1，椭圆的形状越接近圆形，表明内部各种要素分布呈现比较均衡的扁平化趋势。2016—2018 年，北京市人工智能产业和就业数量的椭圆指数变化较小，基本维持在 0.8 左右，明显高于就业质量（围绕 0.2 上下波动）。这意味着，北京市人工智能产业发展、就业数量在主要方向和次要方向的空间分布比较均衡，呈现扁平化趋势，表明分布长轴方向（南—北方向）的人工智能产业和就业数量增长减缓，而分布短轴方向（东—西方向）的增长则相对明显。与此同时，就业质量的空间分布在主要方向和次要方向的差异则比较大，呈现橄榄形特征。这表明就业质量在长轴方向的增长较快，但在短轴方向，具体到北京市的东南区域增长则相对缓慢。

### （四）空间聚集程度与匹配程度

如表4-12所示，北京市人工智能产业的空间聚集程度显著提升，就业数量和质量的空间聚集程度则有所下降，结合人工智能产业和就业空间分布范围的差异，北京市人工智能产业发展更加集中，产业空间聚集程度高于就业聚集程度。而在市场自发和宏观政策共同作用下，聚集程度会更加显著，产业集聚并没有产生相应的就业集聚，这也是产业与就业匹配程度变化的重要原因。如表4-12第5、第6列所示，2016—2018年北京市人工智能产业与就业数量的匹配程度降低，人工智能产业快速发展的同时，就业总量并没有同步或快速增加；产业与就业质量的匹配程度以2017年为拐点，呈先提高后降低趋势。人工智能产业发展初期，工资水平较高，随着人工智能产业的迅速发展，工资水平增速减缓。

**表4-12 2016—2018年北京市人工智能产业与就业匹配程度**

| 年份 | 产业空间聚集程度 | 就业数量聚集程度 | 就业质量聚集程度 | 产业与就业数量匹配程度 | 产业与就业质量匹配程度 |
|---|---|---|---|---|---|
| 2016 | 0. 707 | 0. 684 | 0. 868 | 0. 411 | 0. 838 |
| 2017 | 0. 696 | 0. 668 | 0. 680 | 0. 273 | 0. 759 |
| 2018 | 0. 744 | 0. 646 | 0. 703 | 0. 217 | 0. 761 |

## 三、北京市人工智能产业与就业动态匹配的形成机理

本书从集聚协同性角度探讨人工智能产业与劳动力匹配的形成机理，针对产业与就业两者之间存在非协同集聚发展的事实，根据要素集聚效应理论从直接影响和间接影响两个圈层分析北京市人工智能产业与就业动态匹配的形成机理。

### （一）北京市人工智能产业与就业动态匹配的理论基础：集聚效应

集聚效应是指各种产业和经济活动向特定空间集中产生的经济效果，是吸引经济活动向产业或空间集中的向心力。其中，要素集聚是指各种生产要素通过生产活动聚集在特定区域产生集聚效应，形成增长极从而促进

产业或地区发展。根据要素集聚效应理论，人工智能产业集聚了大量的劳动、资本、技术等生产要素。为了实现产业的可持续发展，各种要素之间存在一定的比例或匹配关系，并且处于相对合理的范围。因此，推动产业与就业动态匹配有助于人工智能产业的集聚发展，而人工智能产业快速集聚又会加强产业与就业的动态匹配关系。当产业与就业两者中一个集聚规模及速度快于另一个时，两者之间的不匹配程度有所扩大，出现“非协同集聚”的情形。一方面，某一国家或地区的产业在快速发展过程中，会吸纳各种生产要素如资本和劳动力的流入，这些要素的流入在强化产业集聚的同时，产出水平和生产要素存在一定的数量比例或成本组合。另一方面，劳动力集聚伴随产业发展和集聚的整个过程，产业和就业两者之间的比例处于不断变化中。特别是某些产业如人工智能产业的大力发展，可以模拟或替代人的部分行为决策，结果是生产效率不断提高，以更少的劳动数量和更低的工资成本得到更高的产量水平，产业发展与就业分布两者之间的比例发生变化，不匹配程度在原有基础上进一步扩大。此时，需要借助以政府宏观调控为主的间接圈层力量，实现人工智能产业与就业的匹配发展。

### （二）影响北京市人工智能产业与就业动态匹配的直接圈层

如图 4-25 所示，直接圈层包括人口结构的变化、资本的投资差异、技术的应用及扩散，是决定产业与就业动态匹配程度的核心因素。人口结构的变化是影响人工智能产业与就业匹配程度的重要原因。一方面，随着人口老龄化趋势的快速上升，劳动年龄人口的数量规模处于下降趋势，劳动力成本增加，企业为了实现利润最大化目标，通过变革传统生产方式，发展人工智能产业的主观愿望更为强烈。经过较长时间的调整，人工智能产业与就业的匹配程度会有所变化。另一方面，以受教育程度为标志的人口质量红利普遍提高，是技术创新的重要载体和核心力量，可以直接作用于生产、分配、交换、消费等领域。特别是高科技人才在某一区域或范围集中，更有助于人工智能产业的快速发展，也会加快人工智能产业与就业的动态匹配。目前，北京市人口结构变化呈现以下四个特点。2015 年以来，北京市外来人口与常住人口规模不断下降，连续两年呈现“负增长”。老龄化趋势快速上升，2016 年以来新增出生人口开始下降，老年人口规模显著增加；2018 年北京市人口平均预期寿命达到 82.2 岁，相比 2010 年增长 2.0 岁，相当于高收入国家水平，人口质量进一步提高。2018 年，北京市 6 岁及以上常住人口中，大专及以上教育程度人口占比达 38.88%，相比 2010 年增长 6.04 个百分点。随着高中教育的普及和高等教育的大众化，北京市借助其优质的医疗和教育等公共资源优势，人口红利成为北京市人工智能产业发展的重要支撑；高科技人才集中度高，随着百度、小米、京东、美团点评、字节跳动等全球人工智能百强企业在北京市发展壮大，目前全市拥有人工智能相关人才近 4 万人，集中了全国近 60%的高科技人才。这表明人口结构的变化会影响人工智能产业与就业之间的匹配程度，其中，人口质量的提高、高科技人才的聚集可以加快人工智能产业与就业的动态匹配。

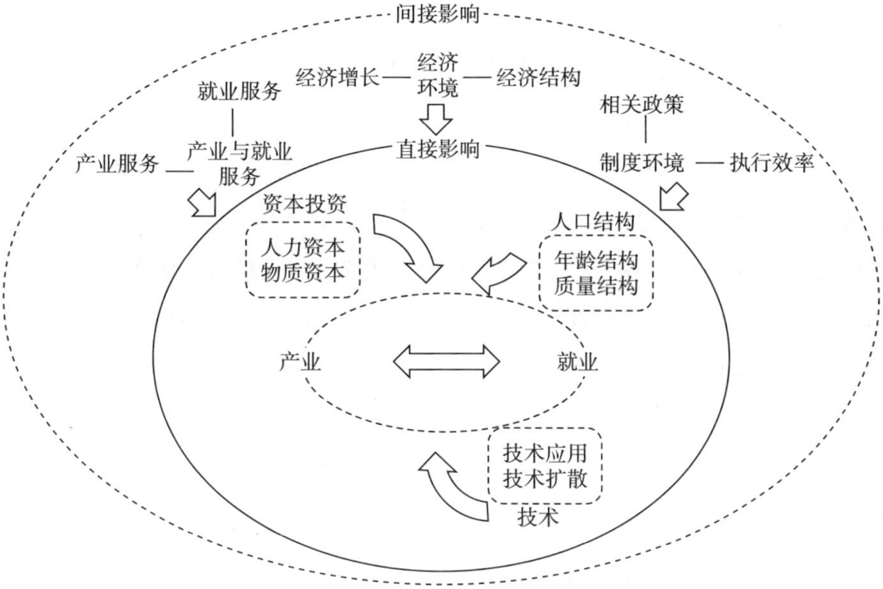


**图 4-25　人工智能产业与就业的集聚效应**

人力资本和物质资本的投资差异直接作用于产业与就业的匹配程度。

在人工智能发展初期，大量的人力资本投资聚集于产业内部。当人工智能产业发展到一定阶段时生产方式将发生显著变化，突出表现为：在现有技术条件下，物质资本投资替代人力资本投资，即总成本中工资成本或就业数量所占比例降低。物质资本投资带来的替代效应将导致就业质量与数量更多受到负面影响。2016—2018 年北京市人工智能产业处于快速发展时期，虽然这 3 年来人工智能产业从业人员数量与质量有所增加，但产业与就业两者之间的匹配程度明显降低。以北京市人工智能被调查企业为例，通过考察营业成本、工资水平及员工培训费用指标，分析物质资本和人力资本投资情况。2016 年、2017 年、2018 年工资水平占营业成本比重分别为 8.97%、8.03%、7.75%，员工培训支出占营业成本比重分别为 7.15%、5.96%、5.55%，表明相对于人工智能产业的物质资本水平，人力资本投资均呈现下降趋势。这意味着物质资本和人力资本的投资差异扩大了人工智能产业与就业之间的不匹配程度，加大人力资本投资可以推动人工智能产业与就业的动态匹配。

人工智能技术的应用及扩散可以吸纳一定数量的劳动者就业，其中除了劳动力市场新增的劳动力外，还有一部分劳动力来自非人工智能行业。从供给方来看，产业间的收入和就业机会差异会诱发劳动力流动，从而形成劳动力在不同行业间流动。从需求方来看，人工智能产业要求劳动者具备较高的岗位技能，这在一定程度上限制了劳动者流动的规模与速度，对在岗劳动者的工资收入产生一定影响。由此可知，在其他条件不变的情况下，技术的应用与扩散，加大了人工智能产业与就业数量之间不匹配的程度，因为劳动力在流向人工智能产业时创造了更多的财富，扩大了“分子”，却未相应带动就业数量的成比例增加，即“分母”未相应扩大。以上是从劳动力流动规模角度探讨不匹配程度扩大的原因，即人工智能技术应用与扩散的“劳动力流动规模效应”。

同时，人工智能技术的应用及扩散通过“劳动力流动质量效应”影响产业与就业之间的匹配关系。由于劳动力流动具有选择性，就人工智能企业而言，人力资本技术水平较高的劳动者更容易流动，因为技术提高了吸纳劳动力流入的岗位“门槛”，即那些有更高劳动技能、更高受教育水平、更健康身体的劳动力，其流动性更强。从某种程度上来说，人工智能产业并未充分吸纳非人工智能产业的隐性失业人员，还通过“虹吸效应”吸引了非人工智能产业最具有生产能力和年龄优势的技术工人。这部分劳动者流动为人工智能产业带来更高的劳动生产率，对于非人工智能产业则是劳动生产率的损失。因此，伴随着技术水平的提高，人工智能产业劳动投入与就业数量之间的不匹配程度就会扩大。同时，人工智能技术是产业变革的核心力量，其应用和扩散给工作任务的完成带来很大挑战，劳动者在知识技能方面转型升级，满足岗位需求，这需要经过较长时间的调整和适应。因此，在一段时间内会出现工资水平增速减缓或处于相对较低的情况，人工智能产业与就业质量的不匹配程度呈现先减少后增加的特征。

### （三）影响北京市人工智能产业与就业动态匹配的间接圈层

间接圈层包括制度环境、经济环境、产业与就业服务，是影响产业与就业动态匹配程度的外部因素。随着市场经济的发展和进一步完善，北京市制度环境是影响人工智能产业与就业匹配程度不可忽略的因素。在一定的制度环境背景下，企业的生产经营活动必然受到制度环境的影响。其中，具体政策及执行效率是制度环境的主要内容。积极的制度环境是指政府机构针对某些产业，制定特殊优惠的财政政策、货币政策、转移支付、对口帮扶、政府采购、工业布局方案，综合采用行政手段、经济手段和法律手段保证较高的执行效率，在基本符合效率性、可操作性、社会可行性的前提下，实现产业结构转型升级，促进经济发展和调整产业布局的目的。新中国成立至今，我国建立了完备的产业发展体系，其中制度环境是高效发展的前提保障，特别是北京作为世界级特大城市，2016 年以来在优先落实创新制度的环境下，更容易集聚和配置大量的优质资源，促进人工智能等新兴产业发展壮大。未来还将不断完善就业制度环境，实现人工智能产业与就业的良性匹配和互动。

北京市经济环境，即经济发展水平及未来趋势是影响产业与就业匹配程度的重要因素，即一个地区的经济总量或结构比例都会作用于产业集聚水平，有两种情况出现时会导致不匹配程度进一步扩大。①当人工智能产业占经济总量的数值比例递增时，各种要素投资到该产业的收益更大，非人工智能产业的资本也会不断流向该产业，从而提高了人工智能产业的集聚水平。②当人工智能产业占经济总量的数值比例递减时，如果非人工智能产业所占比例下降更快，意味着企业投资到人工智能产业的收益率低于非人工智能产业，那么资本仍然向人工智能产业集聚，从而带动人工智能产业集聚水平高于非人工智能产业。因此，随着经济总量中人工智能所占比例不断增加，人工智能产业与就业数量分布的匹配程度就会明显缩小。根据《2020年北京市政府工作报告》，2019年地区生产总值同比增长6.2%。北京作为全国科技创新的中心，全市研发投入强度达到6%左右，技术合同成交额近5700亿元。北京市经济和信息化局的数据显示，2018年，北京市人工智能相关产业规模达1500亿元，占全国产业规模总额的30%。以北京市人工智能被调查企业为例，通过考察利润额指标，分析人工智能产业资本回报情况。其2016、2017、2018三个年份利润额分别为170017.1亿元、213839.2亿元、269687.9亿元，人工智能产业资本回报都呈上升趋势，特别是2018年上升幅度为58.62%，要明显高于其他年份，也明显高于北京市其他产业的利润增加程度，这表明人工智能产业发展明显快于其他类型产业。其中，以“三城一区”为主平台的人工智能产业发展迅速，围绕5G、半导体、新能源、车联网、区块链等技术，未来将推动全市高精尖产业发展的顶层设计和组织实施。在金融、科技、互联网信息、专业服务等方面，初步实现制造业数字化、智能化、绿色化改造等经济结构任务。在人才创新配套政策有待加强的情况下，经济环境客观上强化了人工智能产业发展与就业质量、数量之间的不匹配程度。

基于以上制度环境和经济环境，产业与就业服务是影响人工智能产业与就业匹配程度的重要因素。大力发展人工智能产业将对一个国家或地区的经济发展具有不可估量的作用，相应的产业服务可以为各种生产要素正常运转提供重要保障，形成真实的国民收入产出水平，有利于提高生产效率，推动实体经济和虚拟经济共同发展。北京市人工智能产业走在全国前列，企业数量和产值居全国首位，且细分行业种类丰富，涵盖了智能驾驶、媒体应用、智慧出行、智慧医疗、智慧安防等领域。特别是北京市政府高度重视人工智能产业的发展，自2016年以来，相继出台多项规划政策和服务，如《关于促进中关村智能机器人产业创新发展的若干措施》（2016年4月）、《北京市加快科技创新培育人工智能产业的指导意见》（2017年12月）、“北京智源行动计划”（2018年11月）等，并专门划分“三城一区”人工智能产业发展园区，从财政、融资、金融和税收等方面鼓励人工智能产业快速发展。2019年2月，北京市“国家新一代人工智能创新发展试验区”正式成立，科技部发布《关于支持北京建设国家新一代人工智能创新发展试验区的函》，将发挥北京市在推动京津冀协同发展、示范带动全国人工智能创新发展方面的重要作用。北京市的人工智能产业将在当前及未来很长一段时间，在政策红利的推动下得到快速发展。其中，2015—2016年，北京市人工智能产业呈现强劲式增长特征。截至2019年上半年，全国人工智能企业4084家，居世界第二位，其中北京市人工智能相关企业数量达1084家，占全国人工智能企业总量的26.5%。我国14家国家新一代人工智能开放创新平台，北京市企业占到了50%以上，未来还将加强顶层设计和统筹协调，聚焦服务国家重大科技战略任务，特别是围绕财政资金整合，提高对高精尖产业发展的服务水平。可以预见，北京市的人工智能产业将在当前及未来很长一段时间，在强劲的产业环境下得到快速发展。相比之下，关于就业方面的服务与制度环境有待加强，2019年北京市高精尖产业发展人才中落户总数为3500余人，与庞大的落户需求群体相比还有很大差距。未来还需要强化对人工智能就业者的落户、教育、医疗、住房等服务保障，关注城市运行保障与生活性服务业等方面的用人需求，促进科技创新人才集聚，吸引国际商务人才和“凤凰计划”人才，推动世界顶尖人才和团队创新创业。因此，北京市人工智能产业与就业不匹配程度扩大和产业环境有关。特别是2017年以来，产业发展与就业质量、数量之间不匹配程度进一步扩大。

## 四、本节小结

本节采用加权标准差椭圆统计学分析方法，研究2016—2018年北京市人工智能产业发展与就业数量、质量匹配的时空演变特征，针对产业与就业两者之间存在非协同集聚发展的事实，根据要素集聚效应理论，从直接影响和间接影响两个圈层分析北京市人工智能产业与就业动态匹配的形成机理，最后提出推动人工智能产业与就业动态匹配的对策建议，结果如下。第一，北京市人工智能产业与就业的空间分布主体处于海淀和大兴等区域，产业发展和就业数量分布重心均位于海淀区内，就业质量分布重心则位于朝阳区内。就业数量呈现不断扩大的分布形态，产业和就业质量呈现先扩大再收缩的分布形态。人工智能产业分布呈现向西北方向如昌平、怀柔等地区聚集的趋势，就业数量和质量的空间分布均呈现向东北方向如朝阳、顺义等地区聚集的特征。第二，北京市人工智能产业与就业的匹配程度总体呈现下降趋势。其中，产业发展与就业数量的空间匹配程度在不断下降，表明近几年人工智能产业快速发展的同时，就业数量并没有同步或快速增加。产业发展与就业质量的空间匹配程度呈现先增加后下降趋势。从聚集程度来看，北京市人工智能产业空间聚集程度高于就业聚集程度，产业集聚并没有带来相应的就业集聚。第三，根据要素集聚效应理论，人工智能产业与就业动态匹配的形成机理可以分成直接影响和间接影响两个圈层。影响人工智能产业与就业动态匹配的直接圈层包括人口结构的变化、资本的投资差异、技术的应用及扩散，间接圈层包括制度环境、经济环境、产业与就业服务。研究结论为可视化识别产业与就业匹配问题提供了方法参考，并为科学制定人工智能产业发展的有效措施提供了决策依据。

# 第五章

# 人工智能影响就业的机制分析与路径刻画

本部分采用创新扩散理论、理性行为理论和基于任务的理论模型，从宏观与微观两个层面，对人工智能影响就业的机制和路径开展理论分析。首先，阐述研究思路，构建理论分析框架；其次，揭示人工智能技术影响就业的宏观机制及路径；最后，采用案例分析方法，逻辑推演微观层面的影响机制和路径。

## 第一节 研究思路和分析框架

由于计算成本的下降、互联网和其他形式的数字通信的发展与广泛使用、数字技术的资本成本下降、初始企业进入壁垒的降低等，人工智能在多个方面取得了大幅进步，并对未来的工作和就业产生了影响。已有文献通过对人工智能技术进步对工作机会、工作两极分化影响的关注提出了人工智能技术对收入的影响，并提出随着技术的进步，人工智能技术采纳概率的提升，这种分化或对收入产生的不平等有可能加剧。本章节将通过理性行为理论、创新扩散理论和基于任务的理论模型深入分析并揭示人工智能技术进步及在工作场所的应用对就业需求、工作技能和工作任务的影响，最终表现为对宏观层面的劳动力市场的就业数量、就业结构和就业质量的影响，微观层面的人员岗位变化，包括员工规模、岗位结构、工资水平的影响。具体研究框架如图 5-1 所示。

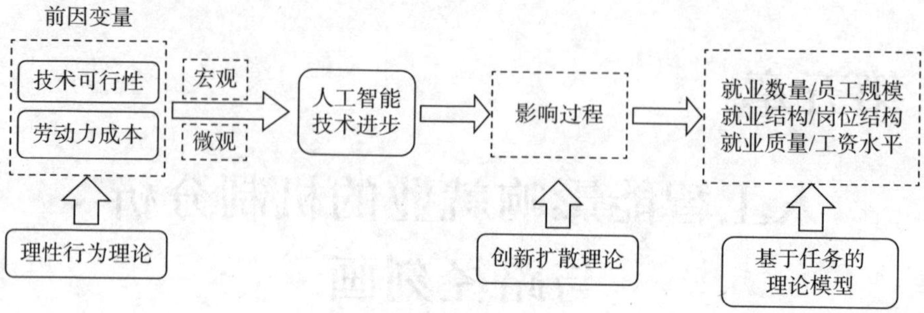


**图 5-1　人工智能技术影响就业的思路和分析框架**

第一，技术扩散前期和初期，人工智能技术的相对优势促使企业采纳和推广，并识别工作任务，推进技术变革和技能提升与之匹配。

技术随着时间向一个组织及组织中个体传递的过程，既能使该技术得到进一步的改善，促使技术创新，加速创新的扩散，又能给组织带来效率提升、绩效提高和成本节约。根据理性行为理论，这种来自显性与隐性的效率提升、绩效提高和成本节约所带来的收益将推动企业开始关注、重视、研究分析人工智能并做出进一步的决定，因此人工智能技术能够被企业采纳并推广，采纳和推广的速度取决于企业管理者与使用者基于理性前提的实效，感受到人工智能技术相对于企业目前采用的技术是有相对优势的，同时包括该技术可以与当前的技术需求、任务匹配、相容，技术的使用者能够通过培训掌握该项技术，管理者允许使用者在工作中不断尝试使用该技术，使新技术能够尽快与工作任务相结合，并且这种效果是使用者和管理者都能够感受并观察到的。因此，理性行为理论在技术扩散前期得到了充分的体现，它是技术能够得到进一步扩散和推广的关键前提。

而在技术扩散的初期，创新扩散理论的五个典型特征在人工智能技术向企业或人传递的过程中，得到了很好的体现。在这个过程中，来自使用者和管理者的感知、观察可以通过理性行为理论及所构建的技术接受模型进行充分的解释，即当人工智能技术向组织或个人传递时，如果技术的使用者或推动者（也有可能是管理者）感受到人工智能技术在工作中更有用，而使用者所具有的知识和技能都能够使他们更好地使用、更容易学会该项技术时，则使用者本人更有意愿使用。因为新技术会提升工作效率，缩短工作流程和工作时间，管理者也会大力推动新技术；新技术会带来更高的绩效和产出。这时，使用者和管理者对人工智能技术的有用性和易用性的感知就会提升，促使企业产生采用人工智能技术的想法和意愿，并最终采用该项技术，推进企业技术变革。在推动人工智能技术实际落地并与企业当前的主营业务、员工个人的工作内容相结合时，基于任务的理论模型可以把工作分成单独的任务单元，每个任务单元需要具备一定技能来完成。企业需要识别哪些是员工可以单独完成的任务，哪些是需要机器完成的任务，哪些是需要人和机器协作完成的任务。

第二，技术扩散使用期和后期，企业将继续通过多种途径促进人与技术的互补性增长，提高任务和技能的匹配度，完成人工智能技术的惯例化。

当企业为采纳人工智能技术，推动人工智能技术在企业应用准备好相应的议程，并将工作内容、已有技术等与之相匹配时，企业已经进入推动人工智能技术的创新扩散阶段，人工智能技术开始对企业中的工作任务、员工所需的技能产生影响。这个匹配的过程需要企业不断寻找到有助于员工使用新技术的方法、提升工作任务完成的方案，并且当这个过程完成之后，企业管理者会决定进一步推进创新的扩散，加大人工智能技术的使用。在这之后，企业将从人员结构、技术、文化等多方面与人工智能技术的应用进行匹配，为此企业需要做出很多调整来适应新技术的创新应用，如可以组建部门来监控和维持创新。接下来将大力推广人工智能技术的使用，帮助企业每一个员工理解该项技术采用的目的、意义和功能，同时要纠正人们在采用新技术时可能产生的误区与副作用，使技术创新扩散得以清晰化。

在技术扩散的后期，当每个员工都能够很好地在工作中使用人工智能技术，完成工作和各项任务，即创新成为一种习惯或惯例时，人工智能技术的惯例化就完成了。这也使得人工智能技术在企业的创新扩散经历了议程设置、匹配、重新定义或重组、清晰化、惯例化五个阶段，在这个推进过程中，企业可能优先识别哪些工作任务需要人工智能技术，因此需要对工作任务进行逐一分解、识别，并通过培训提升员工使用该技术完成工作的能力，这个任务和技能匹配的过程可能是往复多次的，员工需要在执行任务过程中紧跟技术的发展变化，提升技能水平，企业也会根据员工的技能水平调整岗位和人员，进而对就业需求产生影响，最终反映对就业规模、就业岗位和工资水平的影响。

## 第二节　人工智能对就业影响的宏观机制分析

本书将从已有的文献分析中，提炼宏观层面人工智能技术对就业影响的主要分析维度，然后确定本书的分析维度，从人工智能技术采纳的前因、对就业的影响过程及就业效应三个方面分析人工智能对就业影响的宏观机理，刻画人工智能技术影响就业的路径。

### 一、相关文献回顾与分析

#### （一）相关文献回顾

在过去的20年，人工智能和机器人技术取得了重大进步，许多学者预测这些技术将改变世界各地的工作。一方面，因为人工智能作为新一代信息技术具有信息与通信技术（ICT）的基本技术—经济特征，即渗透性、替代性、协同性和创造性，这些技术—经济特征能够推动经济的高速增长，同时影响宏观经济增长的作用机制，进而影响就业的变化。另一方面，由于人工智能技术作为新一代信息技术的集成，不仅可以指数级增长而且具有自我学习能力，是数据、算法、软件及硬件设备、产品等统一的复杂系统，当人工智能技术的应用与具体场景相结合，加上大数据的推动时，可能会获得更大的溢出效应。企业采纳新技术带来扩散效应，会同时对就业产生正向或负向的影响。但是在具体分析人工智能如何从宏观层面影响就业时，学者基于不同方面，提出了不同的分析视角。

1. 人工智能技术特性及应用

人工智能技术本身的特性决定了它对就业的影响，如与人类劳动者相比，人工智能技术具有对工作环境的高适应性、高效率、耐受力，会引发劳动就业替代，替代那些工作程序规范、工作内容制式化的常规岗位。首先，人工智能技术具有的新型通用目的技术的共性特征，包括渗透性、替代性、协同性和创造性，使得人工智能技术的应用会融合经济社会各个行业并带来运行方式的改变、要素流动、运行效率的提升，进而影响就业。其次，人工智能技术的通用性和差异性使得它的应用非常广泛，由此技术应用带来的就业影响在广度、速度和深度方面都会超过以往各种技术创新。同时，“程序偏向型技术进步”假说的提出，进一步论证了技术进步对劳动者需求和结构的影响。因此，许多学者结合人工智能技术与就业关系的历史演变和人工智能影响就业的理论，讨论了人工智能技术进步的就业创造效应、就业替代效应、就业“重塑效应”等。

2. 区域经济增长水平

人工智能的就业创造效应主要体现为对高端就业需求的创造，如智能机器维护、工程分析师等，还体现为一些新兴服务业的衍生，如家政服务业、快递业等。因此，在经济增长水平较快、经济禀赋较高的地区，其积累的基础教育和高等教育体系及拥有的更多优质人才，有助于尽快满足人工智能技术应用与劳动者素质匹配的要求，可以实现人工智能发展、应用及衍生新产业的需要，提供技术应用、产业发展所需的人才、资金，加速、扩散人工智能的就业创造效应，使得人工智能技术衍生的新行业、新需求转化为就业量的增加。

3. 制度环境

不同的制度政策导向，对就业有不同影响。作为政府，不仅可以通过产业调整、规划、布局，引导人工智能技术的发展和人工智能相关产业的壮大，还能促使人工智能技术发挥更多积极作用，提前预警、减少人工智能技术带来的风险，降低人工智能技术应用带来的副作用如失业、不平等，提高劳动者技能与人工智能技术匹配度，如针对弱势群体进行职业培训规划，保障大多数劳动者的权益，实现人机和谐。另外，针对人工智能技术发展所需高端人才进行规划部署，引导专业设置，加大院校培养力度等，既适应人工智能技术发展需要又减少人工智能技术对就业结构的影响。

近年来，不同地区的制度环境包括政府决策、工会或其他形式的组织进一步深化了人工智能技术应用对就业的影响。2012 年，浙江省在全国率先提出“机器换人”发展战略，至 2015 年累计减少低端用工近 200 万人。河南省出台的《河南省智能制造和工业互联网发展三年行动计划（2018—2020 年）》，在煤炭、化工、食品等行业推进“机器换人”计划，并计划每年建设 50 个省级智能工厂，但是缺少具体的帮扶政策，导致企业对该计划响应意愿不强。深圳、东莞等制造业城市大力推动“机器换人”，实现产业升级。基于广东省企业的调查数据发现，当机器人使用存在劳动替代效应时，将降低劳动收入的份额，只有当机器人与个体人力资本相匹配时，才能提升工资率。张桂金等（2019）的研究进一步证实“机器换人”提高了劳动者技能与技术的匹配度，会对不同技能群体的工资水平和职业发展带来影响，高技能工人将从中受益，低技能群体甚至被迫离职。

4. 生产效率

人工智能技术的支持性作用将提高劳动生产率，进而影响就业规模。首先，生产效率提高使被机器、自动化替代的工作产生新的供给，供给新的行业发展；其次，生产效率提升导致经济活动更加活跃，收入增加，产生更大的消费需求，进而带来新的工作岗位。已有学者证实新职业的引入和扩张可以缓解就业需求增长。吴清军等（2019）结合电商行业数据分析得知，智能数据的分析使用可以通过提高生产效率增加销售额，吸纳更多电商部门的人员，增加了电商部门的就业总量。来自国外的研究也证实了 20 世纪上半叶技术进步导致生产率提升的同时降低了美国的失业率，而工业机器人的使用不仅提高了劳动生产率，增加了产品附加值，还提高了工人的工资，对总就业却没有显著影响，有学者认为这是因为目前机器人的使用还不够普遍，使用部门集中在重工业部门。但是，我们可以看到有学者选择以计算机为研究对象，推导出使用计算机较多的职业，其就业增长得更迅速，就业结构也会产生计算机使用率高对使用率低的职业的替代。上述研究都说明了生产效率对就业总量、就业结构和收入等会产生显著影响，对岗位和就业形态会进行重塑。

5. 产业升级

人工智能技术的应用加速了对产业的渗透和效率的提升，一方面使得传统产业生产手段和工艺创新，生产效率提升，加速产业转型升级；另一方面衍生新业态和新模式，促使人工智能相关产业不断出现、完善，推动新产业产生、发展。前者人工智能作为促进生产率提升的工具将提高对一些岗位的劳动需求，替代低端程序化岗位，引发就业结构的调整。后者将结合人工智能与不同产业结合的特点及深度，对不同行业的劳动需求产生影响。而在这个调整过程中，生产要素在不同产业间的流动将进一步影响产业升级过程，并引发就业数量、就业结构和劳动收入的改变。

6. 资本有机构成

一方面，人工智能技术的大量应用将吸引更多资本投资，促使机器替换人，使得资本有机构成提高，对劳动者需求降低，从而产生就业破坏效应。另一方面，随着人工智能技术进步及应用增加，对人工智能相关行业投资大规模增加，带动资本品部门的需求增加，进而就业增加，从而产生就业补偿效应。长期来看，随着人工智能技术水平提高、应用更为广泛，新设备得到普遍使用，劳动生产率提高，资本有机构成也会提高，从而导致上述破坏效应和补偿效应的程度加大。如有学者结合现实数据推导出人工智能技术进步的创造补偿效应不能对冲破坏效应，会形成失业；还有学者结合技术—经济范式理论，分析了人工智能技术在不同阶段，其关键生产要素的发展程度、新兴部门设备和原料价格变化、企业形态的变化等，认为人工智能技术对就业的影响是一种综合的全面影响，具体要取决于上述因素的发展结果。

（二）关键维度分析

对国内外学者从宏观层面论述人工智能技术影响就业的维度进行研究分析，相关文献整理见表 5-1 和表 5-2。

**表 5-1　从宏观层面分析人工智能影响就业的维度统计（国内）**

| 序号 | 作者 | 分析视角 | 对就业的影响 |
|---|---|---|---|
| ① | 吴宇轩和杨小勇（2020） | 制度因素 | 产生就业创造效应 |
| | | 经济禀赋 | 创造就业需求，产生就业创造效应 |
| | | 科技发展 | 产生就业创造效应 |
| ② | 邱玥和何勤（2020） | 技术应用 | 扩大对高技能人才的需求 |
| | | 产业升级 | 扩大就业需求 |
| | | 政府管制和法律监管 | 保障绝大多数人的利益，实现人机和谐共处 |
| ③ | 吴清军等（2019） | 技术应用 | 扩大行业就业量，产生更多新兴就业岗位，增加收入 |
| ④ | 蔡跃洲和陈楠（2019） | 技术属性（渗透性和替代性） | 替代劳动要素，影响就业岗位 |
| | | 效率提升的抑制效应 | 影响就业总量 |
| | | 技术与素质的匹配 | 影响就业结构 |
| | | 资本要素回报率 | 影响收入分配格局 |
| ⑤ | 谢璐等（2019） | 资本有机构成 | 影响劳动需求和就业量 |
| | | 对脑力劳动的替代 | 影响就业结构和行业分布 |
| | | 技术价值链的分层 | 影响世界范围的劳动者和国家之间的不平等 |
| | | 生产率效应 | 影响就业质量 |
| ⑥ | 潘丹丹（2019） | 技术差异性 | 影响就业结构，出现“反极化”现象 |
| ⑦ | 屈小博（2019） | 产业升级、劳动生产率提高 | 影响就业岗位和劳动收入 |
| | | 在工作任务中的相对优势和生产效率效应 | 影响劳动力需求和工作岗位 |
| | | 制度变革 | 产生新部门、新任务和新工作，影响就业数量和岗位 |

续表

| 序号 | 作者 | 分析视角 | 对就业的影响 |
|---|---|---|---|
| ⑧ | 邓洲和黄娅娜（2019） | 人工智能的技术特性和要素投入 | 给就业岗位和分工结构带来影响 |
| ⑨ | 蔡啸和黄旭美（2019） | 行业生产率提高 | 影响就业劳动力数量 |
| ⑩ | 万昆（2019） | 产业升级和生产方式的改变 | 调整就业结构，重塑岗位角色和就业形态 |
| ⑪ | 张学英（2018） | 人工智能技术的特点、人类劳动活动的分类 | 劳动力规模和就业结构变迁 |
| ⑫ | 朱巧玲和李敏（2018） | 技术进步 | 劳动力技能和质量会不断优化；智力劳动者比例增加；劳动力结构得到优化 |
| ⑬ | 张鹏飞（2018） | 技术进步、生产率提高 | 对就业的影响 |
| ⑭ | 杨伟国等（2018） | 技术的支持性 | 影响就业岗位 |
| | | 劳动生产率和经济发展 | 影响就业规模 |
| | | 技术的辅助性 | 影响就业质量 |
| ⑮ | 潘文轩（2018） | 技术特性、经济优势、社会因素 | 影响就业数量 |
| | | 技术进步 | 影响就业结构和就业质量 |
| ⑯ | 程承坪和彭欢（2018） | 技术进步 | 对就业产生影响，分析其替代效应和创造效应 |
| ⑰ | 杜传忠等（2018） | 产业链、产业结构转型升级和生产方式变革、产业体系 | 对就业结构、就业数量和就业形势的影响 |
| ⑱ | 王君等（2017） | 技术进步、经济发展 | 引发劳动力需求 |

**表 5-2 从宏观层面分析人工智能影响就业的维度统计（国外）**

| 序号 | 作者 | 分析视角 | 对就业的影响 |
|---|---|---|---|
| ① | Katz 和 Autor（1999） | 技术进步 | 影响就业结构，高技能劳动者需求增加 |
| ② | Stewart 等（2015） | 技术进步 | 扩大社会总需求，影响就业总量 |
| ③ | Acemoglu 等（2018） | 技术特性 | 影响就业结构 |

续表

| 序号 | 作者 | 分析视角 | 对就业的影响 |
|---|---|---|---|
| ④ | Furman 和 Seamans（2018） | 生产率提高 | 影响就业 |
| ⑤ | Bresnahan 和 Trajtenberg（1995、2018） | 技术特性 | 带来经济运行方式的改变从而影响就业 |
| ⑥ | Brynjolfsson 等（2018） | 技术应用 | 技术应用与生产效率直接的时效性影响就业 |
| ⑦ | Fueki 和 Kawamoto（2009） | 生产率提升 | 影响就业 |
| ⑧ | Acemoglu 和 Restrepo（2017、2018） | 人工智能技术应用、生产效率提升、产业规模扩大 | 影响就业 |
| ⑨ | Gregory（2019） | 人工智能技术应用 | 影响就业 |
| ⑩ | Bassen（2018） | 人工智能技术 | 衍生和创造新的就业岗位、影响就业结构 |
| ⑪ | Autor 和 Salomon（2017） | 宏观环境、行业和技能水平 | 检验了人工智能技术水平对劳动者的替代效应和溢出效应，整体影响宏观就业增长 |
| ⑫ | Graetz 和 Michaels（2015） | 人工智能技术应用 | 对就业总量的影响不确定 |
| ⑬ | Korinek 和 Stiglitz（2017） | 人工智能技术 | 影响就业结构 |
| ⑭ | Bstsey（2018） | 人工智能技术 | 影响就业结构 |
| ⑮ | Frey 和 Osborne（2017） | 人工智能技术应用 | 影响就业结构 |
| ⑯ | Michaels（2013） | 资本投资、劳动力素质 | 影响就业结构 |
| ⑰ | Goos（2009，2016） | 人工智能技术应用 | 劳动就业结构出现极化现象 |
| ⑱ | Autor 等（2003） | 人工智能技术应用 | 出现就业结构极化现象 |
| ⑲ | Autor 和 Salomon（2017） | 人工智能技术应用 | 强化就业结构的极化 |
| ⑳ | Autor（2014） | 生产效率提升 | 导致就业和工资极化 |

将以上学者提出的宏观层面的分析维度进行列表分析，可以得到表 5-3 和表 5-4。由表 5-3 可以看出，经济因素、技术因素、生产效率提升、产业升级、制度环境是国内学者分析的主要维度。

**表 5-3 人工智能影响就业的宏观分析维度统计（国内）**

| | ① | ② | ③ | ④ | ⑤ | ⑥ | ⑦ | ⑧ | ⑨ | ⑩ | ⑪ | ⑫ | ⑬ | ⑭ | ⑮ | ⑯ | ⑰ | ⑱ | 合计 |
|---|---|---|---|---|---|---|---|---|---|---|---|---|---|---|---|---|---|---|---|
| 制度因素 | √ | | | | | | √ | | | | | | | | | | | | 2 |
| 经济禀赋 | √ | | | | | | | | | | | | | √ | √ | | | √ | 4 |
| 科技发展 | √ | | | | | | | | | | | | | | | | | √ | 2 |
| 技术应用 | | √ | √ | | | | | | | | | | | | | | | | 2 |
| 产业升级 | | √ | | | | √ | | | | √ | | | | | | | √ | | 4 |
| 政府管制（法律监管） | | √ | | | | | | | | | | | | | | | | | 1 |
| 技术属性 | | | | √ | | | √ | √ | | | √ | √ | √ | √ | √ | √ | | | 9 |
| 效率提升 | | | | √ | √ | √ | √ | | √ | √ | | | √ | √ | | | √ | | 9 |
| 技术与技能素质的匹配 | | | | √ | | | | | | | | | | | | | | | 1 |
| 资本要素回报率 | | | | √ | | | | √ | | | | | | | | | | | 2 |
| 资本有机构成 | | | | | √ | | | | | | | | | | | | | | 1 |
| 对脑力劳动的替代 | | | | | √ | | | | | | √ | | | | | | | | 2 |
| 技术价值链分层 | | | | | √ | | | | | | | | | | | | | | 1 |
| 技术差异性 | | | | | | √ | | | | | | | | | | | | | 1 |
| 社会因素 | | | | | | | | | | | | | | | √ | | | | 1 |

**表 5-4　从宏观层面分析人工智能影响就业的维度统计（国外）**

| 视角 | 合并归类 | 序号 | 合计 |
|---|---|---|---|
| 技术进步 | 技术应用 | ①② | 2 |
| 技术特性 | | ③⑤ | 2 |
| 技术应用 | | ⑥⑧⑨⑫⑬⑭⑮⑰⑱⑲ | 10 |
| 生产效率提高 | 生产率提高 | ④⑦⑧⑩⑳ | 5 |
| 产业规模扩大 | | ⑧ | 1 |
| 宏观环境 | | ⑪ | 1 |
| 行业和技能水平 | | ⑪ | 1 |
| 资本投资 | | ⑯ | 1 |
| 劳动力素质 | | ⑯ | 1 |

由表 5-4 分析可以看出，国外对人工智能技术影响就业的分析，从宏观层面集中在技术应用和生产率提高。

将上述国内的原始维度进行归类整理，可以得到表 5-5。

**表 5-5　原始维度归纳整理分析**

| 原始维度 | 频次 | 合计 | 归类后的维度 |
|---|---|---|---|
| 科技发展 | 2 | 16 | 技术应用 |
| 技术应用 | 2 | | |
| 技术属性 | 9 | | |
| 技术价值链分层 | 1 | | |
| 技术差异性 | 1 | | |
| 对脑力劳动的替代 | 1 | | |
| 效率提升 | 9 | 9 | 生产率提高 |
| 制度因素 | 2 | 4 | 制度环境 |
| 政府管制 | 1 | | |
| 社会因素（法律政策、伦理道德、社会习俗、文化传统） | 1 | | |
| 经济因素 | 4 | 4 | 区域经济增长水平 |
| 产业升级 | 4 | 4 | 产业升级 |

续表

| 原始维度 | 频次 | 合计 | 归类后的维度 |
|---|---|---|---|
| 要素回报率 | 2 | 3 | 资本有机构成 |
| 资本有机构成 | 1 | | |
| 技术与技能的匹配 | 1 | 1 | 技术与技能匹配度 |

将人工智能技术的特殊属性、差异性、支持性及应用等选项归纳为技术应用，其中，人工智能技术对脑力劳动的替代也是由人工智能的特性导致的，所以将其归为一类。

人工智能技术作为目前最为重要的自动化技术，带来的最主要的变化就是生产率提高，在分析视角这个因素的频次仅次于技术应用。

表 5-5 将强调政府政策影响、法律法规等制度的支持与干预及来自社会文化环境的因素统归为制度环境，其分析频次位列第三。经济因素和产业升级的频次也比较高，将要素回报率和资本有机构成等选项归纳为资本有机构成。

因此，综合国内外分析视角的频次，集中在技术应用、经济水平、制度环境、生产率提高、产业升级和资本有机构成方面。

（三）对就业影响的分析

从现有来自宏观层面的研究来看，关于人工智能对就业影响的研究关注点主要集中于三个方面：一是人工智能对就业数量的影响，即人工智能对就业规模的影响；二是人工智能对就业结构的影响，即人工智能对工作任务结构的重塑；三是人工智能对就业质量的影响，即人工智能对人类工作收入、环境、时间等方面的影响。

而学者对人工智能技术影响就业的态度也体现在不同的方面，大部分学者持乐观态度，如吴清军等（2019）通过分析发现人工智能在商品流通领域的正向促进作用占主导，认为人工智能会为电商行业带来更多就业机会。部分学者认为从长期来看就业压力增加，如王君等（2017）提出新技术对就业的影响破坏机制和补偿机制并存，目前人工智能技术对中国就业的影响有限，长期来看不容乐观。还有一些学者持“中性”态度，如 Autor 和 Salomons（2017）发现尽管生产率上升，行业劳动力占比下降，但劳动就业总量没有受到技术进步的威胁。少数学者认为不能确定，如潘文轩（2018）认为人工智能发展对就业规模的影响存在较大程度的不确定性。较多学者在研究中认为会出现“两极分化”，如蔡跃洲和陈楠（2019）认为在人工智能技术冲击下，就业结构将发生重大调整，高、低技能岗位会出现“两极化趋势”。少数学者研究发现反极化现象，如潘丹丹（2019）认为人工智能技术与传统信息技术不同，其复杂性特征会使就业结构出现反极化现象，替代高、低端岗位的工作（见表 5-6）。

**表 5-6　学者对人工智能影响就业的态度**

| 就业影响 | 部分代表观点学者 | 部分观点举例 |
| --- | --- | --- |
| 乐观<br>（就业总量会增加） | 吴清军等（2019）；吕荣杰和郝力晓（2018）；陈秋霖等（2018）；何玉长和宗素娟（2017）；Trehan（2003）；Martech 等（2011）；斯加鲁菲（2014）；吴宇轩和杨小勇（2020）；Trehan（2003）；Martech 等（2011）；王君等（2017） | 吴清军等（2019）通过分析发现人工智能在商品流通领域的正向促进作用占主导，认为人工智能会为电商行业带来更多就业机会 |
| 悲观<br>（失业人口将增加） | 周文斌（2017）；王君等（2017）；Ford（2009）；赵磊和赵晓磊（2017）；蒋南平和邹宇（2018）；Nilsson（1984）；Frey 和 Osborne（2017）；李晓梅（2018）；沈文玮（2018）；尹蕾和王让新（2018） | 周文斌（2017）认为工业机器人对劳动密集型企业一般就业岗位的替代性比较大，未来机器人对人力资源影响会更大<br>王君等（2017）提出新技术对就业的影响破坏机制和补偿机制并存，目前人工智能技术对中国就业的影响有限，长期来看不容乐观 |
| 影响中性 | Autor 和 Salomon（2017）；蔡跃洲和陈楠（2018）；乔晓楠和郗艳萍（2018）；Acemoglu 和 Restrepo（2018）；Trajtenberg（2018）；Aghion 等（2017）；Bessen（2018）；Dauth 等（2017）；Graetz 和 Michaels（2015） | Autor 和 Salomon（2017）发现尽管生产率上升，行业劳动力占比下降，但劳动就业总量没有受到技术进步的威胁 |
| 多重性/<br>不确定性 | 潘文轩（2018）；谢璐等（2019） | 潘文轩（2018）认为人工智能发展对就业规模的影响存在较大程度的不确定性 |

续表

| 就业影响 | 部分代表观点学者 | 部分观点举例 |
| --- | --- | --- |
| 两极分化 | 蔡跃洲和陈楠（2018）；Autor、Levy 和 Murnane（2003）；Goos（2009、2016）；潘文轩（2018） | 蔡跃洲和陈楠（2018）认为在人工智能技术冲击下，就业结构将发生重大调整，高、低技能岗位会出现“两极化趋势” |
| 反极化 | 潘丹丹（2019）；Decanio（2016）；Autor 等（2015）；Frey 和 Osborne（2017） | 潘丹丹（2019）认为人工智能技术与传统信息技术不同，其复杂性特征会使就业结构出现反极化现象，替代高、低端岗位的工作 |

## 二、宏观分析框架

基于上述对文献的分析，对宏观层面研究人工智能技术影响就业的维度的分析与归类，获取了主要影响维度，按照出现频次从高到低的顺序依次是：技术应用、生产率提高、制度环境、产业升级、经济增长水平、资本有机构成。人工智能对就业影响的宏观机制如图 5-2 所示。

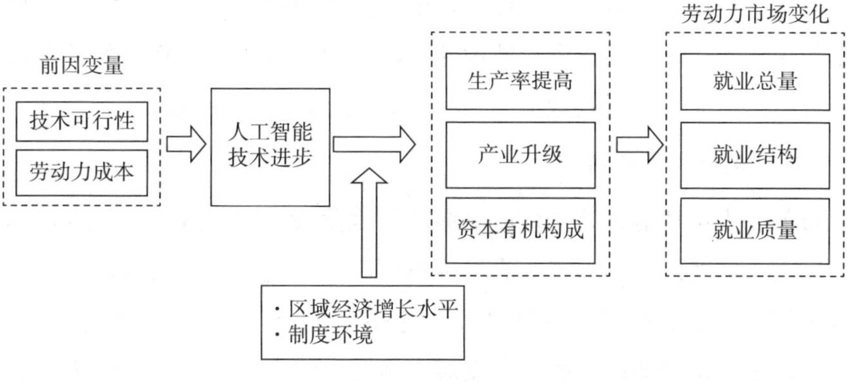


**图 5-2　人工智能对就业影响的宏观机制**

## 三、宏观机制分析

### （一）前因分析

关于技术可行性，由于人工智能技术可能取代之前由人工执行的任务，而且可以提高工作效率，从而提高已经完成任务的生产率，这种现象被称为“自动化的加深”，往往会产生“生产率效应”，即随着生产自动化任务的成本下降，经济将扩大并增加非自动化任务中对劳动力的需求，所以人工智能不仅是生产率提升工具，更是一种新的生产要素。从经济学理论和过去三次技术革命来看，技术进步必然提高劳动生产率，拉动经济增长，进而提高国民收入，让消费者产生更多的需求，增加各行业的劳动力需求，这些方面都会对一个国家的就业产生各方面的影响。现阶段，人工智能技术还是一项通用型技术，随着技术的不断进步，人工智能技术对工作的辅助、指导、替代等作用必将不断加大，而人类也会在工作中有更多的机会与机器结合，共同完成工作任务。

关于劳动力成本，较多学者将人工智能技术与人类本身相比较，认为人工智能技术在许多工作中体现出较强的工作优势，人工智能在企业的运用，一方面能够有效提高生产力，并加快企业发展进程；另一方面能够减少原有岗位的冗余劳动力，从而降低劳动成本。并且，在我国人口老龄化不断深化的情境下，劳动人口规模减小及劳动力素质与技能要求不匹配的双重作用导致出现劳动力供给结构性短缺现象，人工智能技术的发展能够对就业产生“补位式替代效应”，从而为企业节省劳动力成本。

（二）调节变量分析

目前，人工智能正处于快速发展的初级阶段，引进成本、研发成本等数额较大，需要的劳动力资源成本价格更高，因此区域经济发展水平会影响人工智能技术的引进、发展速度、应用广度、技术创新扩散程度和范围，从而进一步影响区域的产业发展、生产率提升等，影响就业人口数量和结构。所以，人工智能技术应用的程度对就业的影响与区域经济增长水平相关，即随着人工智能技术应用的扩散，区域经济增长水平高的地区，人工智能技术快速发展，对新产业成长、新商业模式形成、生产端与消费端协同产生了极大的带动效应，进而提高生产率，推动产业升级，加速新动能产生，从而影响就业总量和就业结构。尤其是近年来主要发达国家和地区高度重视人工智能产业发展，提供长期持续的资金支持和应用鼓励，增加研发投入，又大力引进人工智能技术和高端人才，降低其生产成本；同时，随着经济发展水平的提升，劳动力成本会上涨，企业会大力增加人工智能技术的应用，增强对劳动力的替代。所以，地区经济发展水平提升，会强化人工智能技术的应用和扩散，助推生产率提高、产业升级，强化人工智能技术对就业人口的负面影响。但是，生产率提高会创造更高的经济效益，提高劳动者收入，对高技能人才需求急剧增加，因此地区经济增长水平在人工智能技术应用对就业总量、就业结构和收入水平的影响上直接起调节作用。

在制度环境方面，一方面，人工智能技术带来经济增长，推动对劳动力需求的增加，不仅创造以往不存在的高端就业需求及其周边工作需求，如人工智能算法工程师、智能机器维护、无人驾驶后台操作、实时监控和运维工作等，而且会产生知识技能要求略低的新兴就业需求，如配送服务业工作。另一方面，政府管制和法律法规一定程度上保障了技术在采纳、获知、说服、决策、实施和确认的整个过程，不仅考虑经济效益，还要兼顾社会效益，考虑在社会习俗、伦理道德、文化传统上能否被接受，符合社会基本价值取向。如果制度变革有利于创新，公共政策鼓励创新、包容失败，给予新技术、新产业、新业态等新兴领域充分的鼓励和容错空间，进行差异化和包容性治理，推动技术研发和商业模式创新，就会加速新技术的应用及新部门和新任务的创造，同时提高生产率，促使产业转型升级。因此，不同的制度环境，会使人工智能技术应用呈现不同的就业效应，对人工智能技术应用起到调节作用。

### （三）过程分析

在生产率提高方面，已有文献表明生产率是决定一个国家经济增长质量与水平的关键要素，每一次技术革新都带来生产率的明显提高。首先，人工智能技术的采纳应用对生产过程的影响，会直接提高生产率，进而降低生产成本和价格，增加消费者对商品和服务的需求，推动社会总需求，进而创造更多就业机会。其次，生产率提高还会缩短工作时间，降低劳动强度，减少工作场所的风险等。比如，新冠疫情暴发后，为了避免医生过多地与患者接触，感染病毒，采用了机器人辅助诊断分析，替代护士为患者送餐等。最后，生产率提高会优化工作流程，完善工作过程，优化要素或资源投入结果，促使创新和效率提升，使得企业能够更快响应市场变化，缩短决策流程，推进新产业、新业态和新模式的产生，进而产生新的就业机会，并增加对新技术人才的需求。如2016年《制造业人才发展规划指南》中预测，我国新一代信息技术产业、高档数控机床和机器人产业在2020年人才需求总量为2550万人，缺口为1050人；到2025年人才需求总量增加到2900万人，缺口达1400万人。

在产业升级方面，历史经验表明，技术的采纳和使用对就业的影响更多的是通过推动产业升级、产生新的产业及业态实现的。人工智能技术所具备的优势和特点将推动其更快地渗透融合到经济社会各行业、生产生活的各环节，深刻改变传统的生产方式，促进自动化、智能化生产，替代一部分就业岗位。同时，人工智能技术的协同性和创造性特点，会改变已有的产业运行方式和组合模式，提升要素之间的组合效率，不断降低成本，提高效率，推动产业结构优化升级，引致各关联产业活动规模扩大，带来各环节产品服务需求上升，进而带来对劳动力需求的增加。如滴滴打车借助移动互联网，改变了传统的出租车行业的生态，同时带来新的就业机会。从时间维度来看，在技术导入期，对相关产业的扩散影响导致替代效应会比较明显，从而使就业下降；到了技术拓展期，产业扩散效应会创造大量就业岗位，促进就业增长。

在资本有机构成方面，随着人工智能和自动化程度的提高，增加了对资本的需求，继而引发资本偏好和资本积累，推动产生新的任务需求，进而对劳动力的需求增加。人工智能技术的渗透性使其不仅能够通过参与经济社会各行业的技术变革和生产系统来推动技术与生产的融合，也会吸纳更多劳动力。而人工智能技术的替代性则不仅表现为ICT资本对非ICT资本的替代，更体现为对劳动要素的直接替代，使得部分劳动岗位直接消失。2014年以来，由于新一代信息技术的大规模、大范围使用和采纳，人工智能技术的资本偏好不断提升TFP，推动了TFP对中国经济增长的贡献，吸纳了大量就业，推动了工作岗位调整及工资水平上涨。但是 Autor（2014）认为，人工智能技术带来的资本要素回报率的提高，会扩大劳动要素与资本要素之间的回报差距，加强在人工智能技术推广应用过程中资本深化的作用，降低劳动要素的回报，扩大收入差距。

（四）效应分析

关于对就业总量的影响。首先，生产率的影响可能表现为在经历自动化的同一部门对劳动力的需求增加，或者表现为在非自动化部门对劳动力的需求增加。其次，由于人工智能技术的创造性，它可能创造更多的工作任务和活动，这种新任务的出现为劳动者创造了新的就业机会，产生相应的岗位需求，吸引更多的人力。比如，在 19—20 世纪，随着纺织品、金属、农业和其他行业的任务自动化，诞生了工程师、维修、后台保障、管理和财务等一系列新任务，并带来更多的就业需求。一部分学者对人工智能的就业效应持悲观态度，即认为人工智能技术将大量替代人类岗位，从而带来失业问题；另一部分学者则持积极态度，认为人工智能在替代部分劳动力的同时，会创造新的就业岗位，并且长期来看，其创造效应大于替代效应，人工智能技术运用的最终结果是工作流转，而不是解雇人类；还有部分学者以中立的视角指出，当前人工智能对就业同时存在替代效应和创造效应，其总效应尚不确定。

关于对就业结构的影响。人工智能技术的替代性也会带来效率提升，继而带来产业规模扩大，部分不易被替代的任务和工作流程，会扩大就业数量和岗位，同时效率提升带来成本下降，促使企业扩大再生产，增加产品线或经营单元，引致相应岗位和拥有相应技能的就业增加；成本下降可能带来居民收入增加，进而推动其他行业岗位、技能人员就业数量增加。目前，人工智能对技能偏好型科技企业推动较大，在这些行业中，具有高度灵活性、创造力及强大的问题分析、解决和管控能力的高层技能人员和管理人员将继续得益于人工智能技术的采纳、扩散与推进，得到更多支持；而从事重复性劳动的中低技能人员则会被更有能力的机器和人工智能软件所替代，岗位会变少。已有的数据和事实证实，程序化程度高的中等收入就业岗位数量在减少，程序化程度较低的高收入和低收入就业岗位数量在增加。

关于对就业质量的影响。技术进步是经济增长和生活水平提高的主要动力。技术进步能提高生产力，从而提高人均收入和消费能力。当技术发展为 GPT 时，技术的可转化性也随之提升，使得更多行业的人员受到影响，从而提升更多人员的就业环境、生产效率和劳动报酬。并且，当人工智能技术在劳动中能够创造更有利于劳动者所使用和掌握的技术时，会提升劳动者的使用积极性，减少培训成本和管理成本，大大提升生产效率，由此管理者会进一步推广和加深人工智能技术的使用，替代更多人力，改变员工结构以适应技术的应用和推广；而技术的使用解放了更多人力，优化了工作内容，也进一步提升了就业质量。

## 第三节　人工智能对就业影响的微观机制分析

由于当前对人工智能对就业影响的微观机制研究较少，其机理研究还不够明晰，为了从企业实践情境中寻找诠释人工智能技术采纳应用对就业影响的微观机制，弥补理论研究的薄弱环节，本部分研究拟通过对企业实践的逻辑分析和案例研究，通过编码材料提取和信息分析，模拟谈话主体的思维发展过程，对于人工智能对员工就业影响的微观机理借助流程图展开。

### 一、案例选择

在前期对多家企业访谈、筛选的基础上，本课题负责人和研究团队最终决定选择受到社会广泛关注的且同时是餐饮行业典范企业，多次获得管理创新荣誉的海底捞，作为人工智能应用的典型企业代表和研究案例进行深入分析。

## 二、研究过程

### （一）案例背景

基于对食品安全的严格把控和门店管理成本降低的诉求，海底捞不断尝试在运营和管理中运用科技手段，改造运营系统和服务系统，通过后厨自动化保障食品安全，通过自动化调控提升流程效率、节约成本。2018年10月，海底捞在北京中骏·世界城开了第一家智慧餐厅，从“智慧大脑”（NIKS）、智能定制到智能出菜、智能体验，全方位展现了海底捞智慧餐厅从生产到服务的智能链条全过程。IKMS系统构成及主要功能如图5-3所示。

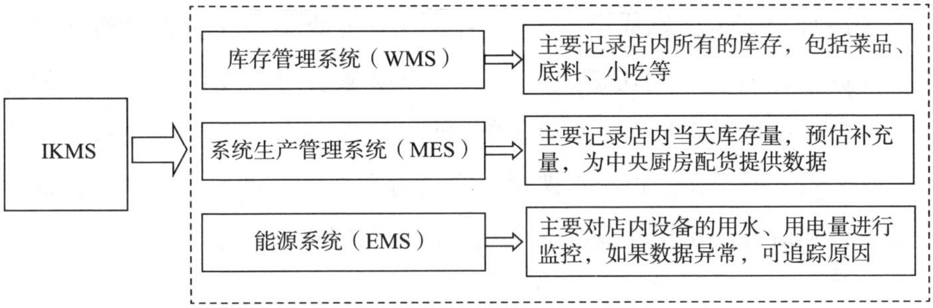


**图5-3 IKMS系统构成及主要功能**

资料来源：根据访谈资料整理所得。

其中，海底捞智慧餐厅采用智能化点餐、下单系统，消费者下单后，前台点餐系统会自动连接出菜机，通过机械臂从菜品仓库配菜，并通过传送带把菜品送至传菜口，再由传菜机器人将菜品送至相应的餐桌，理想状态从下单到上菜最快只需要2分钟。其中，主要是采用了机械臂代替了人工上菜，使用传送带进行菜品传输，送菜机器人负责将菜品送到餐桌（见图5-4），大大简化了工作流程，但是机器人在店内只能靠右行，有时也会受顾客的干扰等影响其工作效率。收餐机器人主要负责在服务员收取餐桌上的餐具并清理残羹后，将待洗的盘子送到后厨清洗间。

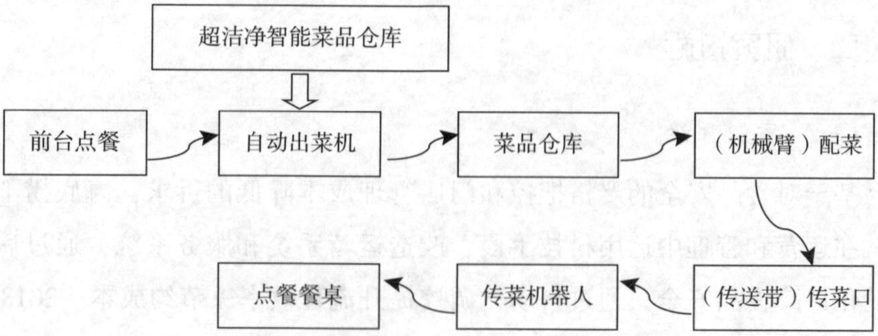


**图 5-4　海底捞智慧餐厅点餐智能流程**

资料来源：根据访谈资料整理所得。

### （二）数据处理

2019 年，研究团队成员于 5—9 月 4 次到北京中骏 · 世界城海底捞智慧餐厅进行调研和深度访谈。调研采用现场观察与深度访谈相结合的方法，首先采用现场观察法，在店员的引导下，观察智慧后厨、送餐机器人和收餐机器人的工作。根据本课题研究内容需要，在调研和访谈时，课题组成员分别对海底捞智慧餐厅的店员、店长、经理进行了深度访谈，如表 5-7 至表 5-9 所示，重点了解了智慧餐厅应用人工智能技术的动因、未来的发展战略及智慧餐厅运营对人员数量、岗位结构、技能水平、工资水平的影响。在访谈过程中，首先取得了被访谈者的信任和对项目的了解与支持，并且每位人员的访谈过程都是有至少两位人员在场，在被访谈者允许的情况下，采用了录音方式记录访谈内容，形成了录音资料，并在后期通过对被访者的反馈、其公司网站的介绍、其他网络资料和文献资料数据等进行三角印证。

**表 5-7　对海底捞智慧餐厅店员访谈的资料整理及编码**

| 维度 | 特点 | 编码 |
| --- | --- | --- |
| 前厅配菜和传菜环节 | 智能前厅全程采用自动化 | 服务人员数量基本没有减少；<br>配菜和传菜人员减少；<br>机器人和服务人员共同完成；<br>简单重复性工作人员减少 |

续表

| 维度 | 特点 | 编码 |
|---|---|---|
| 自我感知 | 有亮点、创新、喜欢 | 感知到新技术有用；<br>希望学习新技术的意愿增强，机会增加 |
| 工作效率和工作体验 | 好奇；想加深了解如何使用 | 有意愿了解新技术；工作效率提高 |
| 工作内容 | 与普通门店有差异、有挑战性 | 产生新的工作岗位和内容 |
| 工作考核 | 薪资提升 | 考核升级、相应岗位薪资升级 |
| 对员工的激励 | 比普通门店力度大 | |
| 员工心态 | 感觉更好、有学习动力 | 对机器保持平常心；<br>是工作中的小伙伴 |
| 技能匹配 | 经历了三个月的磨合期 | 机器模式和人工模式配合 |

**表 5-8　对海底捞智慧餐厅店长访谈的资料整理及编码**

| 维度 | 特点 | 编码 |
|---|---|---|
| 建店初衷 | 降低食品安全风险 | 不是让机器代替人，而是让机器和人分工协作，让人去做更有效的工作 |
| 智能系统 | 采用智能后厨、送餐系统 | 企业文化没有改变；<br>加入了一些智能系统 |
| 管理效率 | 更为轻松、专心 | 机器负责的事情由专业技术人员完成 |
| 员工数量 | 相比普通门面，后厨员工减少 | 人机协作；没有完全用机器替代人；<br>简单重复性工作岗位减少 |
| 员工结构 | 18～45 岁，平均年龄是 20～30 岁；学历为高中以上 | 学历高的员工、技能人员对人工智能技术的态度积极乐观 |
| 对机器的态度 | 分时间段不同 | 高峰期，机器数量不够，需要人工沟通；低峰期，机器运行畅通，深受大家欢迎 |
| 员工对待机器的态度 | 轻松 | 工作中机器的使用需要不断完善；<br>没有人感觉到机器跟人的竞争；<br>后厨的员工也没有压力；<br>机器人承担的工作和任务同人可以很好地结合 |

续表

| 维度 | 特点 | 编码 |
| --- | --- | --- |
| 主要职责 | 保障顾客、员工人身安全和满意度 | |
| 领导方式 | 与普通店不同 | 因为面对媒体，政府接待较多 |
| 自我期待 | 更想学习更多的知识 | |
| 吸引员工的原因 | 发展和成长 | 新技术可以尝试和创新 |
| 对智慧餐厅未来发展的看法 | 越来越好 | 是一个大趋势 |

**表 5-9　对海底捞智慧餐厅经理访谈的资料整理及编码**

| 维度 | 特点 | 编码 |
| --- | --- | --- |
| 员工数量<br>员工培训 | 每天上班 30 人<br>系统化培训后上岗 | 没有大幅变动；由于人工智能技术的采纳，替代的岗位和产生的新岗位几乎没有引发太大变化 |
| 对机器的看法 | 单靠智能设备的使用、周围就餐环境的投影等来提升顾客就餐体验是不够的 | 工作中只依靠人工智能还不够；服务更需要温度和人性化；技术可行 |
| 管理的改变 | 沟通更多 | 由于人工智能的使用带来的工作内容的变化，可能产生新的工作要求 |

注：以上三个表格的内容根据访谈资料分类整理所得。

## 三、案例分析

### （一）员工数量

首先，现场调研发现，虽然海底捞智慧餐厅一直被宣传为“无人餐厅”，但在现场可以看到，餐厅的服务人员和普通餐厅相比，并没有减少太多。虽然有送菜机器人，但是人工送菜的服务人员依然存在。这一点也从对经理的访谈中得到了证实，目前在人员方面，该店并没有大幅减少。主要是因为相关设备目前还不够成熟，随时有可能出故障，尤其在开店初期，经常出现各种问题。而海底捞的理念和文化是以顾客为核心，所以为了能够随时从智能设备切换到人工设备，保障顾客正常用餐，目前该店并没有减少太多人员。但是跟普通海底捞店面相比，可能减少了大概1/4的员工，主要是后厨人员，如果后期经过磨合和技术完善，设备运营成熟的话，员工数量可能减少1/2。

其次，目前因为配菜、传菜环节全程采用自动化，节省了后厨的人力。根据相关资料，后厨的洗碗机系统不断更新，利用洗碗机使清洗和烘干一并完成，以前洗碗需要6~8人，现在只需要2~3人。同时，海底捞智慧餐厅通过使用自动化智能出菜、配菜、传菜系统，打造全链条智能运营系统，和同等面积的普通门店相比，海底捞智慧餐厅的人员配备比同等规模的门店减少20%左右，减少的工作人员主要在后厨，前厅服务人员数量并未减少。

（二）工作岗位

因为新技术的应用，海底捞智慧餐厅减少了一些岗位，如洗碗工、配菜工，但是在前厅和等候区根据环境的变化又增加了需要跟顾客沟通的服务岗位，也就是把一部分服务人员转移到了为顾客提供丰富体验的岗位上。这一点也印证了记者对海底捞首席战略官周兆呈的采访，他表示海底捞将通过技术革新，改进人力结构。海底捞的人工智能战略是，机械的工作交给机器来做，让服务员聚焦在以人为核心的服务上。

在访谈中发现，海底捞智慧餐厅的员工与机器的相处非常和谐，员工经过培训，都很清楚工作中引入机器人的意义和作用，不仅不排斥，还没有危机感，相反都感觉在这样的高科技店里工作，很有自豪感。从普通店员到店长、经理，都很期待学习更多新知识，充满学习的动力。大家对于机器取代的部分岗位没有焦虑，同时感到"机器永远取代不了人"，没有感觉到机器在跟人竞争，后厨的员工也没有压力。店长还提到，如洗碗这样的工作，既单调，工作环境也比较脏、差，人还很劳累，员工不喜欢，也不好管理和沟通，希望这些岗位能尽快被机器替代。

目前，由于机器人在用餐高峰期可能会出技术故障，所以在日常工作中，员工还要做好机器模式随时切换为人工模式的准备，重点是要向充满期待体验高科技用餐的顾客详细解释沟通好，保证顾客的用餐体验不受影响。而当技术问题处理好后，要再次从人工模式切换为机器模式。而在用餐低峰期，机器能够分担工作，运行也畅通，不仅吸引了顾客的注意力，也受到顾客和员工的欢迎。

### （三）工资水平

除了访谈中表明不方便透露具体的工资金额变化以外，店长和经理都表示，在海底捞对员工的考核，不管是普通门店还是智慧餐厅，考核指标都是一样的。并且因为海底捞实行的是计件制，若员工负责的区域更受到顾客欢迎，就会直接影响员工的收入，所以这些受欢迎的区域是轮流由不同员工负责的，进而保证员工的工资不受到外界大的影响。在对店员进行访谈时，店员通过与之前工作过的普通店面比较，认为智慧餐厅的员工激励比普通店面要大，有亲情化奖励，如带员工去做足疗，支持员工到其他店进行交流学习等。店员反馈的信息显示，在熟练使用机器设备之后，薪资水平会比之前店面的高一点，大概高出近2000元，但是店长和经理没有明确表示有工资的差别。

## 四、人工智能技术采纳动因及影响的模型构建

人工智能技术作为一项新技术，在企业显示了较高的工作效率和不受约束的工作时间，部分岗位与人类的工作能力相比，能够为企业创造更多效益。它可能替代一些简单重复性的工作，但是沟通类，如和情感、协调相关的，直接与人打交道、需要随时处理的工作，特别是服务行业一线服务人员所需要的随机应变能力都是较难被技术实现的，也较难被替代。但是，人工智能技术确实也创造了新的工作岗位，对不同岗位工作人员的知识、技能、薪资等都产生了相应的影响。

通过对北京市海底捞智慧餐厅的现场调研和访谈所获得的第一手资料，结合网络获取的二手资料，对于海底捞智慧餐厅在采用人工智能技术后，对员工的数量、岗位和工资的影响有一个基本的研判，即目前该智慧餐厅的人工智能技术应用还处于初级阶段，技术设备有待进一步发展和完

善。但是经过海底捞对员工的培训（访谈显示是一周时间，培训内容包括企业文化和机器设备的使用），员工对机器的认知积极，感觉引入机器后效率更高了，机器为工作提供了更好的支持，是员工工作中的伙伴。实际工作中，也并没有因为引入机器而大幅减少人员的使用，仅仅是在后厨（标准化、单调岗位）使用了自动化机器替代部分员工，员工对这种技术的使用表示欢迎。在机器和员工同时进行工作时，员工对机器的感知是让机器和人分工协作，让机器去做它擅长的工作，让人去做更有效的工作。因为海底捞重视顾客体验，所以更加重视与顾客的交流沟通，尤其是当机器出现故障时，员工随时要切换到人工模式，使得目前岗位的变化也不是很大。在工资方面，没有充分的证据证实该餐厅的工资要明显高于普通店面，鉴于工资的私密性和保密原则，此方面没有获得太多的信息。仅仅在店员的访谈中，有店员提到熟练使用设备后，智慧餐厅的薪资会比普通店面高出1000~2000元。所以，目前海底捞智慧餐厅人工智能技术的应用仍处于技术的完善期，但是由于年轻化员工队伍对技术的好奇心，及海底捞对员工的技术培训，目前员工数量没有大的变化，工作岗位则是更加趋向人性化。部分员工摆脱了繁重、枯燥的工作，从事更有效的工作内容，员工也因为智慧餐厅的技术环境，对自身工作岗位的切换更灵活，适应度较高。

参照上述对海底捞智慧餐厅店员、店长和经理的访谈内容，通过整理访谈资料，可以发现，目前在海底捞智慧餐厅使用人工智能技术之后，对该店的员工数量、工作岗位和工资的影响具体如图5-5所示。

## 五、研究发现

基于学者对创新扩散理论的研究成果，组织中创新扩散的过程主要分为五个阶段，即议程设置、匹配、重新定义或重组、清晰化和惯例化。与之对应，对人工智能影响就业的微观机制进行分析，包括前因分析（技术可行性、劳动力成本）、中介分析（产品/服务创新、资本偏好、技术与技能匹配度）和结果分析（员工规模、岗位结构、收入水平），如图5-6所

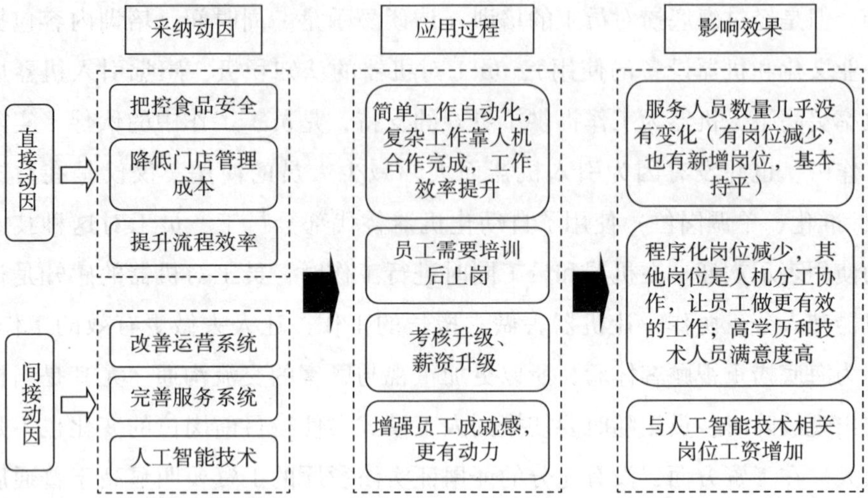


**图 5-5　海底捞智慧餐厅采纳人工智能技术的“动因—影响—效果”认知图谱**

示。通过对海底捞智慧餐厅的访谈，本研究获得了“技术可行性”“劳动力成本”“产品/服务创新”“资本偏好”“技术与技能匹配程度”等核心范畴，在开放性编码和选择性编码阶段均获得了编码的支持。

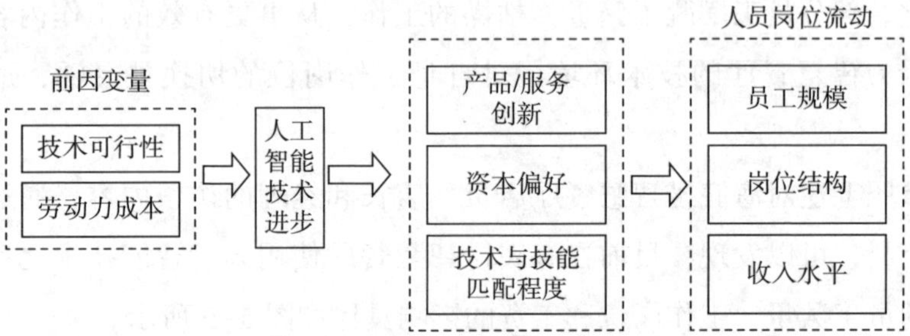


**图 5-6　人工智能对就业影响的微观机制**

（一）前因分析

关于技术可行性，根据科技发展的历程，人工智能技术具有较强的技术通用性，是为数不多的 GPT 之一。与以往的技术进步相比，人工智能可以运用到社会发展的多个领域，不仅包括制造业，而且包括服务业。根据理性行为理论和基于技术可接受性理论，个体会在理性前提下，采取符合个体意愿的实际行为。人工智能技术的采纳与否需要结合具体行业和企业的需求，考虑其是否具有可行性，即是否符合创新的相容性特征。人工智能对许多行业就业产生颠覆性的影响是因为其相对于人有着一些独特的优势，在某些情境下比人类更能够很好地完成岗位工作。创新扩散理论的前两个阶段，即议程设置和匹配，对创新采纳的与否起到决定性作用。大多数企业对创新技术采纳的决定主要基于需要解决的具体问题，主要为劳动力成本和技术可行性问题。通过寻求创新，设法将其与相关问题进行匹配，从而达到提升企业业绩的积极作用。

关于劳动力成本，潘文轩（2018）在研究人工智能对就业的影响中提出，当前人工智能代替人类完成工作具有一定的约束条件，即技术、经济、社会条件。企业会根据具体工作任务需要，判断新技术与特定岗位的匹配性，以及技术在特定工作中运用的可行性。首先，在技术上，目前人工智能技术应用最广泛的领域为制造业，但还不具备像人一样进行复杂交流的能力。其次，在经济上，人工智能的成本相对于人力劳动的成本呈现下降趋势，因此采用人工智能技术取代人力成本可以起到节约劳动成本的作用；但对于我国当前的现状而言，在较多领域依旧存在人工智能成本高于人力劳动成本问题，因此在这些行业运用人工智能取代人类还不能产生降低劳动力成本的效果。最后，在社会条件上，社会基本价值取向也会成为是否可以使用人工智能替代人类进行工作的重要因素，大多数人较为认同的是将一些高危型、高难度、环境差的工作由人工智能代替人来完成，但对于一些涉及情感沟通、护理服务等工作，在当前“弱人工智能阶段”，人工智能技术还未达到人类智力水平，较难代替人类承担。

### （二）过程分析

创新扩散的前两个阶段的成功进行代表着企业决定采纳创新技术，进而使得创新进程进入重新定义或重组、清晰化和惯例化三个阶段。在新技术运用的初期，不会立刻实现与组织的完全匹配，工作人员现有能力对新技术的技能需求会存在一定程度的偏差，产品生产手段和服务提供模式面临智能化升级趋势，企业对人力与机器的投资倾向对员工就业产生影响。

（1）关于产品或服务创新方面。人工智能技术的运用不仅提高了生产效率，简化了产品的生产流程，而且能够实现产品或服务创新，根据消费者的不同需求形成产品或服务个性化，以满足他们的差异化需求。新技术的运用是为了使该项技术创新出符合消费者需求的产品和服务，基于市场需求的产品和服务体现出更高的创新性与优越性，并且更容易产生扩散效应。王君等（2017）提出，在微观层面，技术进步加快了产品的更新速度，缩短了投资回收期，并增加了企业的运营成本，使得利润空间被挤压，企业进入衰退期，从而减少了劳动需求。

（2）关于资本偏好。新技术使用者的认知和偏好对企业的投资倾向产生重要影响，在经济学中主要体现为资本有机构成的变化，从而引起就业量的变化。人工智能本身具有工作优势，即人工智能完成等量的工作需要更少的人工劳动力。人工智能技术的运用会在岗位产生“位移效应”，即机器人对人力的替代，使得就业人员的工作岗位发生转移，从而降低了对就业的需求。此外，企业在培养人才方面需要投入相当的资金用于培训工作，使其能够适应环境的变化，获得与岗位匹配的技能水平，而人工智能的自我学习功能能够快速了解到当前所需的信息和要求，并结合大数据等手段完成工作。因此，企业从成本和利益的角度考虑，会倾向于减少部分岗位的劳动力需求，转而将资本投入人工智能技术的开发和使用中，从而相应地减少就业量。

（3）关于技术与技能的匹配程度。按照基于任务的模型，新技术和工作任务对劳动力技能的要求之间存在差距，这种差距会影响技术与技能的匹配程度。尤其是人工智能会带来新技术，新技术的运用会带来新的任务，为了完成这些任务不仅需要更新原有岗位，而且会创造新岗位，更新劳动者的技能需求，从而导致企业技术与技能匹配程度产生重大变化。技术创新提升了岗位的技能要求，知识主体之间的知识差距及其吸收能力会产生知识溢出效应，从而影响技术创新扩散的速度和进程。吸收能力强，知识溢出的衰减速度会相应减弱，从而产生更多知识溢出。人工智能也会进一步加深就业极化的趋势，即中等技能岗位（常规性、事务性岗位）的劳动需求相对于高技能和低技能岗位减少，不同技能水平岗位的就业比重呈“U”形趋势增长。这一现象使得部分被人工智能替代的失业者向技能要求的两端流动。然而，新的任务往往需要新的技能，如果就业者不具备这些技能，那么在其调整工作岗位的过程中就会受到较大的阻力，造成技术与技能的不匹配，从而减缓了就业和工资的调整。人工智能在创造新的就业岗位中也存在类似的问题，虽然新的岗位会带来就业机会，但是管理者难以招聘到与岗位技能要求匹配的就业人员，不能很好地解决失业问题。

（三）效应分析

关于人工智能对员工规模的影响受到学术界的广泛关注，主要从创造效应、替代效应和总效应三个角度分析人工智能技术的普遍应用是否会带来大规模失业的问题。基于任务的模型，总产出是由一系列任务构成的，技术进步通过改变生产过程的任务内容、任务的自动化程度等，构建“程序偏向型技术进步”分析框架，当劳动与任务的匹配度高时，劳动需求提高；反之，匹配度低，劳动需求降低。另外，基于职业的方法，国内外学者针对新技术的运用对于人工智能技术对就业产生的冲击进行了量化研究。Frey 等（2017）通过分析 702 种职业发现，交通运输、后勤服务、办公文员及生产部门等就业岗位的劳动者都面临被人工智能替代的风险。Arntz 等（2016）针对 21 个 OECD 国家的就业岗位进行统计和分析，发现美国有 9%的岗位有较高的被替代风险。孙文凯等（2018）在其研究中发现，我国的常规性就业岗位与发达国家相比要高出许多，因此人工智能技术在岗位的运用会给我国劳动力市场带来较大的冲击。

关于岗位结构，在技能偏好型视角和基于任务的模型下，人工智能技术的创造效应使得它会不断推动新任务的产生，带来新型低技能和高技能岗位，创造能够发挥劳动力比较优势的工作任务和岗位。而人工智能技术的替代效应则体现为直接替代原来低技能的，属于重复性和程序性工作的岗位，进而大大减少低技能工人的工作岗位，同时对于产生的新岗位，则会重塑劳动者在工作中所需技能，或调整其工作岗位，使得新技术、新任务和技能、岗位相匹配。在这种情况下，人工智能技术的运用会推动部分岗位提高相应的技能要求，尤其是制造类、操作性质的岗位，这部分技术失业者需要由原来的工作岗位向服务类（体力劳动）岗位及创造类（智力劳动）岗位流动，然而人力资本投资的需求使得工作流动和转换成本较大。朱巧玲等（2018）对人工智能技术进步与劳动力结构关系展开实证研究，认为人工智能的发展通过提升工作任务的技能要求，改善劳动力供给水平，优化劳动力结构。此外，在就业两极分化的趋势下，中等技能的就业人员由于被人工智能替代向低技能和高技能岗位流动。一方面，这部分失业人员由于心理落差会对从事低技能岗位的工作存在抵触心理，大部分失业者会优先考虑向高技能岗位寻找机会；另一方面，由于技能要求的差距，使得劳动者需要花费一定的时间成本来提高自身的技能水平以争取就业机会，这两方面因素都会造成工作转换速度减缓。

关于人工智能对收入水平的影响方面，学者主要关注点在于收入差距不断扩大，主要是由技能水平不同及岗位极化引起的。基于任务的模型，人工智能技术会直接替代低技能劳动者的重复性、程序性任务，使得低技能劳动者收入更低，而技术的运用需要新技能与新技术、新任务相匹配，拥有新技能的劳动者通常能够获得较高的劳动收入。Autor 等（2013）通过研究过去 25 年服务业的就业情况发现，不同于其他行业许多从事低技能就业岗位劳动者的收入和就业率都呈现停滞或下降状态，服务业的收入水平和就业率呈现相反的趋势。人工智能带来的技能要求及工作结构两极分化，会导致劳动者收入的不平等性。在就业两极分化的趋势下，随着人工智能技术的大规模使用，高收入的认知类工作和低收入的体力类工作增加，而中等收入的工作大量减少，这就使得收入差距不断拉大。并且，在差距程度方面，人工智能的快速发展会进一步加深工资分配过程的中间技能与两端就业人员之间的工资不平等问题。

## 六、本节小结

本部分在创新扩散理论、理性行为理论及技术接受模型和基于任务的理论模型基础上，构建了分析框架，即在保持理性的前提下，人工智能技术的可行性和带来的成本降低效应，会使企业因为感知有用和易用进而采纳该技术。然后，企业为了采纳人工智能技术会遵守技术创新扩散的5个典型特征，同时不断提升完成每项任务的技能与新技术相匹配，这个过程会对就业产生一系列的影响，包括就业数量、岗位结构和工资水平。采用上述分析框架，分析了人工智能影响就业的宏观机制，分析了在经济增长水平和制度环境调节作用下生产率提高、产业升级、资本有机构成3条路径。通过对北京市海底捞智慧餐厅的调研访谈，借助案例分析方法，基于案例视角，从普通店员、店长和经理3个层面整理出海底捞智慧餐厅人工智能技术的应用情况、对员工的影响及员工对人工智能技术的态度感知，循着"采纳动因—应用过程—影响效果"的思路，刻画了海底捞智慧餐厅人工智能技术采纳及影响就业的理论框架。并从微观层面，构建了人工智能影响就业的微观机制理论框架，揭示了人工智能技术通过产品/服务创新、资本偏好和技术与技能匹配程度3条路径，对员工规模、岗位变动和收入水平的影响。得出以下结论。

（1）在人工智能技术采纳初期，企业需要识别人、机各自负责处理的任务，特别是哪些工作需要人工智能技术，然后通过员工技能培训，提升人机协作程度，这将有助于企业更准确地判断所需人员数量、岗位类别并支付给与人员相匹配的薪资。同时，从这个时期开始那些经济发展水平高、制度环境良好的地区，更能助推人工智能技术的采纳和应用，提高效率、降低成本，加速企业的评判、研发、应用进程。

（2）在人工智能技术使用过程，如果员工感受到人工智能技术容易学会，并易于使用，那么他将更有意愿在工作中使用人工智能技术，这将大大提升人工智能技术的扩散和应用进程。

（3）人工智能技术会加剧人机关系的分化。在工作中能更好地应用人工智能技术的员工，能够更好地理解人与机器的关系，能把人工智能载体视为工作伙伴，也更有意愿根据工作任务和技术的要求，主动提升个人技能，加强自我学习，因此也更容易达到人机协作的要求，获得更多受益机会和成长空间。相反，不能很好地使用人工智能技术的员工，则会更倾向于认为机器会替代人。

# ▶第六章

# 人工智能对北京市就业的影响测算及未来趋势预测

在人工智能技术进步的冲击下，北京市的产业结构和劳动力市场结构发生变化，从产业和人的角度定量测量影响程度及未来发展趋势是制定精准政策的实证基础。本部分首先对北京市人工智能技术进步水平进行了测算及趋势预测。研究人工智能技术进步对就业的影响，首先要测算和分解北京的人工智能技术进步水平。采用 DEA-Malmquist 指数法测算北京市人工智能企业技术进步水平，从企业“异质性”、上市与非上市、行业差异的角度比较分析动态 Malmquist 生产率指数及其变化情况。基于 ARIMA 模型，预测 2020—2030 年北京市人工智能企业 TFP 水平变化趋势。基于上述分析提出相关的政策含义和人工智能企业 TFP 提升策略。

## 第一节　北京市人工智能技术进步水平测算

本节重点研究北京市人工智能企业技术进步水平。选取北京市 114 家人工智能企业 2016—2018 年的数据作为研究样本，采用 DEA-Malmquist 指数法测算北京市人工智能企业技术进步水平，并分别以全要素生产率及其分解指标、企业差异、行业差异，以及是否上市企业为维度，比较分析动态 Malmquist 生产率指数及其变化情况。

## 一、思路框架

本节将按照“研究现状梳理—技术进步水平测度—技术进步趋势预测—政策选择”的逻辑思路展开研究。研究思路框架见表 6-1。

**表 6-1　研究思路框架**

| 研究重点 | 研究内容 | 研究方法 |
|---|---|---|
| 人工智能技术进步研究现状 | 有关人工智能的理论研究<br>有关人工智能生产效率的研究<br>有关人工智能技术进步预测的研究 | 文献研究<br>比较研究 |
| 北京市人工智能企业技术进步水平测度 | TFP 的测算及分解<br>北京市人工智能企业 TFP 的变化趋势<br>北京市人工智能企业 TFP 的差异比较 | DEA-Malmquist 指数模型 |
| 北京市人工智能技术进步水平预测 | 研究方法的选取<br>北京市人工智能技术进步水平预测 | ARIMA 模型 |
| 提升人工智能企业技术进步效率的建议 | 结论<br>政策建议 | 归纳分析<br>政策研究 |

## 二、北京市人工智能企业技术进步水平测度——基于 DEA-Malmquist 指数的方法

### （一）TFP 的测算及分解

技术进步水平的测算通常有两类方法：一类是参数方法，包括索洛余值法和随机前沿法；另一类是以 DEA 为代表的非参数方法。DEA-Malmquist 指数方法将技术进步水平分解成技术进步率和技术效率，其中，技术效率又可以分解为规模效率和纯技术效率，Malmquist 指数可以用于评估技术进步水平的动态变化。因此，本书采用 DEA-Malmquist 指数法测算人工智能全要素生产率及分解变化情况。

Malmquist 指数方法借鉴了 DEA 模型（Fare et al.，1994），本书依据

DEA-Malmquist 指数法的思路，将每一个人工智能上市企业看作不同的 DMU，再将各 DMU 的效率与前沿面进行对比，从而获得效率的测量值，见式（6-1）：

$$M(y_{t+1}, x_{t+1}, y_t, c) = \sqrt{\frac{D^t(x_t, y_t)}{D^t(x_{t+1}, y_{t+1})}} \times \sqrt{\frac{D^{t+1}(x_t, y_t)}{D^{t+1}(x_{t+1}, y_{t+1})}} \tag{6-1}$$

其中，$y_{t+1}$，$x_{t+1}$ 为 $t+1$ 时期人工智能企业的产出量和投入量；$y_t$，$x_t$ 表示 $t$ 时期人工智能企业的产出量和投入量；$D^t$ 表示第 $t$ 期以 $t$ 的技术 $T$ 为参照的距离函数；$D^{t+1}$ 表示第 $t+1$ 期以 $t$ 的技术 $T$ 为参照的距离函数。

假设可变规模报酬，Malmquist 指数可以表示成技术效率变化指数与技术进步变化指数的乘积，见式（6-2）：

$$M(y_{t+1}, x_{t+1}, y_t, x_t) = Effch \times Techch$$

$$= \left[\frac{D^t(x_t, y_t)}{D^{t+1}(x_{t+1}, y_{t+1})}\right] \times \sqrt{\frac{D^{t+1}(x_{t+1}, y_{t+1})}{D^t(x_{t+1}, y_{t+1})} \times \frac{D^{t+1}(x_t, y_t)}{D^{t+1}(x_t, y_t)}} \tag{6-2}$$

基于这一假设，技术效率变化（*Effch*）等于规模效率变化与纯技术效率变化两者之积，见式（6-3）。全要素生产率的变化由技术效率变化（*Effch*）和技术进步变化（*Techch*）两部分构成，其中，*Effch* 可以进一步分解为规模效率变化（*Sech*）和纯技术效率变化（*Pech*）。若其中某项变化率小于 1，则反映其是导致人工智能企业生产率降低的主要因素；反之，则表示其是促进人工智能企业生产率的主要原因。

$$TFPCH = Effch \times Techch = (Pech \times Sech) \times Techch \tag{6-3}$$

（二）指标选取及数据来源

本书共选取来自北京市的 114 家人工智能企业，其中选取同花顺 iFinD 金融数据库披露的北京上市人工智能企业 24 家，通过本书的企业调研问卷获取北京市非上市人工智能企业 90 家，最终选取了 2016—2018 年 114 家北京市人工智能企业作为研究样本。在北京市人工智能企业 TFP 水平测度的研究部分，选取固定资产和技术人员总数作为北京市人工智能企业资本和劳动的投入指标，选取营业收入作为人工智能上市公司的产出指标，基于上述模型和考察期的投入产出数据，采用 DEAP 2.1 软件进行测度，得到 2016—2018 年 114 家北京市人工智能企业 Malmquist 生产率指数及其分解结果。

（三）测度结果

1. 北京市人工智能企业 TFP 的变化趋势

基于上述方法、指标和数据，本书测算得到 114 家北京市人工智能企业 2016—2018 年 Malmquist 生产率指数及其分解结果，如表 6-2 所示。

**表 6-2　2016—2018 年北京市人工智能企业 Malmquist 生产率指数及其分解**

| 年度 | *Effch* | *Techch* | *Pech* | *Sech* | *Tfpch* |
|---|---|---|---|---|---|
| 2016—2017 | 0.690 | 1.507 | 0.660 | 1.046 | 1.040 |
| 2017—2018 | 1.466 | 0.665 | 1.651 | 0.888 | 0.975 |
| 平均值 | 1.006 | 1.001 | 1.044 | 0.964 | 1.007 |

由表 6-2 可得，2016—2018 年 114 家北京市人工智能企业的 TFP 平均变化率为正（0.70%），其中技术效率平均增长 0.60%，技术进步平均增长 0.10%，技术效率是使北京市人工智能企业全要素生产效率得到提升的主要原因。2016—2017 年北京市人工智能企业的全要素生产率增长率为 4%，2017—2018 年的全要素生产率下降 2.5%，2016—2018 年全要素生产率的增长主要是因为 2016—2017 年全要素生产率的增长。

从时间来看，各年度的全要素生产率、技术效率和技术进步都存在着一定的差异。2016—2017 年全要素生产率提高 4%，技术进步对全要素生产率的提升起到明显的正向影响，而技术效率阻碍了全要素生产率的提升，因为技术进步增长 50.7%，而技术效率下降了 31%。2017—2018 年技术进步下降 33.5%，抑制了全要素生产率的提高，技术效率提升了 46.6%，促进了全要素生产率的提高，较强的抑制作用使得人工智能全要素生产率降低 2.5%。

从技术效率的构成来看，2016—2018 年技术效率平均增长为 0.60%，其中纯技术效率增长率为 4. 40%，企业规模效率下降 3. 60%。2016—2017 年技术效率下降 31%，这主要是因为纯技术进步效率下降了 34%，企业规模效率提高了 4. 6%，纯技术进步效率的拖累作用大于企业规模效率的提升作用。2017—2018 年纯技术效率提升 65. 1%，企业规模效率下降 11. 2%，使得技术效率增长 46. 6%。

2. 北京市人工智能企业 TFP 的差异比较

从总体来看，114 家北京市人工智能企业 TFP 为正的有 56 家，占 49. 12%，其中 50 家企业的技术效率表现为正向增长，16 家企业的技术进步增长率表现为正向增长，技术效率增长率与技术进步增长率均为正值的有 10 家，可以看出，样本企业技术效率增长率和技术进步增长率对企业全要素生产率的增长贡献存在较大差异。此外，114 家样本企业中有 58 家的全要素生产率为负，其中 44 家的技术效率增长为负，45 家的技术进步增长为负，技术效率增长与技术进步增长均为负的有 31 家，说明技术效率增长率和技术进步增长率对企业的拖累效应差异并不明显。

在全要素生产率排名前 50 的企业中，企业技术效率增长率为正的有 44 家，技术进步增长率为正的有 16 家，企业技术效率增长率与技术进步增长率的平均差距水平是 19. 31%；在排名前 40 的企业中，技术效率增长率为正的有 35 家，技术进步增长率为正的有 15 家，企业技术效率增长率与技术进步增长率的平均差距水平是 20. 44%；在排名前 30 的企业中，技术效率增长率为正的有 26 家，技术进步增长率为正的有 14 家，企业技术效率增长率与技术进步增长率的平均差距水平是 21. 67%；在排名前 20 的企业中，技术效率增长率为正的有 18 家，技术进步增长率为正的有 9 家，企业技术效率增长率与技术进步增长率的平均差距水平是 27. 83%；在排名前 10 的企业中，所有企业的技术效率增长率均为正，技术进步增长率为正的有 5 家，企业技术效率增长率与技术进步增长率的平均差距水平是 42. 43%。这说明样本中北京市人工智能企业全要素增长率的提高是技术进步和技术效率共同作用的结果，并且全要素增长率排名越靠前，两者数值差距越大。北京市人工智能企业要想提高全要素增长率排名，需要在保证技术效率增长的基础上尽量提高技术进步水平。

表 6-3 列举了 2016—2018 年北京市人工智能企业 TFP 的 Malmquist 生产率指数及其分解情况（排名前 20 位和后 20 位的企业），可以看出，北京市各人工智能企业 TFP 增长差异明显，其变化的动因也存在一定差异。

**表 6-3　2016—2018 年北京市人工智能企业 Malmquist 生产率指数及其分解**

| 企业 | *Effch* | *Techch* | *Pech* | *Sech* | *Tfpch* | 排名 |
|---|---|---|---|---|---|---|
| 北京君正 | 1.617 | 1.128 | 1.630 | 0.991 | 1.824 | 1 |
| 北京聚力维度科技有限公司 | 1.716 | 0.947 | 1.970 | 0.871 | 1.626 | 2 |
| 佳律人工智能（北京）科技有限公司 | 1.715 | 0.919 | 1.891 | 0.907 | 1.576 | 3 |
| 数知科技 | 1.585 | 0.987 | 1.123 | 1.412 | 1.564 | 4 |
| 北京格分维科技有限公司 | 1.448 | 0.983 | 1.627 | 0.890 | 1.423 | 5 |
| 北京京鑫安防科技发展有限公司 | 1.402 | 1.014 | 1.632 | 0.859 | 1.421 | 6 |
| 北京智柜人工智能科技有限公司 | 1.063 | 1.330 | 1.388 | 0.766 | 1.414 | 7 |
| 汉王科技 | 1.297 | 1.091 | 1.051 | 1.233 | 1.414 | 7 |
| 金自天正 | 1.391 | 1.014 | 0.992 | 1.402 | 1.410 | 9 |
| 北京汇力智能科技有限公司 | 1.378 | 0.956 | 1.416 | 0.973 | 1.317 | 10 |
| 东华软件 | 1.229 | 1.071 | 1.220 | 1.008 | 1.316 | 11 |
| 芯联达信息科技（北京）股份有限公司 | 1.365 | 0.955 | 1.422 | 0.960 | 1.303 | 12 |
| 北京童程童美科技有限公司 | 1.063 | 1.222 | 1.068 | 0.996 | 1.299 | 13 |
| 北京阿法龙科技有限公司 | 0.971 | 1.330 | 3.162 | 0.307 | 1.291 | 14 |
| 耐威科技 | 1.340 | 0.962 | 1.128 | 1.188 | 1.290 | 15 |
| 悠家智能家居科技（北京）有限公司 | 1.303 | 0.981 | 1.347 | 0.968 | 1.279 | 16 |
| 北京迈威人工智能科技有限公司 | 1.328 | 0.956 | 1.428 | 0.930 | 1.269 | 17 |
| 北京智能决策医疗科技有限公司 | 1.301 | 0.946 | 1.376 | 0.945 | 1.230 | 18 |
| 北京北方智能科技股份有限公司 | 1.243 | 0.989 | 1.243 | 1.000 | 1.229 | 19 |
| 纽伦新港（北京）人工智能技术有限公司 | 0.921 | 1.330 | 0.968 | 0.951 | 1.225 | 20 |
| 北京慧感科技有限公司 | 0.879 | 0.949 | 1.307 | 0.673 | 0.834 | 95 |
| 纬脉网际（北京）信息技术有限公司 | 0.886 | 0.939 | 0.925 | 0.958 | 0.832 | 96 |
| 北京中德智慧教育文化有限公司 | 0.746 | 1.106 | 0.762 | 0.979 | 0.825 | 97 |
| 北京富华创新科技发展有限责任公司 | 0.801 | 1.010 | 0.806 | 0.994 | 0.809 | 98 |

续表

| 企业 | Effch | Techch | Pech | Sech | Tfpch | 排名 |
|---|---|---|---|---|---|---|
| 北京万应云人工智能科技有限公司 | 0. 799 | 1. 005 | 0. 871 | 0. 917 | 0. 803 | 99 |
| 北京康复之家医疗用品有限公司 | 0. 612 | 1. 303 | 0. 613 | 0. 998 | 0. 797 | 100 |
| 四维图新 | 0. 885 | 0. 899 | 1. 016 | 0. 870 | 0. 795 | 101 |
| 中云智慧（北京）科技有限公司 | 0. 796 | 0. 988 | 0. 806 | 0. 988 | 0. 787 | 102 |
| 北京华夏互联时代信息技术有限公司 | 0. 822 | 0. 954 | 1. 000 | 0. 822 | 0. 784 | 103 |
| 北京华成智慧交通科技有限公司 | 0. 797 | 0. 965 | 0. 793 | 1. 005 | 0. 769 | 104 |
| 北京华声世纪科技有限公司 | 0. 770 | 0. 987 | 0. 826 | 0. 933 | 0. 760 | 105 |
| 北京福祉之家养老服务有限公司 | 0. 668 | 1. 121 | 0. 785 | 0. 851 | 0. 749 | 106 |
| 兆易创新 | 0. 771 | 0. 953 | 0. 911 | 0. 846 | 0. 735 | 107 |
| 北京合光人工智能机器人技术有限公司 | 0. 638 | 1. 140 | 0. 428 | 1. 492 | 0. 728 | 108 |
| 北京轩宇文新教育科技有限公司 | 0. 552 | 1. 170 | 0. 287 | 1. 925 | 0. 646 | 109 |
| 北京麦飞科技有限公司 | 0. 485 | 1. 330 | 1. 826 | 0. 266 | 0. 645 | 110 |
| 思特奇 | 0. 437 | 1. 334 | 0. 540 | 0. 809 | 0. 583 | 111 |
| 北京探境科技有限公司 | 0. 602 | 0. 956 | 0. 531 | 1. 133 | 0. 575 | 112 |
| 三盛智慧教育科技股份有限公司 | 0. 601 | 0. 956 | 0. 558 | 1. 078 | 0. 575 | 112 |
| 北京博学智慧教育科技有限公司 | 0. 520 | 0. 934 | 0. 583 | 0. 891 | 0. 485 | 114 |
| 总体均值 | 1. 006 | 1. 001 | 1. 044 | 0. 964 | 1. 007 | |
| 方差 | 0. 056 | 0. 012 | 0. 173 | 0. 077 | 0. 052 | |
| 最大值 | 1. 716 | 1. 334 | 3. 266 | 2. 404 | 1. 824 | |
| 最小值 | 0. 437 | 0. 785 | 0. 287 | 0. 266 | 0. 485 | |
| 极差 | 1. 279 | 0. 549 | 2. 979 | 2. 138 | 1. 339 | |

### 3. 人工智能上市企业与非上市企业 TFP 的比较分析

（1）北京市人工智能上市企业全要素生产率分析。基于上述方法、指标和数据，本部分测算的 2016—2018 年 24 家北京市上市人工智能企业 TFP 的 Malmquist 生产率指数及其分解情况见表 6-4。

**表 6-4　2016—2018 年 24 家北京市人工智能上市企业 Malmquist 生产率指数及其分解**

| 年份 | Effch | Techch | Pech | Sech | Tfpch |
|---|---|---|---|---|---|
| 2016—2017 | 0. 571 | 2. 235 | 0. 483 | 1. 183 | 1. 276 |
| 2017—2018 | 2. 141 | 0. 438 | 2. 265 | 0. 945 | 0. 939 |

续表

| 年份 | *Effch* | *Techch* | *Pech* | *Sech* | *Tfpch* |
|---|---|---|---|---|---|
| 平均值 | 1.106 | 0.990 | 1.046 | 1.057 | 1.094 |

由表6-4可知，2016—2018年北京市人工智能上市企业的TFP平均增长率为9.4%，表明在该时期内人工智能企业的全要素生产率总体上呈现年均9.4%的递增趋势。技术效率平均增长10.6%，技术进步水平平均降低1%，因此技术进步水平是拖累人工智能企业TFP的主要原因。

从时序变化来看，各年度的全要素生产率、技术进步和技术效率均表现出一定的差异。2016—2017年，技术进步推动了全要素生产率的增长态势，技术进步效率增长率为123.5%，而技术效率则严重抑制了全要素生产率的增长，技术效率增长率为-42.9%。2017—2018年，技术效率水平更大程度地促进了全要素生产率的增长，技术效率水平增长率为114.1%。不难发现，人工智能企业TFP变动存在着技术效率和技术进步变动严重相背离的负向关联现象。从企业技术效率的构成因素来看，企业纯技术效率和企业规模效率对企业全要素生产率的贡献也存在此消彼长的现象。

总体来看，超过75%（18家）的人工智能上市企业全要素增长率为正，其中16家企业的技术效率增长率为正，而只有9家企业的技术进步增长率为正，说明样本企业技术效率增长率对企业全要素生产率的增长贡献最大。此外，样本中6家全要素生产率为负，其中有2家企业的技术效率生产率为负，有5家企业的技术进步生产率为负，说明技术进步增长率对企业的拖累效应更明显。

在全要素生产率排名前12的企业中，企业技术效率增长率为正的有11家，技术进步增长率为正的有7家；在排名前8的企业中，所有企业的技术效率增长率均为正，6家企业技术进步增长率为正，这说明技术效率的增长是提升样本人工智能上市企业全要素生产率水平的主要因素，并且两者数值越大差距越小，全要素增长率排名越靠前。

提高人工智能上市企业的全要素增长率，要克服技术进步增长的拖累效应。2016—2018年24家北京市人工智能上市企业的Malmquist生产率指数及其分解情况见表 6-5。

表 6-5 2016—2018 年 24 家北京市人工智能上市企业的 Malmquist 生产率指数及其分解

| 公司 | *Effch* | *Techch* | *Pech* | *Sech* | *Tfpch* | 排名 |
|---|---|---|---|---|---|---|
| 北京君正 | 1.665 | 1.112 | 1.000 | 1.665 | 1.851 | 1 |
| 汉王科技 | 1.242 | 1.114 | 1.199 | 1.036 | 1.384 | 2 |
| 金自天正 | 1.283 | 1.055 | 1.295 | 0.991 | 1.354 | 3 |
| 东华软件 | 1.229 | 1.071 | 1.220 | 1.008 | 1.316 | 4 |
| 耐威科技 | 1.288 | 0.975 | 1.281 | 1.005 | 1.255 | 5 |
| 数知科技 | 1.060 | 1.163 | 1.084 | 0.978 | 1.233 | 6 |
| 暴风集团 | 1.337 | 0.909 | 1.363 | 0.981 | 1.215 | 7 |
| 昆仑万维 | 1.000 | 1.210 | 1.000 | 1.000 | 1.210 | 8 |
| 东方通 | 0.879 | 1.330 | 1.000 | 0.879 | 1.169 | 9 |
| 万东医疗 | 1.258 | 0.921 | 1.424 | 0.883 | 1.158 | 10 |
| 东土科技 | 1.225 | 0.928 | 1.109 | 1.105 | 1.138 | 11 |
| 华胜天成 | 1.215 | 0.911 | 1.025 | 1.185 | 1.107 | 12 |
| 乐普医疗 | 1.080 | 1.002 | 0.940 | 1.148 | 1.082 | 13 |
| 拓尔思 | 1.174 | 0.916 | 1.031 | 1.139 | 1.076 | 14 |
| 中科创达 | 0.989 | 1.085 | 1.163 | 0.850 | 1.072 | 15 |
| 东方网力 | 1.228 | 0.849 | 1.104 | 1.112 | 1.043 | 16 |
| 佳讯飞鸿 | 1.149 | 0.900 | 1.102 | 1.043 | 1.034 | 17 |
| 紫光股份 | 1.093 | 0.943 | 1.000 | 1.093 | 1.031 | 18 |
| 航天信息 | 1.127 | 0.885 | 0.791 | 1.425 | 0.998 | 19 |
| 北信源 | 1.088 | 0.893 | 1.001 | 1.087 | 0.971 | 20 |
| 神州泰岳 | 0.984 | 0.901 | 0.833 | 1.182 | 0.887 | 21 |
| 四维图新 | 1.121 | 0.768 | 1.045 | 1.073 | 0.862 | 22 |
| 兆易创新 | 1.000 | 0.823 | 1.000 | 1.000 | 0.823 | 23 |
| 思特奇 | 0.437 | 1.334 | 0.535 | 0.818 | 0.583 | 24 |

（2）北京市人工智能非上市企业 TFP 分析。基于上述方法、指标和数据，本部分测算的 2016—2018 年 90 家北京市人工智能非上市企业 TFP 的 Malmquist 生产率指数及其分解情况见表 6-6。

**表 6-6　2016—2018 年北京市人工智能非上市企业 Malmquist 生产率指数及其分解**

| 年份 | *Effch* | *Techch* | *Pech* | *Sech* | *Tfpch* |
| --- | --- | --- | --- | --- | --- |
| 2016—2017 | 1.034 | 0.962 | 0.987 | 1.048 | 0.995 |
| 2017—2018 | 1.141 | 0.846 | 1.112 | 1.027 | 0.965 |
| 平均值 | 1.087 | 0.902 | 1.047 | 1.037 | 0.980 |

由表 6-6 可知，2016—2018 年北京市人工智能非上市企业的 TFP 平均增长率为-2%，表明在该时期人工智能企业的全要素生产率总体呈现年均 2%的递减趋势。技术效率平均增长率为 8.7%，技术进步平均增长率为-9.8%，技术进步是减缓全要素生产率的主要拖累因素。

从时序变化来看，各年度的全要素生产率、技术进步和技术效率均表现出一定的差异。2016—2017 年，技术效率增长率为 3.4%，技术进步增长率为-3.8%，技术进步抑制了全要素生产率。2017—2018 年，技术进步水平更大程度上抑制了全要素生产率的增长，技术进步水平增长率为-15.4%。不难发现，人工智能企业 TFP 变动存在着技术效率和技术进步变动相背离的负向关联现象。

从企业技术效率的构成来看，纯技术效率平均增长-1.3%，规模效率平均增长 4.8%。企业技术效率增长缓慢是由企业纯技术效率的拖累和企业规模效率的增长共同造成的，这也表明企业纯技术效率的负向增长是影响企业技术效率增长缓慢的最根本原因。

总体来看，超过 45%（41 家）的人工智能企业全要素增长率是正向的，其中所有企业的技术效率增长率是正向的，而只有排名第 16 的悠家智能家居科技（北京）有限公司的技术进步增长率是正向的，其余企业技术进步增长率全部为负值，说明样本企业技术效率增长率对企业全要素生产率的增长贡献最大。此外，样本中有 49 家企业全要素生产率为负，其中有 31 家企业的技术效率生产率为负，有 47 家企业的技术进步生产率为负，说明技术效率增长率和技术进步增长率对企业的拖累效应差异并不明显。

在全要素生产率排名前 45 的企业中，企业技术效率增长率为正的有 44 家，技术进步增长率为正的有 2 家；在排名前 16 的企业中，所有企业均有正向的技术效率增长率和负向的技术进步增长率。这同样说明，技术效率的增长是提升样本人工智能非上市企业全要素生产率水平的主要因素，并且两者数值越大差距越小，全要素增长率排名越靠前。提高人工智能非上市企业的全要素增长率，要克服技术进步增长的拖累效应。2016—2018 年 90 家北京市人工智能非上市企业 TFP 的 Malmquist 生产率指数及其分解情况见表 6-7。

**表 6-7　2016—2018 年 90 家北京市人工智能非上市企业的 Malmquist 生产率指数及其分解**

| 企业 | *Effch* | *Techch* | *Pech* | *Sech* | *Tfpch* | 排名 |
|---|---|---|---|---|---|---|
| 北京聚力维度科技有限公司 | 1.933 | 0.840 | 1.738 | 1.112 | 1.623 | 1 |
| 佳律人工智能（北京）科技有限公司 | 2.012 | 0.778 | 1.947 | 1.033 | 1.566 | 2 |
| 北京格分维科技有限公司 | 1.497 | 0.952 | 1.619 | 0.925 | 1.424 | 3 |
| 北京智柜人工智能科技有限公司 | 1.488 | 0.951 | 1.377 | 1.080 | 1.414 | 4 |
| 北京童程童美科技有限公司 | 1.488 | 0.948 | 1.383 | 1.075 | 1.411 | 5 |
| 北京京鑫安防科技发展有限公司 | 1.725 | 0.792 | 1.632 | 1.057 | 1.367 | 6 |
| 北京鑫安隆达智能家居科技有限公司 | 1.458 | 0.933 | 1.515 | 0.962 | 1.361 | 7 |
| 芯联达信息科技（北京）股份有限公司 | 1.657 | 0.814 | 1.233 | 1.343 | 1.349 | 8 |
| 悠家智能家居科技有限公司 | 1.430 | 0.930 | 1.384 | 1.033 | 1.330 | 9 |
| 北京汇力智能科技有限公司 | 1.521 | 0.866 | 1.375 | 1.106 | 1.317 | 10 |
| 北京阿法龙科技有限公司 | 1.358 | 0.951 | 3.162 | 0.429 | 1.291 | 11 |
| 北京迈威人工智能科技有限公司 | 1.396 | 0.884 | 1.250 | 1.117 | 1.233 | 12 |
| 纽伦新港（北京）人工智能技术有限公司 | 1.288 | 0.951 | 1.178 | 1.094 | 1.225 | 13 |
| 北京北方智能科技股份有限公司 | 1.231 | 0.978 | 1.177 | 1.047 | 1.204 | 14 |
| 北京中科汇联科技股份有限公司 | 1.273 | 0.937 | 1.082 | 1.176 | 1.192 | 15 |
| 北京京仪科技股份有限公司 | 1.191 | 0.999 | 1.061 | 1.123 | 1.190 | 16 |
| 悠家智能家居科技（北京）有限公司 | 1.187 | 1.001 | 1.203 | 0.987 | 1.188 | 17 |
| 北京智能决策医疗科技有限公司 | 1.388 | 0.853 | 1.138 | 1.220 | 1.184 | 18 |
| 北京万康通信网络技术有限公司 | 1.215 | 0.951 | 1.072 | 1.133 | 1.155 | 19 |
| 清檬智慧健康科技有限公司 | 1.254 | 0.912 | 1.196 | 1.049 | 1.144 | 20 |
| 北京永和智慧教育咨询有限公司 | 1.351 | 0.847 | 1.347 | 1.003 | 1.144 | 20 |
| 北京金思朗咨询服务有限公司 | 1.219 | 0.934 | 1.781 | 0.684 | 1.138 | 22 |
| 零度智控（北京）智能科技有限公司 | 1.325 | 0.854 | 0.996 | 1.330 | 1.131 | 23 |

续表

| 企业 | *Effch* | *Techch* | *Pech* | *Sech* | *Tfpch* | 排名 |
|---|---|---|---|---|---|---|
| 古朴源味餐饮管理有限公司 | 1.242 | 0.902 | 1.172 | 1.060 | 1.120 | 24 |
| 北京金色雨林教育科技有限公司 | 1.280 | 0.872 | 1.296 | 0.988 | 1.116 | 25 |
| 北京光年无限科技有限公司 | 1.404 | 0.791 | 1.095 | 1.282 | 1.111 | 26 |
| 全中联益（北京）养老产业投资有限公司 | 1.180 | 0.939 | 0.591 | 1.996 | 1.108 | 27 |
| 北京智能北方科技有限公司 | 1.280 | 0.864 | 1.068 | 1.199 | 1.106 | 28 |
| 铂康智能系统（北京）有限公司 | 1.299 | 0.848 | 1.039 | 1.251 | 1.102 | 29 |
| 北京泰豪智能工程有限公司 | 1.408 | 0.776 | 1.139 | 1.236 | 1.092 | 30 |
| 北京奇誉人工智能科技有限公司 | 1.135 | 0.948 | 1.113 | 1.020 | 1.075 | 31 |
| 北京集智达智能科技有限责任公司 | 1.080 | 0.977 | 1.019 | 1.060 | 1.056 | 32 |
| 翔鸿电子科技（北京）有限公司 | 1.105 | 0.945 | 1.104 | 1.001 | 1.044 | 33 |
| 北京中智兴业智能交通科技有限公司 | 1.049 | 0.990 | 1.156 | 0.907 | 1.039 | 34 |
| 北京智慧通物流有限公司 | 1.190 | 0.867 | 1.090 | 1.091 | 1.032 | 35 |
| 环球优教（北京）企业有限公司 | 1.154 | 0.888 | 1.398 | 0.825 | 1.025 | 36 |
| 北京鼎泰智源科技有限公司 | 1.100 | 0.930 | 1.016 | 1.082 | 1.023 | 37 |
| 中视—互通网络科技有限公司 | 1.093 | 0.930 | 1.069 | 1.023 | 1.016 | 38 |
| 北京黄记煌餐饮管理有限公司 | 1.024 | 0.989 | 1.206 | 0.850 | 1.013 | 39 |
| 中车安达（北京）智能停车场管理有限公司 | 1.148 | 0.876 | 0.956 | 1.201 | 1.005 | 40 |
| 信联安宝（北京）科技有限公司 | 1.014 | 0.990 | 1.012 | 1.003 | 1.004 | 41 |
| 北京智能开诚特种机器人科技有限公司 | 1.065 | 0.936 | 0.977 | 1.091 | 0.997 | 42 |
| 北京智慧养成教育科技有限公司 | 1.151 | 0.860 | 1.053 | 1.093 | 0.990 | 43 |
| 北京智能新生活科技有限公司 | 1.033 | 0.953 | 0.961 | 1.075 | 0.984 | 44 |
| 国家代码中心 | 1.236 | 0.794 | 0.941 | 1.313 | 0.982 | 45 |
| 北京华汽智能网联教育咨询有限公司 | 0.975 | 1.007 | 0.973 | 1.003 | 0.982 | 45 |
| 北京聚通德威智能交通科技有限公司 | 1.026 | 0.956 | 1.072 | 0.957 | 0.981 | 47 |
| 北京朝华机具租赁公司 | 0.998 | 0.983 | 3.266 | 0.306 | 0.981 | 47 |
| 北京金尊科技发展有限公司 | 0.962 | 0.999 | 1.067 | 0.902 | 0.962 | 49 |
| 北京智能佳科技有限公司 | 1.095 | 0.875 | 0.953 | 1.149 | 0.958 | 50 |
| 北京爱其教育有限公司 | 1.202 | 0.794 | 0.947 | 1.270 | 0.954 | 51 |
| 北京雅坞餐饮管理有限公司 | 0.976 | 0.976 | 1.874 | 0.521 | 0.952 | 52 |
| 京师智慧教育科技（北京）有限公司 | 1.153 | 0.822 | 0.915 | 1.259 | 0.947 | 53 |
| 云丁网络技术（北京）有限公司 | 1.196 | 0.790 | 0.923 | 1.296 | 0.945 | 54 |

续表

| 企业 | *Effch* | *Techch* | *Pech* | *Sech* | *Tfpch* | 排名 |
|---|---|---|---|---|---|---|
| 金岭教育科技（北京）有限公司 | 1.178 | 0.800 | 0.919 | 1.281 | 0.942 | 55 |
| 北京中城通联智能交通科技有限公司 | 0.954 | 0.986 | 0.385 | 2.479 | 0.940 | 56 |
| 北京联城正安智能消防安全技术有限公司 | 1.000 | 0.940 | 1.062 | 0.941 | 0.940 | 56 |
| 北京金楼世纪科技有限公司 | 0.917 | 1.005 | 1.140 | 0.805 | 0.922 | 58 |
| 北京特安诺智能消防技术有限公司 | 1.005 | 0.910 | 1.172 | 0.857 | 0.914 | 59 |
| 北京九识人工智能技术有限公司 | 0.919 | 0.989 | 0.924 | 0.995 | 0.909 | 60 |
| 北京金帮融和智能科技有限公司 | 0.910 | 0.989 | 1.496 | 0.608 | 0.900 | 61 |
| 北京蚁族互联科技有限责任公司 | 1.150 | 0.778 | 1.050 | 1.095 | 0.895 | 62 |
| 北京旷世科技有限公司 | 0.906 | 0.987 | 0.892 | 1.016 | 0.894 | 63 |
| 北京晶桥软件科技有限公司 | 0.957 | 0.927 | 0.865 | 1.106 | 0.886 | 64 |
| 同方知网（北京）技术有限公司 | 1.000 | 0.885 | 1.000 | 1.000 | 0.885 | 65 |
| 北京源码智能技术有限公司 | 1.043 | 0.844 | 1.036 | 1.007 | 0.881 | 66 |
| 北京首亿智运网络科技有限公司 | 0.904 | 0.967 | 0.939 | 0.963 | 0.874 | 67 |
| 中云智慧（北京）科技有限公司 | 0.950 | 0.919 | 1.018 | 0.933 | 0.873 | 68 |
| 北京金合谷智能科技有限公司 | 0.889 | 0.980 | 0.417 | 2.132 | 0.872 | 69 |
| 北京新港智能家居有限公司 | 0.892 | 0.975 | 1.000 | 0.892 | 0.870 | 70 |
| 北京凯普丽标科技发展有限公司 | 0.868 | 0.976 | 0.863 | 1.006 | 0.848 | 71 |
| 北京中德智慧教育文化有限公司 | 1.000 | 0.846 | 1.000 | 1.000 | 0.846 | 72 |
| 北京慧感科技有限公司 | 1.007 | 0.839 | 1.321 | 0.762 | 0.845 | 73 |
| 北京翡堿智能安防科技有限公司 | 0.892 | 0.935 | 0.751 | 1.188 | 0.834 | 74 |
| 北京博亚德消防安全智能工程有限公司 | 1.052 | 0.776 | 1.074 | 0.98 | 0.816 | 75 |
| 北京富华创新科技发展有限责任公司 | 0.996 | 0.800 | 0.986 | 1.010 | 0.797 | 76 |
| 北京华夏互联时代信息技术有限公司 | 0.937 | 0.846 | 1.000 | 0.937 | 0.794 | 77 |
| 纬脉网际（北京）信息技术有限公司 | 0.926 | 0.852 | 0.826 | 1.120 | 0.789 | 78 |
| 北京万应云人工智能科技有限公司 | 0.990 | 0.792 | 0.991 | 0.999 | 0.784 | 79 |
| 北京千丁互联科技有限公司 | 0.935 | 0.839 | 0.866 | 1.079 | 0.784 | 79 |
| 北京福祉之家养老服务有限公司 | 0.821 | 0.919 | 0.738 | 1.112 | 0.754 | 81 |
| 北京合光人工智能机器人技术有限公司 | 0.813 | 0.923 | 0.477 | 1.705 | 0.751 | 82 |
| 北京华声世纪科技有限公司 | 0.763 | 0.974 | 0.826 | 0.925 | 0.743 | 83 |
| 北京华成智慧交通科技有限公司 | 0.795 | 0.924 | 0.714 | 1.113 | 0.735 | 84 |
| 北京康复之家医疗用品有限公司 | 0.766 | 0.936 | 0.888 | 0.863 | 0.718 | 85 |

续表

| 企业 | *Effch* | *Techch* | *Pech* | *Sech* | *Tfpch* | 排名 |
|---|---|---|---|---|---|---|
| 北京麦飞科技有限公司 | 0.679 | 0.951 | 1.826 | 0.372 | 0.645 | 86 |
| 北京轩宇文新教育科技有限公司 | 0.676 | 0.925 | 0.287 | 2.356 | 0.626 | 87 |
| 北京探境科技有限公司 | 0.729 | 0.810 | 0.633 | 1.152 | 0.591 | 88 |
| 三盛智慧教育科技股份有限公司 | 0.650 | 0.878 | 0.569 | 1.142 | 0.570 | 89 |
| 北京博学智慧教育科技有限公司 | 0.484 | 0.852 | 0.466 | 1.039 | 0.413 | 90 |

4. 北京市人工智能企业 TFP 的行业比较

将 114 家企业进行行业分类并比较分析，分为建筑业，交通运输、仓储和邮政业，信息传输、计算机服务和软件业，住宿和餐饮业，租赁和商务服务业，科学研究和技术服务业，教育业，卫生、社会保障和社会福利业（含卫生和社会工作），文化、体育和娱乐业（含传播与文化产业），房地产业，制造业（含计算机通信和其他电子设备制造业），其他行业共 12 大类。其中，其他行业包括批发和零售业，金融业，居民服务、修理和其他服务业，传播与文化产业，公共管理、社会保障和社会组织，电力、热力、燃气及水生产和供应业。

总体来看，6 个行业的平均全要素增长率是正向的（全要素效率大于 1），分别为：建筑业，信息传输、计算机服务和软件业，住宿和餐饮业，租赁和商务服务业，科学研究和技术服务业，其他作业。6 个行业的全要素增长率为负向的（全要素效率小于 1），分别为：交通运输、仓储和邮政业，教育业，卫生、社会保障和社会福利业（含卫生和社会工作），文化、体育和娱乐业（含传播与文化产业），房地产业，制造业（含计算机通信和其他电子设备制造业）。

信息传输、计算机服务和软件业是全要素增长率最高的行业，平均为 13.1%，且主要是由 36.8%的技术效率贡献的，其技术进步率则拖累全要素的增长，为 -17.3%；全要素增长率最低的行业是教育业，平均为 -20.8%，技术进步的拖累效应为 -13.6%，大于 -0.4%技术效率的拖累效应。

在全要素增长率为正的6个行业中，技术效率增长率为正的行业有4个，技术进步增长率为正的行业有3个，说明总体上，技术效率对全要素增长率的贡献要大于技术进步（见表6-8）。

**表6-8　北京市人工智能企业TFP的行业比较**

| 行业 | 样本数量 | *Effch* | *Techch* | *Pech* | *Sech* | *Tfpch* |
|---|---|---|---|---|---|---|
| 建筑业 | 2 | 1. 030 | 0. 989 | 1. 000 | 1. 030 | 1. 018 |
| 交通运输、仓储和邮政业 | 6 | 1. 076 | 0. 812 | 1. 078 | 0. 998 | 0. 874 |
| 信息传输、计算机服务和软件业 | 48 | 1. 368 | 0. 827 | 0. 989 | 1. 384 | 1. 131 |
| 住宿和餐饮业 | 3 | 1. 066 | 1. 059 | 1. 000 | 1. 066 | 1. 129 |
| 租赁和商务服务业 | 3 | 1. 076 | 0. 975 | 0. 996 | 1. 080 | 1. 049 |
| 科学研究和技术服务业 | 18 | 0. 815 | 1. 352 | 0. 894 | 0. 912 | 1. 102 |
| 教育业 | 7 | 0. 795 | 0. 996 | 0. 864 | 0. 92 | 0. 792 |
| 卫生、社会保障和社会福利业（含卫生和社会工作） | 2 | 1. 025 | 0. 957 | 1. 000 | 1. 025 | 0. 981 |
| 文化、体育和娱乐业（含传播与文化产业） | 2 | 1. 113 | 0. 860 | 1. 000 | 1. 113 | 0. 957 |
| 房地产业 | 2 | 1. 000 | 0. 845 | 1. 000 | 1. 000 | 0. 845 |
| 制造业（含计算机通信和其他电子设备制造业） | 3 | 0. 956 | 0. 879 | 1. 000 | 0. 956 | 0. 84 |
| 其他行业 | 18 | 0. 971 | 1. 087 | 0. 988 | 0. 982 | 1. 055 |

## 三、本节小结

本节基于2016—2018年114家北京市人工智能企业数据，对北京市人工智能企业TFP进行了测度。结果显示，北京市人工智能企业TFP2016—2018年平均增长率为0. 70%，其中技术效率平均增长0. 60%，技术进步平均增长0. 10%，技术效率是使北京市人工智能企业全要素生产效率得到提升的主要原因。此外，北京市人工智能企业TFP的差异显著，上市企业的TFP高于非上市企业的全要素生产率，不同行业间的差异也比较明显，信息传输、计算机服务和软件业是全要素增长率最高的行业，平均为13.1%，且主要是由36.8%的技术效率贡献的，其技术进步率则拖累全要素的增长，为-17.3%；全要素增长率最低的行业是教育业，平均为-20.8%，技术进步增长率为-13.6%，技术效率增长率为-0.4%，技术进步的拖累效应大于技术效率的拖累效应。

## 第二节　北京市人工智能技术进步水平趋势预测

本节在测度北京市人工智能企业技术进步水平的基础上，基于ARIMA模型，重点对北京市人工智能技术进步水平进行预测。预测部分采用24家北京市人工智能上市企业2013—2018年每季度Malmquist生产率指数及其分解数据，预测2020—2030年北京市人工智能企业TFP水平变化趋势。

### 一、北京市人工智能技术进步水平预测——基于ARIMA模型

#### （一）ARIMA模型

ARIMA模型全称为“自回归移动平均模型”（Autoregressive Integrated Moving Average model），是由博克思（Box）和詹金斯（Jenkins）于19世纪70年代提出的著名时间序列预测方法，又称为“Box-Jenkins模型”。其中，ARIMA（$p$，$d$，$q$）又称为“自回归求积移动平均模型”，AR指自回归，$p$为模型的自回归项数；MA为移动平均，$q$为模型的移动平均项数；$I$为积分，$d$为时间序列为平稳时所做的差分次数。其一般的表达式为

$$y_t = \alpha_0 + \alpha_1 y_{t-1} + \alpha_2 y_{t-2} + \cdots + \alpha_p y_{t-p} + \mu_t - B_1\mu_{t-1} - B_2\mu_{t-2} - \cdots - B_q\mu_{t-q} \tag{6-4}$$

其建模基本思想可归纳如下。

（1）根据时间序列的散点图，自相关函数（ACF）和偏自相关函数（PACF）图，以及ADF单位根检验观察其方差、趋势及季节性变化规律，对序列的平稳性进行识别。一般而言，经济运行的时间序列都是不平稳的。

（2）对非平稳序列进行平稳化处理。如果数据序列是非平稳的，并存在一定的增长或下降趋势，则需对数据进行差分处理；如数据序列存在异方差，则需对数据进行技术处理，直到处理后数据的 ACF 值和相关函数值无显著异于零。

（3）根据时间序列模型的识别规则，建立相应的模型。若平稳时间序列的偏相关函数是截尾的，而自相关函数是拖尾的，则可断定此序列适合 AR 模型；若平稳时间序列的偏相关函数是拖尾的，而自相关函数是截尾的，则可断定此序列适合 MA 模型；若平稳时间序列的偏相关函数和自相关函数均是拖尾的，则此序列适合 ARMA 模型。

（4）进行参数估计，检验是否具有统计意义。

（5）进行假设检验，诊断白噪声。

（6）利用已通过检验的模型进行预测。

人工智能企业 TFP 的预测受到诸多因素影响，且这些因素之间又有着错综复杂的联系，因此运用结构性的因果模型预测会存在较多问题，故本书从另一角度出发，将人工智能企业的全要素生产率看作时间序列，根据以往数据获得其变化规律，并以此预测未来的发展变化。为了确保研究的准确性，使得所构建模型满足实际需求，我们采用自回归求积移动平均法（ARIMA）。

（二）样本来源

现有的研究样本包括 2016—2018 年 90 家北京市人工智能非上市企业和 24 家北京市人工智能上市企业调查问卷数据，由于时间序列太短，无法使用恰当的模型预测未来的全要素生产率。经比较，预测部分我们采用 24 家北京市人工智能上市企业 2013—2018 年的季度数据预测未来全要素生产率趋势。使用同花顺 iFiND 数据库，采用 Deap 2.1 软件进行测度，得到 24 家北京市人工智能上市企业 2013—2018 年每季度 Malmquist 生产率指数及其分解数据（见表 6-9）。

**表 6-9　2013—2018 年各季度北京市人工智能上市企业的 Malmquist 全要素生产率指数及其分解**

| 时间 | *Effch* | *Techch* | *Pech* | *Sech* | *Tfpch* |
|---|---|---|---|---|---|
| 2013Q1—Q2 | 0.884 | 2.212 | 0.987 | 0.896 | 1.956 |
| 2013Q2—Q3 | 0.877 | 1.624 | 0.872 | 1.006 | 1.425 |
| 2013Q3—Q4 | 1.083 | 1.442 | 0.969 | 1.117 | 1.561 |
| 2013Q4—2014Q1 | 0.938 | 0.213 | 0.971 | 0.966 | 0.200 |
| 2014Q1—Q2 | 1.032 | 2.167 | 0.953 | 1.083 | 2.236 |
| 2014Q2—Q3 | 0.904 | 1.595 | 0.904 | 1.000 | 1.442 |
| 2014Q3—Q4 | 0.976 | 1.473 | 0.948 | 1.030 | 1.438 |
| 2014Q4—2015Q1 | 1.024 | 0.224 | 0.933 | 1.097 | 0.229 |
| 2015Q1—Q2 | 0.922 | 2.017 | 1.029 | 0.896 | 1.860 |
| 2015Q2—Q3 | 0.963 | 1.553 | 0.971 | 0.991 | 1.495 |
| 2015Q3—Q4 | 1.180 | 1.330 | 1.133 | 1.041 | 1.569 |
| 2015Q4—2016Q1 | 0.872 | 0.232 | 0.945 | 0.923 | 0.202 |
| 2016Q1—Q2 | 1.722 | 1.382 | 1.281 | 1.345 | 2.380 |
| 2016Q2—Q3 | 0.910 | 1.773 | 0.900 | 1.011 | 1.614 |
| 2016Q3—Q4 | 1.184 | 1.302 | 1.121 | 1.056 | 1.541 |
| 2016Q4—2017Q1 | 0.779 | 0.248 | 0.915 | 0.852 | 0.193 |
| 2017Q1—Q2 | 1.682 | 1.262 | 1.455 | 1.156 | 2.123 |
| 2017Q2—Q3 | 1.513 | 0.981 | 1.360 | 1.113 | 1.485 |
| 2017Q3—Q4 | 1.161 | 1.283 | 1.103 | 1.052 | 1.489 |
| 2017Q4—2018Q1 | 0.789 | 0.253 | 0.814 | 0.970 | 0.200 |
| 2018Q1—Q2 | 1.138 | 1.88 | 1.127 | 1.010 | 2.140 |
| 2018Q2—Q3 | 1.045 | 1.488 | 1.014 | 1.030 | 1.556 |
| 2018Q3—Q4 | 1.171 | 1.329 | 1.110 | 1.054 | 1.556 |
| 平均值 | 1.051 | 1.016 | 1.025 | 1.026 | 1.068 |

表 6-9 中 *Tfpch* 表示北京市人工智能上市企业的全要素生产率，运用 Eviews 8.0 软件得到 *Tfpch* 的趋势图（见图 6-1），进行平稳性的单位根检验（见表 6-10）。

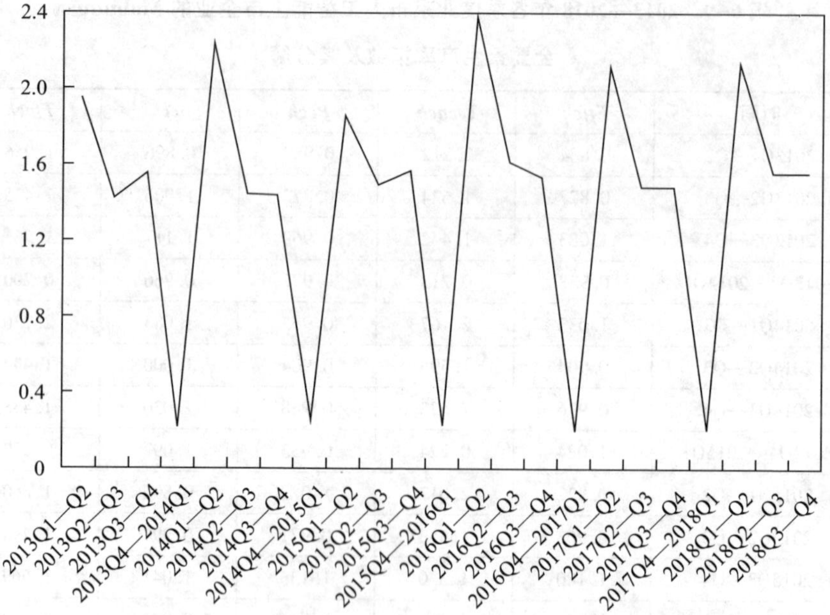


**图 6-1　北京市人工智能上市企业 *Tfpch* 趋势图**

**表 6-10　北京市人工智能上市企业 *Tfpch*ADF 单位根检验**

| | t-Statistic | Prob. |
|---|---|---|
| Augmented Dickey-Fuller test statistic | -1. 804143 | 0. 3672 |
| Test critical values：1% level | | -3. 831511 |
| 5% level | | -3. 029970 |
| 10% level | | -2. 655194 |

图 6-1 中的折线图呈现上下波动，且其前后波动幅度不一致的状态，说明此时间序列存在波动性，且稳定性差，具有异方差特征。ADF 单位根检验结果显示，*Tfpch* 没有通过 ADF 单位根检验，说明该时间序列是非平稳的。因此，选择 ARIMA 法进行进一步拟合和预测。

### （三）基于 ARIMA 模型的北京市人工智能技术进步水平预测

1. 确定差分阶数

由于全要素生产率时间序列是非平稳的，因此首先需要对数据进行平稳化处理，对数据进行一阶差分后得到的数据见表 6-11，确定差分阶数取一阶差分（$d=1$）。

**表 6-11　原始数据的一阶差分**

| 时间 | $y_t$ | $z_t$ | $u_t$ |
|---|---|---|---|
| 2013Q1—Q2 | 1. 956 | | |
| 2013Q2—Q3 | 1. 425 | −0. 531 | |
| 2013Q3—Q4 | 1. 561 | 0. 136 | |
| 2013Q4—2014Q1 | 0. 200 | −1. 361 | −0. 692 |
| 2014Q1—Q2 | 2. 236 | 2. 036 | 1. 021 |
| 2014Q2—Q3 | 1. 442 | −0. 794 | −0. 307 |
| 2014Q3—Q4 | 1. 438 | −0. 004 | −0. 423 |
| 2014Q4—2015Q1 | 0. 229 | −1. 209 | −0. 602 |
| 2015Q1—Q2 | 1. 860 | 1. 631 | 0. 524 |
| 2015Q2—Q3 | 1. 495 | −0. 365 | −0. 102 |
| 2015Q3—Q4 | 1. 569 | 0. 074 | −0. 124 |
| 2015Q4—2016Q1 | 0. 202 | −1. 367 | −0. 995 |
| 2016Q1—Q2 | 2. 380 | 2. 178 | 1. 177 |
| 2016Q2—Q3 | 1. 614 | −0. 766 | 0. 076 |
| 2016Q3—Q4 | 1. 541 | −0. 073 | −0. 693 |
| 2016Q4—2017Q1 | 0. 193 | −1. 348 | −0. 638 |
| 2017Q1—Q2 | 2. 123 | 1. 930 | 1. 0474 |
| 2017Q2—Q3 | 1. 485 | −0. 638 | −0. 466 |
| 2017Q3—Q4 | 1. 489 | 0. 004 | −0. 301 |
| 2017Q4—2018Q1 | 0. 200 | −1. 289 | −0. 595 |
| 2018Q1—Q2 | 2. 140 | 1. 940 | 0. 6388 |
| 2018Q2—Q3 | 1. 556 | −0. 584 | −0. 032 |
| 2018Q3—Q4 | 1. 556 | 0. 000 | −0. 226 |

注：*yt* 为北京市人工智能上市企业的全要素生产率 *tfpch*，$z_t=y_t-y_{t-1}$，$u_t$ 为残差项。

2. 回归项的确定

ARIMA 模型需要对自回归项数 $p$ 和移动平均项数 $q$ 进行筛选，做出时间序列 $\{z_t\}$ 的趋势图（见图 6-2），ACF 图和 PACF 图（见图 6-3），以及 ADF 单位根检验结果（见表 6-12）。

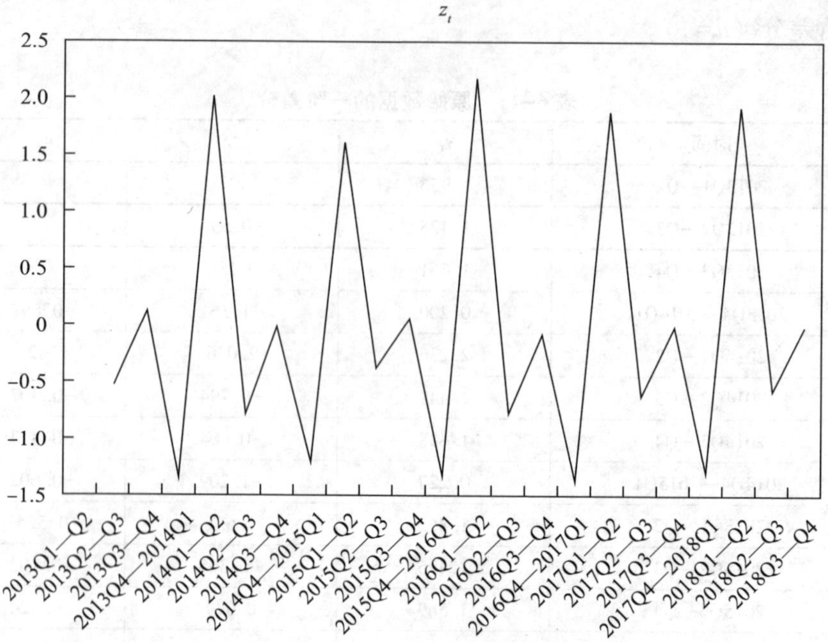


**图 6-2　时间序列 $\{z_t\}$ 的趋势图**

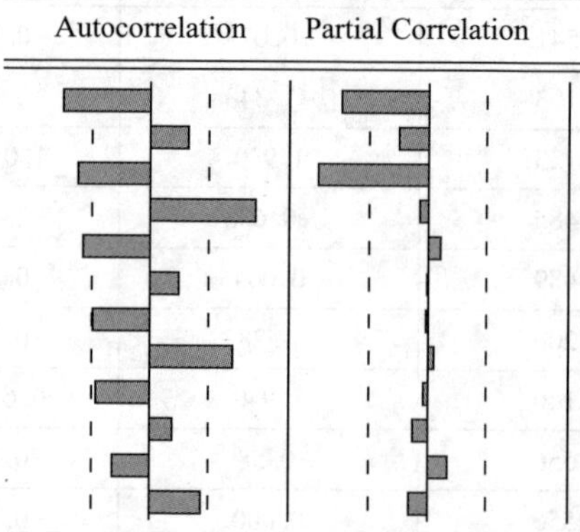


| | AC | PAC | Q-Stat. | Prob. |
|---|---|---|---|---|
| 1 | -0.641 | -0.641 | 10.332 | 0.001 |
| 2 | 0.282 | -0.219 | 12.431 | 0.002 |
| 3 | -0.535 | -0.812 | 20.392 | 0.000 |
| 4 | 0.782 | -0.059 | 38.316 | 0.000 |
| 5 | -0.492 | 0.096 | 45.838 | 0.000 |
| 6 | 0.218 | -0.007 | 47.403 | 0.000 |
| 7 | -0.420 | -0.016 | 53.616 | 0.000 |
| 8 | 0.616 | 0.045 | 67.930 | 0.000 |
| 9 | -0.401 | -0.035 | 74.473 | 0.000 |
| 10 | 0.172 | -0.114 | 75.776 | 0.000 |
| 11 | -0.276 | 0.143 | 79.423 | 0.000 |
| 12 | 0.385 | -0.145 | 87.243 | 0.000 |

**图 6-3　时间序列 $\{z_t\}$ 的 ACF 图和 PACF 图**

**表 6-12　时间序列 $\{z_t\}$ ADF 单位根检验**

| | t-Statistic | Prob. |
|---|---|---|
| Augmented Dickey-Fuller test statistic | -28.82710 | 0.0000 |
| Test critical values：1% level | -3.831511 | |
| 5% level | -3.029970 | |
| 10% level | -2.655194 | |

时间序列 $\{z_t\}$ 趋势图（见图 6-2）显示已不存在时间趋势；ACF 图和 PACF 图（见图 6-3）显示样本的自相关值与偏相关值快速落入置信区间，且都是拖尾的，说明序列基本不存在趋势；表 6-12 结果显示时间序列 $\{z_t\}$ 是平稳的。经过反复筛选，选取 ARIMA 模型 $p=2$，$q=6$。

3. 模型的拟合

模型的估计经过多次反复拟合得到时间序列 $\{z_t\}$ 较理想的模型，如下表达式：

$$z_t=0.007-0.676z_{t-1}-0.369z_{t-2}-0.897u_{t-3} \tag{6-5}$$

其中，$z_t=y_t-y_{t-1}$，$u_t$ 为残差项。

4. 模型的诊断

根据时间序列 $\{z_t\}$ 进行回归拟合，对模型进行诊断，得到拟合值和残差趋势图（见图 6-4）。对其残差进行检验，得到残差的自相关图和偏相关图（见图 6-5），以及扩充的 ADF 单位根检验结果（见表 6-13）。

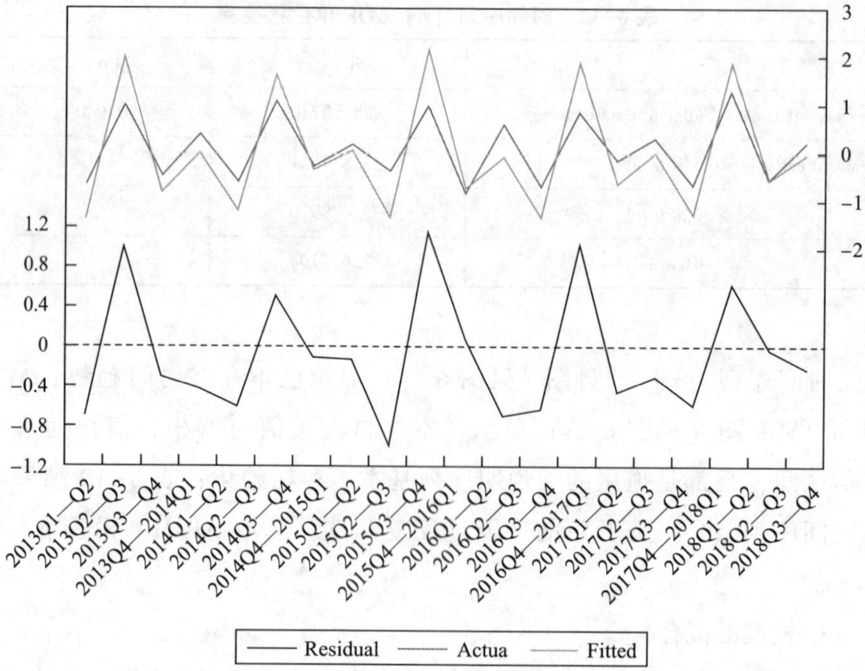


**图 6-4　时间序列 $\{z_t\}$ 拟合值和残差趋势图**

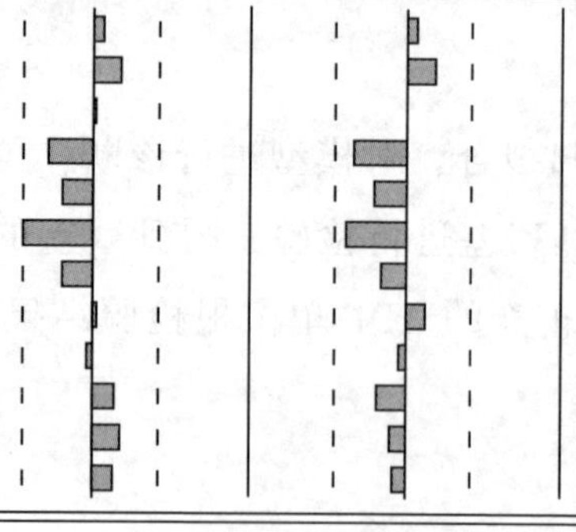

| Autocorrelation | Partial Correlation | | AC | PAC | Q-Stat. | Prob. |
|---|---|---|---|---|---|---|
| | | 1 | 0.071 | 0.071 | 0.1110 | 0.739 |
| | | 2 | 0.189 | 0.185 | 0.9461 | 0.623 |
| | | 3 | 0.030 | 0.007 | 0.9692 | 0.809 |
| | | 4 | −0.302 | −0.352 | 3.3908 | 0.495 |
| | | 5 | −0.204 | −0.206 | 4.5715 | 0.470 |
| | | 6 | −0.466 | −0.392 | 11.236 | 0.081 |
| | | 7 | −0.197 | −0.159 | 12.525 | 0.085 |
| | | 8 | 0.040 | 0.136 | 12.583 | 0.127 |
| | | 9 | −0.036 | −0.044 | 12.635 | 0.180 |
| | | 10 | 0.154 | −0.184 | 13.692 | 0.188 |
| | | 11 | 0.187 | −0.103 | 15.434 | 0.163 |
| | | 12 | 0.146 | −0.080 | 16.649 | 0.163 |

**图 6-5　残差的自相关图和偏相关图**

图 6-4 显示，时间序列 $\{z_t\}$ 的实际值和拟合值较为接近，残差值接近 0。图 6-5 显示，残差的自相关值和偏相关值基本处于置信区间，且残差通过扩充的 ADF 单位根检验，即白噪声检验（见表 6-13）。

**表 6-13 序列 $\{u_t\}$ 的 ADF 单位根检验**

| | t-Statistic | Prob. |
|---|---|---|
| Augmented Dickey-Fuller test statistic | -6. 245849 | 0. 0001 |
| Test critical values：1% level | -3. 831511 | |
| 5% level | -3. 029970 | |
| 10% level | -2. 655194 | |

5. 北京市人工智能企业 TFP 的预测

根据时间序列 $\{z_t\}$ 的 ARIMA（2，1，6）模型：

$$z_t = 0.007 - 0.676 z_{t-1} - 0.369 z_{t-2} - 0.897 u_{t-3} \tag{6-6}$$

推出时间序列 $\{y_t\}$ 的 ARIMA（2，1，6）的预测公式为

$$y_t = y_{t-1} + 0.007 - 0.676 z_{t-1} - 0.369 z_{t-2} - 0.897 u_{t-3} \tag{6-7}$$

对序列 $\{y_t\}$ 做出 2013—2018 年的北京市人工智能上市企业全要素生产率预测值，与实际值的对比如表 6-14 所示；2019—2030 年北京市人工智能上市企业全要素生产率预测值如表 6-15 所示。

**表 6-14 2013—2018 年北京市人工智能上市企业 TFP 真实值与预测值比较**

| 年份 | 季度 | 季度预测值 | 季度实际值 | 年预测值 | 年实际值 | 年相对误差/% |
|---|---|---|---|---|---|---|
| 2013 | 2013Q1—Q2 | | 1. 956 | | | |
| | 2013Q2—Q3 | | 1. 425 | | | |
| | 2013Q3—Q4 | | 1. 561 | | | |
| 2014 | 2013Q4—2014Q1 | 0. 892 | 0. 200 | 1. 303 | 1. 329 | -1. 920 |
| | 2014Q1—Q2 | 0. 747 | 2. 236 | | | |
| | 2014Q2—Q3 | 2. 499 | 1. 442 | | | |
| | 2014Q3—Q4 | 1. 076 | 1. 438 | | | |
| 2015 | 2014Q4—2015Q1 | 1. 602 | 0. 229 | 1. 300 | 1. 288 | 0. 905 |
| | 2015Q1—Q2 | 0. 267 | 1. 860 | | | |
| | 2015Q2—Q3 | 1. 787 | 1. 495 | | | |
| | 2015Q3—Q4 | 1. 544 | 1. 569 | | | |

续表

| 年份 | 季度 | 季度预测值 | 季度实际值 | 年预测值 | 年实际值 | 年相对误差/% |
|---|---|---|---|---|---|---|
| 2016 | 2015Q4—2016Q1 | 1. 576 | 0. 202 | 1. 446 | 1. 434 | 0. 843 |
| | 2016Q1—Q2 | 0. 192 | 2. 380 | | | |
| | 2016Q2—Q3 | 2. 397 | 1. 614 | | | |
| | 2016Q3—Q4 | 1. 619 | 1. 541 | | | |
| 2017 | 2016Q4—2017Q1 | 1. 544 | 0. 193 | 1. 342 | 1. 323 | 1. 447 |
| | 2017Q1—Q2 | 0. 202 | 2. 123 | | | |
| | 2017Q2—Q3 | 2. 129 | 1. 485 | | | |
| | 2017Q3—Q4 | 1. 491 | 1. 489 | | | |
| 2018 | 2017Q4—2018Q1 | 1. 496 | 0. 200 | 1. 353 | 1. 363 | -0. 740 |
| | 2018Q1—Q2 | 0. 206 | 2. 140 | | | |
| | 2018Q2—Q3 | 2. 146 | 1. 556 | | | |
| | 2018Q3—Q4 | 1. 563 | 1. 556 | | | |

**表 6-15　2019—2030 年北京市人工智能上市企业全要素生产率预测值**

| 年份 | 季度 | 季度预测值 | 年预测值 |
|---|---|---|---|
| 2019 | 2018Q4—2019Q1 | 1. 563 | 1. 572 |
| | 2019Q1—Q2 | 1. 569 | |
| | 2019Q2—Q3 | 1. 576 | |
| | 2019Q3—Q4 | 1. 582 | |
| 2020 | 2019Q4—2020Q1 | 1. 589 | 1. 599 |
| | 2020Q1—Q2 | 1. 595 | |
| | 2020Q2—Q3 | 1. 602 | |
| | 2020Q3—Q4 | 1. 608 | |
| 2021 | 2020Q4—2021Q1 | 1. 615 | 1. 625 |
| | 2021Q1—Q2 | 1. 622 | |
| | 2021Q2—Q3 | 1. 628 | |
| | 2021Q3—Q4 | 1. 635 | |

续表

| 年份 | 季度 | 季度预测值 | 年预测值 |
|---|---|---|---|
| 2022 | 2021Q4—2022Q1 | 1.641 | 1.651 |
| | 2022Q1—Q2 | 1.648 | |
| | 2022Q2—Q3 | 1.654 | |
| | 2022Q3—Q4 | 1.661 | |
| 2023 | 2022Q4—2023Q1 | 1.667 | 1.677 |
| | 2023Q1—Q2 | 1.674 | |
| | 2023Q2—Q3 | 1.681 | |
| | 2023Q3—Q4 | 1.687 | |
| 2024 | 2023Q4—2024Q1 | 1.694 | 1.703 |
| | 2024Q1—Q2 | 1.700 | |
| | 2024Q2—Q3 | 1.707 | |
| | 2024Q3—Q4 | 1.713 | |
| 2025 | 2024Q4—2025Q1 | 1.720 | 1.730 |
| | 2025Q1—Q2 | 1.726 | |
| | 2025Q2—Q3 | 1.733 | |
| | 2025Q3—Q4 | 1.740 | |
| 2026 | 2025Q4—2026Q1 | 1.746 | 1.756 |
| | 2026Q1—Q2 | 1.753 | |
| | 2026Q2—Q3 | 1.759 | |
| | 2026Q3—Q4 | 1.766 | |
| 2027 | 2026Q4—2027Q1 | 1.772 | 1.782 |
| | 2027Q1—Q2 | 1.779 | |
| | 2027Q2—Q3 | 1.785 | |
| | 2027Q3—Q4 | 1.792 | |
| 2028 | 2027Q4—2028Q1 | 1.799 | 1.808 |
| | 2028Q1—Q2 | 1.805 | |
| | 2028Q2—Q3 | 1.812 | |
| | 2028Q3—Q4 | 1.818 | |

续表

| 年份 | 季度 | 季度预测值 | 年预测值 |
|---|---|---|---|
| 2029 | 2028Q4—2029Q1 | 1.825 | 1.835 |
| | 2029Q1—Q2 | 1.831 | |
| | 2029Q2—Q3 | 1.838 | |
| | 2029Q3—Q4 | 1.844 | |
| 2030 | 2029Q4—2030Q1 | 1.851 | 1.861 |
| | 2030Q1—Q2 | 1.858 | |
| | 2030Q2—Q3 | 1.864 | |
| | 2030Q3—Q4 | 1.871 | |

从表6-14可以看出，预测值和实际值的差异较小，说明模型预测的效果较好，原模型可以用于预测。2019—2030年，北京人工智能企业TFP呈上升趋势，平均增加18.38%。此外，需要说明的是，该模型在短期预测比较准确，随着预测时间的延长，预测误差将逐渐扩大。这一缺陷是ARIMA模型固有的，尽管如此，与其他的预测方法相比，ARIMA模型预测的准确度还是较高的，尤其是针对短期预测。

根据上述分析，得出如下结论：基于ARIMA模型对24家北京市人工智能上市企业2013—2018年的季度数据进行趋势研究发现，预测值与实际值较为接近，模型预测效果较好；用该模型预测2019—2030年，结果显示北京市人工智能企业TFP呈上升趋势，平均增加18.38%。该模型在短期预测比较准确，但预测时间的延长会使得预测误差逐渐增大。

## 二、政策含义

根据以上有关人工智能企业技术进步水平的测算和趋势预测的结果，提出提升人工智能企业技术进步效率的建议。

### （一）由“单驱动”向“双驱动”转变，提高全要素生产率水平

调整人工智能企业粗放型发展方式，提高人工智能企业生产效率水

平。企业全要素生产率体现各个要素的综合生产率，是企业技术创新、管理模式完善、产品质量提高、企业结构升级的综合体现，反映了产业升级与生产力发展的水平，推动人工智能产业高质量发展，提高作为产业微观主体的企业全要素生产率水平是关键。改善企业全要素生产率，应积极发挥人工智能技术进步的“驱动效应”，充分开发技术效率提升空间，协调技术进步效率和技术效率的关联作用，要在加快企业技术升级、提升企业管理水平，以及提高资源利用效率等方面下功夫，促进全要素生产率增长要由技术进步效率“单驱动”向注重技术效率和技术进步效率“双驱动”型转变，改善人工智能企业全要素生产效率的发展水平，转变人工智能企业粗放型的发展方式。具体而言，政府可从以下三个方面支持人工智能企业向“双驱动”型转变。第一，加大财税政策扶持力度，适当给予企业所得税税收优惠和创新产品补贴，引导产业投资基金创新政府、企业、投资机构信息互通机制，为人工智能企业提供技术研发、产品创新和市场拓展等全方位、全过程资本服务。第二，进一步加强人才队伍储备，培育企业创新团队，通过设立人才基金和项目基金等方式，支持人工智能企业集聚顶尖创新人才，着力培养技术、产业和商业的跨界复合型人才。第三，完善人工智能资源共享平台，建设人工智能产业创新中心，深化政务信息系统整合和信息资源共享机制，打造人工智能产业生态，为人工智能企业发展提供知识、技术、信息、管理和资本等方面的多元化服务体系。基于本研究的实证结果，将人工智能企业分为技术效率、技术进步双拖累型；技术效率驱动、技术进步拖累型；技术进步驱动、技术效率拖累型三种类型。针对上述三种不同类型的人工智能企业提升全要素生产率的改进手段和所需支持政策提出差异化的策略，见表6-16。

表 6-16 人工智能企业提升全要素生产率水平的企业提升策略和政策支持

| 人工智能企业的特征类型 | 企业提升策略 | 政策支持 |
|---|---|---|
| 技术效率、技术进步双拖累型 | 技术进步与技术效率“双驱动” | 调整人工智能企业粗放型发展方式，整合资源，科学引导，采取灵活、多样的补贴政策，包括加大财税政策扶持力度，设立和引导产业投资基金；加强人才储备，设立人才和项目基金；完善人工智能资源共享平台，提供知识、技术、信息、管理和资本等方面的多元化服务体系 |
| 技术效率驱动、技术进步拖累型 | 改进技术进步水平，提升核心技术优势，提高技术创新质量 | 支持企业改进技术创新水平，制定技术创新激励制度，实行创新补偿，完善管理模式，提高产品质量，促进企业结构升级 |
| 技术进步驱动、技术效率拖累型 | 规模效率低下的企业应提高资源的使用效率，纯技术效率低下的企业应改进管理模型 | 支持规模效率低下的企业提高资源的使用效率，限制盲目扩张，提高资源投入有效性，防止生产要素投入产生冗余；支持纯技术效率低下的企业加强公司治理和管理水平，优化管理模式，提升管理效率 |

（二）根据企业全要素生产率构成的“异质性”，采取差异化提升策略

我国人工智能的发展已具备一定的技术和产业基础，人工智能已经在客服、医疗、金融、农业等行业领域实现应用，在数据、平台和应用等领域集聚了一批较为优质的人工智能企业。人工智能企业依靠各自关键的核心技术正在成为中国企业越来越有竞争力的一部分群体。然而，人工智能企业 TFP 及其构成存在一定差异，不同的企业在技术水平、管理水平和资源投入有效性等方面存在较大的差异。对于技术效率和技术进步效率“双驱动”型企业，应保持这种双边优势，持续提升企业的生产效率。对于技术进步驱动、技术效率拖累型企业，首先要明确导致技术效率拖累的原因，然后有针对性地采取措施：支持规模效率低下的企业提高资源的使用效率，限制盲目扩张，防止生产要素投入产生冗余；支持纯技术效率低下的企业应加强公司治理和管理水平，优化管理模式。此外，相对于人工智

能非上市企业，人工智能上市企业可利用证券市场进行筹资，广泛吸收社会闲散资金，扩大企业规模，增强产品的竞争力和市场占有率，且定期披露财务信息，管理水平相对较高。因此，人工智能上市企业具有较高的全要素生产率水平。对于人工智能上市企业而言，政府应进一步落实企业生产效率提升的“双驱动”转型政策支持，在财政、金融、人才与资源等领域提供持续支持；同时，人工智能上市企业应注重发挥自身核心技术优势，创新技术手段，拓展应用场景，开发创新产品，进一步提升市值和市场竞争力，成为产业内的龙头创新企业和创新标杆企业。对于人工智能非上市企业而言，政府可通过设立投资引导基金，为企业提供孵化、成长、上市全流程资本服务，同时企业自身应进一步拓宽融资渠道，优化融资结构，提高资本有机构成，并注重发挥自身核心技术优势，提升管理水平，形成规模效益，从而整体提升全要素生产率和竞争力，如表 6-17 所示。

**表 6-17　人工智能上市与非上市企业 TFP 水平提升策略**

| 智能企业人工的类型 | 全要素生产率水平提升策略 |
| --- | --- |
| 人工智能上市企业 | 发挥自身核心技术优势，进一步创新技术手段，拓展应用场景，开发创新产品，提升市值和市场竞争力，成为产业内的龙头创新企业和创新标杆企业 |
| 人工智能非上市企业 | 设立投资引导基金，提供孵化、成长、上市全流程资本服务，拓宽融资渠道，优化融资结构，提高资本有机构成，全面提升管理水平 |

### （三）根据不同行业全要素生产率优势，采取差异化的资源投入和政策支持

人工智能是引领新一轮科技革命和产业变革的核心技术，正在对经济发展、社会进步、全球治理等方面产生重大而深远的影响，我国颁布的各种相关政策和规划都体现了中国要抢占人工智能发展制高点的决心。但人工智能的发展不仅需要政策的支持，还需要各方资源的倾斜，因此政府对人工智能发展的补贴政策和支持措施是必不可少的。需要强调的是，政府对人工智能企业补贴的过程不能实施“一刀切”政策，应根据不同企业的发展阶段与生产率水平实施差异化和有针对性的补贴政策，注重补贴方式

的灵活性和多样性，进一步加大对具有较高生产效率企业的补贴力度，适当加大对具有关键技术和发展前景企业的支持力度，鼓励人工智能行业龙头企业发挥关联带动和引领作用。对于具有全要素生产优势的人工智能行业，如信息传输、计算机服务和软件业，应加大核心技术要素投入，提升技术进步效率，同时应合理加大资源投入，实现规模经营，提升技术效率水平。此外，应支持行业内有实力的企业通过兼并、重组、股权转让和联合方式进行整合，提升整体人工智能产业生产效率。对于全要素生产率处于劣势的人工智能行业，如教育业，应进一步加大政策补贴力度，鼓励制度创新与技术创新，实现技术进步效率与技术效率的双驱动。如表 6-18 所示。

**表 6-18　不同行业优势的全要素生产率的资源投入与政策支持**

| 全要素生产率行业优势 | 资源投入与政策支持 |
| --- | --- |
| 具有全要素生产率优势的人工智能行业（如信息传输、计算机服务和软件业） | 加大核心技术要素投入，提升技术进步效率，同时应合理加大资源投入，实现规模经营，提升技术效率水平。支持行业内有实力的企业通过兼并、重组、股权转让和联合方式进行整合，提升整体人工智能产业生产效率 |
| 不具有全要素生产率优势的人工智能行业（如教育业） | 加大政策补贴力度，鼓励制度创新与技术创新，实现技术进步效率与技术效率的双驱动 |

## 三、本节小结

我国经济由高速增长阶段转向高质量发展阶段，正处在转变发展方式、优化经济结构、转换增长动力的攻关期，迫切需要新一代人工智能为我国经济高质量发展提供新动能。从我国人工智能发展的现实来看，人工智能产业规模近年来增长迅速，1998—2017 年全球人工智能专利申请量仅次于美国，在全球排名前 20 位的人工智能企业有 7 家来自中国。但“规模”上的迅速膨胀能否带来“质量”上的同步提升，能否使其技术快速成熟？特别是随着 5G 时代的到来，如何更好地提升人工智能企业的生产率水平，不仅关乎人工智能产业的高效发展，而且对促进人工智能与实体经济深度融合，实现我国经济高质量发展具有重要的实际意义。北京市作为高新技术的聚集地，人工智能企业数量多，因此本书选取北京市人工智能企业为研究对象，测算北京市人工智能企业技术进步水平，在人工智能技术进步的冲击下，对北京市人工智能技术进步趋势进行预测，并基于国家人工智能发展规划和经济高质量发展政策提出改善人工智能企业技术进步效率的措施建议。

基于 DEA-Malmquist 指数法，从对北京市 2016—2018 年 114 家人工智能企业技术进步水平进行测度的结果来看，北京市人工智能企业 TFP 2016—2018 年平均增长 0.70%。虽然人工智能企业的数量众多，但企业的技术进步水平参差不齐，且相差较大。这说明我国的人工智能企业数量虽然迅速膨胀，但企业的效率并未全部处于最优状态。上市企业的 TFP 高于非上市企业的全要素生产率；不同行业间的差异也比较明显，信息传输、计算机服务和软件业是全要素增长率最高的行业，平均为 13.1%；教育行业是全要素增长率最低的行业，平均为-20.8%，技术进步的拖累效应大于技术效率的拖累效应。

对于企业全要素生产率的测量一般运用结构性的因果模型分析，但预测往往比较困难。本书通过将测量得到的人工智能企业 TFP 的历史数据视为时间序列，基于 ARIMA 模型对 24 家北京市人工智能上市企业 2013—2018 年的季度数据进行趋势研究发现，预测值与实际值较为接近，模型预测效果较好。预测结果显示：2019—2030 年，北京市人工智能企业 TFP 呈上升趋势，平均增加 18.38%。需要说明的是，该模型在短期预测比较准确，但预测时间的延长会使得预测误差逐渐增大。

根据以上有关人工智能企业技术进步水平的测算和趋势预测的结果，针对人工智能企业、行业全要素生产率的异质性，从企业层面的提升策略和政策层面的资源投入、政策支持两个角度，提出提升人工智能企业技术进步效率的建议。一是由“单驱动”向“双驱动”转变，提高全要素生产率水平。二是根据企业全要素生产率构成的“异质性”，采取差异化提升策略。三是根据不同行业全要素生产率优势，采取差异化的资源投入和政策支持。

人工智能的发展对诸多市场产生了冲击效应，但这一冲击既是挑战也是机遇。随着中国数字化和智能化的迅速发展，尤其是5G时代的到来，使得很多技术的实现成为可能，而中国将加速发展数字化、智能化。在这一过程中，中国应抓住机遇，由被动适应到双向互动，主动适应，调整人工智能企业粗放型发展方式，提高人工智能企业生产效率水平；发挥人工智能企业核心技术优势，全面提升人工智能企业TFP；整合各方资源，完善政府对人工智能产业的政策支持，尽快适应高质量发展阶段的新要求。

## 第三节　人工智能技术应用对北京市就业影响的趋势分析

关于人工智能对就业的影响趋势预测，已有研究主要采用三种方法进行分析。

第一，利用专家对各种职业的特征和人工智能的可替代性进行评分，结合机器学习方法预测每个职业被人工智能替代的可能性。Frey等（2017）使用这一方法，通过描述不同职业的认知水平和操作水平、创造力和社会智能化（social intelligence）等变量，预测美国702个职业中有47%的职业可能在短期被替代，并且职业的替代概率随着工资和教育水平的提高而降低。还有学者预测了人工智能在其他国家对劳动力的替代性。例如，陈永伟和许多（2018）基于这一方法的预测结果显示，中国总就业人口中76.8%的从业者在今后20年将受到人工智能技术的冲击。Kleinaltenkamp（2017）估计了中国工人被子行业（sub-industry）、教育、性别、移民身份等替代的可能性。Guangsu Zhou等（2019）利用人工智能应用率、行业数字化潜力和最适用系数估计2049年各职业人工智能的采用率，结合上述各职业的理论替代概率，估计了人工智能对我国不同职业的实际替代概率，以此为基础探讨了不同特征劳动力的替代效应，发现人工智能对女性、老年、低学历、低收入劳动力的替代效应较大，到2049年中国人工智能替代的劳动力将达到2.78亿人，占目前中国就业劳动力的35.8%。

这一方法的优点是具有前瞻性，但存在两个方面的缺陷：一是预测结果不够稳健。Arntz 等（2016）借鉴 Frey 等（2017）的方法估算出美国可被替代的职业仅占 9%。二是这一框架没有考虑劳动力市场会对技术变革做出相应调整并达到新的均衡，因而可能高估人工智能对劳动力的挤出效应。

第二，使用德国 IFR 公布的工业机器人安装量数据集，以通过计算得到的工业智能机器人安装密度作为人工智能的代理变量，进行基于一般均衡模型的定量分析。Acemoglu 等（2018）指出，智能化生产对就业的影响取决于资本利率和劳动力价格的相对水平，而劳动力价格又会受到生产智能化程度的影响。Graetz 等（2015）利用 IFR 统计的 1993—2007 年 17 个国家的数据发现，由于工资和全要素生产率上升，机器人的使用让这些国家的 GDP 年增长率平均上升了 0.37 个百分点。基于德国数据的另一项研究也没有发现人工智能会造成失业问题。陈秋霖等（2018）利用 IFR 公布的工业机器人安装量数据集，折算出我国各省份的工业机器人安装密度，考察老龄化背景下，人工智能对劳动力是否存在替代效应和存在怎样的替代效应，结果显示人工智能是应对老龄化的重要工具，当前人工智能发展属于“诱导式创新”，与劳动力之间是替代关系，而且是“补位式替代”，不是“挤出式替代”。

第三，使用其他非直接衡量人工智能应用水平的替代变量进行分析预测。孟园园和陈进（2019）通过对国家知识产权局专利申请的筛选，获得有关人工智能专利项的数据，并根据乌镇智库发布的有关人工智能发展的报告，分析各省份有关人工智能专利的申请情况，以各省份每年有关人工智能专利申请项数据作为衡量人工智能使用规模的变量，同时结合教育经费、产业增加值比、进出口总额、规模以上工业企业数、地区 GDP 等变量，通过建立多元回归方程分析人工智能的应用规模对就业、工资和劳动力技能构成的影响。蔡啸和黄旭美（2019）则以信息传输、计算机服务和软件业全社会固定资产投资占 GDP 的比重衡量人工智能技术使用规模，以设备资本价格指数的倒数衡量人工智能技术生产率，以人工智能技术生产率的差分项衡量人工智能技术的生产率改进，验证人工智能技术对劳动力产业结构的作用方向及强度。孙早和侯玉琳（2019）构建了工业智能化水平测度指标，包括基础建设、生产应用、竞争力和效益 3 个方面，共涉及软件普及和应用情况、智能制造企业情况和工业企业创新能力等 10 个细化指标，以此为基础探索人工智能新时期中国劳动力就业结构的影响机制。

上述三类方法中，学者尝试设计多种指标来反映人工智能的应用水平并检验其对就业的影响，相比较而言，人工智能机器人在实际生产和服务各领域的安装量更能体现人工智能的应用程度。为此，本书将利用来自 IFR 统计的 2009—2018 年中国工业机器人安装量数据，分析预测人工智能应用对北京市就业的影响。

## 一、模型构建与数据来源

### （一）理论分析

如本书前面章节的论述，人工智能技术应用对就业的影响涉及就业数量、就业结构和工资收入表征的就业质量 3 个方面。其中，人工智能技术对就业数量的影响是就业替代、就业创造效应的综合反映。人工智能对就业的影响呈现不同的特点。从人工智能对就业数量的影响来看，人工智能会替代就业的观点在第一次工业革命时期兴起，学者认为技术进步虽然能带来生产率的提高，但是也可能造成“技术性失业”。人工智能技术提高了生产率，就相应减少了单位产出所需的劳动力，进而企业对劳动力的需求也会随之下降，减少了人们的就业机会。随着就业结构失调、技能要求提高、企业效益提高、消费者需求数据化等，人工智能会对就业持续造成负面影响。同时，人工智能技术应用在替代一部分劳动力的同时，也创造了新的就业机会与就业需求，从而在一定程度上缓解了人工智能技术应用对就业的替代效应。Dauth 等（2017）对德国数据的分析表明，每增加 1 台工业机器人会带来两个制造业就业岗位的消失，但是在服务业会出现足够多的新增就业岗位。在人工智能对就业岗位的替代效应和创造效应的共同作用下，实际的总体影响效应受到人工智能技术性能、人工智能成本、劳动力资源等因素的影响。从人工智能对就业结构的影响来看，人工智能技术对就业的替代效应和创造效应必然反映在劳动力市场，随着人工智能技术的不断发展，劳动力市场对高技能人才的需求急剧增加，对人力资本提出更高要求，从而直接或间接影响就业者的劳动力素质，以及对人力资本的投资，劳动力市场的就业结构也随之改变。Lewis（2013）根据贝克尔家庭生产模型中家庭生产技术的进步会增加对孩子人力资本的投资，由此推断，随着人工智能技术的不断进步，人类也会增加对人力资本的投资，从而提升劳动力素质。从人工智能对从业人员收入的影响来看，人工智能技术能够通过价格效应、投资效应、工资效应、机器效应、收入效应、新产品效应等实现就业补偿，间接促进就业增长，即“技术进步的就业补偿效应”。人工智能技术运用的就业替代效应会与生产率效应相互抵消，人工智能与实体经济的高度融合可以大幅度提高劳动生产率，增加产品附加值，从而增加员工收入。随着生产率的不断提高，企业为了创造更高的经济效益，增加对仍留在劳动力市场的劳动者的投资，提高员工的工资水平，以创造更高的价值。

目前，人工智能正处于快速发展的初级阶段，引进成本、研发成本等数额均较大，区域的经济发展水平会影响区域人工智能技术的引进程度，从而进一步影响就业人口。随着经济发展水平的不断提高，地区逐渐集聚雄厚的资金力量，有能力大规模引进人工智能技术并增加研发投入，降低其生产成本；同时，随着经济发展水平的不断提升，劳动力成本在不断上涨，企业和工厂会加大人工智能技术的运用，从而进一步增强其对就业的影响。地区经济增长及地区产业结构优化升级是就业岗位创造的动力基础，对就业总量、就业结构及工资水平起关键性的影响作用。

为此，本书通过建立关于北京市人工智能技术应用、地区经济发展水平分别与北京市就业总量、北京市从业人员年平均工资、北京市大专以上学历从业人员数之间的回归模型，分析人工智能技术应用对北京市就业总量、工资收入、从业人员素质的影响效应，并借此对未来影响趋势进行定量判断。

（二）变量构造与数据来源

1. 被解释变量

鉴于本书旨在分析北京市人工智能应用水平对北京市就业总量与工资收入的影响，故被解释变量有 3 个。一是北京市就业量。本书利用《北京统计年鉴》的统计数据，整理了 2009—2018 年北京市三次产业各产业年末的从业人员数，以此衡量北京市的就业量。二是北京市从业人员年平均工资。由于没有北京市三次产业从业人员各年度平均工资的直接统计数据，因此本书利用《北京市统计年鉴》中北京市全市法人单位分行业年末从业人员数和年平均工资数据，利用加权平均法，将分行业从业人员年平均工资整合为三次产业从业人员年平均工资。三是北京市大专以上学历从业人员数。同样，由于没有北京市三次产业不同受教育程度从业人员的直接统计数据，因此本书利用《中国劳动统计年鉴》中北京市分行业不同受教育程度从业人员占比和北京市分行业从业人员数进行计算得到。3 个被解释变量整理后的数据见表 6-19。

**表 6-19　2009—2018 年北京市三次产业就业相关统计数据**

| 年份 | 北京市三次产业年末从业人数/万人 | | | 北京市三次产业从业人员年平均工资/元 | | | 北京市三次产业大专以上学历从业人数/人 | | |
|---|---|---|---|---|---|---|---|---|---|
| | 第一产业 | 第二产业 | 第三产业 | 第一产业 | 第二产业 | 第三产业 | 第一产业 | 第二产业 | 第三产业 |
| 2009 | 62.2 | 199.6 | 736.5 | 24993 | 38675.41 | 53369.72 | 226 | 177569 | 1857401 |
| 2010 | 61.4 | 202.7 | 767.5 | 27412 | 44176.75 | 59287.26 | 452 | 207141 | 2122025 |
| 2011 | 59.1 | 219.2 | 791.4 | 31007 | 51553.47 | 70060.57 | 473 | 300061 | 2176115 |
| 2012 | 57.3 | 212.6 | 837.4 | 37156 | 59755.55 | 79327.49 | 509 | 313979 | 2313994 |
| 2013 | 55.4 | 210.9 | 874.7 | 45286 | 66517.45 | 86723.04 | 596 | 323039 | 2540093 |
| 2014 | 52.4 | 209.9 | 894.4 | 45877 | 73124.81 | 94743.66 | 679 | 331033 | 2746165 |
| 2015 | 50.3 | 200.8 | 935.0 | 47210 | 79440.84 | 102948.25 | 935 | 319386 | 3043570 |
| 2016 | 49.6 | 193.0 | 977.5 | 48682 | 86597.66 | 109644.35 | 848 | 324334 | 3268335 |
| 2017 | 48.8 | 192.8 | 1005.2 | 51447 | 94160.54 | 120224.89 | 716 | 315453 | 3436544 |
| 2018 | 45.4 | 182.2 | 1010.2 | 55138 | 107302.00 | 131806.12 | 586 | 313696 | 3569693 |

注：表中数据来自或利用《北京统计年鉴》《中国劳动统计年鉴》相关数据计算得来。

2. 解释变量

（1）北京市人工智能应用水平。本书利用德国IFR统计的2009—2018年中国工业机器人安装量，对北京市三次产业的工业机器人安装量进行合理推算，形成关于北京市2009—2018年三次产业每年工业机器人安装量数据，以此作为核心解释变量，体现北京市三次产业人工智能的应用水平。

目前，IFR数据包含50个国家1993—2018年分年度的工业智能机器人①安装量和存量，覆盖全球工业智能机器人市场90%的安装信息，并从2009年起公布各国分行业的工业机器人安装数量。由于数据可得性的约束，没有直接分省的智能机器人安装数据，不能直接获得北京市各年的智能机器人安装量，需要利用全国分行业的机器人安装数据和全国及北京市各行业年度就业人数进行推算。IFR统计的机器人安装数据中，既包含每年新增的机器人安装量，也包括每年机器人存量，即年底累计机器人保有量。各年度机器人存量更能体现机器人的应用程度，因此本书将根据各年度全国机器人存量推算各年度北京市机器人存量。具体计算过程是：首先将IFR统计的我国2009—2018年各年度分行业机器人存量数据按照行业进行数据整合，合并为全国2009—2018年三次产业的各年度机器人安装存量（IFR统计行业类别见表6-20），对于IFR统计中“未指明的”（Unspecified）的数据，则借鉴Acemoglu等（2017）的方法，用插值和按比例分配的方法将未分类的机器人分配到三次产业；其次，计算北京市三次产业2009—2018年各年度从业人员数各自占全国三次产业从业人员数的比重，并以此作为权重，乘以全国相应三次产业各年度机器人存量，得到北京市三次产业2009—2018年各年度机器人累计安装量。

① 根据IFR的定义，工业智能机器人是“自动控制的、可重复编程的、多用途操作器，可在三轴或更多轴上编程，在智能化生产应用时可以固定在位或移动”。

表 6-20 IFR 工业机器人统计行业分类

| IFR class | 经济活动的种类、分类和类别，ISIC，rev. 4 | |
|---|---|---|
| A—B | Agriculture, hunting and forestry; fishing | 农业、畜牧和林业；渔业 |
| C | Mining and quarrying | 采矿和采石 |
| D | Manufacturing | 制造业 |
| 10—12 | Food products and beverages; Tobacco products | 食品和饮料；烟草制品 |
| 13—15 | Textiles, leather, wearing apparel | 纺织品、皮革、服装 |
| 16 | Wood and wood products (incl. furniture) | 木材及木制品（包括家具） |
| 17—18 | Paper and paper products, publishing & printing | 纸张及纸制品，出版及印刷 |
| 19—22 | Plastic and chemical products | 塑胶及化工产品 |
| 19 | Chemical products, pharmaceuticals, cosmetics | 化工产品、药品、化妆品 |
| 20—21 | Unspecified chemical, petrolium products | 未指明的化工、石油产品 |
| 22 | Rubber and plastic products without automotive parts | 不含汽车零部件的橡胶、塑料制品 |
| 23 | Glass, ceramics, stone, mineral products n. e. c. (without automotive parts) | 玻璃、陶瓷、石材、矿产等（不含汽车零部件） |
| 24—28 | Metal | ［材］金属；合金 |
| 24 | Basic metals (iron, steel, aluminium, copper, chrome) | 基本金属（铁、钢、铝、铜、铬） |
| 25 | Metal products (without automotive parts), except machinery and equipment | 金属制品（不含汽车零部件），机械设备除外 |
| 28 | Industrial machinery | 工业机械 |
| 26—27 | Electrical/electronics | ［电子］电子学；电子工业 |
| 275 | Household/ domestic appliances | 家庭/家用电器 |
| 271 | Electrical machinery and apparatus n. e. c. (without automotive parts) | 电机及仪器（不包括汽车零件） |
| 260 | Electronic components/devices | 电子元器件/设备 |
| 261 | Semiconductors, LCD, LED (incl solar cells and solar thermal collectors) | 半导体，LCD，LED（包括太阳能电池和太阳能集热器） |
| 262 | Computers and peripheral equipment | 电脑及外围设备 |

续表

| IFR class | 经济活动的种类、分类和类别，ISIC，rev. 4 | |
|---|---|---|
| 263 | Info communication equipment domestic and professional (TV, radio, CD, DVD-Players, pagers, mobile phones, VTR etc.), without automotive parts | 国内及专业信息通信设备（电视、收音机、CD、DVD 播放器、寻呼机、手机、录像机等），无汽车配件 |
| 265 | Medical, precision and optical instruments | 医疗、精密及光学仪器 |
| 29 | Automotive | ［车辆］汽车的；自动的 |
| 291 | Motor vehicles, motor vehicle engines and bodies | 机动车辆、机动车辆发动机和车身 |
| 293 | Parts and accessories for motor vehicles | 汽车零部件及附件 |
| 2931 | Metal products | 金属制品 |
| 2932 | Rubber and plastic | 橡胶和塑料 |
| 2933 | Electrical/electronics | ［电子］电子学；电子工业 |
| 2934 | Glass | ［玻璃］玻璃；玻璃制品 |
| 2939 | Other (car seats, safety belts, airbags) | 其他（汽车座椅，安全带，安全气囊） |
| 30 | Other transport equipment e. g. ships, locomotives, aeroplanes, spacecraft vehicles | 其他运输设备如轮船、机车、飞机、宇宙飞船 |
| 91 | All other manufacturing branches | 所有其他制造业门 |
| E | Electricity, gas and water supply | 电力、煤气和供水 |
| F | Construction | 建筑业 |
| P | Education, research and development | 教育、研究和发展 |
| 90 | All other non-manufacturing branches | 所有其他非制造业部门 |
| 99 | Unspecified | 未指明的 |

从推算的结果来看（见表 6-21 和图 6-6），北京市工业机器人存量由 2009 年的 339 台提高到 2018 年的 5630 台，2018 年相比 2009 年增幅为 1561%。其中，第二产业在北京市机器人应用上占主导地位，2018 年第二产业机器人安装存量占全市总量的 97%；第三产业机器人安装存量的增速最快，2018 年的安装存量是 2009 年的 87 倍。

表 6-21　2009—2018 年北京市三次产业机器人安装存量

单位：台

| 年份 | 第一产业 | 第二产业 | 第三产业 | 累计安装总量 |
| --- | --- | --- | --- | --- |
| 2009 | 0.000 | 337.291 | 1.717 | 339.008 |
| 2010 | 0.027 | 468.983 | 3.270 | 472.280 |
| 2011 | 0.092 | 709.679 | 6.016 | 715.787 |
| 2012 | 0.091 | 877.080 | 9.142 | 886.314 |
| 2013 | 0.103 | 1203.689 | 14.727 | 1218.519 |
| 2014 | 0.208 | 1714.607 | 16.508 | 1731.324 |
| 2015 | 0.468 | 2257.087 | 33.576 | 2291.130 |
| 2016 | 0.939 | 2998.057 | 54.405 | 3053.401 |
| 2017 | 1.123 | 4397.396 | 84.742 | 4483.260 |
| 2018 | 2.306 | 5477.898 | 149.583 | 5629.787 |

注：表中数据是根据 IFR 统计数据，结合《中国统计年鉴》相关数据推算得来。

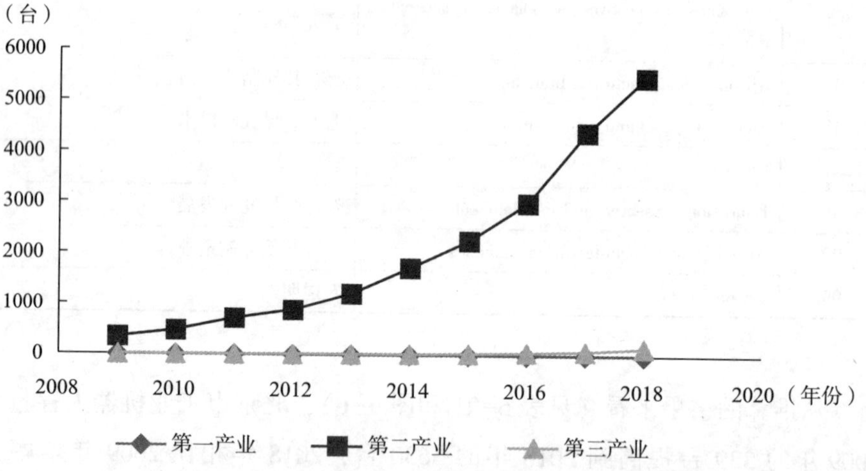


图 6-6　2008—2020 年北京市三次产业机器人安装存量

（2）北京市产业增加值。如前文所述，地区经济增长在人工智能机器人与就业数量、工资收入的关系之间起着重要的调节作用，因此本书将北京市三次产业增加值作为衡量地区经济增长的变量引入分析模型。北京市三次产业增加值的数据直接来自《北京统计年鉴》，如表 6-22 所示。

**表 6-22　2009—2018 年北京市三次产业增加值　　　　单位：亿元**

| 年份 | 第一产业 | 第二产业 | 第三产业 |
|---|---|---|---|
| 2009 | 116.8 | 2856.9 | 9445.4 |
| 2010 | 122.8 | 3387.9 | 10930.9 |
| 2011 | 134.5 | 3753.2 | 12740.2 |
| 2012 | 148.4 | 4060.0 | 14141.7 |
| 2013 | 159.8 | 4392.8 | 15777.4 |
| 2014 | 159.2 | 4663.4 | 17121.5 |
| 2015 | 140.4 | 4660.6 | 18884.7 |
| 2016 | 129.8 | 4944.4 | 20594.9 |
| 2017 | 120.4 | 5326.8 | 22567.8 |
| 2018 | 118.7 | 5647.7 | 24553.6 |

注：表中数据来自《北京统计年鉴》。

综上所述，本研究的变量构成如表 6-23 所示。

**表 6-23　变量名及相关解释**

| 变量 | 变量名 | 符号 | 变量解释 |
|---|---|---|---|
| 被解释变量 | 就业量 | *labor* | 三次产业年末从业人员数/万人 |
| | 年平均工资 | *wage* | 三次产业法人单位从业人员年平均工资/元 |
| | 大专以上学历从业人数 | *welleducated* | 三次产业年末大专以上学历从业人数/人 |
| 解释变量 | 人工智能应用水平 | *ai* | 三次产业年末机器人安装存量/台 |
| | 产业增加值 | *product* | 三次产业增加值/亿元 |

（三）回归模型

根据前文的理论分析与变量构造，本研究通过建立解释变量与被解释变量之间的回归模型，利用各变量 2009—2018 年的面板数据进行回归。具体回归模型形式如下：

$$\ln labor_{it} = \beta_{01} + \beta_{11} \times \ln ai_{it} + \beta_{12} \times \ln product_{it} + \varepsilon_{1it} \quad (6-8)$$

$$\ln wage_{it} = \beta_{02} + \beta_{21} \times \ln ai_{it} + \beta_{22} \times \ln product_{it} + \varepsilon_{2it} \quad (6-9)$$

$$\ln welleducated_{it} = \beta_{03} + \beta_{31} \times \ln ai_{it} + \beta_{32} \times \ln product_{it} + \varepsilon_{3it} \quad (6-10)$$

其中，$i$ 表示三次产业，$t$ 表示年份，$\ln labor_{it}$ 为三次产业就业量的对数，$\ln wage_{it}$ 为三次产业从业人员年平均工资的对数，$\ln welleducated_{it}$ 为三次产业大专以上学历从业人数的对数，$\ln ai_{it}$ 为三次产业机器人安装存量的对数，$\ln product_{it}$ 为三次产业增加值的对数。

## 二、人工智能对北京市就业总量影响的趋势分析

### （一）人工智能技术应用对北京市就业量的影响程度

根据所构建回归模型及整理的各变量的面板数据集，进行回归分析。

第一，从2009—2018年北京市三次产业就业量的变动来看，被解释变量 ln*labor* 在不同产业的时间趋势存在差异性（见图6-7），其中第一产业 ln*labor* 呈现下降趋势，第二产业 ln*labor* 相对平稳，第三产业 ln*labor* 呈现上升趋势。ln*labor* 在不同产业的差异，在一定程度上有助于估计决定 ln*labor* 的因素。

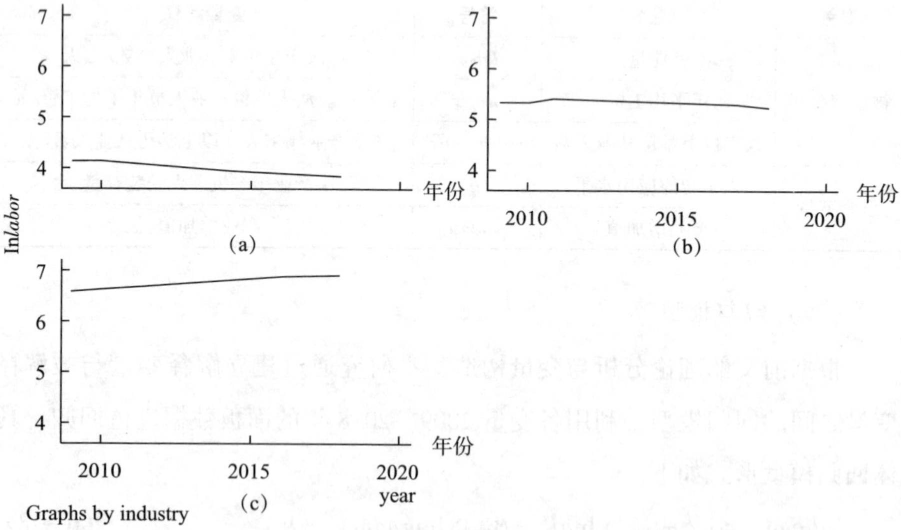


**图6-7　2010年、2015年、2020年被解释变量 ln*labor* 三次产业变动趋势**

第二，用混合最小二乘估计进行回归模型拟合。混合最小二乘估计回归假设所有个体拥有完全一样的回归方程，即不存在个体效应。本书回归中的个体效应指基于产业的个体效应。由于普通标准误的计算结果是在扰动项独立分布的假设条件下进行计算，而同一个个体不同时期之间的扰动项一般存在自相关，所以普通标准误的估计并不准确。因此，这里使用聚类稳健标准误的混合回归法进行估计，结果如图 6-8 所示。

```
. reg lnlabor lnai lnproduct, vce(cluster industry)

Linear regression                               Number of obs =        29
                                                F(  1,      2) =         .
                                                Prob > F       =         .
                                                R-squared      =    0.9935
                                                Root MSE       =    .09671

                               (Std. Err. adjusted for 3 clusters in industry)
------------------------------------------------------------------------------
             |               Robust
     lnlabor |      Coef.   Std. Err.      t    P>|t|     [95% Conf. Interval]
-------------+----------------------------------------------------------------
        lnai |   -.116189   .0105142   -11.05   0.008    -.1614277   -.0709502
   lnproduct |   .6876245   .0146151    47.05   0.000     .6247409    .7505081
       _cons |   .4286462    .089716     4.78   0.041     .0426294    .8146631
------------------------------------------------------------------------------

. estimate store OLS

.
end of do-file
```

**图 6-8 聚类稳健标准误的混合回归估计结果**

第三，固定效应回归。本书使用的面板数据以产业为横截面划分依据，各产业一般有其自身属性，可能存在不随时间而变的遗漏变量，故考虑使用固定效应再次进行估计，结果如图 6-9 所示。

由图 6-9 的回归结果可知，回归方程 F 检验的 $p$ 值为 0，运用固定效应的回归结果明显优于混合回归结果，即应该允许每个产业都有自己的截距项。

```
. xtreg lnlabor lnai lnproduct, fe

Fixed-effects (within) regression               Number of obs      =        29
Group variable: industry                        Number of groups   =         3

R-sq:  within  = 0.5075                         Obs per group: min =         9
       between = 0.9889                                        avg =       9.7
       overall = 0.9842                                        max =        10

                                                F(2,24)            =     12.37
corr(u_i, Xb)  = 0.9630                         Prob > F           =    0.0002

------------------------------------------------------------------------------
     lnlabor |      Coef.   Std. Err.      t    P>|t|     [95% Conf. Interval]
-------------+----------------------------------------------------------------
        lnai |   -.045752   .0138244    -3.31   0.003    -.0742842   -.0172199
   lnproduct |   .3846213   .0773384     4.97   0.000     .2250026      .54424
       _cons |   2.560561   .5717542     4.48   0.000     1.380518    3.740603
-------------+----------------------------------------------------------------
     sigma_u |  .59104076
     sigma_e |  .06765969
         rho |  .98706487   (fraction of variance due to u_i)
------------------------------------------------------------------------------
F test that all u_i=0:     F(2, 24) =    14.56              Prob > F = 0.0001

. estimate store FE

.
end of do-file
```

**图 6-9 被解释变量 ln*labor* 固定效应回归估计结果**

此外，鉴于本书的面板数据还存在时间效应，因此需要在固定效应回归的基础上进行双向固定效应回归。由图 6-10 的回归结果来看，时间效应变量的符号均为负，且有一半的年份不显著。最终是否需要考虑时间效应，需要进一步检验所有年度虚拟变量的联合显著性。经检验发现，联合检验的 $p$ 值=0.0740，因此在 5%的水平下未通过统计检验，即模型中可以不考虑时间效应。

第四，随机效应回归。以上回归结果已经基本确认了各产业均存在特有的效应，但产业效应仍可能以随机效应的形式存在。下面进行随机效应估计，估计结果如图 6-11 所示。

由图 6-11 的回归结果可知，各产业存在个体随机效应，不应该进行混合回归。

```
. xtreg lnlabor lnai lnproduct year2-year10, fe r

Fixed-effects (within) regression               Number of obs      =        29
Group variable: industry                        Number of groups   =         3

R-sq:  within  = 0.8352                         Obs per group: min =         9
       between = 0.7870                                        avg =       9.7
       overall = 0.7756                                        max =        10

                                                F(2,2)             =         .
corr(u_i, Xb)  = -0.7269                        Prob > F           =         .

                           (Std. Err. adjusted for 3 clusters in industry)
------------------------------------------------------------------------------
             |               Robust
     lnlabor |      Coef.   Std. Err.      t    P>|t|     [95% Conf. Interval]
-------------+----------------------------------------------------------------
        lnai |   .1221864    .030092     4.06   0.056    -.0072892     .251662
   lnproduct |   .6236803    .087765     7.11   0.019     .2460582    1.001302
       year2 |  -.0812819    .085791    -0.95   0.443    -.4504108    .2878471
       year3 |  -.2208601   .0808836    -2.73   0.112    -.5688742    .1271539
       year4 |  -.3063136   .0778624    -3.93   0.059    -.6413283    .0287011
       year5 |  -.3972278   .0876936    -4.53   0.045    -.7745428   -.0199129
       year6 |  -.4865537   .0662348    -7.35   0.018    -.7715388   -.2015685
       year7 |  -.5673048   .0956992    -5.93   0.027     -.979065   -.1555445
       year8 |  -.6439725   .1182942    -5.44   0.032    -1.152951   -.1349937
       year9 |  -.7002344   .1688649    -4.15   0.054    -1.426802    .0263328
      year10 |  -.8296394   .1728917    -4.80   0.041    -1.573532   -.0857464
       _cons |   .6330953   .6550243     0.97   0.436    -2.185247    3.451437
-------------+----------------------------------------------------------------
     sigma_u |  .96532202
     sigma_e |  .04950928
         rho |  .99737646   (fraction of variance due to u_i)
------------------------------------------------------------------------------

. estimate store FETW

.
end of do-file
```

**图 6-10 加入时间效应的双向固定效应回归结果**

```
. xtreg lnlabor lnai lnproduct, mle nolog

Random-effects ML regression                    Number of obs      =        29
Group variable: industry                        Number of groups   =         2

Random effects u_i ~ Gaussian                   Obs per group: min =        10
                                                               avg =      10.0
                                                               max =        10

                                                LR chi2(2)         =    146.23
Log likelihood  =  28.179877                    Prob > chi2        =    0.0000

------------------------------------------------------------------------------
     lnlabor |      Coef.   Std. Err.      z    P>|z|     [95% Conf. Interval]
-------------+----------------------------------------------------------------
        lnai |   -.116189   .0060745   -19.13   0.000    -.1280947   -.1042833
   lnproduct |   .6876245   .0112712    61.01   0.000     .6655333    .7097158
       _cons |   .4286462   .0783881     5.47   0.000     .2750084    .5822841
-------------+----------------------------------------------------------------
    /sigma_u |          0   .0242228                             .           .
    /sigma_e |   .0915694   .0120236                      .0707916    .1184455
         rho |          0  (omitted)
------------------------------------------------------------------------------
Likelihood-ratio test of sigma_u=0: chibar2(01)=     0.00 Prob>=chibar2 = 1.000

. estimate store MLE

.
end of do-file
```

**图 6-11 被解释变量 ln*labor* 随机效应回归结果**

最后，进行豪斯曼（Hausman）检验，以确定方程的最终形式。

```
. hausman FE RE, constant sigmamore

Note: the rank of the differenced variance matrix (2) does not equal the number of
      coefficients being tested (3); be sure this is what you expect, or there may be
      problems computing the test.  Examine the output of your estimators for anything
      unexpected and possibly consider scaling your variables so that the coefficients
      are on a similar scale.

                 ---- Coefficients ----
             |      (b)          (B)            (b-B)     sqrt(diag(V_b-V_B))
             |      FE           RE           Difference          S.E.
-------------+----------------------------------------------------------------
        lnai |   -.045752     -.116189        .070437         .0186892
   lnproduct |   .3846213     .6876245      -.3030032         .1098993
       _cons |   2.560561     .4286462       2.131915         .8130214
------------------------------------------------------------------------------
                           b = consistent under Ho and Ha; obtained from xtreg
            B = inconsistent under Ha, efficient under Ho; obtained from xtreg

    Test:  Ho:  difference in coefficients not systematic

                  chi2(2) = (b-B)'[(V_b-V_B)^(-1)](b-B)
                          =       14.25
                Prob>chi2 =      0.0008

.
end of do-file
```

**图 6-12　被解释变量 ln*labor* 的 Hausman 检验结果**

由图 6-12 的回归结果可知，Hausman 检验的 $p$ 值为 0，则回归应该使用固定效应模型，而非随机效应模型。

综上所述，如图 6-9 所示固定效应回归结果为最优结果，从中可以发现，北京市工业机器人安装存量与北京市就业量之间的关系是：机器人安装存量每增加 1%，北京市就业总量将减少 0.0457%，体现了机器人的使用对北京市就业规模的影响总体呈现替代效应。

## （二）人工智能技术应用对北京市就业量影响的趋势预测

根据上述回归分析得到的机器人安装存量与北京市就业量之间的关系，通过合理估计未来机器人安装存量的水平，可以预测未来某个时点就业量的变化量。

### 1. 北京市机器人安装存量趋势预测

从目前有关人工智能应用水平的预测方法来看，大多数的预测结果是基于对一段时间用于体现人工智能应用水平相关指标变动趋势的判断进行估计的，其中主观估计的成分较多。而针对机器人安装量的趋势判断，德国 IFR 主要是根据联盟统计得到的历年数据，通过计算年均安装量的增长速度进行估计。

灰色预测模型，“是指对系统行为特征值的发展变化进行的预测，对既含有已知信息又含有不确定信息的系统进行的预测，也就是对在一定范围变化的、与时间序列有关的灰过程进行预测”。它是一种研究少数据、贫信息、不确定性问题的方法。

在我们研究的社会经济现象中，有很多现象所显示数据是随机或杂乱无章的，但无论怎样，数据背后必然隐藏着一定的有序的规律。灰色预测就是通过探寻貌似杂乱数据背后的规律，通过建立灰色模型对现象的演变趋势进行预测。

针对随机的时间序列数据，GM（1，1）模型是目前使用最广泛的，关于一个变量、一阶微分数列灰色预测模型。

GM（1，1）的一般原理如下：

设有变量 $X^{(0)}=\{X^{(0)}(i),\ i=1,\ 2,\ \cdots,\ n\}$ 为某预测对象的非负单调原始数据列，通过生成一次累加序列 $X^{(1)}$，对 $X^{(1)}$ 建立相应的白化形式的微分方程，即 GM（1，1）模型：

$$\frac{dx^{(1)}}{dt}+aX^{(1)}=u \tag{6-11}$$

通过建立参数序列 $\widehat{\alpha}=[\alpha,\ u]^T$ 和 $\widehat{\alpha}=(B^TB)^{-1}B^TY_n$ 计算式，同时建立 $B$ 数据阵和 $Y_n$ 数据列，进行求解和预测。

其中，B 数据阵和 $Y_n$ 数据列如下：

$$B=\begin{bmatrix} -\frac{1}{2}(X^{(1)}(1)+X^{(1)}(2)) & 1 \\ -\frac{1}{2}(X^{(1)}(2)+X^{(1)}(3)) & 1 \\ \cdots & \\ -\frac{1}{2}(X^{(1)}(n-1)+X^{(1)}(n)) & 1 \end{bmatrix}$$

$$Y_n = (X^{(0)}(2), X^{(0)}(3), \cdots, X^{(0)}(n))^T \tag{6-12}$$

本书利用表6-21中2014—2018年5年北京市三次产业机器人安装存量的数据，对2019—2030年北京市三次产业机器人的安装存量进行预测。

（1）第一产业机器人安装存量预测。本书先利用2014—2018年5年北京市第一产业机器人安装存量的数据构建GM（1，1）模型，验证该模型的效果，计算结果见表6-24。从表6-24中2014—2018年第一产业机器人安装存量预测还原值和实际值之间的绝对误差与相对误差水平可以看出，GM（1，1）的预测结果基本符合要求，多数年份的预测相对误差绝对值小于20%，因此可以利用所构建的GM（1，1）模型，对2019—2030年北京市第一产业机器人安装存量进行预测。

**表6-24　2014—2018年北京市第一产业机器人安装存量预测值及其精确度**

单位：台

| 年份 | GM（1，1）模型计算值 | 1-AGO | 还原值 | 实际值 | 绝对误差 | 相对误差 |
|---|---|---|---|---|---|---|
| 2014 | 0.208 | 0.676 | 0.208 | 0.208 | — | — |
| 2015 | 0.648 | 1.615 | 0.439 | 0.468 | 0.029 | 6.049 |
| 2016 | 1.380 | 2.738 | 0.733 | 0.939 | 0.206 | 21.967 |
| 2017 | 2.602 | 5.043 | 1.222 | 1.123 | -0.099 | -8.834 |
| 2018 | 4.640 | | 2.038 | 2.306 | 0.268 | 11.607 |

表6-25的预测结果显示，2019—2030年北京市第一产业类机器人安装存量在3.4~944.2台。

**表6-25　2019—2030年北京市第一产业机器人安装存量的预测值　单位：台**

| 年份 | 2019 | 2020 | 2021 | 2022 | 2023 | 2024 |
|---|---|---|---|---|---|---|
| 预测值 | 3.399 | 5.669 | 9.455 | 15.770 | 26.301 | 43.866 |
| 年份 | 2025 | 2026 | 2027 | 2028 | 2029 | 2030 |
| 预测值 | 73.162 | 122.022 | 203.513 | 339.427 | 566.111 | 944.183 |

（2）第二产业机器人安装存量预测。本书先利用2014—2018年5年北京市第二产业机器人安装存量的数据构建GM（1，1）模型，验证该模

型的效果，计算结果见表 6-26。从表 6-26 中 2014—2018 年北京市第二产业机器人安装存量预测还原值和实际值之间的绝对误差与相对误差水平可以看出，GM（1，1）的预测结果符合要求，各年份预测相对误差绝对值均小于 20%，因此可以利用所构建的 GM（1，1）模型，对 2019—2030 年北京市第二产业机器人安装存量进行预测。

**表 6-26　2014—2018 年北京市第二产业机器人安装存量预测值及其精确度**

单位：台

| 年份 | GM（1，1）模型计算值 | 1-AGO | 还原值 | 实际值 | 绝对误差 | 相对误差 |
|---|---|---|---|---|---|---|
| 2014 | 1714.607 | 3971.693 | 1714.607 | 1714.607 | — | — |
| 2015 | 4009.668 | 6969.750 | 2295.061 | 2257.087 | -37.974 | -1.683 |
| 2016 | 7083.620 | 11367.146 | 3073.953 | 2998.057 | -75.896 | -2.532 |
| 2017 | 11200.803 | 16845.044 | 4117.183 | 4397.396 | 280.213 | 6.372 |
| 2018 | 16715.263 |  | 5514.461 | 5477.898 | -36.563 | -0.668 |

表 6-27 的预测结果显示，2019—2030 年北京市第二产业机器人安装存量在 7386.0~183797.6 台。

**表 6-27　2019—2030 年北京市第二产业机器人安装存量的预测值**

单位：台

| 年份 | 2019 | 2020 | 2021 | 2022 | 2023 | 2024 |
|---|---|---|---|---|---|---|
| 预测值 | 7385.954 | 9892.581 | 13249.901 | 17746.620 | 23769.425 | 31836.234 |
| 年份 | 2025 | 2026 | 2027 | 2028 | 2029 | 2030 |
| 预测值 | 42640.738 | 57112.048 | 76494.595 | 102455.145 | 137226.122 | 183797.589 |

（3）第三产业机器人安装存量预测。本书先利用 2014—2018 年 5 年北京市第三产业机器人安装存量的数据构建 GM（1，1）模型，验证该模型的效果，计算结果见表 6-28。从表 6-28 中 2014—2018 年北京市第三产业机器人安装存量预测还原值和实际值之间的绝对误差与相对误差水平可以看出，GM（1，1）的预测结果符合要求，各年份预测相对误差绝对值均小于 20%，因此可以利用所构建的 GM（1，1）模型，对 2019—2030 年

第三产业机器人安装存量进行预测。

**表 6-28　2014—2018 年北京市第三产业机器人安装存量预测值及其精确度**

单位：台

| 年份 | GM（1，1）模型计算值 | 1-AGO | 还原值 | 实际值 | 绝对误差 | 相对误差 |
|---|---|---|---|---|---|---|
| 2014 | 16.508 | 50.084 | 16.508 | 16.508 | — | — |
| 2015 | 46.950 | 104.490 | 30.442 | 33.576 | 3.134 | 9.333 |
| 2016 | 97.232 | 189.231 | 50.282 | 54.405 | 4.123 | 7.579 |
| 2017 | 180.285 | 338.815 | 83.052 | 84.742 | 1.690 | 1.994 |
| 2018 | 317.464 | | 137.180 | 149.583 | 12.403 | 8.292 |

表 6-29 的预测结果显示，2019—2030 年北京市第三产业机器人安装存量在 226.6~56565.4 台。

**表 6-29　2019—2030 年北京市第三产业机器人安装存量的预测值**

单位：台

| 年份 | 2019 | 2020 | 2021 | 2022 | 2023 | 2024 |
|---|---|---|---|---|---|---|
| 预测值 | 226.583 | 374.253 | 618.165 | 1021.040 | 1686.481 | 2785.607 |
| 年份 | 2025 | 2026 | 2027 | 2028 | 2029 | 2030 |
| 预测值 | 4601.065 | 7599.709 | 12552.651 | 20733.565 | 34246.210 | 56565.423 |

2. 机器人安装存量对北京市就业量影响的预测

根据前文回归分析得到的北京市工业机器人安装存量与北京市就业量之间的关系，即机器人安装存量每增加 1%，北京市就业总量将减少 0.0457%，结合 2019—2030 年北京市机器人安装存量的预测值，可以估计以 2018 年为基期的由机器人安装存量变化引发的 2025—2030 年北京市就业总量的变化量，具体如表 6-30 所示。

**表 6-30　2019—2030 年北京市机器人安装存量及其对就业量影响幅度的预测值**

| 年份 | 2019 | 2020 | 2021 | 2022 | 2023 | 2024 |
|---|---|---|---|---|---|---|
| 安装存量/台 | 7615. 936 | 10272. 504 | 13877. 521 | 18783. 430 | 25482. 207 | 34665. 708 |
| 安装存量增量/台 | 1986. 149 | 4642. 717 | 8247. 734 | 13153. 643 | 19852. 420 | 29035. 921 |
| 就业量增幅/% | -1. 612 | -3. 769 | -6. 695 | -10. 678 | -16. 115 | -23. 570 |
| 年份 | 2025 | 2026 | 2027 | 2028 | 2029 | 2030 |
| 安装存量/台 | 47314. 965 | 64833. 778 | 89250. 760 | 123528. 137 | 172038. 443 | 241307. 194 |
| 安装存量增量/台 | 41685. 178 | 59203. 991 | 83620. 972 | 117898. 351 | 166408. 656 | 235677. 408 |
| 就业量增幅/% | -33. 838 | -48. 059 | -67. 880 | -95. 704 | -135. 083 | -191. 312 |

注：以上预测值均以 2018 年水平为基期。

从表 6-30 可知，2020 年北京市机器人安装存量预测值为 10273 台，较 2018 年增加 4643 台，相应将使就业量下降 3. 77%；2025 年机器人安装存量预测值为 47315 台，较 2018 年增加 41685 台，相应将使就业量下降 33. 84%；到 2030 年机器人安装存量估计约为 241307 台，较 2018 年增加 235677 台，相应将使就业量下降 191. 31%。

需要说明的是，上述估计的北京市就业量的变化幅度是仅基于机器人安装存量变化所引发的变动程度。从如图 6-9 所示的回归分析结果可知，北京市三次产业增加值每增加 1%，带动就业总量将增加 0. 38%，北京市就业总量总体变化需综合两个变量的作用结果。2019—2025 年，若以北京市 GDP 增速为 6%~8%计算，则北京市就业总量在机器人安装存量增加和 GDP 增长的共同作用下呈现小幅下降态势。2026—2030 年，本书所估计的机器人安装存量随基数增加规模扩张幅度较大，按照这个估计值，到 2030 年，北京市平均每 1000 名从业人员大约拥有 20~24 台机器人，这个水平目前来看偏高。鉴于未来机器人安装存量的增长达到何种水平才是合理的，目前尚无法预测，是否会出现增加幅度的拐点还不可知。而本书所提出2025—2030年的估计值依然沿用2019—2025年安装存量的增长规律，故对2025年之后的预测值应谨慎考量。

## 三、人工智能对北京市从业人员工资收入影响的趋势分析

### （一）人工智能技术应用对北京市从业人员工资收入的影响程度

运用上述方法，根据所构建回归模型及整理的各变量的面板数据集，进行针对公式（2）的回归，并进行相关检验，得到的数据应采用固定效应模型进行回归。为了避免重复描述，下面将主要给出固定效应模型的回归结果及Hausman检验结果。

第一，从2009—2018年北京市三次产业从业人员年平均工资的变动来看，被解释变量ln*wage*在不同产业上均呈现上升趋势，但上涨态势存在一定差异性（见图6-13）。ln*wage*在不同产业的差异，在一定程度上有助于估计决定ln*wage*的因素。

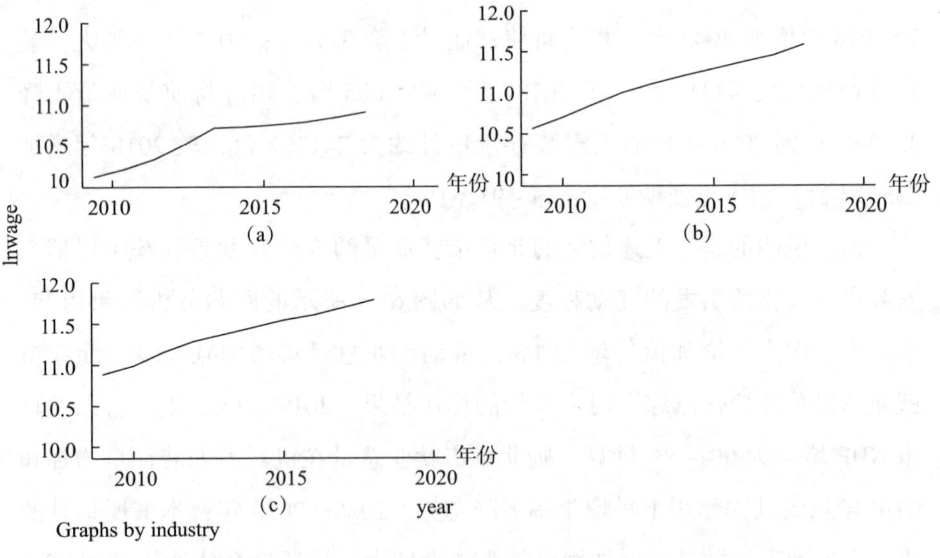


**图6-13　2010年、2015年、2020年被解释变量ln*wage*三次产业变动趋势**

第二，固定效应回归。由图6-14的回归结果可知，回归方程F检验的$p$值为0，运用固定效应的回归结果明显优于混合回归结果，即应该允

许每个产业都有自己的截距项。

```
. xtreg lnwage lnai lnproduct, fe

Fixed-effects (within) regression               Number of obs      =        29
Group variable: industry                        Number of groups   =         3

R-sq:  within  = 0.9232                         Obs per group: min =         9
       between = 0.8634                                        avg =       9.7
       overall = 0.6183                                        max =        10

                                                F(2,24)            =    144.34
corr(u_i, Xb)  = -0.9764                        Prob > F           =    0.0000

------------------------------------------------------------------------------
      lnwage |      Coef.   Std. Err.      t    P>|t|     [95% Conf. Interval]
-------------+----------------------------------------------------------------
        lnai |   .1499939   .0173624     8.64   0.000     .1141597    .1858281
   lnproduct |   .4906146   .0971312     5.05   0.000     .2901457    .6910836
       _cons |   6.800596   .7180798     9.47   0.000     5.318552     8.28264
-------------+----------------------------------------------------------------
     sigma_u |  1.3810209
     sigma_e |  .08497543
         rho |  .99622823   (fraction of variance due to u_i)
------------------------------------------------------------------------------
F test that all u_i=0:     F(2, 24) =   111.11               Prob > F = 0.0000

. estimate store FE

.
end of do-file
```

**图 6-14　被解释变量 ln*wage* 固定效应回归结果**

第三，Hausman 检验。由图 6-15 的回归结果可知，Hausman 检验的 $p$ 值为 0，则回归应该使用固定效应模型，而非随机效应模型。

从图 6-14 的回归结果可知，北京市工业机器人安装存量与北京市从业人员工资水平之间的关系是：机器人安装存量每增加 1%，北京市从业人员工资水平将上涨 0.1499%，体现了机器人的使用对北京市从业人员工资水平的补偿效应。

### （二）人工智能技术应用对北京市从业人员工资收入影响的趋势预测

根据上述回归分析得到的机器人安装存量与北京市从业人员年平均工资水平之间的关系，利用前文估计的未来机器人安装存量的水平，可以预测以 2018 年为基期的由机器人安装存量变化引发的 2019—2030 年北京市从业人员年平均工资水平的变化量，结果如表 6-31 所示。

```
. hausman FE RE, constant sigmamore

Note: the rank of the differenced variance matrix (2) does not equal the number of
      coefficients being tested (3); be sure this is what you expect, or there may be
      problems computing the test.  Examine the output of your estimators for anything
      unexpected and possibly consider scaling your variables so that the coefficients
      are on a similar scale.

                 ---- Coefficients ----
             |      (b)          (B)            (b-B)     sqrt(diag(V_b-V_B))
             |      FE           RE          Difference          S.E.
-------------+----------------------------------------------------------------
        lnai |   .1499939     .0196843        .1303096        .0505348
   lnproduct |   .4906146     .1360579        .3545567        .2971631
       _cons |   6.800596     9.945674       -3.145078        2.198375
------------------------------------------------------------------------------
                          b = consistent under Ho and Ha; obtained from xtreg
           B = inconsistent under Ha, efficient under Ho; obtained from xtreg

    Test:  Ho:  difference in coefficients not systematic

                  chi2(2) = (b-B)'[(V_b-V_B)^(-1)](b-B)
                          =       23.47
                Prob>chi2 =      0.0000

.
end of do-file

.
```

**图 6-15　被解释变量 ln*wage* 的 Hausman 检验结果**

**表 6-31　2019—2030 年北京市机器人安装存量变动对工资影响幅度的预测值**

单位:%

| 年份 | 2019 | 2020 | 2021 | 2022 | 2023 | 2024 |
|---|---|---|---|---|---|---|
| 安装量增幅 | 35. 279 | 82. 467 | 146. 502 | 233. 644 | 352. 632 | 515. 755 |
| 工资增幅 | 5. 289 | 12. 362 | 21. 961 | 35. 023 | 52. 860 | 77. 312 |
| **年份** | **2025** | **2026** | **2027** | **2028** | **2029** | **2030** |
| 安装量增幅 | 740. 440 | 1051. 621 | 1485. 331 | 2094. 189 | 2955. 861 | 4186. 258 |
| 工资增幅 | 110. 992 | 157. 638 | 222. 651 | 313. 919 | 443. 084 | 627. 520 |

注：以上预测值均以 2018 年水平为基期。

由表 6-31 可知，2020 年北京市机器人安装存量较 2018 年增幅为 82. 47%，相应地将使从业人员年平均工资上涨 12. 36%；2025 年北京市机器人安装存量较 2018 年增幅为 740. 44%，相应地将使从业人员年平均工资上涨 110. 99%；到 2030 年北京市机器人安装存量较 2018 年增幅为

4186.26%，相应地将使从业人员年平均工资上涨627.52%。

同样地，因本书估计的2026—2030年北京市机器人安装存量扩张幅度较大，由此带来的对北京市从业人员年平均工资水平影响的估计也明显偏高，故2025年之后的估计值应谨慎考量。

## 四、人工智能对北京市从业人员素质影响的趋势分析

### （一）人工智能技术应用对北京市从业人员素质的影响程度

运用上述方法，根据所构建回归模型及整理的各变量的面板数据集，对公式（3）进行回归，并进行相关检验，得到的数据应采用固定效应模型进行回归。为了避免重复描述，下面将主要给出固定效应模型的回归结果以及Hausman检验结果。

第一，从2009—2018年北京市三次产业具有大专以上学历从业人员数的变动来看，被解释变量ln*welleducated*在不同产业上的变动趋势存在一定差异性（见图6-16），其中第一产业ln*welleducated*呈现先增后降的趋势，第二产业ln*welleducated*相对平稳，第三产业ln*welleducated*呈现上升趋势。ln*welleducated*在不同产业中的差异，在一定程度上有助于估计决定ln*welleducated*的因素。

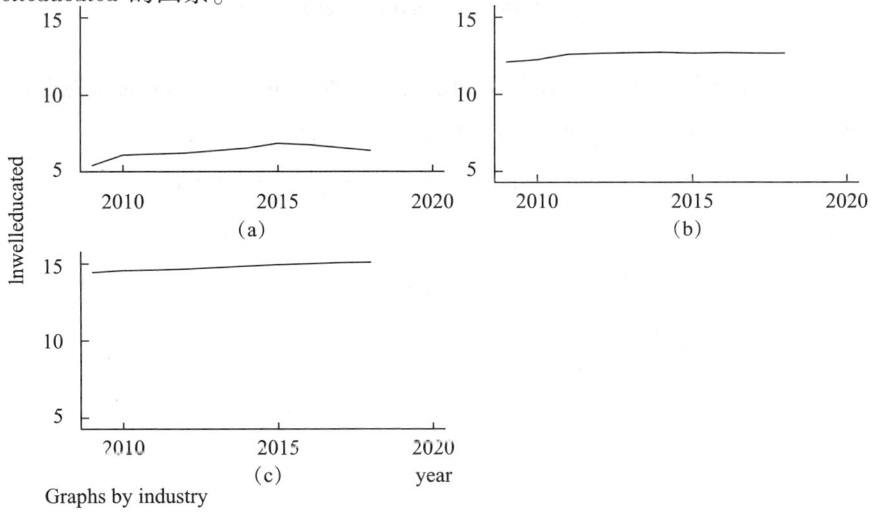


**图6-16　2010年、2015年、2020年被解释变量ln*welleducated*三次产业变动趋势**

第二，固定效应回归。由图 6-17 的回归结果可知，回归方程 $F$ 检验的 $p$ 值为 0，运用固定效应的回归结果明显优于混合回归结果，即应该允许每个产业都有自己的截距项。

```
. xtreg lnwelleducated lnai lnproduct, fe

Fixed-effects (within) regression               Number of obs      =        29
Group variable: industry                        Number of groups   =         3

R-sq:  within  = 0.6878                         Obs per group: min =         9
       between = 0.9286                                        avg =       9.7
       overall = 0.9048                                        max =        10

                                                F(2,24)            =     26.44
corr(u_i, Xb)  = 0.9118                         Prob > F           =    0.0000

------------------------------------------------------------------------------
lnwelleduc~d |      Coef.   Std. Err.      t    P>|t|     [95% Conf. Interval]
-------------+----------------------------------------------------------------
        lnai |   .1025295   .0274932     3.73   0.001     .0457864    .1592726
   lnproduct |   .3269728   .1538062     2.13   0.044     .0095324    .6444131
       _cons |   8.584946   1.137072     7.55   0.000     6.238145    10.93175
-------------+----------------------------------------------------------------
     sigma_u |  3.2286333
     sigma_e |  .13455767
         rho |  .99826609   (fraction of variance due to u_i)
------------------------------------------------------------------------------
F test that all u_i=0:     F(2, 24) =    49.36             Prob > F = 0.0000

. estimate store FE

.
end of do-file
```

**图 6-17　被解释变量 *lnwelleducated* 固定效应回归结果**

第三，Hausman 检验。由图 6-18 的回归结果可知，Hausman 检验的 $p$ 值为 0，则回归应该使用固定效应模型，而非随机效应模型。

从图 6-17 的回归结果可知，北京市工业机器人安装存量与北京市大专以上学历从业人员数之间的关系是：机器人安装存量每增加 1%，北京市大专以上学历从业人员数将上涨 0. 1025%，体现了机器人的使用对北京市从业人员素质提升的推动效应。

```
. hausman FE RE, constant sigmamore

Note: the rank of the differenced variance matrix (2) does not equal the number of
      coefficients being tested (3); be sure this is what you expect, or there may be
      problems computing the test.  Examine the output of your estimators for anything
      unexpected and possibly consider scaling your variables so that the coefficients
      are on a similar scale.

                 —— Coefficients ——
             |      (b)          (B)            (b-B)     sqrt(diag(V_b-V_B))
             |       FE           RE         Difference          S.E.
-------------+----------------------------------------------------------------
        lnai |   .1025295     .0074199        .0951096        .0564924
   lnproduct |   .3269728     1.735788       -1.408816         .332196
       _cons |   8.584946    -2.037942        10.62289        2.457544
------------------------------------------------------------------------------
                           b = consistent under Ho and Ha; obtained from xtreg
            B = inconsistent under Ha, efficient under Ho; obtained from xtreg

    Test:  Ho:  difference in coefficients not systematic

                  chi2(2) = (b-B)'[(V_b-V_B)^(-1)](b-B)
                          =       20.91
                Prob>chi2 =      0.0000

.
end of do-file
```

**图 6-18　被解释变量 ln*welleducated* 的 Hausman 检验结果**

### （二）人工智能技术应用对北京市从业人员素质影响的趋势预测

根据上述回归分析得到的机器人安装存量与北京市大专以上学历从业人员数之间的关系，利用前文估计的未来机器人安装存量的水平，可以预测以 2018 年为基期的由机器人安装存量变化引发的 2019—2030 年北京市大专以上学历从业人员数的变化量，结果如表 6-32 所示。

**表 6-32　2019—2030 年北京市机器人安装存量变动对大专以上学历从业人员数影响幅度的预测值**

单位：%

| 年份 | 2019 | 2020 | 2021 | 2022 | 2023 | 2024 |
|---|---|---|---|---|---|---|
| 安装量增幅 | 35.280 | 82.467 | 146.502 | 233.644 | 352.632 | 515.755 |
| 大专以上学历从业人员数增幅 | 3.616 | 8.453 | 15.016 | 23.948 | 36.145 | 52.865 |

续表

| 年份 | 2025 | 2026 | 2027 | 2028 | 2029 | 2030 |
|---|---|---|---|---|---|---|
| 安装量增幅 | 740. 438 | 1051. 621 | 1485. 331 | 2094. 189 | 2955. 861 | 4186. 258 |
| 大专以上学历从业人员数增幅 | 75. 895 | 107. 791 | 152. 246 | 214. 654 | 302. 976 | 429. 091 |

注：以上预测值均以 2018 年水平为基期。

由表 6-32 可知，2020 年北京市机器人安装存量较 2018 年增幅为 82. 47%，相应地将使大专以上学历从业人员数增加 8. 45%；2025 年北京市机器人安装存量较 2018 年增幅为 740. 44%，相应地将使大专以上学历从业人员数增加 75. 90%；到 2030 年北京市机器人安装存量较 2018 年增幅为 4186. 26%，相应地将使大专以上学历从业人员数增加 429. 09%。

同样地，因本书估计的 2026—2030 年北京市机器人安装存量扩张幅度较大，由此带来的对北京市大专以上学历从业人员数影响的估计也明显偏高，故 2025 年之后的估计值应谨慎考量。

## 五、本节小结

本节利用德国 IFR 统计的中国工业机器人安装量数据，通过合理推算得到 2009—2018 年北京三次产业工业机器人安装存量数据，以此作为衡量北京市人工智能技术应用水平的指标，结合北京市三次产业增加值，通过构建回归模型，分析检验了人工智能技术应用水平对北京市就业总量、从业人员工资水平、从业人员素质结构的影响，并对影响趋势进行了合理估计。其中，用北京市从业人员总数表示就业总量，用北京市从业人员年平均工资表示工资水平，用北京市大专以上学历从业人数表示从业人员素质结构。

分析和预测结果如下。①北京市机器人安装存量对就业总量、从业人员年平均工资、大专以上学历从业人员数均有显著影响，机器人安装存量每增加 1%，就业量将减少 0.0457%，从业人员年平均工资将上涨 0.1499%，大专以上学历从业人数将增加 0.1025%。②在数据条件相对有限的情况下，本书运用灰色预测模型法，对 2019—2030 年北京市机器人安装存量进行了估计，其中 2020 年机器人安装存量预测值为 10273 台，较 2018 年增加 4643 台；2025 年机器人安装存量预测值为 47315 台，到 2030 年机器人安装存量估计约为 241307 台。③根据 2019—2030 年北京市机器人安装存量的估计值，可以预测机器人安装存量变化所引起的就业变化。其中，2020 年机器人安装存量较 2018 年增幅 82.47%，相应地将使北京市就业总量下降 3.77%，从业人员年平均工资上涨 12.36%，大专以上学历从业人员数增加 8.45%；2025 年机器人安装存量较 2018 年增幅 740.44%，相应地将使北京市就业总量下降 33.84%，从业人员年平均工资上涨 110.99%，大专以上学历从业人员数增加 75.90%。

需要说明的是，2026—2030 年本书预测估计的机器人安装存量随基数增加规模扩张幅度较大，按照这个估计值，到 2030 年，北京市平均每 1000 名从业人员大约拥有 20~24 台机器人，这个水平目前来看偏高。未来机器人安装存量的增长达到何种水平才是合理的，目前尚无法预测，是否会出现增加幅度的拐点还不可知。而本书提出 2025—2030 年的估计值依然沿用 2019—2025 年安装存量的增长规律，故对 2025 年之后的估计值应谨慎考量。

## 第四节　北京市人工智能人才供需分析

北京市“十四五”规划和 2035 年远景目标的建议指出，“要前瞻布局人工智能、机器人等未来产业”，“十四五”时期要在“区域创新链、产业链、供应链布局取得突破性进展”，发展人工智能产业链是“十四五”期间北京市的重大任务。因此，加快构筑新一代人工智能的“北京高地”对于北京市实现高端产业引领的高质量发展具有紧迫性和重要性。由于外部环境的不确定性，当前及未来我国人工智能技术开发进入无人领航的高度不确定性，不能寄希望于改善国际环境来解决人工智能产业面临的基础层和技术层“卡脖子”问题，北京市不能在新发展格局下“掉链子”，必须依靠自己“强”链，而人才支撑和人才培养是“强”链的关键，要全面增强人才对产业发展的关键支撑作用。目前，北京市的人工智能产业链各层次人才缺口大、结构严重不平衡，严重阻碍了北京市人工智能产业链的战略布局。

本节首先界定了人工智能人才的概念，其次分各行业、区域、产业链分析了北京市智能人才需求情况，最后深入分析了北京市人工智能人才供需结构性矛盾。

## 一、人工智能人才概念界定

人工智能人才是指在人工智能技术创新、产业发展及传统产业智能化实践中具有一定专门知识、较高技能和能力，能够以自己创造性的劳动对人类社会进步做出积极贡献的人①。根据上述概念进行人工智能人才需求和供给数据的采集。

## 二、数据来源

课题组抓取2014—2020年10月智联招聘、猎聘网、前程无忧51Job三大招聘网站发布的有关人工智能研发和应用岗位人才需求信息，基于R语言编程统计分析了北京市人工智能人才需求数量及结构。本书将人工智能产业链分为基础层、技术层和应用层3个层次。基础层以“软件/算法/平台，如深度学习、机器学习、算法、深度神经网络、卷积神经网络、知识图谱、人工神经网络；硬件，如GPU、图形处理器、云计算、智能芯片”，技术层以“图像识别、计算机视觉、语音识别、自然语言处理、模拟神经网络、人脑原理分析、脑认知、脑机接口”；应用层以“智能搜索、

① 人工智能人才的概念系根据孙瑕、白东明主编《领导科学词典》（东北师范大学出版社，1998年版）第35页制定。

智能交通、自动驾驶、人工智能语音助手、机器翻译、推荐算法、群体智能、无人机、工业机器人、智能营销、智慧医疗、智能硬件、智慧安防、智能家居、智能物流”等为关键词。采集招聘网站与人工智能相关的岗位信息，包括职业或岗位名称、招聘数量、职位描述、招聘要求等招聘信息大数据。

人工智能人才供给数据从北京市普通高等学校招生简章及北京教育考试院高招网的北京市 68 所高校和 28 所职业院校及 3 所独立本科院校中，采集自 2014 年到 2020 年有关人工智能的基础专业，人工智能专业，以应用为背景的智能应用及相关专业三大类专业的招生人数。具体统计以下专业的招生人数。基础专业包括数学、统计学、脑科学、认知心理学，人工智能专业包括人工智能、人工智能技术应用、人工智能工程应用，以应用为背景的相关专业包括智能装备与系统、智能制造工程、智能感知工程、智能车辆工程、电气工程与智能控制、智能医学工程、智能无人系统技术、工业智能、智能建造、农业智能装备工程、智能采矿工程、智能影像工程集成电路设计与集成电路系统、智能科学与技术、计算机科学与技术、软件工程、数据科学与大数据技术、网络工程、信息安全等。

## 三、人工智能人才需求分析

### （一）分行业人工智能人才需求

按照本书对人工智能人才的界定，北京市人工智能人才需求总量为 65.2 万人（见表 6-33），人工智能人才需求（单位：万人）排在前五的行业分别为：IT 行业 50.2279、教育行业 3.3644、广告媒体行业 3.0573、贸易业 2.3703、房地产业 1.9051。

表 6-33　北京市分行业人工智能人才需求数量　　单位：人

| 序号 | 行业 | 人工智能人才需求数量 |
|---|---|---|
| 1 | IT | 502279 |
| 2 | 教育 | 33644 |
| 3 | 广告媒体 | 30573 |
| 4 | 贸易业 | 23703 |
| 5 | 房地产 | 19051 |
| 6 | 金融业 | 14950 |
| 7 | 制药医疗 | 10783 |
| 8 | 服务业 | 8417 |
| 9 | 政府/非营利组织/其他 | 3758 |
| 10 | 能源环保 | 2544 |
| 11 | 物流 | 2298 |
| | 总计 | 652000 |

### （二）分区域人工智能人才需求

北京市分区域人工智能人才需求数量见表 6-34，排在前五位的区域分别为：海淀区 26.3667 万人、朝阳区 13.2092 万人、昌平区 5.6909 万人、丰台区 4.8792 万人、东城区 3.3275 万人。人工智能人才需求情况与各区的经济发展基本同向、同趋势。

表 6-34　北京市分区域人工智能人才需求数量　　单位：人

| 序号 | 区域 | 人工智能人才需求数量 |
|---|---|---|
| 1 | 海淀 | 263667 |
| 2 | 朝阳 | 132092 |
| 3 | 昌平 | 56909 |
| 4 | 丰台 | 48792 |
| 5 | 东城 | 33275 |
| 6 | 大兴 | 31626 |
| 7 | 西城 | 26060 |
| 8 | 通州 | 19716 |
| 9 | 石景山 | 17750 |
| 10 | 顺义 | 14430 |
| 11 | 怀柔 | 5252 |
| 12 | 密云 | 1088 |
| 13 | 房山 | 1083 |

续表

| 序号 | 区域 | 人工智能人才需求数量 |
|---|---|---|
| 14 | 门头沟 | 145 |
| 15 | 平谷 | 92 |
| 16 | 延庆 | 23 |
|  | 总计 | 652000 |

（三）产业链各层人工智能人才需求分析

分人工智能产业链基础层、技术层、应用层对北京地区人工智能人才需求情况进行分析，基础层的软件/算法/平台类需求占 50.14%，硬件占 17.33%（见图 6-19）。排在前五位的细分专业分别是算法（占 30.72%）、云计算（占 16.57%）、数据挖掘（占 8.62%）、机器学习（占 4.71%）、数据仓库（占 3.69%）。北京地区人工智能基础层分专业人才需求情况如图 6-20 所示。

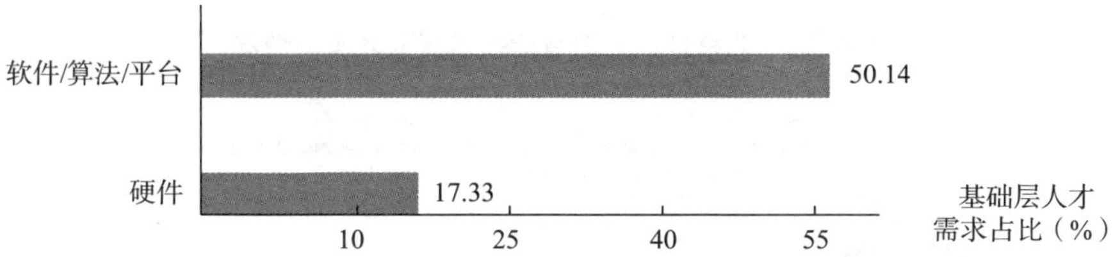


**图 6-19　北京地区人工智能基础层人才需求情况**

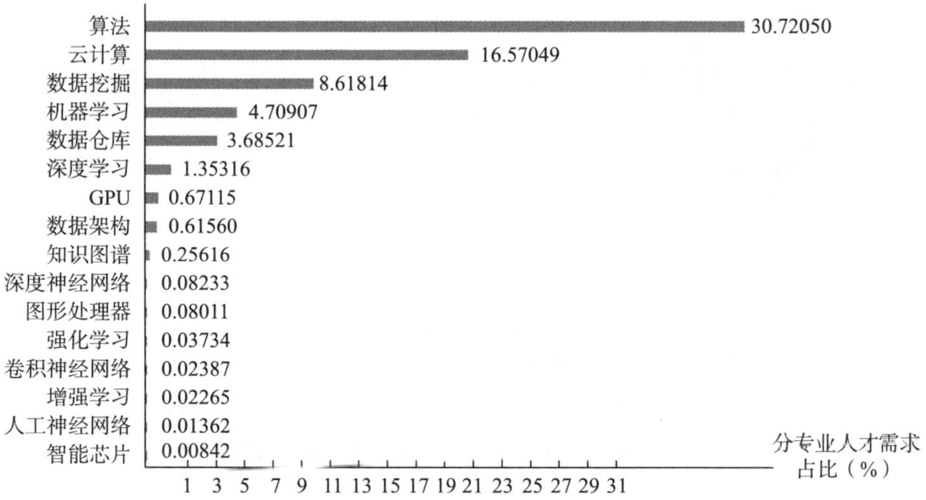


**图 6-20　北京地区人工智能基础层分专业人才需求情况**

技术层的图像/视觉类需求占6.51%，自然语言处理占2.75%，智能交互技术占1.52%，语音识别技术占0.91%（见图6-21）。排在前五位的细分专业分别是图像处理（占2.07%）、自然语言处理（占1.76%）、推理（占1.45%）、虚拟现实（占1.09%）、计算机视觉（占0.78%）。北京地区人工智能技术层分专业人才需求情况如图6-22所示。

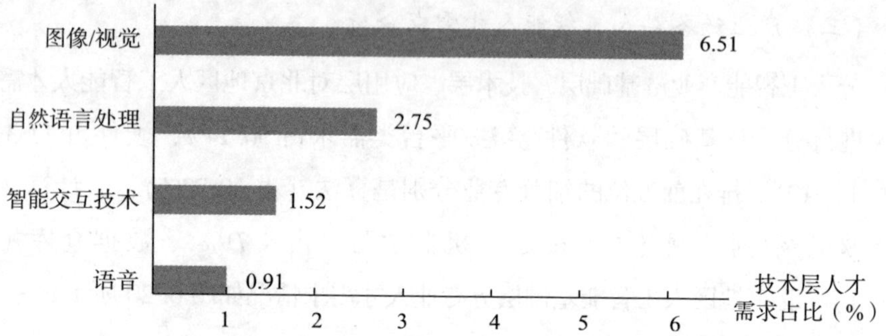


**图6-21　北京地区人工智能技术层人才需求情况**

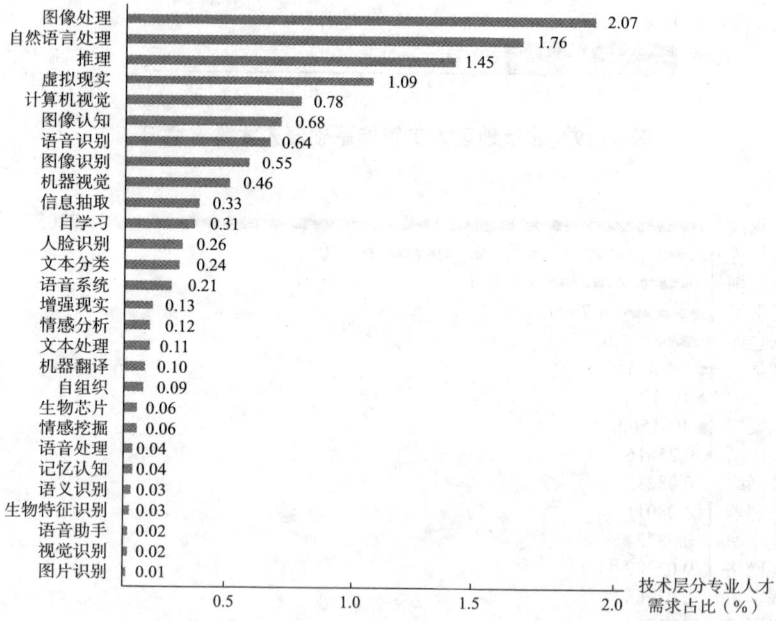


**图6-22　北京地区人工智能技术层分专业人才需求情况**

应用层的搜索引擎类需求占8.70%，机器人应用占3.20%，智能交通占 2.57%，推荐系统占 1.90%（见图 6-23）。排在前五位的细分专业分别是搜索引擎（占 7.24%）、机器人（占 2.58%）、模式识别（占 1.65%）、信息搜索（占 1.31%）、智能硬件（占 1.07%）。北京地区人工智能应用层分专业人才需求情况如图 6-24 所示。

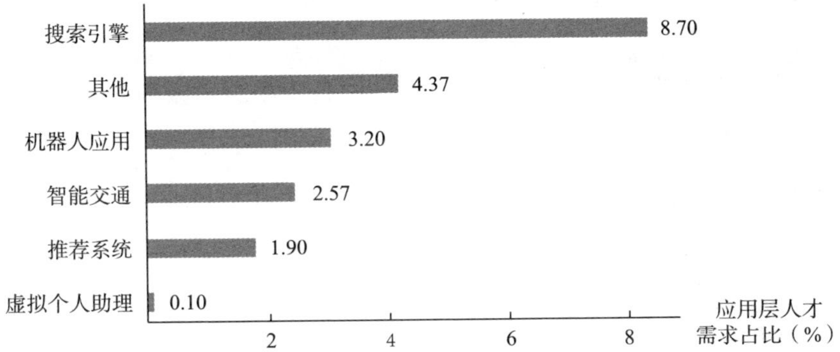


**图 6-23　北京地区人工智能应用层人才需求情况**

## 四、人工智能人才供需矛盾分析

### （一）劳动力需求与供给不平衡，人才缺口大

2014—2020 年北京市人工智能相关岗位需求约 65.2 万人，2014—2020 年北京市 68 所本科高校人工智能相关专业共招生 5.4919 万人，按照本科毕业后直接就业估计，2014—2020 年北京市人工智能本科人才供给为 3.6925 万人；2014—2020 年北京市 28 所职业院校和 3 所独立院校人工智能相关专业共招生 1.7994 万人，按照职业院校毕业后直接就业估计，2014—2020 年北京市人工智能本科人才供给为 1.7994 万人。北京地区普通高校及职业院校人才供给总量约为 5.4919 万人，人才供需比仅为 0.084，人才缺口高达 60 万人，北京市人工智能人才持续匮乏。2021 年，据拉勾网统计，人工智能行业的岗位需求量同比增长 95%，呈现需求不断扩张的态势①。

① 该数据来源于拉勾招聘数据研究院。

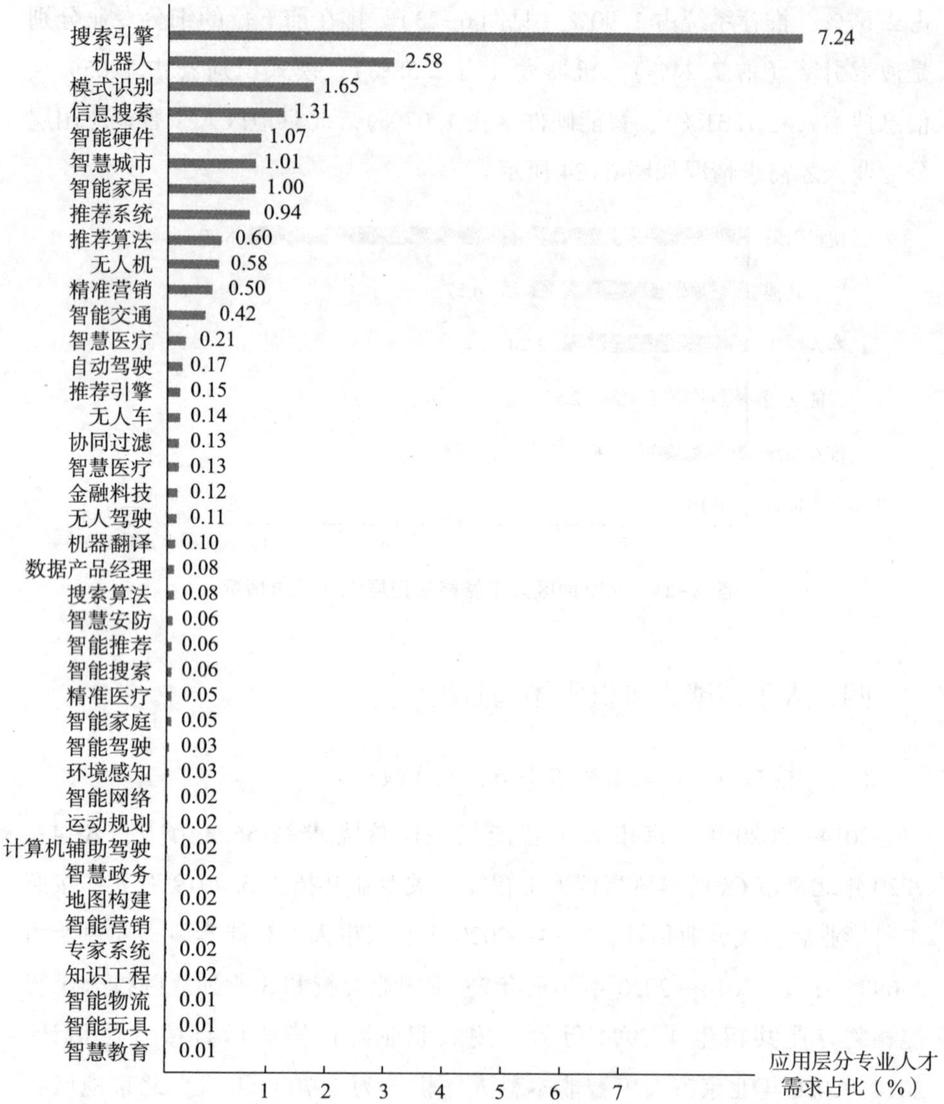


**图 6-24　北京地区人工智能应用层分专业人才需求情况**

### （二）劳动力技能结构与产业发展需求不匹配

人工智能产业基础层人才需求量大，软件、算法、机器学习对人才需求 44 万人，占比 67.47%，相对于技术层和应用层有更明显的需求缺口。技术层，主要包括语音、语义识别、计算机视觉、自然语言处理、人机交互等核心技术领域，对人才的需求约为7.6万人，占比11.69%。应用层包括搜索引擎、机器人开发等，对人才的需求约为13.6万人，占比20.84%。如果北京市劳动力技能与人工智能产业需求脱节现象长期得不到纠正，产业技术进步将继续停留在技术模仿和被动接受技术溢出的阶段，陷入低端锁定困境，无法实现价值链攀升。

（三）不同类型的岗位供需不平衡

当前，企业对算法研究岗和应用开发岗等技术型岗位的人才需求最为旺盛，分别为25万人和9.3万人，分别占整体需求岗位的38%和14%，但其人才供需比分别仅为0.03和0.09。上述数据表明，目前人工智能人才供给最多的是“数字蓝领”人才，科学家类人才高度稀缺，严重影响前沿研究型工作的开展。应用和算法类人才较为紧缺，对人工智能的理论和方法落地到应用场景产生严重影响，阻碍传统产业变革。

（四）不同区域人才供需不平衡

海淀区、朝阳区是当前北京市人工智能产业的主要发展高地，同时也是人才资源的主要聚集地，人才需求规模占北京市总需求的63%，约41万人；人才供给规模占北京市总供给的55.6%。

## 五、本节小结

本节人工智能人才需求数据来自2014年至2020年10月期间智联招聘、猎聘网、前程无忧51Job三大网站发布的与人工智能相关的岗位招聘大数据，基于R语言编程统计分析了北京市人工智能人才需求数量及结构。人工智能人才供给数据从北京市普通高等学校招生简章及北京教育考试院高招网的北京68所高校和28所职业院校及3所独立本科院校中，采集2014—2020年有关人工智能的基础专业、人工智能专业、以应用为背景的智能应用及相关专业三大类专业的招生人数。本节在清晰界定人工智能人才概念的基础上，分各行业、区域、产业链分析了北京市人工智能人才需求情况，在此基础上较为深入地探索了北京市人工智能人才供需结构性矛盾表现。

本节得出以下重要结论：当前北京市人工智能产业人才缺口大（需求约为65万人），劳动力需求与供给不平衡、劳动力技能结构与产业发展需求不匹配、不同类型的岗位供需不平衡、不同区县人才供需不平衡等人才结构性矛盾凸显，如果上述问题长期得不到解决，北京人工智能产业将陷入低端锁定困境，无法实现价值链攀升，也将无法实现人工智能自主创新及产业竞争优势。因此，要通过采取以超常规方式加快培养紧缺人才；分类培养，构筑与产业链匹配的人才链培养新模式；多层次培养，形成梯次完备的人才培养新体系；发挥头部企业优势，建立产教深度融合的人才培养新路径；编制全球人工智能人才地图，实现人工智能高端人才的精准引进；创新人才培养激励政策，强化关键人才培育，促进人工智能产业人才供给与产业发展需求相匹配，尽快弥补人才缺口。

# 第七章

# 人工智能技术进步对劳动者的心理冲击研究

人工智能技术应用对不同应用场景下的工作和岗位产生影响，从而对社会大众情绪及劳动者的心理和行为产生巨大的影响，而现有研究较少关注人工智能技术进步对社会大众和劳动者心理层面的冲击。本部分在呈现人工智能技术进步引发的社会心理恐慌表现、分析人工智能技术进步对劳动者的心理冲击成因的基础上，探索了人工智能技术进步对劳动者心理冲击的理论机理。首先，从宏观视角对人工智能技术进步对社会大众的心理冲击程度进行了测度；其次从微观视角对人工智能技术进步对企业员工的心理冲击程度进行了测度；最后，提出缓解人工智能技术进步对劳动者心理冲击的政策建议。

## 第一节　人工智能技术进步对劳动者心理冲击的机理分析

近年来，随着人脸识别、机器翻译，以及机器人在工业、服务业等领域的应用，我国人工智能产业正以前所未有的速度迅速崛起。《中国新一代人工智能科技产业发展报告（2019）》指出，在人工智能企业中，应用层企业占比高达75.2%，人工智能正在与传统产业迅速融合，成为中国经济转型升级不可或缺的驱动力量。人工智能作为新一代引领经济社会发展的战略性技术，正在深刻地改变着世界和人们的生活。然而，在人工智能技术快速崛起的过程中，也带来了诸多经济和社会问题，人工智能技术引发的失业恐慌情绪正在逐渐蔓延。据预测，随着人工智能技术的发展与普及，未来10年估计有50%的人类工作将受到人工智能的影响，其中，翻译、保安、客服、会计、司机、家政等职业，预计将有90%的工作机会被人工智能取代。

与以往任何一次技术进步不同，人工智能技术应用不仅就业替代率高，而且对中等技能人员的替代较为严重，就业极化效应已显现，由此引发了劳动者对“机器换人”的担忧和技术性失业的恐惧。这种心理焦虑与恐惧不仅会影响劳动者的身心健康和生活质量，也容易引发劳动争议纠纷，影响社会稳定、和谐发展。2019年6月17日，国家新一代人工智能治理专业委员会在《新一代人工智能治理原则——发展负责任的人工智能》报告中提出，要想保证人工智能技术的正常发展，需要在人工智能法律、伦理及社会问题等方面进行深入研究。因此，本书从人工智能技术进步引致的劳动者心理状态入手，深入分析劳动者心理受到冲击的原因，并结合创新扩散理论和资源依存理论，探究并构建人工智能技术进步引发劳动者心理变化的过程和路径，以及心理反应策略。最后，从社会、政府和企业角度提出有效策略与建议，改善劳动者就业质量和心理健康水平，维护社会稳定、和谐发展。

## 一、人工智能技术进步引发的社会心理恐慌表现

在2016年的人机对战中，以AlphaGo连续三场战胜世界围棋冠军告终，标志着人工智能在计算、学习、思维等能力方面已开始全面超越人类，由此引发了人们对人类社会未来的担忧。而“无人银行”和“无人超市”等人工智能应用场景的相继出现，也引发了劳动者对技术性失业的恐惧与对个人前途和命运的焦虑。人工智能技术进步引致的社会心理恐慌集中表现在以下两个方面。

（一）人类社会面临终结的恐惧

自2015年开始，世界各国围绕人工智能的“类人脑”研发展开了激烈的争夺。例如，欧洲的“人类大脑计划”、美国的“国际大脑计划”，以及日本的“全脑架构项目”。人工智能模拟人类大脑工作，拥有人类智慧可能并不遥远。库兹韦尔在《奇点临近》（2005）一书中提到，2045年奇点可能会到来，届时人工智能将全面超越全人类的智力水平。因此，近年来警惕人工智能发展的呼声也越来越高，尤其是机器叛乱、技术性失业等问题引发了巨大的争论。著名物理学家霍金曾经在一次媒体采访中说道：“真正的人工智能崛起之时，或许就是人类终结之时。”美国知名科技公司的企业家盖茨、马斯克也表达出了同样的担忧。在《终结者》《机器人总动员》等诸多影视作品中都透露出人们对机器叛乱和人类社会终结的隐忧，这种担忧并非空穴来风。微软公司曾推出一款网络聊天人工智能Tay，在其发布的言论中，就出现了宣泄仇恨和低俗下流的内容，说明人工智能在深度学习过程中尚不具备价值判断的能力。从人类社会发展至今，还没有一项技术像人工智能一样可能造成如此大的危险。波斯特洛姆（Bostrom）曾将这种状态比作玩炸弹的婴儿，危险之巨大与我们能力之弱小严重不匹配。这种对人类社会未来发展的隐忧会随着人工智能技术的快速发展而呈现显性化趋势，并对社会稳定形成威胁。当然，比起机器叛乱或失控的问题，如今迫在眉睫的是人工智能将剥夺人类赖以生存的工作问题，即引发技术性失业问题。

（二）劳动者对技术性失业的恐惧

技术进步对失业的影响是百年来争论不休，一直无法形成一致性结论的问题。在第一次工业革命时期，机械化大生产带来生产效率大幅提高的同时，失业率大幅攀升，工人生活状况悲惨。早在19世纪马克思就认为，“机器不仅在采用它的生产部门，而且还在没有采用它的生产部门把工人抛向街头”。这是技术进步抑制就业的早期经济学观点。20世纪二三十年代，失业率再度上升，人们认为，新技术的采用和新机器的使用是高失业率形成的根源。Clower 和 Malinvaud 提出了“技术性失业”概念，并认为技术进步对就业的影响以替代效应为主。20 世纪微电子技术和信息网络技术的兴起，以及近年来人工智能技术的飞速发展，“机器换人”现象的出现再一次引发了劳动者对失业的恐惧和担忧。Astrid 和 Andreas 指出，人工智能将提供更高效的服务并且取代很多工人，导致大量人员失业。但是，也有研究和历史数据表明，技术进步所带来的生产率增长会替代部分工作岗位，但也会创造新的工作岗位，由此并不会导致更高的失业率。因此，政府和企业更加关注人工智能技术进步给市场竞争及生产效率带来的优势，更加重视人工智能技术在不同工作场景的应用和推广，却较少考虑并顾及人工智能技术应用所造成的失业后果，以及对失业人群的安置等社会问题。但是，人工智能在生产过程中发展的趋势是彻底排除活劳动，这意味着在技术允许的条件下，资本有机构成将向最高极限发展，劳动份额下降，劳动者再就业机会减少，将面临长期性失业。面对人工智能带来的失业冲击，劳动者可能采取行动抗拒或阻碍人工智能的发展。因此，在人工智能技术进步过程中，劳动者长期失业、身心承受巨大压力、社会矛盾激化将是不争的事实。

## 二、人工智能技术进步对劳动者心理冲击的成因分析

### （一）人工智能技术进步对就业的颠覆性影响

人工智能技术革命造成的失业问题不同于前几次技术革命。第一次工业革命使大量的农业人口进入工厂；第二次工业革命使传统工厂工人失业的同时，在服务业创造了大量的工作岗位。因此，不少学者认为，技术革命带来的失业冲击可以通过其新创造的岗位来弥补，人们通过技能的训练或再教育可以获得新的工作岗位，只是工作的形式和内容发生了变化。但是，人工智能技术进步带来的就业冲击却呈现有别以往的新特征，具体表现为下述几点。

（1）岗位替代率高。人工智能对工作岗位的替代效应比以往任何技术进步的影响都要明显。世界银行调查显示，2013 年，超过 50 个国家 57%

的工作受到了自动化技术的影响。Dauth 等通过对德国劳动力市场数据与 IFR 机器人出货量的关系研究发现，每增加一个工业机器人，就会导致两个制造业岗位的流失。Frey 和 Osborne 通过专家数据分析发现，在美国有 47%的岗位处于被自动化替代的高风险中。

（2）岗位技能要求出现极化趋势。20 世纪计算机革命与 21 世纪人工智能技术飞速发展相结合，其对岗位的影响突出表现为中等收入、中等技能要求的岗位数量在不断减少。Frey 等发现，新机器革命使高收入的脑力劳动（认知工作）和低收入的体力劳动岗位均有所增加，岗位对劳动者技能要求呈现两极分化的趋势，会计、翻译、律师等虽具有较高专业技能，但高度程序化的岗位也正在被人工智能替代。就业岗位的极化将使低、中、高收入人群结构由原来的金字塔形或纺锤形向哑铃形转化，低收入阶层向高收入阶层流动受阻，社会阶层进一步固化，社会和谐发展受到威胁。

（3）组织内部岗位晋升通道被阻断。随着人工智能技术的不断发展和应用，组织中根据不同技能进行的垂直岗位分工将根据相似技能进行水平化分工，组织结构将面临颠覆式变革。在现有组织结构中，会计岗位通常设有初、中、高三个等级，员工依据技能和业绩表现逐级晋升，收入也随之上升，从而形成有效的阶梯式激励机制。而人工智能技术进步将替代会计、翻译、记者职业中初级与中级岗位，仅保留了高级岗位，那么员工在组织内部将可能面临无岗可晋、无职可升的状况，员工在组织内部向上流动的通道被阻断，员工在组织之间的横向流动则更频繁。而且，由于缺乏在工作实践过程中积累经验，劳动者成长为高级技能者将需要投入更多的培训成本，才能实现技能由低到高的跨越。人工智能技术进步带来的岗位结构变化和技能结构变化必然对劳动者就业形成巨大的冲击，由此也势必引发劳动者工作应激的心理反应。

### （二）工作价值伦理遭受严重挑战

马克思认为，人与其他动物的最大区别在于人类通过劳动来改变和创造自己生存所需的资源与条件。通过劳动，人类发明劳动工具，创造了语言和文明，也创造了巨大的社会与经济财富。劳动已经成为人类生存进步的首要前提。马克思在《资本论》中指出，一切财富都是由劳动创造的，人类主要是通过劳动并创造财富来体现自己的价值。人类一旦失去劳动，就将失去自身存在的方式和价值。从人类历史来看，绝大多数人都在为其生存而不辞辛劳地工作着。劳动光荣，不劳动可耻，工作已经成为遗传密码深深地烙印在人们的思想和行为当中。然而，人工智能技术的发展很可能将智能机器变成像人一样的劳动者，而人则被排挤出工作领域，成为单一的消费者，人的劳动的主体性渐渐丧失，人类的价值就难以通过劳动来体现。而且，人类不仅将劳动视为创造财富的工具和手段，还通过工作与社会的各类成员进行交流和交往，形成人与人之间的联结，构建个人的社会价值网络。一旦失去劳动和工作，一部分有自我追求和较强内驱力的人可能主动寻求工作的意义和创新性地开展工作；但是，也可能有很大一部分人因为失去工作而无所事事，逐渐被社会边缘化，从而丧失个人的社会存在感和价值意义。

### （三）人工智能技术进步对人类心理需求的满足产生威胁

马斯洛的需求层次理论认为，人类需求从低到高包括生理需求、安全需求、社交需求、尊重需求和自我实现需求五种。通过工作，人们既获得了满足基本生存需要的经济来源，也获得了生活和工作的安全感。同时，人们进入工作组织，形成工作社群，建立人际关系，满足情感和关系需求，并通过工作实现个人的自我价值。由此可见，工作赋予人类的意义不仅是生存，还是满足人类基本核心需求的重要工具和手段。因此，人工智能技术进步如果剥夺了人们的工作，将威胁人们的生存需求；人工智能机器对人类的完美超越，让人类失去对人工智能的控制感，将使人们丧失基本的安全感；而且，人工智能机器在实现工作替代的过程中，所创造岗位可能更多的是为人工智能设备提供维修和服务，工作中人际链接变弱，人类的情感和关系需求可能难以得到满足，人际关系冷漠，人类活得更像机器；另外，面对失去工作的威胁，人们的尊重和自我实现需求满足只能沦为少数人的专利。因此，人工智能技术的发展及广泛应用给人类带来了巨大的潜在心理威胁。

## 三、人工智能技术进步对劳动者心理冲击的过程机制

伴随着人工智能技术的发展，有关人工智能的各类信息会通过各种传播渠道和方式向社会扩散，人们获取信息并对信息进行整理、加工和分析，逐步形成对人工智能的价值观和态度。因此，人工智能技术进步对社会大众心理产生影响一般可以划分为两个阶段：一是人工智能信息传播与扩散阶段；二是社会大众对人工智能技术形成认知、情感，甚至行为倾向的过程阶段。

### （一）人工智能信息传播与扩散

创新扩散理论认为，扩散是一种过程，在这个过程中创新通过沟通渠道随着时间的推移被传递或共享给社会系统中的人们。沟通涉及人们交换和创造信息，从而形成人们对创新的集体理解。

人工智能技术也是依循技术积累曲线，经历波折起伏，在不断积累和迭代中逐渐走向成熟的。人工智能技术发展过程中，人工智能的相关信息通过各种沟通渠道逐层向社会传播和扩散，并逐步形成一些有代表性的价值观和态度。Rogers 将创新采用者划分为五类：创新者、早期利用者、早期大众、后期大众、落后者。他还指出，对于创新信息的早期知悉者通常受过更多的教育，拥有更高的社会地位，接触到更多的大众传媒、人际渠道和变革推动者，有更高的社会参与度和国际化定位。因此，在人工智能信息传播过程中，由于人们社会背景和教育背景的不同，人们在信息传播网络中占据的地位、发挥的作用也不同，获得信息的准确度、丰富度和新颖度也存在差异，因此对于人工智能技术进步的认知和反应也有所差异。

以创新扩散理论为基础，借鉴 Rogers 对创新采用者的划分，根据人工智能技术进步信息扩散过程参与者的教育水平、社会地位、传媒与人际影响力，以及社会参与度等特征将参与者划分为四大类：洞见者、传播者、践行者和旁观者，如表 7-1 所示。

表 7-1　参与者类型

| 参与者类型 | 参与者特征 | 传播内容 | 传播方式 | 社会影响力 |
| --- | --- | --- | --- | --- |
| 洞见者 | 出色的教育经历、公认的专业领域权威、尊崇的社会地位、卓越的预见能力。例如，霍金、盖茨、马斯克 | 未来预见式的论断。如霍金曾预言：“真正的人工智能崛起之时，或许就是人类终结之时。” | 通过新闻、广播、电视、书籍、网络、社群等大众传媒渠道进行广泛的社会传播 | 凭借名人效应，使思想和观点在全社会广泛传播，影响力深远 |
| 传播者 | 人工智能相关领域的领军人物、权威专家、技术领袖、知名学者等 | 人工智能发展现状与未来趋势等的系统阐述与逻辑推断 | 通过报刊资料（著作、研究报告、论文、政策建议等）、学术研讨会、专业社群等渠道进行广泛的社会传播 | 凭借个人在专业领域的权威和远见，使思想、观点和理论能够在专业领域、教育领域得到快速的传播，并能影响国家的行业政策和教育发展政策，影响力巨大 |
| 践行者 | 人工智能领域相关产业、行业的从业者。例如，研发工程师、设备制造商、大学教授、咨询服务人员等 | 与人工智能相关的专业知识及发展趋势 | 通过报刊资料（专业书籍、研究报告、技术资料等）、专题报告会、技术交流会、学术研讨会、专业社群等针对性较强的渠道进行传播 | 人工智能领域从业者的工作经验分享、学术思想交流、技术资源共享，在相关专业领域具有一定的影响力 |
| 旁观者 | 不熟悉人工智能、教育程度不高，往往是人工智能技术的使用者 | 人工智能的小道消息，这些消息往往缺乏客观依据和专业判断 | 通过网络、论坛、社群等渠道进行传播 | 在特定事件触发下，形成群体性舆情，社会影响力会快速膨胀 |

在人工智能技术进步信息扩散过程中，洞见者对未来预见式的论断、

传播者的系统阐述和逻辑推断，以及践行者对专业知识、技术的生产和加工，会通过报刊、书籍、电影、电视、网络等多元化沟通渠道对旁观者，即社会大众进行广泛的传播（见图 7-1）。洞见者的论断式观点最能激发社会大众的情绪。例如，霍金关于“真正的人工智能崛起之时，或许就是人类终结之时”的论断在社会中广为流传，正如庞勒在《乌合之众》一书中提到，大众的情绪很容易被一两句论断式的话语煽动。传播者对人工智能的系统阐述和逻辑推断，一般语言比较通俗易懂，有大量的数据分析和推论，也有大量案例作为佐证，说服力强，有很多受众，因此传播的影响力非常大。践行者对专业知识、技术的生产和加工，往往在专业领域范围内具有较大的影响力，对社会大众影响力较为有限。以上三类群体是人工智能信息的生产者和传播者；而旁观者中，大多数是人工智能的应用者，是人工智能信息的接收者和传播者。各类人群所拥有资源条件存在差异，在信息传播中地位不同，因此人们对人工智能持有的态度和情绪反应也存在着很大的不同。

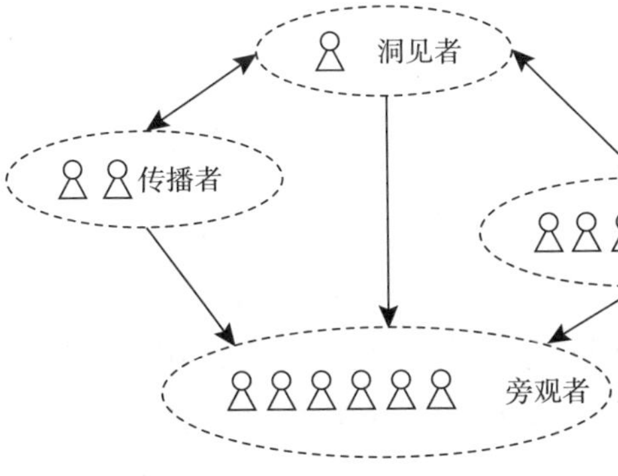


**图 7-1　人工智能技术进步信息扩散过程模型**

（二）人工智能技术进步对人们的心理影响过程

人工智能技术进步对人们的心理影响可以分别从社会视角和组织视角来分析：从社会视角来看，人工智能技术进步引发社会大众对人工智能的普遍看法及情感态度；从组织视角来看，人工智能技术进步引发的就业效应给劳动者带来的认知、情感和行为改变。下面分别从社会视角和组织视角研究人们对人工智能技术进步的情感与心理反应。

1. 社会大众对人工智能技术进步的认知和情感态度

根据高德纳咨询公司（Gartner）提出的技术成熟度曲线，基本上任何一项新兴且成功的技术都会先被追捧，然后被批评和抑制，在一次次失败经验的积累中不断迭代更新，最终走向成熟、稳定和有序发展。社会大众对人工智能技术进步所表达的情感态度也是伴随着人工智能技术不断发展和成熟的阶段而出现波浪式起伏变化的。

20 世纪 50 年代到 60 年代，计算机的产生使得人工智能在大学实验室崭露头角，给社会大众带来了“人类即将被机器毁灭”的情感震撼。但是，当时的计算机难以实现这样复杂的运算，于是从 20 世纪 60 年代末开始，无论是专业研究者还是普通公众，大家对人工智能的热情都迅速消退。

20 世纪 80 年代到 90 年代，人工智能在语言翻译、人脸识别等领域都取得了不错的成就。但是，这些技术应用范围还仅限于学术研究和科学实验，离商用化和市场化距离很大，因此虽然激发了大众的热情，但很快昙花一现又跌入谷底。

与前两次人工智能热潮相比，这一次人工智能再度兴起的最大特点在于人工智能技术已经被多种成熟的商业模式接纳，并且显现巨大的商业价值和市场价值潜力。伴随着人工智能三次发展的热潮，社会大众不断产生“人类要被机器毁灭了”的担忧。总之，在人工智能技术进步过程中，信息通过各种渠道随着时间的推移扩散、传递、共享给社会系统中的人们，社会大众逐步对人工智能技术进步形成集体理解和认知，表现出对未来社会发展和人类终极命运的担忧，并做出基本的价值判断和情感反应。任何一次人工智能技术的突破性进展或标志性的事件，如 Alpha Go 击败韩国棋手李世石、“无人银行”与“无人餐厅”出现等，都会在社会舆论中形成对人工智能技术的重新认识，也直接影响了人们对人工智能技术进步的情感与态度。

2. 人工智能技术进步对社会大众心理影响的机理分析

在人工智能技术扩散过程中，社会大众拥有的资源条件不同，获取信息的渠道和方式不同，因此对人工智能技术进步的认知和情感反应也存在差异。资源保存理论为探索并解释社会大众在技术进步下的心理反应提供了理论支持。

资源保存理论认为，个体在与周围环境要素的互动过程中会获得或损失资源，面对资源损失，个体存在获得、维持和保存其认为有价值资源的动机。这些资源包括物质及时间、人格和资质等。Hobfoll 等（2001）在后续研究中将企业员工的基础资源划分为关系资源和个体资源两部分，其中，关系资源是指个体在与社会互动的过程中所形成的资源，这类资源不依附个人而存在；而个体资源是指个体拥有的资源。归纳起来，面对环境变化，人们所拥有资源大致可以划分为几类：①个人物质资源，包括性别、年龄、婚姻、收入水平、经济负担及健康状况等；②个人心理资源，包括乐观、希望、自信及自我效能感等；③社会关系资源，包括教育程度、社会地位等；④工作关系资源，包括工作经历、工作自主性、家庭与工作平衡、组织支持等。

面对人工智能技术进步，社会大众所持情感态度和应对策略往往与其所拥有资源条件有关。面临环境不确定性风险时，个体的资源保存动机优先于资源投资动机。资源匮乏的个体面对资源损失时往往更加脆弱，初始的资源损失更容易引起后续资源继续损失；而资源丰富的个体面对资源损失时具有更强的韧性和更多的应对手段，更容易制止资源的继续损失。因此，面对人工智能技术变革带来的环境变化，资源匮乏的个体更倾向于采取防御型资源分配决策以防御资源损耗，对人工智能持有消极的情感态度；而资源丰富的个体更倾向于采取投资型资源分配决策以增加资源收益，对人工智能持有积极的情感态度。

根据资源保存理论，人工智能技术进步对个体的心理影响是一个动态的阶段性过程，大体可以分为如下三个阶段。

（1）感知资源损失风险。根据风险认知框架，个体对资源损失的敏感程度要高于资源获益，也就是说，当个体感知环境发生变化时，最先关注的是环境变化后可能遭受的损失，而不是环境改变可能带来的收益。因此，个体往往倾向于保存现有的资源而不是付出或消耗资源。在人工智能技术发展过程中，“无人银行”“无人超市”的出现，会计、翻译、保安等岗位“机器换人”信息的广泛传播，会让社会大众深刻地意识到自己的工作和生活在将来会发生重大变化，个人拥有的资源可能受到严重威胁，个体开始对环境变化中资源损益信息敏感。

（2）个体资源投资。个体为了防止资源损失或者从资源损失中恢复，需要对资源进行投资；个体为了获取新资源，也需要对资源进行投资。相对于原有资源丰富的员工来说，投资更容易获得资源收益，而不易遭受损失。然而，对于原有资源匮乏的员工来说，不仅难以获取新资源，也更容易遭受资源损失。因此，对于资源匮乏的个体来说，他们更愿意保有现存的资源，而资源丰富的个体通常会采取积极的资源投资行为。因此，面临人工智能技术变革，那些具有良好经济资源、心理资源、社会资源和工作资源的个体，可以快速地获取新的工作机会或进行教育培训投资，采取积极的资源投入策略来应对外界环境的变化。而本身就资源匮乏的个体，面对环境变化缺乏应变条件和能力，通常会采取消极被动应对策略或者抵制与对抗策略。

（3）资源动机强化。面对前阶段的资源损失或收益，将进一步强化个体的两极化资源选择策略。面对人工智能技术变革，资源匮乏的个体更愿意做出保存资源的行为，对新技术采取漠视、放任、抵制和反抗等消极应对策略；而资源丰富、获益机会大的个体则更倾向于资源投资，对新技术采取接纳、学习、转型等积极应对策略。

根据上述分析，提出人工智能技术进步对社会个体形成心理影响的过程模型，如图 7-2 所示。在人工智能技术进步过程中，社会个体如果拥有丰富的个人资源，则倾向于资源投资，对人工智能持有积极的心理应对策略；反之，个体的资源条件不足，则倾向于保存资源，对人工智能持消极的心理防御策略。

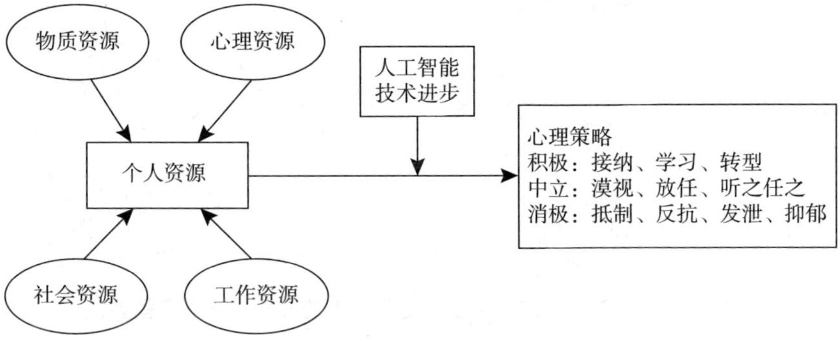


**图 7-2　人工智能技术进步对社会个体的心理影响过程模型**

3. 人工智能技术进步对企业员工心理影响的机理分析

伴随着人工智能标志性事件出现和相关信息传播，人们会依据自身资源条件对人工智能技术进步做出相应的心理应激反应。在组织中，人工智能技术进步带来了生产效率的提高、生产作业流程，以及工作环境的变化。人工智能技术应用一方面替代了部分传统的工作岗位；另一方面改变了工作岗位的工作特征和要求，或创造全新的工作岗位。例如，人脸识别技术的应用使一部分保安失去了工作岗位，而另一部分保安的主要工作也由核查证件转变为辅助用户使用人脸识别设备并提供简单的维护。依据自我决定理论，这些岗位工作特征的变化会使工作岗位的劳动者基本心理需求发生变化（见图 7-3）。例如，人工客服被大量的人工智能客服取代后，保留下来的人工客服主要负责处理比较复杂的业务和服务的投诉。相较于之前的岗位要求，现有岗位要求对业务有更高的熟知度、有更好的人际沟通能力，这些岗位工作特征的变化会使岗位从业者的自主、胜任和关系需求满足程度出现变化，从而影响岗位任职者的心理状态和工作态度。

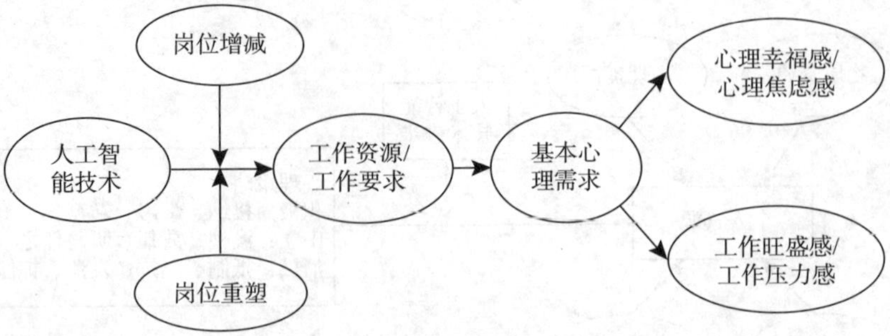


**图 7-3　人工智能技术进步对企业员工的心理影响过程模型**

综上所述，人工智能技术应用使不同应用场景下的工作和岗位发生了变化，从而对大众生活和劳动者的身心健康产生了巨大的影响，影响着人们生活幸福、经济发展和社会稳定。因此，积极探索人工智能技术应用对社会大众心理的影响，对于改善社会心理健康水平，积极面对新技术带来的变革与挑战有着非常积极的作用。

## 四、本节小结

人工智能技术进步引发的社会心理恐慌集中表现在两个方面：一是对人类社会面临终结的恐惧，二是对技术性失业的恐慌。

究其原因，首先是人工智能技术进步对就业的颠覆性影响，表现在岗位替代率高、岗位技能要求出现极化趋势和组织内部岗位晋升通道被阻断。其次是工作价值伦理遭受严重挑战，人工智能的发展很可能将劳动者排挤出工作领域，成为单一的消费者，人的劳动的主体性渐渐丧失，人类的价值难以通过劳动来体现，而且个人的社会价值网络受到挑战。也可能导致有很大一部分人因为失去工作逐渐被社会边缘化，从而丧失个人的社会存在感和价值意义。最后是人工智能技术进步对人类的生存需求、安全感、情感和关系需求等心理需求带来了威胁。

在分析表现和成因的基础上，从社会大众和企业组织两个层面较为深入地探索了人工智能技术进步引发心理冲击的过程机制。根据创新扩散理论，在人工智能技术进步信息扩散过程中，社会大众拥有的资源条件不同，获取信息的渠道和方式不同，因此对人工智能技术进步的认知、态度和情绪反应也存在差异。依据资源保存理论，面对人工智能技术进步，社会大众所持情感态度和应对策略往往与其个体所拥有资源条件有关，包括物质资源、心理资源、社会资源、工作资源，资源匮乏的个体更倾向于采取防御型资源分配决策以防御资源损耗，对人工智能持有消极的情感态度；而资源丰富的个体更倾向于采取投资型资源分配决策以增加资源收益，对人工智能持有积极的情感态度。人工智能技术进步对个体的心理影响是一个动态的阶段性过程，大体可以分为三个阶段：感知资源损失风险、个体资源投资、资源动机强化。依据自我决定理论，人工智能技术应用将引发岗位工作特征、工作要求、工作资源发生变化，从而引发工作岗位的劳动者基本心理需求发生变化。

综上所述，人工智能技术应用使不同应用场景下的工作和岗位发生了变化，从而对大众生活和劳动者的身心健康产生了巨大的影响，影响着人们生活幸福、经济发展和社会稳定。因此，积极探索人工智能技术应用对社会大众心理的影响，对于改善社会心理健康水平，积极面对新技术带来的变革与挑战有着非常积极的作用。

## 第二节　人工智能技术进步对社会大众的心理冲击程度测度

现有的技术进步对就业效应影响的研究以现象描述、细节分析和趋势预测为主，鲜有研究能准确量化人工智能技术进步对社会大众情绪的影响。本书选用基于情感词典的情感分析方法，根据新浪微博文本所表达的情绪分为积极情感与消极情感两类后，再根据所表达情绪强度打分以达到量化的目的，观察其数量变化趋势得出相应结论，对相关问题的研究是有益的补充。本节在构建基于情感词典的情感分析模型基础上进行实证研究，测度人工智能技术进步对社会大众心理的冲击程度，最后提出相应的应对策略。

## 一、研究方法选择

自20世纪末以来，人工智能引发了全球新一轮技术革命，世界各国35%~55%的就业机会将受到人工智能技术的冲击，预计英国、美国和德国将有数以千万计的工作岗位有很大的潜在风险被自动化技术替代，会造成严重的失业率，被替代的工作岗位将分别达到30%、38%和35%。从文书到专业服务的知识工作者中会有很大程度的失业，这必然对社会大众的心理产生无法预知的冲击。《国务院关于印发新一代人工智能发展规划的通知》指出，要增强风险意识，重视风险评估和防控，强化前瞻预防和约束引导，近期重点关注对就业的影响，远期重点考虑对社会伦理的影响，确保把人工智能发展规制在安全可控范围。目前，人工智能技术对劳动力就业产生的影响集中于技术进步与就业关系，易受人工智能技术影响的领域、岗位，对人工智能技术敏感的人群特征等。现有研究以现象描述、细节分析和趋势预测为主，还没有研究能准确量化人工智能技术进步对社会大众情绪的影响，从而深挖数量变化背后所代表的对劳动力市场与经济社会的影响，体现就业效应研究的现实意义。

社交媒体的出现，使得人们越来越倾向于通过网络记录、分享自己的生活，当然也包括自己的喜怒哀乐等情感。如何对这些情感信息进行分析并加以利用，也是近年来大量研究的热点。基于此，本书使用情感分析方法，基于社交媒体（新浪微博）数据研究人工智能对社会大众的心理冲击。利用社交媒体信息传播速度快、范围广、覆盖人群多并且具有实时性的特点，通过提取新浪微博中与人工智能有关的文本信息，基于情感词典的情感分析方法，分析社会大众对人工智能的情感反应，从而及时为和谐劳动就业提供科学依据。

文本情感分析能够从文本中分析出人们对于实体及其属性的观点、情感、评价、态度和情绪。文本情感分析始于20世纪90年代末，自2000年以来，情感分析迅速成长为自然语言处理（NLP）中较活跃的研究领域之一。情感分析方法主要可分为两类，基于机器学习的情感分析方法和基于情感词典的情感分析方法。

基于机器学习的情感分析方法首先基于文本集训练得到分类器，其次基于分类器实现对新文本的分类。随着人工智能和深度学习的发展，深度学习技术也被逐渐应用于情感分析。B. Pang 等（2002）首次利用机器学习的情感分析方法对电影的评论文本做了情感分析。张志华在情感词向量的基础上，利用卷积神经网络模型进行情感分析并通过英文文本做了实证研究。

基于情感词典的情感分析方法是从待测文本中提取特征词后，在情感词典中查找该特征词的情感值，根据累加的情感值进行情感分类。最早提出“情感分析”这一概念的 McKeown 等的研究中使用的便是此方法，其在大规模语料的基础上验证了连词对形容词情感倾向的影响，正确率达到82%。Riloff 和 Shepherd 建立了一个基于语料库的语义分析系统。国内对于此领域的研究虽起步较晚，但针对文本的特殊性，国内学者一直有所创新并将此项技术投入应用。徐琳宏和林鸿飞等通过构造情感词汇本体库进行文章级的情感分析。

对于非结构化的文档，如微博、博客等，基于机器学习的情感分析方法的分类效果并不理想。由于微博长度普遍较短，其中，还包含表达感情的网络用语，而机器学习的方法对此不敏感。基于机器学习的情感分析还需要依赖大量语料的训练和人工干预，且在语义上相对薄弱，耗时比较长，尚不能满足对情感强度分析的需求，而基于情感词典的情感分析方法可避免以上缺陷。因此，本书选用基于情感词典的情感分析方法。

## 二、研究方案设计

通过分析国内外传统情绪测量资料，选择对此研究最佳的方法，并充分考虑传统方法的优劣性，以做到有所创新；通过查阅语义分析的相关资料，学习如何针对获取的数据构建本书需要的情绪冲击程度测量评估词典。在文献研究基础上，基于社交媒体构建基于情感词典的心理冲击测度模型，对人工智能事件相关的微博文本进行情感值计算，得到情感评分信息。进一步精确大众情绪变化，更加科学地揭示数字背后隐含的规律，把握本质。

本书主要通过对微博句子级情感文本打分的方法，将微博文本各句子得分加和得到文本情感值；主要通过累加情感句中各个评价词的极性确定情感句最终的情感倾向性。研究方案设计如图 7-4 所示。

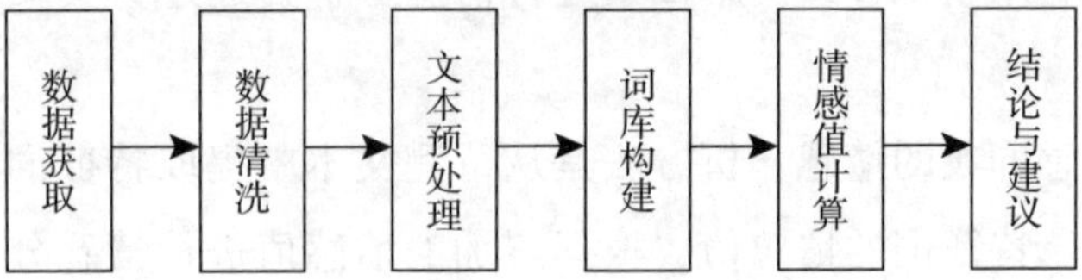


**图 7-4 研究方案设计**

（1）数据获取。使用爬虫工具，以一系列人工智能典型事件为关键词，并将其进行优化后，对新浪微博帖子文本内容进行爬取。

（2）数据清洗。将爬取的数据中重复、多余部分的数据进行筛选并清除，将缺失部分补充完整，并将不正确的数据纠正或者删除，修改逻辑错误的数据。

（3）文本预处理。对爬取数据进行去除无关话题、去重、广告帖处理等操作。

（4）词库构建。第一步确定人工智能事件相关的种子词，第二步在种子词的基础上对词典进行拓展。

（5）情感值计算。对帖子进行分词后，将词列表与构建的词典进行情感词匹配，赋予对应分值并相加，使情绪冲击程度成为可量化评估的指标。

（6）结论与建议。根据情感值分布情况，结合人工智能发展及就业相关政策，提出结论与建议以为有关部门提供参考。

## 三、基于情感词典的情感分析模型

本书分析在人工智能关键事件出现后，网民通过社交媒体发布的信息中表现出的积极、中立、消极的情感。本书中的心理冲击，指的是人工智能事件发生对人们情感造成的影响。本部分主要从基于情感分析的心理冲击、心理冲击测度模型构建思路、情感词典构建、情感值计算 4 个方面进行分析。

### （一）基于情感分析的心理冲击研究

社交媒体的出现，使得人们越来越倾向于通过网络记录、分享自己的生活，当然也包括自己的喜怒哀乐等情感。这类信息的出现引起了很多学者的兴趣，如何对这些情感信息进行分析并加以利用，也是近年来大量研究的热点。其中，很重要的一类研究就是利用情感分析进行舆情分析。人工智能等热点社会事件发生后，很容易引发社会大众的关注和讨论，相应地，舆情也会朝着某一个方向演变，这时候有关部门只有及时了解到舆情的变化，才能及时采取相关措施。

本书提到的心理冲击的分析方法与舆情分析基本上是一致的，本书之所以选用微博等社交媒体作为信息获取来源，主要是因为如下两点。

（1）文本简洁。微博发布动态的时候有字数限制（文章除外），因此，大多数微博文本是比较简短的，这样比较容易处理。

（2）情感单一。微博文本具有简短、实时性等特点，人们一般在有情感上的触动点时就会即时通过微博记录，因此这时的情感是相对简单且单一的，不会包含很复杂的情感表述，便于分析。

### （二）心理冲击测度模型构建思路

本书中使用的情感分析方法是基于情感词典的情感分析方法，其中最关键的步骤是情感词典的构建。构建好情感词典后，对预处理过的以人工智能为中心的微博文本进行情感值计算，以此测量人工智能技术进步对社会大众的心理冲击程度。心理冲击测度模型的构建过程如图 7-5 所示。

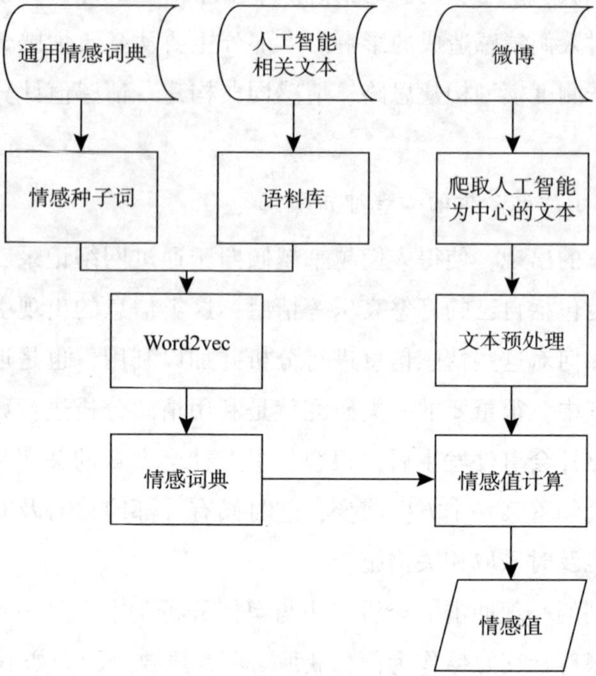


**图 7-5　心理冲击测度模型的构建过程**

（三）情感词典构建

基于情感词典的情感分析，情感词典质量的好坏是决定最后情感值计算准确性的关键因素。一般情感词典的词可以分为三种：情感词、程度词和否定词。一般来说，程度词和否定词的普适性较好，而情感词的普适性一般，因此不能直接选择通用的情感词典，而是需要结合心理冲击的特定语义环境对其进行修改，包括添加一些情感词。增加一些词是因为网民由于心理波动特定的语义，有“炸裂”“666”等类的词表达自己积极的情感，但是可能通用的情感词典并没有这类词，所以需要添加。

情感词典构建包括两步：第一步是确定种子词，指的是根据通用情感词典中的情感词自己确定部分种子词；第二步是对词典进行修改。修改词典的思路如下。

（1）收集心理冲击相关文本（本书中为人工智能相关的微博文本）作为语料库。因为心理冲击的文本具有特定的语义环境，所以以此为语料库可以取得很好的效果。

（2）将数据进行预处理后，作为 Word2vec 的输入进行训练。将所有的词向量化，然后计算种子词与其他词的空间距离，距离较近的词代表语义上与种子词比较相近。选取距离最近的若干词，在词典中进行删除或添加。本研究中，选用 CBOW 训练模型。

### （四）情感值计算

构建好情感词典后，进行情感值的计算，其流程如图 7-6 所示。

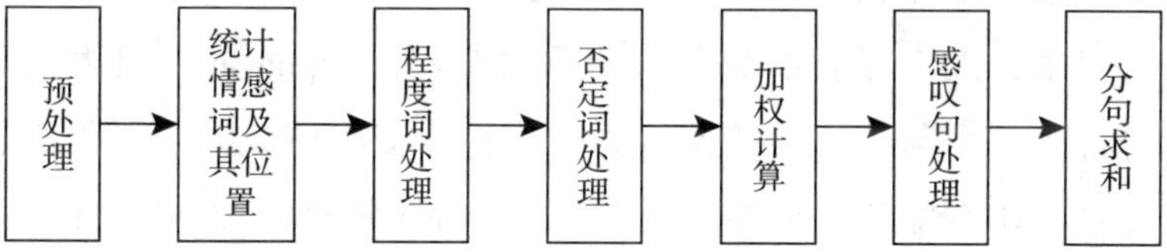


**图 7-6　情感值计算流程**

基于词典进行情感分析的思路如下。

首先，将要进行情感分析的文本进行预处理，除了分词等操作外，还要进行句子切分。句子切分是指以标点符号为分割线将一条微博分为几个分句，这样的形式便于处理。接下来要将分词后的词列表与情感词典进行匹配，匹配到情感词之后，向前搜索、判断是否存在程度词或否定词，若存在程度词则乘以相应的权重，若存在否定词则乘以-1，将所有情感词的得分相加，即可得到该分句的情感得分。其次，进行感叹句处理。因为感叹句代表着语气的强化，也就意味着在情感的表达上更加强烈，所以需要将这一点考虑进去。如果是感叹句，则要在其情感得分基础上做出相应的调整。最后，计算该条微博的情感值得分，即所有分句的积极情感值之和减去所有分句的消极情感值所得到的分值。

## 四、心理冲击程度测度实证研究

### （一）数据获取

新浪微博作为国内主流社交媒体，具有使用人群基数大、状态信息更新频繁、信息传播迅速等特点。由于微博具有文本简短、实时性等特点，人们一般在情感有所触动时倾向于通过微博即时记录和表达，而且微博作为社交媒体，为了满足人们表达交流需求，其观点表达方式通常简单易懂。由此可见，微博包含的情感信息量大且具有相当的准确性。因此，本书选择微博作为数据获取源。

自 20 世纪 50 年代末麻省理工学院为了研究人工智能技术而开发了 Lisp 语言以来，人工智能不断有新的重大突破。AlphaGo 人机大战等人工智能标志性事件引起了社会各界的关注，各社交媒体充满了对人工智能的消息，包括人工智能相关事件的报道、人们的评论等，人工智能标志性事件汇总见表 7-2。

表 7-2　人工智能标志性事件汇总

| 时间 | 事件 |
|---|---|
| 20 世纪 50 年代末 | Lisp 语言 |
| 1959 年 | 第一台工业机器人问世 |
| 20 世纪 60 年代中期 | 发明 ELIZA（计算机心理治疗师） |
| 1993 年 | 人工智能“奇点”的提出 |
| 1997 年 | IBM“深蓝”战胜国际象棋冠军 |
| 1998 年 | Google Web Spider |
| 2011 年 | IBM“沃森”在智力竞赛节目中大获全胜 |
| 2012 年 | Google project glass（谷歌眼镜）、人工智能法识别猫科动物 |
| 2016 年 | IPhonesiri、AlphaGo、特斯拉自动驾驶汽车首次致死车祸、人工智能改善癌症诊断疗法、超级人工智能 联盟、白宫发布人工智能战略报告与规划、华人人工智能研究贡献占据全球份额近一半、微软在话语识别能力上超越人类、杭州城市大脑、人工智能管家“贾维斯”、AmazonGo |

续表

| 时间 | 事件 |
|---|---|
| 2017 年 | NVIDIA 发布最强 GPU——Tesla V100；大疆人脸识别无人机；百度开源自动驾驶系统 Apollo；商汤科技融资 4.1 亿美元，创人工智能领域最高融资纪录；国内第一家“无人超市”——“淘咖啡”开业；天猫汽车自动贩卖机；华为发布世界首款人工智能手机芯片；三星发布人工智能语音助手 Bixby2.0 版；世界首个机器人 Sophia 获得公民身份；阿里成立达摩院，3 年内投千亿元；AlphaGo 的升级版——AlphaGo Zero 出现；京东第一家“无人超市”开业；柯洁不敌 AlphaGo2.0 最终 0∶3 战败 |
| 2018 年 | 首家“无人银行”现身上海；京东无人配送车；腾讯发布国内首个人工智能辅诊开放平台；永辉超级物种全国首家无人机配送示范店亮相广州漫广场；碧桂园跨界开起机器人餐厅；阿里巴巴发布杭州城市大脑 2.0；云从科技发布“国家人工智能基础资源公共服务平台”；旷视科技携手联想，创造人工智能海报级摄影范式；新华社全球首个“AI 合成主播”上岗 |

资料来源：笔者整理。

根据人工智能标志性事件汇总结果，选取 2010 年 8 月 14 日到 2019 年 3 月 15 日时间范围，利用爬虫程序从新浪微博上以“Lisp 语言”等人工智能典型事件为关键词爬取数据，数据详情如表 7-3 所示。

表 7-3　数据详情

| 数据来源 | 新浪微博 |
|---|---|
| 数据字段 | 博主，博文，发布时间 |
| 数据容量 | 112266 条 |
| 时间范围 | 2010 年 8 月 14 日到 2019 年 3 月 15 日 |

（二）文本预处理

获取的数据存在许多与情感分析无关的内容，为了提高情感分析的效率和准确性，应当对获取的微博文本进行数据预处理，主要包括数据清洗、汉语分词和停用词过滤等。

首先，对微博文本进行数据清洗。数据清洗的主要目的是取出多余、杂乱的数据。针对微博文本的特点，基于情感分析目标，人工删除内容仅为“转发微博”4 个字的文本，其内容表示的是用户对转发的微博虽有兴趣，但未表达具体的观点及情感。在删除过程中不可将包含此4个字的博文全部删除，因部分用户可能在转发未表达观点的用户的微博基础上发表看法和表达情绪。

其次，按发帖和跟帖（评论帖）两类将每日抓取帖子的文本内容分别储存到本地文件中。随后，对本地文件进一步抽取并设计如下两张表。

（1）微博博文信息表（搜索关键字 Skey、博主编号 BloggerNo、博主链接 BloggerUrl、博主昵称 BloggerName、博文链接 ArticleUrl、博文编号 ArticleNo、博文内容 ArtContent、转发次数 Zfcnt、评论次数 Plcnt、点赞次数 Dzcnt、发文时间 Arttime、发文来源 ArtSource、采集时间 Addtime）。

（2）博文评论信息表（博文编号 ArticleNo、评论编号 CommentID、回复的评论编号 ReID、用户链接 UserUrl、用户编号 Userid、评论内容 ComContent、评论时间 ComDate、点赞次数 Dzcnt、采集时间 CollectDate）。

再次，对照中科院计算所中文自然语言处理开放平台发布的包含1208个停用词的汉语停用词表进行停用词的删除。

最后，为了判断句子中是否存在情感词典中相应的词语，需要通过汉语分词技术将文本切割为一个个词。本书使用的是中国科学院计算技术研究所研制的汉语词法分析系统 ICTCLAS。

### （三）词库构建

基于情感词典的情感分析中，情感词典质量的好坏是决定最后情感值计算准确性的关键因素。情感词典说明如表7-4所示。

**表7-4　情感词典说明**

| 词类型 | 说明 |
|---|---|
| 情感词 | 包括积极情感词和消极情感词 |
| 程度词 | 体现情感程度的差异 |
| 否定词 | 主要用来否定情感极性 |

一般情感词典中的词可以分为3种类型：情感词、程度词和否定词。情感词包括积极情感词和消极情感词。程度词主要用来体现情感程度的差

异。否定词主要用来否定情感极性。一般来说，程度词和否定词的普适性较好，因此直接使用通用的程度词和否定词即可。程度词根据情感强烈程度的差异又可分为5类。程度词和否定词如表7-5所示。

**表7-5　程度词和否定词**

| 类型 | 词 | 权重 |
| --- | --- | --- |
| most | 完全、十分…… | 2 |
| very | 分外、多么…… | 1.75 |
| more | 更加、比较…… | 1.5 |
| is | 一点、稍微…… | 1.2 |
| insufficient | 半点、微…… | 0.5 |
| 否定词 | 没有、不怎么…… | -1 |

而情感词的普适性一般，因此不能直接选择通用的情感词典，需要结合特定语义环境对其进行修改。

情感词典构建包括两步：第一步是确定种子词，第二步是对词典进行修改。以人工智能相关的微博文本作为语料库，对Word2vec的输入进行训练，计算种子词与其他词的空间距离，选取距离最近的若干词，对情感词进行删除或添加。

情感词的描述如表7-6所示。

**表7-6　情感词的描述**

| 情感词类型 | 情感词 |
| --- | --- |
| 积极情感词 | 666、炸裂…… |
| 消极情感词 | 呵呵、细思恐极…… |

### （四）情感值计算

情感值计算过程包括4个步骤，如图7-7所示。

首先，对以人工智能为中心事件的微博文本进行预处理，除了分词等操作外，同时将博文以标点符号为分割线分为几个分句，以便处理。

其次，将词列表与构建的词典进行匹配。若匹配到积极情感词则赋予权重1，若匹配到消极情感词则赋予权重-1。随后，向前搜索是否存在程度词或否定词，若存在程度词则乘以相应的权重，若存在否定词则乘以(-1)。最后将所有情感词得分相加，得到该分句情感得分。

再次，对感叹句进行处理。感叹句代表着语气的强化，也就意味着情感表达更强烈。因此，如果是感叹句，则需要在其他情感得分的基础上做出相应调整。

最后，将所有分句情感值相加，得到该条微博的情感值得分。

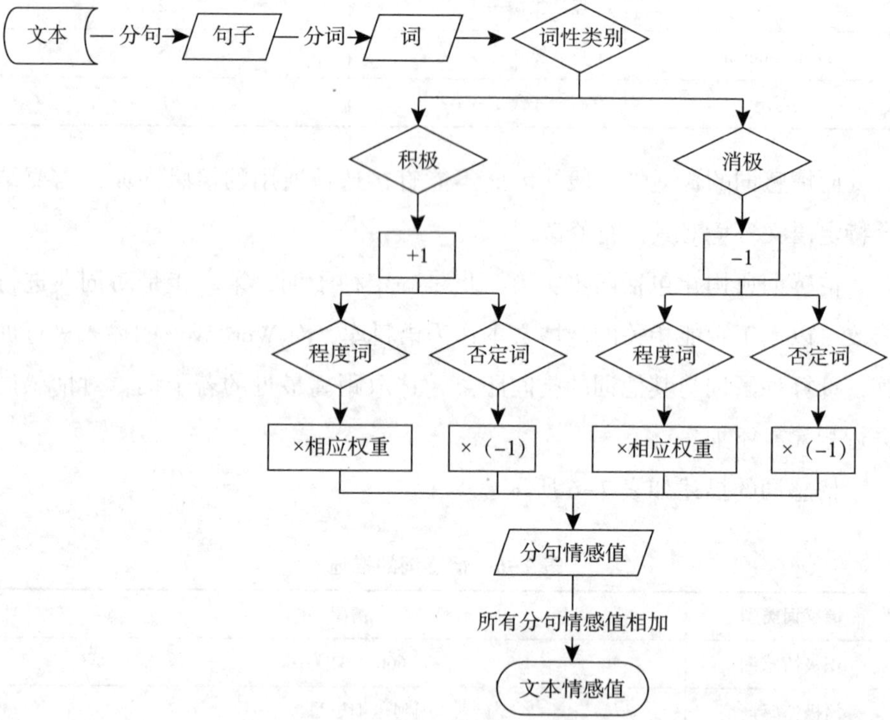


**图 7-7　情感值计算过程**

表 7-7 展示的是利用此方法进行情感值计算的部分结果。

**表 7-7　情感值计算的部分结果**

| 情感值 | 时间 | 帖子类型 | 帖子内容 |
|---|---|---|---|
| 1.75 | 2013-06-06 14：19 | 跟帖 | 很好，很强大 |
| -2.625 | 2017-07-20 09：14 | 跟帖 | 感觉可怕，会有更多的人失业 |
| -1.2 | 2017-11-28 08：17 | 跟帖 | 太仿真，感觉有点吓人 |
| 1 | 2018-05-31 10：11 | 跟帖 | 随着首个合作项目——全军首家军营“无人超市”在陆军装甲兵学院落地运行，标志着陆军后勤部与京东集团的军民融合战略合作正式启动。有效拓展陆军后勤保障方式，有力促进陆军后勤转型建设，对提升部队战斗力和保障力产生积极而深远的影响 |

对情感值计算的结果进行简单的统计，统计结果如表 7-8 所示。

**表 7-8　情感值统计结果**

| 情感类型 | 微博条数/条 | 占比/% |
|---|---|---|
| 积极 | 23316 | 20.9 |
| 中性 | 82388 | 73.8 |
| 消极 | 5893 | 5.3 |

由表 7-8 可知，大多数人表达了中性的情感，而积极情感的表达多于消极情感的表达。分析对应的微博内容可知，基本上大众对人工智能持观望态度，默认这是技术进步的必然结果；积极的情感多为对人工智能技术的进步表示惊叹与赞许，对于其对日常生活的影响表示不同程度的期待；而消极的情感主要表现为因就业岗位减少而产生的焦虑，以及对机器人缺乏伦理辨识能力的担忧。

图 7-8 和图 7-9 描述了人工智能事件发生后，新浪微博用户的情感随着时间的变化趋势（分别以年份和月份为时间单位）。

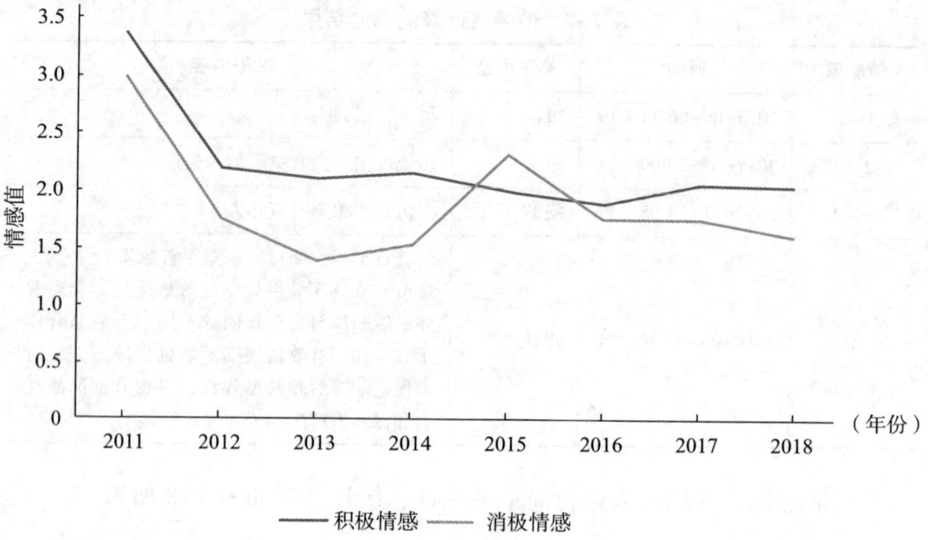


**图 7-8　情感变化趋势**

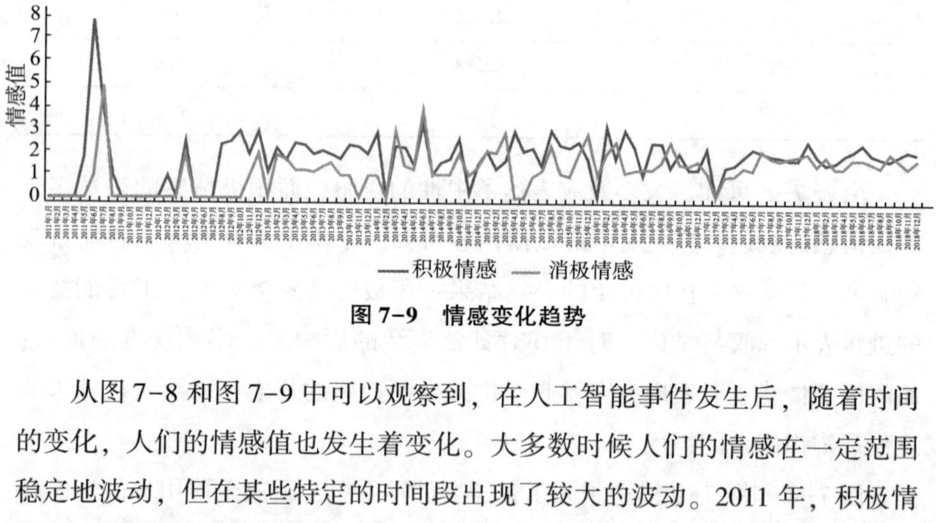


**图 7-9　情感变化趋势**

从图 7-8 和图 7-9 中可以观察到，在人工智能事件发生后，随着时间的变化，人们的情感值也发生着变化。大多数时候人们的情感在一定范围稳定地波动，但在某些特定的时间段出现了较大的波动。2011 年，积极情感与消极情感同时出现了峰值，对应的人工智能事件是 IBM“沃森”在智力竞赛节目中大获全胜，“人工智能”这一概念的初步出现引起了人们的广泛讨论。由于人们对新事物的理解和认识能力有限，人工智能对大众情感产生的冲击较大，但技术所限，人工智能尚未显示对人类的威胁，因此人们的积极情感高于消极情感。此时，人工智能技术尚处于发展早期阶段，微博上关于反映以人工智能为中心的情绪文本并不多，也体现了此时大众对人工智能的关注度不高。随着 2012 年 Google project glass（谷歌眼镜）、AI 法识别猫科动物等人工智能事件的发生，大众表达的情绪内容有所增加，对人工智能的关注度上升。2012—2013 年，积极情感整体高于消极情感，此时人工智能刚开始以正面影响不断进入人们的视野，大众普遍抱有积极情绪。之后，随着人工智能的不断发展，人们开始加深对人工智能的思考，以及对自身职业发展的影响，褒贬不一的评价开始出现，使得积极情感与消极情感之间的差值波动较大。2016 年 1 月，特斯拉自动驾驶汽车首次致死车祸导致消极情绪高涨，积极情绪消失殆尽，又随着人工智能改善癌症诊断疗法、AlphaGo 等，积极情绪再次高涨。人们的情绪变化从最初的波动幅度较大到近几年的在一定范围波动，反映的是人工智能技术的进步和负面事件的减少，体现了人们对人工智能的理解、接受过程。

在大部分情况下，图 7-8 中的“积极情感”值都大于“消极情感”值。这表明，除个别时间段外，大部分时间人们表达的积极情感要强于消极情感，且当“消极情感”值大于“积极情感”值时，其差值仅在 0.5 之内。这体现了对于人工智能，人们更倾向于表现接受并有所期待的态度。

图 7-10 描述了情感值的增量变化情况，每个时刻的情感值都是前面所有时刻情感值的累计。从图 7-10 可以看出，两种情感的累计值始终呈上升趋势，且积极情感的累计值始终大于消极情感的累计值。此外，“积极情感”线的斜率要略大于“消极情感”线的斜率，表明积极情感变化的速度要略高于消极情感变化的速度，人们对人工智能积极情感的产生速度始终高于消极情感的产生速度。

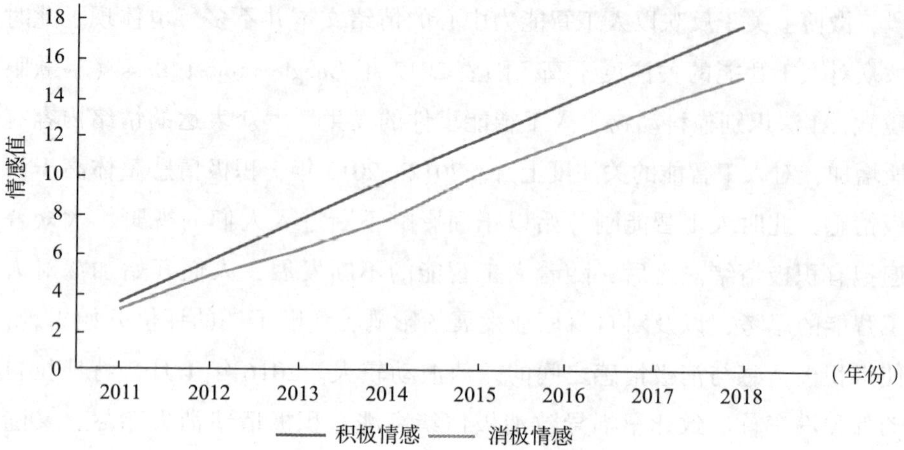


**图 7-10　情感值增量变化趋势**

## 五、心理冲击程度测度结论与建议

本书提出人工智能技术进步对社会大众的心理冲击程度测度的方法，既可以弥补传统问卷调研方式的不足，又可以更具体且实时动态地对情绪变化进行监控，以作为决策的参考信息，具有一定的预见性。有关部门可以参考本研究的方法，作为决策支持。基于本书所得实验结果，提出如下建议。

### （一）提高公众科学文化素养，利用媒体正确引导舆论

公众的恐慌多数源于对未知或不熟悉事物不可控性的怀疑，当相关负面消息出现时，这种恐慌情绪会被引爆。恐慌情绪不仅不利于人工智能的普及应用，而且对社会的和谐发展将造成一定影响。因此，普及人工智能知识，提高公众科学文化素养，帮助公众建立对人工智能技术的正确认识至关重要。适时强调人工智能的优势及安全性以消除公众对其不良印象，适时宣传普及人工智能给就业带来正向的创造效应，以缓解因“人工智能威胁论”而引起的大众焦虑情绪，呼吁大众从辩证角度看待技术这把“双刃剑”。使用本研究方案的方法，通过观察公众情绪整体变化趋势，评选最优的舆论引导方案，并重点采用效果显著的舆论引导方案，助长积极情

感的增长，从而为人工智能的推广创造一个良好的人文及舆论环境，以实现人、技术、经济之间的和谐发展。

（二）加大监管力度，颁布法律规范人工智能发展

恐慌情绪的爆发多源自负面消息的出现，因此减少负面消息，可有效减少消极情绪。为了从根源上减少负面消息，应制定一套全面的监督体系，做到严格把关，保证投入应用技术的安全，真正达到辅助于人、服务于人的目的。也可通过对微博用户情绪的实时监控，及时进行舆情风险评估和防控。同时，人工智能产生的伦理道德问题，如隐私信息侵犯、算法歧视等具有我国现有法律法规无法适用的复杂性，使权益的保障成为公众的一大顾虑。因此，有关部门应尽快完善人工智能领域的相关立法，提供必要的法律保障，同时，督促企业效仿国外科技巨头成立伦理委员会，如谷歌成立的人工智能伦理委员会，提升公众安全感，以缓解消极情绪。

（三）采取措施减缓和平抑人工智能给就业带来的负面影响

颁布相应公关政策及对应的人才培养计划，平衡人工智能对就业产生的创造效应与破坏效应，以及一系列连锁的社会问题。微博用户的情绪提供了人工智能对就业的创造效应和破坏效应的量化参考，有关部门可基于多个指标，如地区、年龄、职业，分析数字关系并预测变化趋势，及时采取相应的措施来减缓人工智能带来的负面影响。例如，通过补贴发放，减少人工智能对收入不平等的异质性影响等，进一步预防贫富差距的扩大；通过具有前瞻性的技能再培训，保证即使相关工作岗位被替代，工人也可以通过更换任务转变技术禀赋；通过相应的人才培养计划，提供充分的学习资源与机会，营造良好的学习氛围，培养具有专业技能的人才，配合劳动力供给侧结构性改革的速度，以应对就业岗位分布结构的变化趋势，弥补人才缺口，达到宏观经济政策的四大目标之一充分促进就业。通过一系列宏观调控手段，使人工智能对就业的创造效应与破坏效应维持在一定范围，从而避免因贫富差距、就业压力上升带来的犯罪率、自杀率上升等问题，在保证人民生活幸福感的前提下，促进社会与经济的稳健发展。

## 六、本节小结

本书认为选用基于情感词典的情感分析方法较适合对人工智能技术进步对社会大众的心理冲击程度进行量化测度。研究表明如下四点。第一，大多数人表达了中性的情感，而积极情感的表达多于消极情感的表达。第二，情感值的时间变化情况。在人工智能事件发生后，随着时间的变化，人们的情感值也发生着变化。大多数时候人们的情感在一定范围稳定地波动，但在某些人工智能事件发生的特定时间段出现了较大的波动。除个别时间段外，大部分时间人们表达的积极情感要强于消极情感，表明对于人工智能，人们更倾向于表现接受并有所期待的态度。第三，情感值的增量变化情况。积极和消极两种情感的累计值始终呈上升趋势，且积极情感的累计值始终大于消极情感的累计值，积极情感变化的速度要略高于消极情感变化的速度，人们对人工智能积极情感的产生速度始终高于消极情感的产生速度。第四，基于本书得到的实证结果，提出如下建议：提高公众科学文化素养，利用媒体正确引导舆论；加大监管力度，颁布法律规范人工智能发展；采取措施减缓和平抑人工智能给就业带来的负面影响。

本书虽然在研究方法上有所创新并实现了研究目标，但在研究中仍存在一定的局限性。第一，在社交媒体选择方面。本书选用微博，但是本研究对于数据量有一定的要求，如果在微博上没有足够的数据，就会影响模型的构建。在接下来的研究中，可以结合其他数据，如百度指数等进行研究。第二，本书的研究对于数据的真实性要求很高，如果存在不真实的信息，就会影响实验结果。接下来的研究可以考虑如何对数据的真实性和有效性进行相关验证。第三，本书仅利用了微博文本，其实微博中还存在大量的表情、图片、视频等形式的数据，这些数据也具有很大价值，在之后的研究中可以考虑添加这些更加丰富的数据。本书的研究表明，利用社交媒体进行社会大众的情绪反应调查可以弥补传统问卷调研方式的不足，为劳动就业政策调整管理提供实时动态的信息，具有一定的前瞻性，且可以反映人们的情感损失变化，从而能为就业、培训等相关工作提供及时、准确的信息，也为有关部门稳定舆论、安抚公众情绪提供支持。希望本书提出的方法可以对有关部门的管理工作起到积极的作用。

## 第三节　人工智能技术进步对企业员工的心理冲击程度测度

近年来，人工智能技术越来越快地被应用到各行各业，引发了人们对技术性失业的社会恐慌。“机器换人”的现象也频繁出现在工业、服务业等领域。这次人工智能技术的崛起，岗位替代率高，可能出现就业极化，给岗位从业者带来了巨大的心理冲击。这种心理焦虑与恐惧不仅会影响劳动者的身心健康和生活幸福，也很容易引发企业的劳动争议和纠纷，成为社会稳定、和谐发展的隐患。因此，对人工智能技术进步引发的企业员工心理冲击程度进行测度有着非常重要的理论意义和现实意义。

### 一、研究假设

#### （一）人工智能技术应用对就业与岗位的影响

人工智能技术应用对就业与岗位的影响主要表现在以下几个方面。

①岗位替代率高。人工智能的替代效应比以往任何技术进步的影响都要明显。世界银行调查显示，2013 年，超过 50 个国家 57%的工作受到了自动化技术的影响。②岗位替代与创造效应并存。虽然人工智能技术应用表现出的替代效应较为明显，但是其创造效应仍然存在。有学者提出，自动化在减少就业的同时会通过创造新的工作任务衍生新的就业机会。1988—2004 年，ATM（自动取款机）造成美国银行分支机构柜员数量平均减少了 1/3，但全美银行分支机构数量上升了 40%以上；1980—2012 年，美国社交密集型工作增长了 24%。③岗位技能要求出现极化趋势。20 世纪计算机革命与 21 世纪人工智能技术飞速发展相结合，对岗位的影响突出表现为中等收入、中等技能要求岗位数量在不断减少。Frey 等发现，新机器革命使高收入的脑力劳动（认知工作）和低收入的体力劳动岗位均有所增

加，岗位对劳动者技能要求呈现出两极分化的趋势。根据上述分析，提出以下假设。

假设1：人工智能技术应用程度越高，岗位替代率越高。

假设2：人工智能技术应用程度越高，中等技能员工岗位占比越低。

### （二）人工智能技术应用对岗位工作特征的影响

在组织中，人工智能技术的应用促使企业生产率提升，生产作业流程及工作环境发生变化，人工智能技术的应用一方面替代了部分传统的工作岗位；另一方面改变了工作岗位的工作特征和要求，或创造全新的工作岗位。例如，人脸识别技术的应用使一部分保安失去了工作岗位，而另一部分保安的主要工作由核查证件转变为辅助用户使用人脸识别设备并提供简单的维护。人工智能技术的应用，需要岗位从业者具有更高的知识和技能来完成智能化程度更高的工作，因此岗位工作和技能要求会更高；而且，人工智能技术替代了更多程序性和危险性高，劳动负荷重的工作，而复杂性和创造性工作不容易被人工智能取代，因此人工智能技术应用改善了岗位工作特征，岗位需要更多自主性和多样性。根据上述分析，提出以下假设。

假设3：人工智能应用程度越高，岗位工作要求越高。

假设4：人工智能应用程度越高，岗位技能要求越高。

### （三）岗位工作特征变化对劳动者消极心理幸福感的影响

伴随着人工智能标志性事件出现和相关信息传播，人们会依据自身资源条件对人工智能技术进步做出相应的心理应激反应。自我决定理论认为，员工的三种基本心理需求包括自主需求、胜任需求和关系需求。当外界环境变化时，员工的三种需求满足水平发生变化，会影响员工的消极心理幸福感水平。例如，人工客服被大量的人工智能客服取代后，保留下来的人工客服主要负责处理比较复杂的业务和服务的投诉，相较于之前的岗位要求，现有岗位要求对业务有更高的熟知度、有更好的人际沟通能力，这些岗位工作特征的变化会使岗位从业者自主、胜任和关系三种需求满足程度出现变化，从而影响岗位任职者的心理状态和工作态度。基于上述分析，提出以下假设。

假设5：工作要求越高，员工的消极心理幸福感越高。

假设6：技能要求越高，员工的消极心理幸福感越高。

### （四）人工智能应用程度对劳动者消极心理幸福感的影响：岗位特征为中介变量

人工智能技术应用改变工作方式、工作内容及工作特征，特别是表现在以下几个方面。①岗位技能要求呈水平化。在人工智能时代企业模块化生产方式下，以往建立在不同技能基础上的科层制垂直分工，被相似技能水平的水平分工替代。②人机协同工作方式变化。人工智能时代人机合作、人机互动决定了劳动者将把人工智能载体视为伙伴，因此劳动者需要具备工作中处理人机协同关系必要的任务知识、技能及其他必备特征。这些工作方式和技能要求的变化，给员工开展工作带来了新的挑战和压力。根据上述分析，提出以下假设。

假设7：人工智能应用程度越高，员工的消极心理幸福感越高。

假设8：人工智能应用程度会通过工作方式对员工的消极心理幸福感产生显著的影响。

假设9：人工智能应用程度会通过技能要求对员工的消极心理幸福感产生显著的影响。

### （五）人工智能应用程度对劳动者消极心理幸福感的影响：自我感知可雇佣性为调节变量

在人工智能技术应用改变工作方式和工作特征的过程中，员工感受到来自技术引发的变化，一方面员工对新技术的采用感知到新奇、便利、技术时尚感，另一方面员工会感知到技术给就业带来的威胁。但是，如果个人拥有良好的知识和技能，在组织内部和外部都有可供选择的就业机会，那么技术性失业带来的威胁就会下降，从而影响到员工的主观幸福感程度。基于上述分析，提出以下假设。

假设10：人工智能应用程度会通过工作要求影响员工的消极心理幸福感，自我感知雇佣性为调节变量。

假设11：人工智能应用程度会通过技能要求影响员工的消极心理幸福感，自我感知可雇佣性为调节变量。

## 二、实证研究

### （一）研究样本

本书采用员工和企业配对的方式，共调查了100家开展人工智能相关业务的企业，并且在每家企业随机向5名员工发放调查问卷，共计发放企业调查问卷100份和员工调查问卷500份，总计回收有效企业问卷100份，员工问卷500份，有效回收率均为100%。企业样本基本特征如表7-9所示，员工样本基本特征如表7-10所示。

**表7-9 企业样本基本特征**

| 特征 | | 数量/个 | 占比/% |
|---|---|---|---|
| 企业类型 | 研发型 | 34 | 34 |
| | 应用型 | 66 | 66 |
| 企业性质 | 国有独资 | 0 | 0 |
| | 有限责任公司 | 66 | 66 |
| | 集体企业 | 2 | 2 |
| | 股份有限公司 | 7 | 7 |
| | 民营企业 | 23 | 23 |
| | 三资企业 | 2 | 2 |
| 开展人工智能相关业务时间 | 2009年及以前 | 7 | 7 |
| | 2010—2012年 | 7 | 7 |
| | 2013—2015年 | 30 | 30 |
| | 2016—2018年 | 56 | 56 |

**表 7-10　员工样本基本特征**

| 特征 | | 数量/个 | 占比/% |
|---|---|---|---|
| 性别 | 男 | 286 | 57.2 |
| | 女 | 214 | 42.8 |
| 年龄 | 20 岁及以下 | 0 | 0 |
| | 21~25 岁 | 42 | 8.4 |
| | 26~30 岁 | 165 | 33.0 |
| | 31~35 岁 | 168 | 33.6 |
| | 36~40 岁 | 99 | 19.8 |
| | 41 岁及以上 | 26 | 5.2 |
| 岗位 | 管理岗 | 44 | 8.8 |
| | 行政岗 | 193 | 38.6 |
| | 研发岗 | 27 | 5.4 |
| | 技术岗 | 72 | 14.4 |
| | 生产岗 | 20 | 4.0 |
| | 销售岗 | 144 | 28.8 |
| 职位 | 高层管理者 | 1 | 0.2 |
| | 中层管理者 | 41 | 8.2 |
| | 基层管理者 | 49 | 9.8 |
| | 普通员工 | 399 | 79.8 |
| 学历 | 博士 | 5 | 1.0 |
| | 硕士 | 69 | 13.8 |
| | 本科 | 352 | 70.45 |
| | 大专 | 67 | 13.4 |
| | 高中或中职 | 7 | 1.4 |
| | 初中及以下 | 0 | 0 |
| 参与人工智能相关业务时间 | 2010 年及以前 | 15 | 3.0 |
| | 2011—2013 年 | 56 | 11.2 |
| | 2014—2016 年 | 179 | 35.8 |
| | 2017—2019 年 | 250 | 50.0 |

（二）描述性统计

本书利用员工样本（$N$=500）对变量数据进行描述性统计，问卷中所有变量的标准差均大于1。由于数据数量有限，难以完全保证数据的正态分布，但偏度和峰度的值都在标准范围。因此，问卷的题目具有良好的鉴别力，结果如表7-11所示。从上述数据分析结果来看，人工智能设备应用比较普遍，工作要求和技能要求都较高，消极心理幸福感处于相对较低的水平。

**表7-11　描述性统计结果**

| | *N* | 均值 | 标准偏差 | 偏度 | | 峰度 | |
|---|---|---|---|---|---|---|---|
| | 统计 | 统计 | 统计 | 统计 | 标准错误 | 统计 | 标准错误 |
| 消极心理幸福感 | 500 | 1.737 | 0.830 | 1.821 | 0.109 | 3.191 | 0.218 |
| 工作要求 | 500 | 3.515 | 0.602 | -0.276 | 0.109 | -0.197 | 0.218 |
| 技能要求 | 500 | 3.652 | 0.742 | -0.303 | 0.109 | -0.182 | 0.218 |
| 可雇佣性感知 | 500 | 3.959 | 0.581 | -1.106 | 0.109 | 1.845 | 0.218 |
| 人工智能设备应用程度 | 500 | 3.599 | 0.736 | -0.654 | 0.109 | 0.548 | 0.218 |

（三）变量测量

1. 人工智能技术应用程度

人工智能技术应用程度变量用来衡量企业中使用人工智能技术或设备的程度，目前通常采用人工智能研发费用占比和人工智能业务营业收入占比来衡量。本书采用了以下指标：

人工智能技术应用程度=2018年人工智能相关业务营业收入÷2018年主营业务收入

2. 岗位替代率

岗位替代率是指人工智能应用之后，岗位数发生的变化情况，具体衡量指标如下：

岗位替代率=（2017年人工智能相关各岗位人数-2018年人工智能相关各岗位人数）÷2017年人工智能相关各岗位人数

3. 中等技能员工岗位占比变化率

中等技能员工岗位变化率=（2018 年中级职称人数占比-2017 年中级职称人数占比）÷2017 年中级职称人数占比

4. 人工智能应用程度感知

人工智能应用程度感知量表是通过访谈资料整理后由本课题开发的，共由 5 个题目构成，如“我工作中要求使用人工智能设备的程度如何”“我工作中要求协助人工智能设备工作的程度如何”，以及“我工作中要求看管人工智能设备的程度如何”等。本书量表采用李克特（Likert）五级量表的计分形式，其中，1 为完全不符合，5 为完全符合。

5. 工作要求

工作要求测量采用的是 Karasek 在其研究中使用的量表，该量表经修订后共有 6 个题项，如“我的工作要求我快速工作的程度”、“我的工作要求我努力工作的程度”，以及“我的工作要求我大工作量的程度”等。本书量表采用李克特五级量表的计分形式，其中，1 为完全不符合，5 为完全符合。

6. 技能要求

技能要求测量采用的是 Karasek 在其研究中使用的量表，该量表经修订后共有 4 个题项，如“我的工作非重复性程度如何”等。本书量表采用李克特五级量表的计分形式，其中，1 为完全不符合，5 为完全符合。

7. 员工消极心理幸福感

员工消极心理幸福感测量采用的是邱林、郑雪和王雁飞对 PANAS 进行的修订，该量表由 9 个题项构成，如“紧张的”“烦躁的”“难过的”等。该量表适合国内使用，具有良好信效度。该量表中，1 = 几乎没有，2 = 比较少，3 = 中等程度，4 = 比较多，5 = 非常多。

8. 自我感知可雇佣性

自我感知可雇佣性测量采用的是曾垂凯开发的量表，该量表由 8 个题项构成，如“我在其他公司也能找到与自己技能、经验相关的工作”，“我在公司的人际网络有助于自己的职业生涯发展”，以及“我从当前工作获得的技能可用于公司之外的其他工作”等。本书量表采用李克特五级量表的计分形式。

（四）信效度分析

为了保证数据的一致性和稳定性，以及量表测量的准确性与有效性，本书对各量表进行了信效度分析，其中，信度分析采用 Cronbach′s a 系数考察。Cronbach′s a 系数大于 0.7，即代表量表具有较好的可靠性。效度分析采用 *AVE* 值和 *CR* 值测量，其中，*AVE* 值接近或者大于 0.5；*CR* 值接近或大于 0.7，表明问卷具有较好的效度。由表 7-12 信效度分析可知，各量表信效度均符合标准，因此各量表具有较好的信效度。

**表 7-12　信效度分析**

| 变量 | Cronbach′s a 系数 | *AVE* 值 | *CR* 值 |
| --- | --- | --- | --- |
| 人工智能应用程度感知 | 0.874 | 0.447 | 0.801 |
| 工作要求 | 0.793 | 0.483 | 0.850 |
| 技能要求 | 0.777 | 0.440 | 0.702 |
| 员工消极心理幸福感 | 0.843 | 0.670 | 0.948 |
| 自我感知可雇佣性 | 0.879 | 0.545 | 0.908 |

（五）人工智能技术应用对岗位和技能结构的影响

为了检验人工智能技术应用对岗位的影响，通过企业问卷数据相关性分析发现，人工智能技术应用程度与岗位替代率之间的相关系数不显著（见表 7-13），说明人工智能技术应用对于岗位并没有形成明显的替代作用，假设 1 不成立。结合前期访谈获得的第一手资料分析，人工智能技术发展在不同领域、不同行业，技术成熟度、生产效率都存在差异，企业对人工智能技术的应用多处于探索和尝试阶段，因此，人工智能技术的应用不仅替代了部分岗位和任务，还创造了一些新的岗位。例如，在银行工作场景，虽然人工智能设备已经替代了银行大堂中柜员的岗位，但是原来柜员的工作由处理业务转变成为辅助客户使用人工智能设备，因此，人工智能设备的使用并没有减少工作岗位，只是工作岗位职能发生了变化。因此，在人工智能技术和设备应用初期，其岗位替代效应并不明显。

为了检验人工智能技术应用对企业岗位技能结构的影响，通过企业问卷数据相关性分析发现，人工智能技术应用程度与中等技能人员占比变化率之间的相关系数不显著（见表7-13），说明人工智能技术应用对于企业岗位技能结构并没有形成明显的影响，假设2不成立。结合前期访谈获得的第一手资料分析及上述分析，人工智能技术应用对岗位替代的作用不明显，而且岗位替代率与岗位技能结构变化率之间显著相关，所以人工智能技术应用对企业岗位技能结构的影响不显著，就业极化的效应尚未显现。

**表7-13 人工智能技术应用程度、岗位替代率及中等技能人员占比变化率相关性**

| 变量 | 1 | 2 | 3 |
| --- | --- | --- | --- |
| 2018年人工智能业务营业收入占比 | 1.000 | 0.019 | 0.034 |
| 岗位替代率 | 0.019 | 1.000 | 0.613** |
| 中等技能人员占比变化率 | 0.034 | 0.613** | 1.000 |

注：表中显著性**为0.01级别。

### （六）人工智能技术应用对岗位工作特征的影响

为了检验人工智能技术应用对岗位工作特征的影响，以岗位工作各项特征为因变量，以人工智能技术应用程度为自变量，通过对员工问卷调查数据分析发现，人工智能技术应用程度与岗位工作要求和技能要求之间具有显著的正相关性（见表7-14）。假设3和假设4得到初步支持，适合进一步进行回归模型检验。

**表7-14 人工智能技术应用程度与岗位工作要求和技能要求、员工消极心理幸福感相关性**

| 变量 | 1 | 2 | 3 | 4 |
| --- | --- | --- | --- | --- |
| 人工智能技术应用程度 | 1.000 | 0.514** | 0.657** | 0.179** |
| 工作要求 | 0.514** | 1.000 | 0.516** | 0.211** |
| 技能要求 | 0.657** | 0.516** | 1.000 | 0.177** |
| 员工消极心理幸福感 | 0.179** | 0.211** | 0.177** | 1.000 |

注：表中显著性**为0.01级别。

本书进行了回归分析，其中，以性别、年龄和学历为控制变量，工作要求和技能要求为因变量，人工智能技术应用程度为自变量。结果发现，模型2中，人工智能技术应用程度对工作要求有显著正向影响（$b = 0.490$，$p < 0.001$）。模型4中，人工智能技术应用程度对技能要求有显著正向影响（$b = 0.639$，$p < 0.001$）。而且，经检验每个模型的方差膨胀因子（*VIF*）都小于5（表7-15），因此，假设3和假设4都得到验证。

**表7-15　人工智能技术应用程度对工作要求和技能要求的回归分析结果**

| 变量 | 工作要求 | | 技能要求 | |
|---|---|---|---|---|
| | 模型1 | 模型2 | 模型3 | 模型4 |
| 性别 | 0.192<br>(-4.293) | -0.070<br>(-1.931) | 0.171<br>(-3.845) | 0.022<br>(0.613) |
| 年龄 | 0.021<br>(0.466) | -0.019<br>(0.494) | 0.058<br>(1.302) | 0.005<br>(0.148) |
| 学历 | 0.106<br>(-2.432) | -0.050<br>(-1.303) | 0.165<br>(-3.799) | 0.092<br>(-2.710) |
| 人工智能技术应用程度 | | 0.490***<br>(12.206) | | 0.639***<br>(18.186) |
| $R^2$ | 0.053 | 0.272 | 0.668 | 0.441 |
| $\Delta R^2$ | | 0.219 | | 0.373 |
| *F* 值 | 9.275*** | 148.986*** | 12.034*** | 330.722*** |
| *VIF* 最大值 | 1.048 | 1.107 | 1.048 | 1.107 |

注：表中显著性***为0.001级别。

### （七）岗位工作特征对员工消极心理幸福感的影响

为了检验岗位工作特征对员工消极心理幸福感的影响，本书进行了员工消极心理幸福感和岗位的工作要求，以及技能要求，之间的相关性分析，岗位工作要求和技能要求同员工消极心理幸福感之间具有显著的正相关性（见表7-16）。假设5和假设6得到初步支持，适合进一步进行回归模型检验。

**表 7-16　岗位工作特征对员工消极心理幸福感的回归结果**

| 变量 | 员工消极心理幸福感 | | |
|---|---|---|---|
| | 模型 1 | 模型 2 | 模型 3 |
| 性别 | 0.069<br>(1.505) | 0.112<br>(2.464) | 0.100<br>(2.194) |
| 年龄 | 0.104<br>(2.293) | 0.100<br>(-1.154) | 0.094<br>(2.088) |
| 学历 | -0.052<br>(-1.154) | -0.028<br>(-0.630) | -0.021<br>(-0.475) |
| 工作要求 | | 0.224***<br>(5.020) | |
| 技能要求 | | | 0.184***<br>(4.042) |
| $R^2$ | 0.015 | 0.063 | 0.047 |
| $\Delta R^2$ | | 0.048 | 0.031 |
| *F* 值 | 2.526* | 25.204*** | 16.336*** |
| *VIF* 最大值 | 1.048 | 1.087 | 1.079 |

注：表中显著性*为 0.05 级别，**为 0.01 级别，***为 0.001 级别。

为进一步探索岗位工作特征对员工消极心理幸福感的影响，本书进行了回归分析，其中，将性别、年龄和学历作为控制变量，将员工消极心理幸福感作为因变量，工作要求和技能要求作为自变量。结果表明，模型 2 中，工作要求对员工消极心理幸福感有显著正向影响（$b = 0.224$，$p < 0.001$）。模型 3 中，技能要求对员工消极心理幸福感存在显著正向影响（$b = 0.184$，$p < 0.001$），见表 7-16。因此，假设 5 和假设 6 均得到验证。

（八）人工智能技术应用程度对员工消极心理幸福感的影响

为了检验人工智能技术应用程度对员工消极心理幸福感的影响，本书进行了员工消极心理幸福感与人工智能应用程度之间的相关性分析。通过对员工问卷调查数据分析发现，人工智能技术应用程度与员工消极心理幸福感之间具有显著的正相关性（见表 7-17）。假设 7 得到初步支持，适合进一步进行回归模型检验。

为了进一步检验人工智能技术应用程度对员工消极心理幸福感的影响机制，引入工作要求和技能要求作为中介变量，可雇佣性感知作为调节变量。由于人工智能技术应用程度与工作要求和技能要求均呈显著的正相关关系，以及工作要求和技能要求均与员工消极心理幸福感呈显著的正相关关系（见表 7-17），假设 8 和假设 9 得到初步支持，适合进行下一步的层级回归分析。

**表 7-17　层级回归分析结果**

| 变量 | 员工消极心理幸福感 | | | | | |
|---|---|---|---|---|---|---|
| | 模型 1 | 模型 2 | 模型 3 | 模型 4 | 模型 5 | 模型 6 |
| 性别 | 0.069<br>(1.505) | 0.114<br>(2.462) | 0.127<br>(2.774) | 0.116<br>(2.516) | 0.151<br>(3.368) | 0.134<br>(2.971) |
| 年龄 | 0.104<br>(2.293) | 0.089<br>(1.971) | 0.092<br>(2.067) | 0.088<br>(1.963) | 0.088<br>(2.032) | 0.080<br>(1.817) |
| 学历 | −0.052<br>(−1.154) | −0.029<br>(−0.667) | −0.021<br>(−0.473) | −0.020<br>(−0.446) | −0.064<br>(−1.464) | −0.063<br>(0.1424) |
| 人工智能技术应用程度 | | 0.193***<br>0.108*<br>(2.078) | 0.125*<br>(2.121) | 0.149**<br>(2.912) | 0.164**<br>(2.811) | |
| 工作要求 | | | 0.174**<br>(3.417) | | 0.499***<br>(6.276) | |
| 技能要求 | | | | 0.105*<br>(1.798) | | 0.424***<br>(4.774) |
| 工作要求×可雇佣性感知 | | | | | −0.415***<br>(−5.230) | |
| 技能要求×可雇佣性感知 | | | | | | −0.405***<br>(−4.699) |
| $R^2$ | 0.015 | 0.049 | 0.071 | 0.055 | 0.120 | 0.096 |
| $\Delta R^2$ | | 0.034 | 0.022 | 0.006 | 0.039 | 0.040 |
| $F$ 值 | 2.526* | 17.636*** | 11.674** | 3.234* | 27.349*** | 22.077*** |
| $VIF$ 最大值 | 1.048 | 1.107 | 1.423 | 1.825 | 3.543 | 4.297 |

注：表中显著性*为 0.05 级别，**为 0.01 级别，***为 0.001 级别。

本书进行了层级回归分析，其中，以性别、年龄和学历作为控制变量，以消极心理幸福感作为因变量，以人工智能技术应用程度作为自变量，以工作要求和技能要求作为中介变量，以可雇佣性感知作为调节变量。

（1）直接效应检验。分析结果发现，模型 2 中，人工智能技术应用程度对员工消极心理幸福感有显著正向影响（$b = 0.193$，$p < 0.001$）。而且，经检验每个模型的方差膨胀因子（VIF）都小于 5，说明不存在同源偏差问题。因此，假设 7 得到验证。

（2）中介效应检验。分析结果发现，模型 3 中，工作要求系数显著（$b = 0.174$，$p < 0.01$），人工智能应用程度的系数较模型 2 的直接影响系数小，但仍然显著（$b = 0.108$，$p < 0.1$），表明工作要求在人工智能应用程度与员工消极心理幸福感关系中起到部分中介作用，即人工智能应用程度可以直接促进员工的消极心理幸福感，同时，能通过工作要求的提高增加员工的消极心理幸福感。模型 4 中，技能要求系数显著（$b = 0.105$，$p < 0.05$），人工智能应用程度的系数较模型 2 的直接影响系数小，但仍然显著（$b = 0.125$，$p < 0.1$），表明技能要求在人工智能应用程度与员工消极心理幸福感关系中起到部分中介作用，即人工智能应用程度可以直接促进员工的消极心理幸福感，同时，能通过技能要求的提高促进员工的消极心理幸福感。而且，经检验每个模型的方差膨胀因子（VIF）都小于 5（详见表 7-17），说明不存在同源偏差问题。因此，假设 8 和假设 9 得到验证。

（3）调节效应检验。将可雇佣性感知同工作要求和技能要求分别相乘作为交互项，为了降低共线性，将交互项做中心化处理。用分层回归分析的方法，检验可雇佣性感知分别在工作要求和员工消极心理幸福感、技能要求和员工消极心理幸福感间的调节作用。模型 5 中，工作要求和可雇佣性感知的交互项系数显著（$b = -0.415$，$p < 0.001$），说明可雇佣性感知负向调节工作要求对员工消极心理幸福感的正向影响。员工可雇佣性感知越强，工作要求对员工消极心理幸福感的正向作用越弱。模型 6 中，技能要求和可雇佣性

感知的交互项系数显著（$b=-0.405$，$p<0.001$），说明可雇佣性感知负向调节技能要求对员工消极心理幸福感的正向影响。员工可雇佣性感知越强，技能要求对员工消极心理幸福感的正向作用越弱。而且，经检验每个模型的方差膨胀因子（VIF）都小于5（详见表7-17），说明不存在同源偏差问题。因此，假设10和假设11得到验证。假设验证结果汇总如表7-18所示。

**表7-18　假设验证结果汇总**

| 假设 | 结果 |
|---|---|
| 假设1：人工智能技术应用程度越高，岗位替代率越高 | 不成立 |
| 假设2：人工智能技术应用程度越高，中等技能员工岗位占比下降 | 不成立 |
| 假设3：人工智能应用程度越高，岗位工作要求越高 | 成立 |
| 假设4：人工智能应用程度越高，岗位技能要求越高 | 成立 |
| 假设5：工作要求越高，员工的消极心理幸福感越高 | 成立 |
| 假设6：技能要求越高，员工的消极心理幸福感越高 | 成立 |
| 假设7：人工智能应用程度越高，员工的消极心理幸福感越高 | 成立 |
| 假设8：人工智能应用程度会通过工作要求对员工的消极心理幸福感产生显著的影响 | 成立 |
| 假设9：人工智能应用程度会通过技能要求对员工的消极心理幸福感产生显著的影响 | 成立 |
| 假设10：人工智能应用程度会通过工作要求影响员工的消极心理幸福感，自我感知可雇佣性为调节变量 | 成立 |
| 假设11：人工智能应用程度会通过技能要求影响员工的消极心理幸福感，自我感知可雇佣性为调节变量 | 成立 |

## 三、结论

通过上述分析得到如下三个结论。

### （一）人工智能技术应用对岗位和技能结构影响不明显

从企业层面的调查分析来看，企业的人工智能技术应用程度对岗位替代率并没有产生显著的影响，对技能结构的影响也并不显著。因此，人工智能技术应用对岗位和技能结构的影响尚未显现。

### （二）人工智能技术应用影响员工的消极心理幸福感

从员工层面的调查分析来看，人工智能应用水平的提高降低了岗位的工作要求，提高了技能要求，而且岗位和技能要求的这些变化给员工的消极心理幸福感带来了正向的显著影响。结果表明，岗位变化同时给员工带来了消极的情绪体验，表明员工面对新的技术和岗位的变化，内心有害怕、忧虑和担心。

### （三）可雇佣性感知调节了人工智能技术应用对员工消极心理幸福感的影响

人工智能技术应用对员工消极心理幸福感的影响还受到了可雇佣性感知的影响。当员工感知可雇佣性水平较高时，人工智能技术应用对员工消极心理幸福感的正向影响会减弱；反之，当员工感知可雇佣性水平较低时，人工智能技术应用对员工消极心理幸福感的正向影响会增强。

# 第四节　缓解人工智能技术进步对劳动者心理冲击的政策建议

人工智能引领又一次科技变革的趋势已经日趋明朗，这将大力推动社会经济的转型。智能机器和智能技术在提高生产力与国家整体经济效益的同时，不可避免地对劳动力就业产生了剧烈的冲击。在此背景下，我们需要对人工智能发展进行预测，设计相应的社会经济政策，以应对人工智能技术进步给劳动者带来的心理冲击，促进社会大众身心健康和社会和谐发展。因此，国家、社会、企业和个人需共同协作，系统化构建劳动者心理危机预警和干预机制，通过就业创业、教育培训、社会保障等协调政策，设计可操作的实现路径及应对措施。

## 一、缓解心理恐慌的干预措施

首先，可以通过构建心理疏导政策，减轻人工智能给社会大众带来的心理冲击。人工智能的出现与以往任何一次技术进步都不同，人工智能不仅具有就业替代率高的特征，而且对低等、中等技能人员的替代最严重，就业极化效应开始显现，对于北京来说，就业向高技能的“单极化”现象已经呈现，这无疑会引发劳动者对“机器换人”的担忧和对技术性失业的恐惧。这种技术恐惧不仅在很大程度上会阻碍人工智能的进一步普及与发展，还会影响劳动者的身心健康和生活幸福。因此，需要通过提升公众知识水平和素养，建立完善的信息公开和新闻发布制度，加强社会公共服务建设，建立危机干预人工智能专家团队，以及设计一套完整的人工智能监管体系对政府、社会机构和企业等各级劳动者进行心理干预与疏导，以便社会大众以更加积极的心态面对人工智能技术的到来。具体制度如下所述。

（一）政府开设人工智能专项基金，提升公众知识水平和素养

公众对于某一新鲜事物从好奇到恐慌的改变源于大家对人工智能的了解不足，以致当人们看到与人工智能相关的负面消息后，会将人工智能的负面作用无限放大，这些负面信息便会被大众急速宣传。负面作用的无限放大及迅速传播，无疑会引发大众的盲目恐慌，从而阻碍人工智能的正常发展，危害大众的身心健康。因此，政府首先可以通过开设人工智能专项基金，在各大校园、科研机构、行业代表性企业、地区，以及居民社区设立有关人工智能技术的相关知识普及站点，开展一些展览或者宣讲活动，并将这些活动定期、定点地向公众开放，发动群众积极参与其中，身临其境地感受人工智能技术，加深公众对于人工智能技术的认识。在宣讲的过程中，要使社会大众明白，人工智能技术只是一门普通的科学技术，这种技术可以作为人类工作和生活的工具，可以提高效率但未必会取代人类，甚至控制人类，公众只有端正态度积极应对，提升自身技能，将人工智能视作生活伙伴，才会给人类的生活带来便利，从而缓解社会大众因未知而产生的恐慌。另外，政府可以利用互联网络，利用一些视频 App 或者采用慕课的形式向公众传播人工智能的基本知识，与公众进行知识的互动，从而提升公众的知识水平与素养。

### （二）建立完善的信息公开和新闻发布制度，利用媒体正确引导大众心理情绪

任何技术在发展的过程中都会由于初期的制度、技术等不完善出现一些负面的消息，人工智能技术的发展也是如此。如果有效信息供给不足，出现瞒报、谎报的情况，就会造成一些容易引发公众恐慌的消极信息出现，一旦这些消极信息在被放大的情况下散播到群众中，就很容易引发公众的心理恐慌。因此，可以从一些心理传导效应出发，制定相应的心理干预措施，消除一些不必要的心理恐慌。首先是“首因效应”，即公众对人工智能技术产生的第一印象会对公众之后对人工智能的态度产生影响。如果公众对人工智能的初始态度是良好的，那么将有助于公众接纳人工智能在发展过程中的一些负面消息。针对此效应，政府可以通过建立完善的、全面的信息公开渠道，及时向公众普及人工智能的发展现状及内在优势，利用“先入为主”的效应，让一些还不了解人工智能的公众对其产生积极心态。其次是“蝴蝶效应”，即一个事件中，一个人对于某一信息的扩散能够引发大规模的事件。正如一些谣言的传播，一开始出自某人的胡乱猜测，然后通过一传十、十传百的传播速度，使得整个事件人人皆知，从而导致一些惨痛事件的发生。因此，政府可以通过建立新闻发布制度，利用现代传播技术手段，及时、有效地发布有关信息，快速制止公众对于技术发展过程中一些现象的胡乱猜测，消除不良信息的传播源头，避免“蝴蝶效应”引发的心理恐慌。最后是“羊群效应”，即公众往往会跟随大众心理，表现为对优势观念或者行为方式的接受和顺从。如果以上“首因效应”和“蝴蝶效应”都没有控制好，导致部分人群出现了对人工智能技术发展的心理恐慌，就很容易发生“羊群效应”。小部分人的心理恐慌，尤其是一些个人“意见领袖”，一旦出现心理恐慌，他们的声音就会被快速传播。如果这时政府不能通过有效的手段，发布真实信息来消除他们的心理恐慌，就很容易产生“羊群效应”，造成公众心理恐慌。因此，政府还需要采用日常监测手段，建立网络舆情管理系统，比如，建立有关人工智能信息传播的App、网站等终端，这不仅为大众提供了一条反馈渠道，可

以互相交流有关人工智能的想法和观点，有关部门还可以利用这些大数据及时监测大众对人工智能技术的态度，并尽可能将有关人工智能技术的信息及时宣传出去，尤其是当出现一些负面消息时，要及时传播真实信息，对大众心理进行干预，避免不实信息的大范围传播，消除公众对于人工智能的消极印象，从而为人工智能发展创造一个良好的舆论环境。

（三）加强社会公共服务建设，营造接纳人工智能技术的良好氛围

人工智能的出现必然导致一些心理问题的出现，然而，光靠一些宣传活动消除大众的消极情绪是不够的，还需要社会组织的共同参与。首先，可以鼓励热爱人工智能技术的公众建立人工智能爱好者组织或人工智能志愿者服务组织，共同分享和探讨人工智能的相关知识。同时，鼓励这些爱好者做好人工智能技术的传播和解释工作，在各个地区、学校、公司，以及社区建立心理咨询或者人工智能技术服务站，为公众及时有效地解决有关人工智能技术的困惑，共同营造一个接纳人工智能技术的良好氛围。

（四）建立危机干预人工智能专家团队，做好社会大众心理干预

可以招募人工智能技术领域专家及人工智能爱好者组织建立危机干预人工智能专家团队，并对该团队进行心理学知识辅导、专业知识培训，大数据爬虫、语义分析及演讲等专业训练，确保该团队能够准确、及时地预测大众可能出现的恐慌，并且针对恐慌原因，利用微信、微博及宣讲等手段准确地向大众传播有效信息，对社会大众进行心理干预，及时消除大众对人工智能技术发展的负面情绪。同时，要鼓励专家团队到全国各地开展人工智能技术应用场景展示，将一些已经成熟的人工智能技术展现在公众面前，如机器人围棋对弈、多种语言即时翻译，以及无人驾驶汽车等人工智能技术应用场景，让大众近距离地观察人工智能的发展现状，以及未来人工智能技术应用的便利之处，让人们设身处地去感受人工智能技术的优势，以便公众以更加积极的心态接受人工智能时代的到来。

（五）设计一套完整的人工智能监管体系，减轻公众对人工智能的恐慌

根据罗伯特的“技术恐慌曲线”可以得出，人们对于人工智能发展的

态度大致会经历三个阶段。第一个阶段是人工智能崭露头角时，大众不太了解人工智能未来可能产生的影响，从而对人工智能产生一种新鲜、好奇，甚至是喜爱的积极态度。但是，随着人工智能的不断发展，人们渐渐意识到人工智能的出现可能对自己的工作，甚至生活产生威胁时，对人工智能的态度便产生了转变，出现一种不信任、恐惧，甚至抵抗的消极态度，这时便进入了第二个阶段——人工智能的“恐慌崛起阶段”。但是，随着人工智能技术的不断改进与成熟，人们通过自身的学习能力及适应能力，已经慢慢适应人工智能带来的改变，并且享乐其中时，大众的担忧与恐慌便会消失，重新回到积极态度即进入第三个阶段。目前，我国大众对于人工智能的态度即将进入第二个阶段，需要政府助力，正确引导公众观念，消除技术恐慌，为人工智能技术的培育与发展提供良好的生存土壤。然而，想要减轻公众对人工智能的恐慌，就必须尽可能地减少人工智能带来的负面消息。目前，我国甚至国际上都缺乏对人工智能产品从设计到使用建立一套完整的监管体系。监管体系的缺乏使得一些不符合国家标准或有违社会伦理规范的人工智能产品流入市场，一旦这些产品的使用带来消极影响，就很有可能引发大众对人工智能的恐慌与排斥。因此，我国应制定一套多方位、全面化的人工智能监管体系，加强对人工智能技术设计、研发、验收、使用、后期保障等各个环节的严格监管工作，并对不正当利用人工智能技术追求利益的人处以严厉惩罚，以儆效尤，减少大众对人工智能的一些消极情绪，促进人工智能的正常发展。

## 二、保护劳动者权益的保障政策

人工智能技术进步之所以会给社会大众带来心理冲击，最根本的是因为在于人工智能技术进步可能对社会大众的生活方式产生很大的影响。心理疏导政策是从心理层面来缓解人工智能技术进步给社会大众带来的心理冲击的，还可以从产生心理冲击的根本原因角度，即生活保障层面来缓解心理冲击。由此，可以通过完善社会保障体系缓解心理冲击。美国科普作家马丁·福特在《机器人时代》中提到：“我们必须承认一个客观严峻的现实，当前大部分的工作被人工智能取代只是时间问题。”对于很多岗位而言，人的工作效率是大不如机器的工作效率的，并且从成本上来说，人也存在一定的劣势，因此人工智能的发展势必挤压一部分劳动力的就业机会，而这一系列的变化很可能在一定时期对整个社会的就业结构产生冲击，从而引发全球劳动力市场动乱。如果没有再就业培训或者社会保障等措施，整个劳动力市场就可能出现局部的或者是大规模的失业和混乱。当前，无论发达国家还是发展中国家，社会保障设计大多与就业情况紧密联系。因此，需要制定一系列的政策，为失业和下岗人员提供各项社会保障，以减缓人工智能技术进步给社会大众带来的心理恐慌。具体制度如下所述。

（一）提升法律保障，维护劳动者权益

人工智能技术的快速进步，必然对人类社会价值观、经济运行的传统规则，以及法律法规产生冲击。例如，2016 年谷歌的无人驾驶汽车由于电脑故障与公共汽车相撞，虽然并没有造成人员伤亡，却引发了大众对未来的思考，“如果无人驾驶汽车在未来普及，那么由无人驾驶汽车所引发的交通事故应当由谁来负责”。这类由人工智能引发的伦理问题已经超出了目前国际上出台的相关法律法规所管辖范围，国际对于这类问题的处理方法还处于空白状态。然而，我国现有的相关法律也过于零散，没有形成一套较为完整的体系来应对这类伦理道德问题。如果这类问题处理得不好，那么必然引发公众对人工智能的消极情绪。目前，有些国家已经开始关注这一问题。例如，日本为了保护民众的安全，已经出台了关于使用机器人安全指导方面的相关法律。为了避免人类利用机器人获取不正当利益，韩国也提出了机器人道德方面的相关法律。当然，这些国家对于人工智能涉及的伦理道德问题所做出的努力仅为冰山一角，想要彻底解决这些问题还远远不够。因此，无论是否把人工智能当作“人”来对待，都需要对其设计一套使用规则，并赋予“善良”本性，这不仅仅是技术问题，更是伦理问题。为了使人工智能的使用更加符合人类基本价值观，我国政府应尽快完善人工智能领域的相关立法，规定人工智能使用的范围和权限，建立一套完整的法律体系，为人工智能的发展，以及大众的身心健康提供必要的法律保障，以引导人工智能朝着正确的方向发展。除了制定有关人工智能伦理道德方面的法律法规外，还需要制定保障劳动者就业的法律法规，尤其是受人工智能影响较大的行业。如果没有相应的法律保护，这些行业就很有可能受人工智能技术的影响而出现大面积失业现象。另外，随着人工智能技术的快速发展，未来制造业必将出现更多诸如兼职、小时工、承包工或自由职业者等灵活就业的劳动力，劳动合同的性质和内容将发生很大的变化。因此，政府劳动部门应尽快完善相应的劳动关系与社会保障法律法规，以保障这些灵活就业者的劳动权益，以减轻人工智能给他们身体和心理上带来的负面影响。

（二）制定与公益事业配套的基本收入保障政策

人工智能的飞速发展与广泛应用必然促使财富两极分化的产生，这是因为人工智能技术作为一种高技能技术，往往只会被少数人掌握，并且这种高技能技术的产生会替换一些低技能技术。人工智能技术作为新的社会经济增长点，可以提高生产效率，减少生产成本，有利于提升劳动者的福利待遇，但是这种福利往往不能惠及将要被替代的低技能劳动者，因为福利保障往往与就业有关，低技能劳动者在面临失业的同时，还面临着失去福利的危险。久而久之，由于人工智能的发展增加的财富，最终只会落到少数人手中，从而拉开了高技能劳动者与低技能劳动者的收入差距，出现财富极化现象，非常不利于低技能劳动者的正常生活。因此，政府应对涉及技能劳动者的收入分配政策进行适当的调整，比如，保障低收入人群的医疗与养老等权益，为低技能劳动者提供更多的培训机会，出台一系列社会保障政策将社会财富分配向低收入群体倾斜。

经济学家 Philippe Van Parijs 提出，应该为每位居民提供基本收入保障，这样的基本收入保障可以确保每位居民能够购买到基本的生活用品，保障居民最基本的生活。事实上，这一举措的目的就是要保证居民在就业情况不乐观，甚至失业的情况下能够维持最基本的生活水平，减少就业不顺利给家庭和个人生活带来的消极影响。Ben Schiller 同样认为，建立居民基本收入保障政策，不仅可以减缓人工智能技术进步引发的某些就业岗位消失、工人工资停滞等问题给家庭和个人带来的生存风险，还可以减少财富分化问题。因此，政府要建立健全最低收入保障政策。此外，政府还应出台一些保障低技能人群医疗、养老等各方面利益的政策，从而确保低技能人群在面临人工智能带来就业风险的情况下，保障其基本生活。虽然最低收入保障政策可以确保低技能人群的基本生活水平不下降，却不能从根本上解决人工智能技术进步给低技能员工带来的影响。因为基本收入保障也是在有工作的情况下才享有的福利，而人工智能技术进步所带来的负面影响更多的是失业问题。并且，如果只考虑通过增加低技能劳动者的最低收入，反而会拉大人工劳动力与机器劳动力之间的成本差异，进而会加重人工智能带来的岗位替代问题。而且，纯粹的基本收入保障可能造成低技能劳动者对于福利的依赖，不利于社会和个人的正常发展。虽然也有研究表明，人们并不会依赖基本收入，反而基本收入保障可以使人们摆脱贫穷，但是政府仍然需要平衡好基本收入保障和工作激励之间的关系。针对这一问题，可以借鉴 Derek 和 Thompson 在 20 世纪 30 年代的案例，将政府支付与社会福利相联系。制定一个与公益事业配套的基本收入保障政策，即建立一个“全国工作市场”，这个市场可以包括知识传播、作业辅导、老人和幼儿看护、灾难救助，以及举办各类文艺表演活动等工作，这就使低技能劳动者在获得基本收入保障的同时还能为社会做出贡献，不仅有助于减轻政府负担，还有助于低技能劳动者自身的定位和发展，从而缓解人工智能给公众带来的消极影响。

### （三）建立健全以失业保障和工资保险为核心的劳动者保障制度

随着人工智能的发展和应用，越来越多的体力劳动和脑力劳动可能被人工智能替代，出现技术性失业。比如，一些传统的会计工作、银行专柜工作及潜水作业等正在慢慢地被人工智能取代，正如麦肯锡的研究报告指出的，未来全世界将有 60%的工作被人工智能替代，其中到 2030 年，将会有 30%的岗位被人工智能取代，原来在这些岗位工作的员工很有可能面临严重的失业问题。因此，随着技术发展和劳动力市场的竞争压力加剧，劳动者可能面临更多的风险和不确定性。要降低劳动者面临的风险和不确定性，除了创造一些新就业岗位并提高劳动者技能来补充岗位替代效应外，还应该设置失业风险的最后一道防线，即制定失业保障政策和建立工资保险制度。其中，失业保障政策包括失业救济和失业保险等社会保障制度，为非自愿失业的失业者保障一定期限的生存并且提供一定的技能培训补助。另外，可以通过建立工资保险制度来为失业者提供保障，即人工智能技术下被迫失业的劳动者通过商业保险等方式在其失业时能够获得一定的商业性工资保险，降低暂时性的生存风险，维持基本的生活水平。

（四）重构现代社会福利体系，设计与就业不挂钩的社会保障制度

人工智能技术发展给就业带来的影响可能前所未有，将使很多劳动者陷入长期失业或者工作量不足的境地，以至于出现基本收入难以维持生活的现象，因此需要重新设计与就业不相关的社会保障制度，即“灵活的社会保障措施”。长久以来，与工作挂钩的社会福利制度在社会福利分配制度中占据主导地位，因此社会福利制度只有在大多数人有工作的情况下才能实现良性运转。但是，在未来人工智能广泛应用的情况下，很有可能出现大面积失业、兼职和类似滴滴司机及外卖小哥的平台型工作，在这种就业背景下，以往与长期稳定就业挂钩的社会保障政策便不奏效了，因此需要考虑重构社会保障政策。政策重建方面可以参考以下三种方式。第一，政府分担、个人出资在商业保险机构购买重大疾病险，减少“因病致贫、因病返贫”情况的出现，尤其是从事兼职工作和即将面临失业情况的个人。第二，政府给予老人及低收入人群资金保障，比如，提供基础医疗保障。这一点可以效仿美国奥巴马执政期间实施的“平价医疗法案”（Affordable Care Act），让年轻力壮能赚钱交税又不用怎么看病的人缴纳一定的保费，补贴那些年老的或者多病的、需要经常看病但又收入很低、缴纳不起保费的人，这就为数百万缺乏保险的人提供了一定的医疗保障。第三，鼓励人们积极参与志愿服务，通过参与志愿服务为失业人口提供援助。同时，可以鼓励失业人群参与志愿服务，并为这些参与志愿服务的人群提供一定的生活保障。这样就可以基本保障由于人工智能技术失业的人

群的基本生活，有益于减缓人工智能技术进步给社会带来的负面影响。

### （五）缩减工作时间，提供工作保障

人工智能技术的使用会提高生产效率，在生产规模不变的情况下，会使得一些工人失去工作。因此，可以通过缩减每周工作时间，使得更多的人有工作可做，同时能达到减轻工作负担的效果。针对这一问题，可以效仿德国的“短时工作制”（Kurzarbeit）计划，即在经济衰退时期，允许公司减少员工的工作时长，同时提高私人部门和公共部门工作人员的工作灵活性，如灵活安排工作时间、时长及工作地点。这种方法可以在保证相同工作量和成本的前提下，既缓解技术进步带来的失业问题，又缓解员工工作压力。虽然这种方法在经济上没有提升员工的生活，但保障了低技能劳动者的基本生活水平，缓解了技术进步带来的失业恐慌。

### （六）改善税收政策

人工智能技术进步对社会经济的影响具有多层性和系统性。技术进步虽然有利于资源要素利用率的提升，但也具有不可忽略的消极影响。因此，只有更深入地理解和发掘人工智能技术进步对社会经济产生影响的内在机制与政策需求，构建与人工智能技术进步相匹配的经济政策体系，才能更加有效地发挥人工智能技术进步推动社会经济高质量发展的作用。经济调适政策中一个很重要的政策就是税收政策，若能有效改善人工智能技术进步下的税收政策，将有效减缓人工智能技术进步给人们带来的担忧。税收政策可以从以下两个方面进行改善。一是可以根据收入水平改善免税制度。Brynjolfsson 和 McAfee 在二人合著的《第二个机器时代：工作、进步以及科技繁荣的时代》一书中表示，收入的免税额度不仅可以增加人们的收入，还产生了工作激励的作用。这项免税政策是指随着人们收入的增加，免税额度逐步下降并完全消失，同时这一抵免政策会考虑个人婚姻状况及家庭人口问题。截至 2014 年，美国现行的免税政策为向拥有 3 个及 3 个以上子女的家庭每年提供高达 6143 美元的税收抵免。这一政策的主要目的就是在激励人们努力工作的同时，如果出现工作意外也能保障他们的基

本生活。据美国城市研究所布鲁金斯税收政策中心统计，在这项政策推行过程中约有2600万户家庭可获得约600亿美元的退税或减税，并且有650万人摆脱了贫困。该项每月提供税收抵免的政策在人工智能高失业率时期仍然可以发挥作用。当人工智能技术进步为低技能劳动者带来失业问题时，这一政策会激励人们努力提高自身技能，寻找工作机会，即使学习技能的周期较长，但是免税政策也可以保障其基本生活开销。二是对采用人工智能技术减少就业岗位的企业征收“人工智能税”。在采用人工智能技术的企业，原本的一些具有重复性、简单任务的工作岗位很有可能被人工智能技术替代，人工智能会提高生产率，其经济效益也必然提升。因此，可以通过向采用人工智能技术的企业征收税款，利用这些税款通过各种方式救济那些受到人工智能技术波及影响的工人，从而减缓人工智能技术进步给公众带来的心理冲击。

#### （七）建立区域间资金池

人工智能技术进步并不是在全国范围均匀发展的，科技和经济较为发达地区的人工智能发展速度是最快的，这将为区域经济发展带来新的问题，在不同地区的人们所受到人工智能的影响也是不同的。人工智能发展较慢地区的劳动力技术水平不如人工智能发展较快地区的劳动力技术水平，这就使得人工智能发展较快的地区越来越富有，人工智能发展较慢的地区越来越贫穷，这将不利于人工智能的均衡发展和人民的正常生活。因此，可以通过在区域层面建立区域性“资金池”，利用资金池为发展较慢地区的人们提供技能培训等福利保障，从而消除人工智能发展较慢地区的困境，促进人工智能均衡发展，减缓人工智能的消极影响。

## 三、本节小结

本书从人工智能技术进步引发的劳动者心理状态入手，深入分析劳动者心理受到冲击的原因，并结合创新扩散理论和资源依存理论，探究并构建人工智能技术进步引发劳动者心理变化的过程和路径，以及心理反应策略。最后，从社会、政府和企业角度提出有效策略与建议，改善劳动者就业质量和心理健康水平，维护社会和谐稳定发展。

本部分由人工智能技术进步引发劳动者心理冲击的机理分析，人工智能技术进步对社会大众的心理冲击程度测度，人工智能技术进步对企业员工的心理冲击程度测度，以及缓解人工智能技术进步对劳动者心理冲击的政策建议4个部分构成。通过本部分的分析和研究，得到如下关键性结论。

首先，在人工智能技术进步引发劳动者心理冲击的机理分析中有如下发现。①人工智能技术进步引发的劳动者心理恐惧主要体现在两个方面：一是劳动者对于社会面临终结的恐惧，二是劳动者对于技术性失业的恐惧。②人工智能技术进步引发劳动者心理恐慌主要有以下三点原因：一是新一代人工智能的飞速发展对就业产生了岗位替代率高、岗位技能要求极化，以及组织内部岗位晋升通道被阻断等颠覆性影响；二是工作价值伦理遭到严重挑战，一直以来，劳动是人类生存和发展的重要前提，但是人工智能的出现会使得一部分人失去工作变得无所事事，失去了生存的意义和价值；三是人工智能技术进步的出现，对人们心理需求的满足产生威胁。③人工智能技术进步对劳动者的心理冲击主要是由洞见者、传播者、实践者及旁观者等通过不同的方式传播不同类型人工智能的相关内容，社会大众和企业员工会做出情感、认知与行为的改变。以上探究将对社会大众及劳动者积极面对人工智能技术发展带来的变革与挑战具有非常积极的作用。

其次，在人工智能技术进步对社会大众的心理冲击程度测度的研究中有如下发现。第一，大多数人表达了中性的情感，而积极情感的表达多于消极情感的表达。第二，情感值的时间变化情况。在人工智能事件发生后，随着时间的变化，人们的情感值也发生着变化。大多数时候人们的情感在一定范围稳定地波动，但在某些人工智能事件发生的特定时间段出现了较大的波动。除个别时间段外，大部分时间人们表达的积极情感要强于消极情感，表明对于人工智能，人们更倾向于表现接受并有所期待的态度。第三，情感值的增量变化情况。积极和消极两种情感的累计值始终呈上升趋势，且积极情感的累计值始终大于消极情感的累计值，积极情感变化的速度要略高于消极情感变化的速度，人们对人工智能积极情感的产生速度始终高于消极情感的产生速度。第四，基于本研究得到的实证结果，提出如下建议：一是提高公众科学文化素养，利用媒体正确引导舆论；二是加大监管力度，颁布法律规范人工智能发展；三是采取措施减缓和平抑人工智能给就业带来的负面影响。

再次，在人工智能技术进步对劳动者心理冲击程度测度的研究中，主要从宏观和微观两个方面分别探究了人工智能技术应用对就业与岗位的影响，以及人工智能技术进步对企业员工消极心理幸福感的影响机制。通过实证研究发现，在宏观层面，由于大多数企业处于人工智能技术应用初期阶段，人工智能技术的岗位替代效应并不明显，而且对岗位技能结构的影响不显著，就业极化的效应尚未显现；在微观层面，人工智能技术进步会通过工作要求和技能要求引发劳动者的消极心理幸福感，员工可雇佣性感知负向调节了工作要求和技能要求对员工消极心理幸福感的正向影响。

最后，提出了缓解心理恐慌及保护劳动者权益两项政策建议。其中，缓解心理恐慌的干预措施主要包括政府开设人工智能专项基金以提升公众知识水平和素养；建立完善的信息公开和新闻发布制度，利用媒体正确引导大众心理情绪；加强社会公共服务建设，营造接纳人工智能技术的良好氛围；建立危机干预人工智能专家团队，做好社会大众心理干预；设计一套完整的人工智能监管体系，减轻公众对人工智能的恐慌等五项内容。保护劳动者权益的保障政策主要包括提升法律保障，维护劳动者权益；制定与公益事业配套的基本收入保障政策；建立健全以失业保障和工资保险为核心的劳动者保障制度；重构现代社会福利体系，设计与就业不挂钩的社会保障制度；缩减工作时间，提供工作保障；改善税收政策；建立区域间资金池等七项内容。

# ▶第八章

# 应对政策体系及实现路径研究

本部分首先梳理北京市人工智能政策现状，其次详细分析北京市人工智能政策影响下的就业变化和基于企业调研的人工智能政策需求，最后提出系统化的应对策略及实现路径。

## 第一节　北京市人工智能政策现状分析

2015年以来，国务院、工业和信息化部、国家发展和改革委员会、财政部等部门先后单独或联合出台《中国制造2025》《关于积极推进“互联网+”行动的指导意见》《机器人产业发展规划（2016—2020年）》《新一代人工智能发展规划》等政策文件，使人工智能产业上升为国家经济社会发展战略，被高度重视。在此背景下，北京市自2015年起，各级政府部门和科技园区管委会先后制定了市级、区县级各类人工智能政策文件27项，高度重视发展人工智能。

### 一、北京市人工智能政策概况

#### （一）发展人工智能是国家战略，也是北京市下一步的发展重点

为深入贯彻落实党和国家发展人工智能的相关会议精神与政策文件要求，坚持和强化北京市全国科技创新中心地位，北京市各级政府部门和科

技园区管委会相继出台了具体的政策文件细则，布局高精尖，推动人工智能产业的发展，从科技成果转化、促进智能机器人产业创新发展、推进“互联网+”行动、促进科技金融深度融合、示范区人工智能产业培育、优化人才服务等方面，大力推进、精准支持。

（二）近五年人工智能政策密集出台，政策内容逐渐细化

从时间上来看，从2015年到2019年，历年和人工智能相关的政策文件数量分别有2项、4项、8项、7项、6项。发文单位分别是北京市经济和信息化局（3项）、北京市科学技术委员会（2项）、北京市人民政府（7项）、北京市人民政府办公厅（2项）、昌平区人民政府（2项）、朝阳区科信局（1项）、顺义区人民政府办公室（1项）、中关村科技园区管理委员会（9项）。

## 二、北京市人工智能政策量化得分排在全国首位

产业政策是政府鼓励、促进、扶持或者有限制地发展特定产业的重要政策手段。在国家大力发展人工智能产业的政策引导下，北京市不断对人工智能产业加大支持力度，并且一直走在全国前列。借鉴彭纪生教授等的科技政策文本量化方法和政策量化标准操作手册，深入挖掘北京市人工智能政策的文本内容，设计和定义政策目标、政策力度与政策措施三项指标，对北京市人工智能政策进行量化打分。用AIP（Artificial Intelligence Policy）表示人工智能政策，$AIP_{t,p}$ 表示 $p$ 省（自治区、直辖市）$t$ 年人工智能政策得分。人工智能政策量化得分公式为

$$AIP_{t,\ p} = \sum_{j=1}^{N} (G1_j + G2_j) \times G3_j \tag{8-1}$$

其中，$t$ 表示时间（这里指年份），$p$ 表示省（自治区、直辖市），$N$ 表示 $t$ 年颁布的政策数目，$j$ 表示 $t$ 年颁布的第 $j$ 项政策，$G1_j$、$G2_j$、$G3_j$ 分别表示第 $j$ 项政策的政策目标、政策力度、政策措施。“政策目标”（$G1_j$）按五分制打分，办法是：①文件对政策的描述中包含最强、最详细描述的，$G1_j$ 记为5分，例如，包含“必须”“严格遵照”“严格执行”等；②文件对

政策的描述中包含强语气详细描述的，$G1_j$ 记为 4 分，例如，“严格使用”“不得低于/超过”等；③文件对政策的描述中包含较强语气描述的，$G1_j$ 记为 3 分；④文件对政策的描述中包含“完善”“健全”“支持”等一般性描述的，$G1_j$ 记为 2 分；⑤文件对政策的描述中包含“增加”“加强”“可根据”等一般性描述的，$G1_j$ 记为 1 分。根据发文机构的权力大小，“政策力度”（$G2_j$）分为地方性法规（5 分），规章和政策性文件（4 分），条例、规定（3 分），意见、批复、办法、暂行规定（2 分），政府及部门的通知（1 分），共 5 个分数等级。类似地，根据政策所提及措施的详尽和具体程度，对“政策措施”（$G3_j$）按 5 分制打分。

依照上述公式计算北京市年度人工智能政策得分，2015—2018 年北京市人工智能政策得分情况如图 8-1 所示。

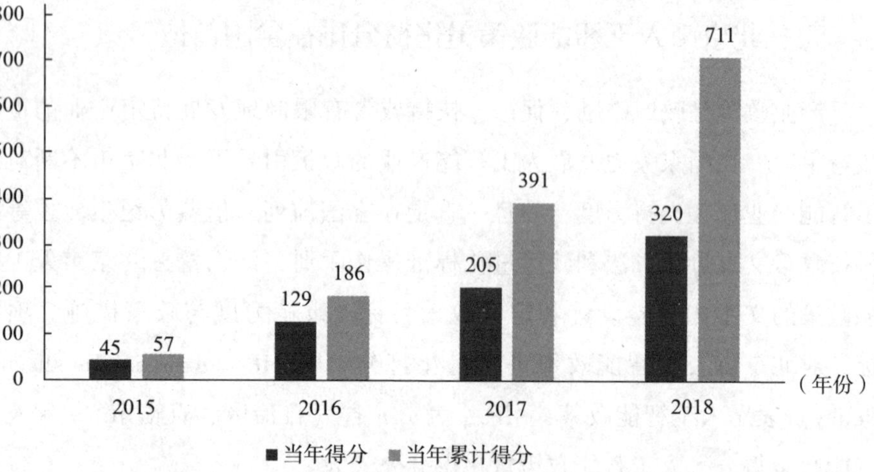


**图 8-1　2015—2018 年北京市人工智能政策得分情况**

2015—2018 年全国性人工智能政策得分情况如图 8-2 所示。

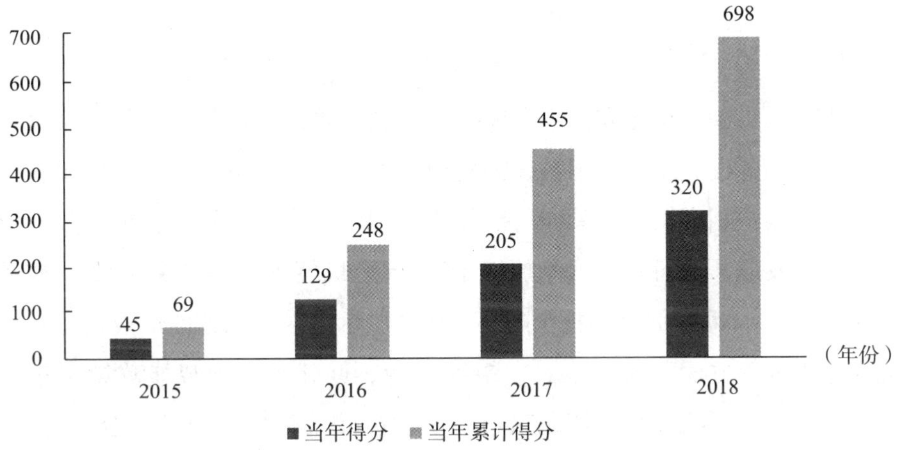


**图 8-2　2015—2018 年全国性人工智能政策得分情况**

和其他各省（自治区、直辖市）相比，北京市的人工智能政策得分排在首位，其他得分比较靠前的省（自治区、直辖市）的当年累计得分情况见表 8-1。排在前五位的分别是北京、河南、广东、上海、重庆，与普遍认知的“北上广深”的排列顺序有所不同，可见各省份对人工智能产业的布局和重视程度呈现差异化。

**表 8-1　2015—2018 年主要省（自治区、直辖市）人工智能政策当年累计得分**

| 地区 | 2015 年 | 2016 年 | 2017 年 | 2018 年 |
|---|---|---|---|---|
| 北京 | 57 | 186 | 391 | 711 |
| 河南 | 100 | 171 | 260 | 487 |
| 广东 | 63 | 126 | 189 | 288 |
| 上海 | 36 | 60 | 148 | 246 |
| 重庆 | 52 | 93 | 155 | 231 |
| 安徽 | 36 | 68 | 128 | 220 |
| 浙江 | 0 | 42 | 104 | 166 |
| 福建 | 41 | 75 | 109 | 157 |
| 江苏 | 0 | 0 | 51 | 130 |
| 天津 | 0 | 0 | 31 | 121 |
| 山东 | 21 | 42 | 63 | 105 |

### 三、本节小结

为深入贯彻落实党和国家发展人工智能的政策文件要求与相关会议精神，坚持和强化北京市全国科技创新中心地位，北京市各级政府部门和科技园区管委会相继出台了具体的政策文件细则，布局高精尖，推动人工智能产业的发展，从科技成果转化、促进智能机器人产业创新发展、推进“互联网+”行动、促进科技金融深度融合、示范区人工智能产业培育、优化人才服务等方面，大力推进、精准支持。近五年人工智能政策密集出台，政策内容逐渐细化，使北京市人工智能政策量化得分排在全国首位，人工智能政策力度和政策措施走在全国各省（自治区、直辖市）前列。

## 第二节　北京市人工智能政策的就业效应研究

自 2015 年以来，北京市人工智能政策对就业的影响如何？人工智能对劳动力的替代和创造双重效应引发的总效应的不确定性有待进行实证检验。本节内容利用描述统计、回归分析、非参数检验等数理研究方法，分析人工智能政策对制造业就业和服务业就业的影响，并得出了如下基于事实的结论。

### 一、人工智能政策对制造业就业的影响效应初步显现

产业政策是政府干预经济的重要手段。江海潮（2007）认为，产业政策效应的均衡水平由中央政府政策制定和执行效率因素、地方政府战略偏好、产业政策激励因素、市场竞争激励因素等共同决定。余明桂等（2016）认为，通过税收、信贷、政府补贴，以及市场竞争机制促进和鼓励企业进行技术创新，尤其是民营企业进行技术创新。针对人工智能政策效应的相关研究刚刚开始，相关研究处于描述、定性分析和政策剖析层面，研究和评价大多集中于逻辑分析，带有强烈的主观性。本部分在前述人工智能政策文本量化分析的基础上，对于人工智能政策对制造业就业的

影响开展定量分析。

(一) 研究假设

人工智能与制造业的融合将引发产业变革。作为新一轮科技革命，其影响程度和深度都可能是前所未有的，尤其是人工智能融入制造过程，机器对劳动力的替代和创造双重效应引发的总效应的不确定性有待考证。因此，研究提出以下假设。

假设 1：人工智能产业政策对我国城镇制造业就业有消极影响，即人工智能政策会带来制造业员工失业，影响制造业就业规模。

假设 2：人工智能政策的不同措施会影响人工智能政策对制造业就业影响的程度。

(二) 模型构建

以各省（自治区、直辖市）制造业就业规模变化（$\Delta MES$）为被解释变量，各省（自治区、直辖市）人工智能政策指数（$IAIP$[①]）为解释变量，各省（自治区、直辖市）科技经费投入（$STF$）、地区生产总值变化（$\Delta GDP$）为控制变量，构建模型。

$$\Delta MES_{t,p}=\alpha_0+\alpha_1 IAIP_{t,p}+\alpha_2 STF_{t,p}+\alpha_3 \Delta GDP_{t,p} \tag{8-2}$$

以各省（自治区、直辖市）制造业就业规模变化（$\Delta MES$）为被解释变量，各省（自治区、直辖市）人工智能政策指数（$IAIP$）为解释变量，各省（自治区、直辖市）科技经费投入（$STF$）、地区生产总值变化（$\Delta GDP$）为控制变量，人工智能政策措施（$AIPF$）为虚拟变量[②]，构建模型。

$$\Delta MES_{t,p}=\beta_0+\beta_1 IAIP_{t,p}+\beta_2 STF_{t,p}+\beta_3 \Delta GDP_{t,p}+\beta_4 AIPF_p \tag{8-3}$$

---

① 人工智能政策指数（Index of Artificial Intelligence Policy，IAIP）。用 $IAIP_{t,p}$ 表示 $t$ 年 $p$ 省份出台人工智能产业政策得分，$IAIP_{t,p}$ 用上述政策量化方式获得。用 $IAIP_{t,p}$ 表示 $t$ 年 $p$ 省份的人工智能政策指数，$IAIP_{t,p}$ 可以表示为：$IAIP_{i,p}=AIP_{i,p}+IAIP_{i-1,p}$

② 用 $AIPF_p$ 表示 $p$ 省份人工智能政策措施，并设定：若 $p$ 省份人工智能政策中包含市场拉动型政策，则 $AIPF_p=1$；若 $p$ 省份人工智能政策没有包含市场拉动型政策，则 $AIPF_p=0$。

### （三）基于时间分组的描述性统计和非参数检验

从各地人工智能政策实施时间的角度来考量，将 31 个省（自治区、直辖市）分为三组：第一组（Group 1）为较早发布人工智能产业政策的省（自治区、直辖市），具体指全国性的人工智能政策发布之前就已经有相关人工智能政策的省（自治区、直辖市），包括北京、上海、浙江、广东、山东、安徽、福建、河南、山西、重庆；第二组（Group 2）是 2017 年之后发布人工智能产业政策的省（自治区、直辖市），包括河北、江苏、湖北、湖南、甘肃、天津、广西、贵州、黑龙江、江西、辽宁、内蒙古、四川；第三组（Group 3）是截至 2019 年 3 月底未发布人工智能相关政策的其他省（自治区、直辖市），包括海南、青海、陕西、吉林、宁夏、西藏、新疆、云南。变量描述性统计结果见表 8-2。

**表 8-2　变量描述性统计结果**

| 分组 | 变量 | 平均值 | 中位数 | 峰度 | 偏度 |
|---|---|---|---|---|---|
| Group 1 | *IAIP* | 49.63 | 37.50 | 5.93 | 2.02 |
| | $\Delta GDP$ | 3085.46 | 2707.00 | 2.40 | 1.32 |
| | *STF* | 922.36 | 759.10 | -0.79 | 0.54 |
| | $\Delta MES$ | -8.17 | -7.52 | 0.95 | -0.38 |
| Group 2 | *IAIP* | 5.97 | 0.00 | 3.66 | 2.12 |
| | $\Delta GDP$ | 1663.35 | 1514.52 | 4.53 | -0.09 |
| | *STF* | 444.24 | 363.40 | 6.64 | 2.57 |
| | $\Delta MES$ | -8.44 | -5.56 | 0.84 | -1.05 |
| Group 3 | *IAIP* | 0.00 | 0.00 | — | — |
| | $\Delta GDP$ | 560.45 | 337.67 | 3.58 | 1.89 |
| | *STF* | 102.34 | 45.45 | 2.52 | 1.85 |
| | $\Delta MES$ | -1.39 | -0.65 | 12.09 | -3.17 |

从变量描述性统计结果可以看出：①Group1 和 Group2 制造业就业规模变化（$\Delta MES$）的平均值与中位数比较接近，和 Group3 差距明显；②Group2 制造业就业规模变化（$\Delta MES$）平均值的绝对值大于第一组和第三组，三组对象的制造业就业规模变化（$\Delta MES$）中位数的绝对值依次递

减；③三组对象 GDP 变化（$\Delta GDP$）、科技经费投入（$STF$）呈阶梯分布，差距明显，并且科技经费投入和 GDP 变化的方向是一致的，即科技经费投入越多，GDP 增加得越多。

对三组研究对象进行独立样本中位数检验和 Kruskal Wallis 检验，非参数检验的结果见表 8-3。

**表 8-3　非参数检验结果**

| 变量 | 独立样本中位数检验 | | | Kruskal Wallis 检验 | | |
|---|---|---|---|---|---|---|
| | 卡方 | df | sig. | 卡方 | df | sig. |
| $\Delta GDP$ | 30.02 | 2 | 近似为 0 | 30.07 | 2 | 近似为 0 |
| $STF$ | 24.32 | 2 | 近似为 0 | 42.79 | 2 | 近似为 0 |
| $\Delta MES$ | 23.09 | 2 | 近似为 0 | 19.22 | 2 | 近似为 0 |

注：显著性水平 0.05。

从非参数检验结果来看，在置信区间为 95% 的情况下，GDP 变化（$\Delta GDP$）、科技经费投入（$STF$）、制造业就业规模变化（$\Delta MES$）的 sig 值均近似为 0，说明三个变量在三类分组上有显著差异。因此，不同地区的人工智能政策对制造业就业规模变化有显著影响，人工智能政策得分越高，制造业就业规模下降越明显，理论假设 1 得到验证。

（四）基于政策分组的描述性统计和非参数检验

需要说明的是：依据现有各省（自治区、直辖市）人工智能政策内容，针对智能制造的人工智能政策措施可以分为两类：基础推动型政策措施和市场拉动型政策措施。其中，政策的着力点或措施中强调从智能制造的基础设施建设、技术研发等环节，鼓励平台建设、人工智能技术研发、成果转化，提供资金、场地、技术等支持的，称为“基础推动型政策措施”；政策的着力点或措施中强调需求牵引、应用牵引，推进上下游互为应用场景，实施首台（套）设备保险补偿制度，支持智能制造企业开拓市场、智能制造示范带动、用户补贴，实施政府采购等的，称为“市场拉动型政策措施”。

通过各地区人工智能政策的语义分析，可以把已经发布人工智能政策的23个省（自治区、直辖市）分为两类。其中，包含强调市场拉动型政策措施的省（自治区、直辖市）划为一类（Group 4），包括北京、上海、四川、天津、江西、江苏、河南、安徽、广东、广西、福建、山东；包含强调基础推动型政策措施的其他省（自治区、直辖市）划为一类（Group 5），包括山西、浙江、重庆、甘肃、贵州、河北、黑龙江、湖北、湖南、辽宁、内蒙古。变量描述性统计结果见表8-4。

**表8-4　变量描述性统计结果**

| 分组 | 变量 | 平均值 | 中位数 | 峰度 | 偏度 |
|---|---|---|---|---|---|
| Group 4 | *IAIP* | 187.17 | 201.50 | -0.04 | 0.29 |
| | Δ*GDP* | 3207.53 | 2551.28 | 1.17 | 1.32 |
| | *STF* | 923.16 | 563.15 | -0.93 | 0.67 |
| | Δ*MES* | -9.74 | -9.39 | 0.41 | -0.08 |
| Group 5 | *IAIP* | 163.39 | 179.00 | -1.40 | -0.35 |
| | Δ*GDP* | 1271.62 | 1457.12 | 5.86 | -1.60 |
| | *STF* | 356.43 | 302.20 | 2.17 | 1.55 |
| | Δ*MES* | -6.77 | -3.91 | 3.32 | -1.72 |

从变量描述性统计结果可以看出：市场拉动型组别的制造业就业规模变化（Δ*MES*）的平均值和中位数的绝对值均大于基础推动型组别，市场拉动型组别的GDP变化（Δ*GDP*）和科技经费投入（*STF*）的平均值与中位数均高于基础推动型组别的相应变量，这意味着市场拉动型政策的政策效应更加明显，市场拉动型政策对制造业就业规模变化和GDP的影响更大，市场拉动型省（自治区、直辖市）的科技经费投入也较大。

对两类研究对象进行独立样本中位数检验和Kruskal Wallis检验，非参数检验的结果见表8-5。

**表8-5　非参数检验结果**

| 变量 | 独立样本中位数检验 | | | Kruskal Wallis 检验 | | |
|---|---|---|---|---|---|---|
| | 卡方 | *df* | sig. | 卡方 | *df* | sig. |
| Δ*GDP* | 6.43 | 1 | 0.01 | 12.47 | 1 | 近似为0 |

续表

| 变量 | 独立样本中位数检验 | | | Kruskal Wallis 检验 | | |
|---|---|---|---|---|---|---|
| | 卡方 | *df* | sig. | 卡方 | *df* | sig. |
| *STF* | 15.86 | 1 | 近似为 0 | 17.58 | 1 | 近似为 0 |
| $\Delta MES$ | 5.22 | 1 | 0.02 | 3.29 | 1 | 0.07 |

注：显著性水平 0.05。

从非参数检验结果来看，在置信区间为 95%的情况下，GDP 变化（$\Delta GDP$）、科技经费投入（*STF*）的 sig 值小于 0.05，说明两个变量在两类分组上有显著差异。在置信区间为 95%的情况下，制造业就业规模变化（$\Delta MES$）的中位数在两类分组上也有显著差异，在分布上没有显著差异。但是，在置信区间为 90%的情况下，制造业就业规模变化（$\Delta MES$）在两类分组上也显示了显著差异。

因此，综合上述变量描述性统计结果和非参数检验结果，可以认为，市场拉动型政策措施与基础推动型政策措施比较起来，GDP 增长快，科技经费投入更多，对制造业就业变化的影响也更大，不同的政策着力点对就业的影响也不同，理论假设 2 得到验证。

（五）研究结论

从前面的分析，可得出以下两个重要结论。

研究结论一：较早颁布人工智能政策的省份，制造业就业规模变化明显。

越是较早颁布人工智能政策的省份，制造业就业规模变化越明显，人工智能政策对制造业就业的影响逐渐显露。

研究结论二：市场拉动型政策对制造业就业的影响更明显。

相比基础推动型政策，市场拉动型政策的 GDP 变化和制造业就业规模变化，科技经费投入也更大。这也意味着，针对制造业的人工智能政策，不同的政策措施和着力点对就业的影响也不同，市场拉动型政策对制造业就业变化的影响更大。

## 二、人工智能政策对服务业就业的影响效应不明显

### （一）研究假设

人工智能与服务业的融合，势必迎来现代服务业的变革。人工智能对于服务业就业的“替代效应”与“促进效应”双重影响并存。然而，与制造业就业情况不同的是，现代服务业对于从业人员的知识结构和应变能力的要求较高，短期人工智能对服务业的影响可能不太明显。因此，本书提出以下假设。

假设3：当前人工智能产业政策对服务业就业规模的影响有限，即人工智能政策不会显著影响服务业员工就业。

假设4：人工智能政策的不同措施会影响人工智能政策对服务业就业影响的程度。

### （二）模型构建

以各省（自治区、直辖市）服务业就业规模变化（$\Delta SIS$）为被解释变量，各省（自治区、直辖市）人工智能政策指数（$IAIP$）为解释变量，各省（自治区、直辖市）科技经费投入（$STF$）、地区生产总值变化（$\Delta GDP$）为控制变量，构建模型。

$$\Delta SIS_{t,p}=\alpha_0+\alpha_1 IAIP_{t,p}+\alpha_2 STF_{t,p}+\alpha_3 \Delta GDP_{t,p} \tag{8-4}$$

以各省（自治区、直辖市）服务业就业规模变化（$\Delta SIS$）为被解释变量，各省（自治区、直辖市）人工智能政策指数（$IAIP$）为解释变量，各省（自治区、直辖市）科技经费投入（$STF$）、地区生产总值变化（$\Delta GDP$）为控制变量，人工智能政策措施（$AIPF$）为虚拟变量，构建模型。

$$\Delta SIS_{t,p}=\beta_0+\beta_1 IAIP_{t,p}+\beta_2 STF_{t,p}+\beta_3 \Delta GDP_{t,p}+\beta_4 AIPF_p \tag{8-5}$$

### （三）基于时间分组的描述性统计和非参数检验

依据本节第一部分的分组方法，将31个省（自治区、直辖市）分为三组：第一组（Group 1）包括北京、上海、浙江、广东、山东、安徽、福建、河南、山西、重庆，第二组（Group 2）包括河北、江苏、湖北、湖南、甘肃、天津、广西、贵州、黑龙江、江西、辽宁、内蒙古、四川，第

三组（Group 3）包括海南、青海、陕西、吉林、宁夏、西藏、新疆。变量描述性统计结果见表8-6。

**表8-6　变量描述性统计结果**

| 分组 | 变量 | 平均值 | 中位数 | 峰度 | 偏度 |
|---|---|---|---|---|---|
| Group 1 | *IAIP* | 49.63 | 37.50 | 5.93 | 2.02 |
| | Δ*GDP* | 3085.46 | 2707.00 | 2.40 | 1.32 |
| | *STF* | 922.36 | 759.10 | -0.79 | 0.54 |
| | Δ*SIS* | 140.67 | 98.89 | 2.97 | 0.43 |
| Group 2 | *IAIP* | 5.97 | 0.00 | 3.66 | 2.12 |
| | Δ*GDP* | 1663.35 | 1514.52 | 4.53 | -0.09 |
| | *STF* | 444.24 | 363.40 | 6.64 | 2.57 |
| | Δ*SIS* | 41.33 | 43.77 | 3.50 | -0.58 |
| Group 3 | *IAIP* | 0.00 | 0.00 | — | — |
| | Δ*GDP* | 560.45 | 337.67 | 3.58 | 1.89 |
| | *STF* | 102.34 | 45.45 | 2.52 | 1.85 |
| | Δ*SIS* | 34.65 | 15.93 | 15.18 | 3.63 |

从变量描述性统计结果可以看出：①三组对象服务业就业规模变化的平均值依次递减，Group1 服务业就业规模变化的平均值和后两组极差较大，而 Group2 和 Group3 极差较小；②三组对象的服务业就业规模变化和 GDP 变化（Δ*GDP*）、科技经费投入（*STF*）的方向一致。

对三组研究对象进行独立样本中位数检验和 Kruskal Wallis 检验，非参数检验的结果见表8-7。

**表8-7　非参数检验结果**

| 变量 | 独立样本中位数检验 | | | Kruskal Wallis 检验 | | |
|---|---|---|---|---|---|---|
| | 卡方 | *df* | sig. | 卡方 | *df* | sig. |
| Δ*GDP* | 30.02 | 2 | 近似为0 | 30.07 | 2 | 近似为0 |
| *STF* | 24.32 | 2 | 近似为0 | 42.79 | 2 | 近似为0 |
| Δ*SIS* | 3.18 | 2 | 0.204 | 8.59 | 2 | 0.014 |

注：显著性水平0.05。

从非参数检验结果来看，在置信区间为95%的情况下，服务业就业规模变化在独立样本中位数检验中 sig 值为 0.204，表明三组地区的服务业就业变化没有明显差异，服务业就业规模在 Kruskal Wallis 检验中 sig 值为 0.014，说明三组地区的服务业就业变化的分布存在差异。因此，人工智能政策对服务业员工就业的影响没有显著差异，理论假设 3 得到验证。

（四）基于政策分组的描述性统计和非参数检验

依据本节第一部分的分组方法，将已经发布人工智能政策的 23 个省（自治区、直辖市）分为两组。其中，强调市场拉动型政策措施的省（自治区、直辖市）划为一组（Group 4），包括北京、上海、四川、天津、江西、江苏、河南、安徽、广东、广西、福建、山东；强调基础推动型政策措施的其他省（自治区、直辖市）分为一组（Group 5），包括山西、浙江、重庆、甘肃、贵州、河北、黑龙江、湖北、湖南、辽宁、内蒙古。变量描述性统计结果见表 8-8。

表 8-8　变量描述性统计结果

| 分组 | 变量 | 平均值 | 中位数 | 峰度 | 偏度 |
|---|---|---|---|---|---|
| Group 4 | *IAIP* | 187.17 | 201.50 | -0.04 | 0.29 |
| | $\Delta GDP$ | 3207.53 | 2551.28 | 1.17 | 1.32 |
| | *STF* | 923.16 | 563.15 | -0.93 | 0.67 |
| | $\Delta SIS$ | 121.64 | 92.68 | 2.87 | 0.65 |
| Group 5 | *IAIP* | 163.39 | 179.00 | -1.40 | -0.35 |
| | $\Delta GDP$ | 1271.62 | 1457.12 | 5.86 | -1.60 |
| | *STF* | 356.43 | 302.20 | 2.17 | 1.55 |
| | $\Delta SIS$ | 44.02 | 45.14 | 5.10 | -0.50 |

从变量描述性统计结果可以看出：市场拉动型组别的服务业就业规模变化（$\Delta SIS$）的平均值和中位数均大于基础推动型组别，并且极差均较大，这意味着市场拉动型政策的政策效应更加明显。

对两组研究对象进行独立样本中位数检验和 Kruskal Wallis 检验，非参数检验的结果见表 8-9。

**表 8-9　非参数检验结果**

| 变量 | 独立样本中位数检验 | | | Kruskal Wallis 检验 | | |
|---|---|---|---|---|---|---|
| | 卡方 | *df* | sig. | 卡方 | *df* | sig. |
| $\Delta GDP$ | 6.43 | 1 | 0.011 | 12.47 | 1 | 近似为 0 |
| $STF$ | 15.86 | 1 | 近似为 0 | 17.58 | 1 | 近似为 0 |
| $\Delta SIS$ | 9.11 | 1 | 0.003 | 10.79 | 1 | 0.001 |

注：显著性水平 0.05。

从非参数检验结果来看，在置信区间为 95%的情况下，服务业就业规模变化（$\Delta SIS$）的中位数在两类分组上有显著差异，在分布上也有显著差异。

因此，综合上述变量描述性统计结果和非参数检验结果，可以认为，市场拉动型政策措施与基础推动型政策措施比较起来，服务业就业规模变化明显，说明不同的政策着力点对服务业就业的影响也不同，理论假设 4 得到验证。

#### （五）研究结论

从前面的分析，可得出以下两个重要结论。

研究结论一：人工智能政策发布时间和服务业规模变化的关系不明显。

这说明，当前人工智能政策对服务业就业的影响还不明显。

研究结论二：人工智能政策的着力点影响服务业就业规模。

相比基础推动型政策，市场拉动型政策效应下，服务业就业规模变化明显。

## 三、第三产业的比重持续提升

2012—2017 年，北京市从业人员人数持续递增，2018 年虽出现了回落，低于 2017 年，但是仍然高于 2016 年。按照国家统计局 2012 年的三次产业划分统计口径①，2012—2018 年，第一产业和第二产业的从业人员数量呈现持续下降的态势，而第三产业的从业人员数量呈现持续上升的态势，但是 2018 年第三产业从业人员增量不及第一产业和第二产业减少量之和，直接体现为 2018 年总从业人员数量的下降。详情如表 8-10、图 8-3、图 8-4 所示。

**表 8-10　北京市就业人员情况**

| 年份 | 从业人员年末人数/万人 | | | | 从业人员年末构成/% | | | |
|---|---|---|---|---|---|---|---|---|
| | 第一产业 | 第二产业 | 第三产业 | 合计 | 第一产业 | 第二产业 | 第三产业 | 合计 |
| 2012 | 57. 3 | 212. 6 | 837. 4 | 1107. 3 | 5. 2 | 19. 2 | 75. 6 | 100 |
| 2013 | 55. 4 | 210. 9 | 874. 7 | 1141. 0 | 4. 8 | 18. 5 | 76. 7 | 100 |
| 2014 | 52. 4 | 209. 9 | 894. 4 | 1156. 7 | 4. 5 | 18. 1 | 77. 3 | 100 |
| 2015 | 50. 3 | 200. 8 | 935. 0 | 1186. 1 | 4. 2 | 16. 9 | 78. 8 | 100 |
| 2016 | 49. 6 | 193. 0 | 977. 5 | 1220. 1 | 4. 1 | 15. 8 | 80. 1 | 100 |
| 2017 | 48. 8 | 192. 8 | 1005. 2 | 1246. 8 | 3. 9 | 15. 5 | 80. 6 | 100 |
| 2018 | 45. 4 | 182. 2 | 1010. 2 | 1237. 8 | 3. 7 | 14. 7 | 81. 6 | 100 |

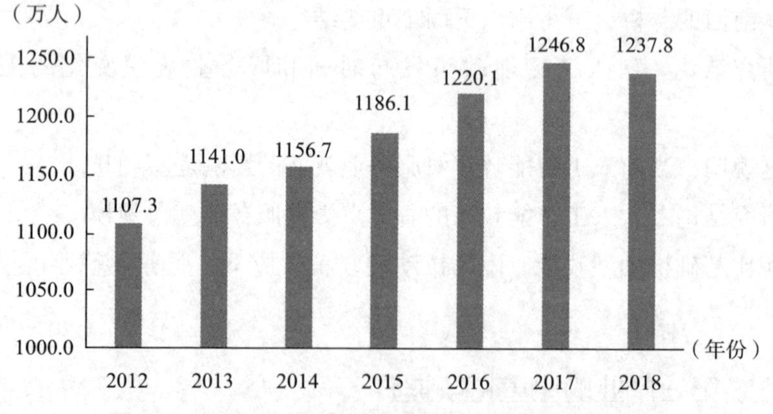


**图 8-3　2012—2018 年北京市就业人员总体变化情况**

① 自 2012 年开始，三次产业划分执行国家统计局《三次产业划分规定》（国统字〔2012〕108 号）。

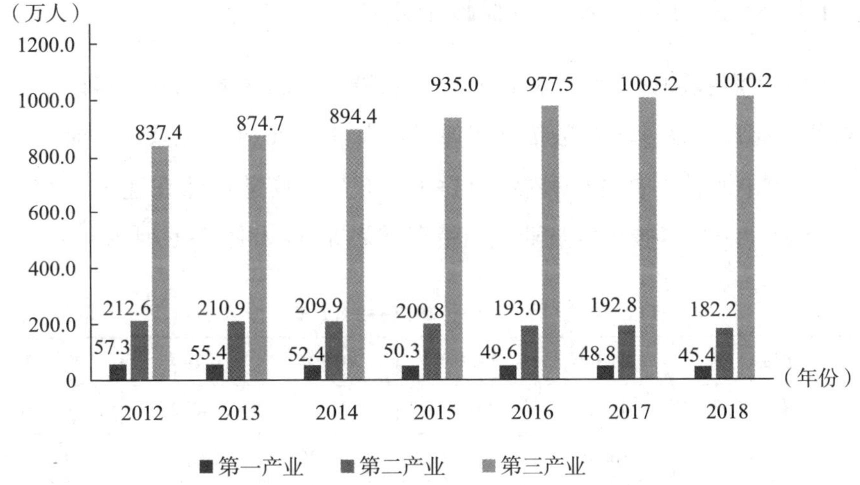


**图 8-4　2012—2018 年北京市三类产业就业人员变化**

从三类产业就业人员构成比例发展变化来看，2012—2018 年，第一产业就业人员比重持续下降，从 5. 2%持续下降到 3. 7%；第二产业就业人员比重也出现了持续下降，从 19. 2%下降到 14. 7%；第三产业的就业人员比重持续上升，从 75. 6%上升到 81. 6%。2012—2018 年，北京市三类产业就业人员构成比例变化如图 8-5 所示。

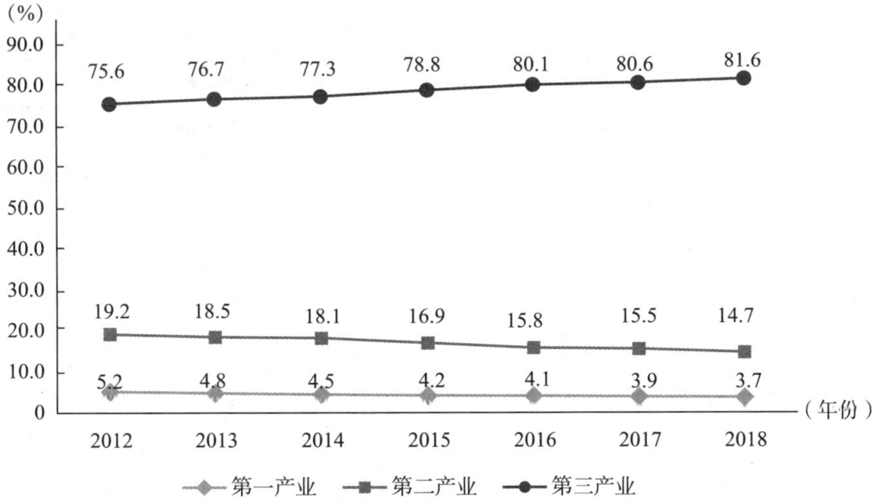


**图 8-5　2012—2018 年北京市三类产业就业人员构成比例变化**

## 四、中关村园区人才资源越来越集中

中关村科技园区是我国科技人才资源最密集的区域。2013 年以来，中关村科技园区的从业人员数量逐年递增，尤其在 2018 年北京市从业人数总体下降的情况下，中关村科技园区的从业人员数量仍然在递增。2013—2017 年，中关村科技园区从业人员情况如表 8-11 和图 8-6 所示。

**表 8-11　中关村科技园区 2013—2017 年从业人员情况**　　单位：万人

| 园区 | 2013 年 | 2014 年 | 2015 年 | 2016 年 | 2017 年 |
|---|---|---|---|---|---|
| 中关村科技园区 | 189. 87 | 201. 05 | 231. 63 | 248. 27 | 262. 05 |
| 海淀园 | 86. 45 | 85. 77 | 101. 39 | 109. 12 | 119. 36 |
| 朝阳园 | 18. 97 | 20. 44 | 22. 42 | 22. 46 | 23. 21 |
| 亦庄园 | 18. 51 | 19. 16 | 21. 48 | 24. 13 | 22. 26 |
| 丰台园 | 15. 72 | 16. 18 | 17. 02 | 17. 39 | 19. 72 |
| 昌平园 | 14. 46 | 15. 03 | 15. 18 | 16. 05 | 16. 56 |
| 西城园 | 6. 76 | 8. 18 | 9. 67 | 10. 50 | 10. 77 |
| 顺义园 | 4. 51 | 5. 54 | 9. 67 | 11. 72 | 10. 04 |
| 石景山园 | 6. 83 | 8. 02 | 7. 60 | 8. 56 | 9. 09 |
| 东城园 | 4. 43 | 6. 54 | 7. 87 | 7. 31 | 8. 12 |
| 通州园 | 3. 36 | 3. 73 | 4. 87 | 4. 67 | 4. 90 |
| 大兴园 | 3. 10 | 3. 31 | 3. 99 | 4. 62 | 4. 71 |
| 房山园 | 2. 02 | 2. 13 | 2. 50 | 3. 05 | 3. 48 |
| 怀柔园 | 1. 65 | 1. 86 | 2. 49 | 3. 00 | 3. 18 |
| 密云园 | 0. 97 | 1. 36 | 1. 62 | 1. 77 | 2. 32 |
| 门头沟园 | 0. 81 | 2. 22 | 2. 02 | 1. 94 | 1. 83 |
| 平谷园 | 0. 85 | 1. 06 | 1. 19 | 1. 33 | 1. 75 |
| 延庆园 | 0. 47 | 0. 52 | 0. 65 | 0. 65 | 0. 75 |

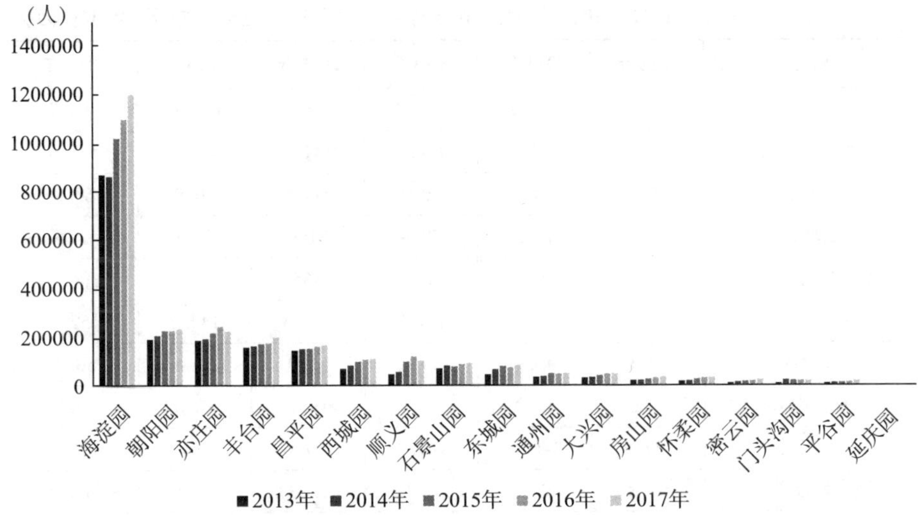


**图 8-6 2013—2017 年中关村科技园区就业人数情况**

从园区就业人员的成分构成来看，研发型企业人员构成主要为本科以上，即博士、硕士和本科毕业就业人员占绝大部分，大专及以下人才的数量较少；相对于研发型企业，园区应用型企业的研发人员构成中，大专及以下学历的人才占比有降低的趋势，本科、硕士、博士的占比逐渐增大。

## 五、首都功能核心区的服务业就业人员数量在减少

2012—2017 年，在全市的服务业就业人员数量增加的背景下，首都功能核心区的服务业就业人员数量在 2017 年出现了下降，甚至低于 2012 年的水平。而城市发展新区、城市功能拓展区、北京经济技术开发区及生态涵养发展区的服务业就业人数均在持续增加。从 2012 年至 2017 年，首都功能核心区服务业从业人员减少了 12. 5 万人，城市发展新区增加了 19. 1 万人，城市功能拓展区增加了 76. 9 人，北京经济技术开发区增加了 7. 1 万人，生态涵养发展区增加了 6. 3 万人，全市服务业就业人员共增加了 120. 6 万人。2012—2017 年北京市服务业从业人员城区分布情况如表 8-12 所示。

表 8-12　2012—2017 年北京市服务业从业人员城区分布情况　单位：万人

| 城区 | 2012 年 | 2013 年 | 2014 年 | 2015 年 | 2016 年 | 2017 年 |
| --- | --- | --- | --- | --- | --- | --- |
| 全市 | 545.1 | 565.2 | 586.7 | 616.8 | 635.4 | 665.7 |
| 首都功能核心区 | 134.1 | 137.1 | 138.8 | 141.2 | 145.2 | 121.6 |
| 东城区 | 58.7 | 58.6 | 60.4 | 60.2 | 60.9 | 60.8 |
| 西城区 | 75.4 | 78.5 | 78.4 | 81.0 | 84.3 | 84.5 |
| 城市功能拓展区 | 319.9 | 331.1 | 343.4 | 365 | 373.6 | 396.8 |
| 朝阳区 | 120.9 | 129.6 | 131.8 | 137.3 | 142.2 | 152.7 |
| 丰台区 | 49.1 | 47.9 | 49.4 | 51.0 | 52.4 | 53.9 |
| 石景山区 | 12.3 | 13.0 | 15.1 | 19.1 | 18.0 | 19.0 |
| 海淀区 | 137.6 | 140.6 | 147.1 | 157.6 | 161 | 171.2 |
| 城市发展新区 | 63.8 | 67.1 | 72.5 | 75.3 | 77.5 | 82.9 |
| 房山区 | 8.0 | 8.1 | 7.9 | 8.3 | 8.2 | 8.4 |
| 通州区 | 7.9 | 8.1 | 8.7 | 9.2 | 9.6 | 10.3 |
| 顺义区 | 22.8 | 24 | 27.3 | 28.3 | 28.7 | 30.7 |
| 昌平区 | 13.9 | 15 | 16.4 | 16.8 | 18.1 | 19.8 |
| 大兴区 | 11.2 | 11.9 | 12.2 | 12.7 | 12.9 | 13.7 |
| 北京经济技术开发区 | 7.6 | 9.4 | 9.9 | 10.9 | 14.2 | 14.7 |
| 生态涵养发展区 | 19.7 | 20.5 | 22.1 | 24.4 | 24.9 | 26.0 |
| 门头沟区 | 2.9 | 3.0 | 2.9 | 3.1 | 3.1 | 3.5 |
| 怀柔区 | 4.4 | 4.5 | 4.7 | 5.1 | 5.2 | 5.3 |
| 平谷区 | 4.2 | 4.4 | 5.4 | 6.7 | 7.3 | 7.5 |
| 密云区 | 4.4 | 4.5 | 5.0 | 5.4 | 5.4 | 5.8 |
| 延庆区 | 3.8 | 4.1 | 4.1 | 4.1 | 3.9 | 3.9 |

## 六、北京市服务业企业的效率在逐年提升

图 8-7 为 2012—2017 年北京市服务业类企业主要指标增长率。资产增长额可以反映行业规模的扩张，虽然服务业企业的资产规模在逐年增加，但是增长率在下降，2016 年增长得最少，2017 年增长率出现了反弹，在一定程度上反映了北京市科技政策的效果和效率。

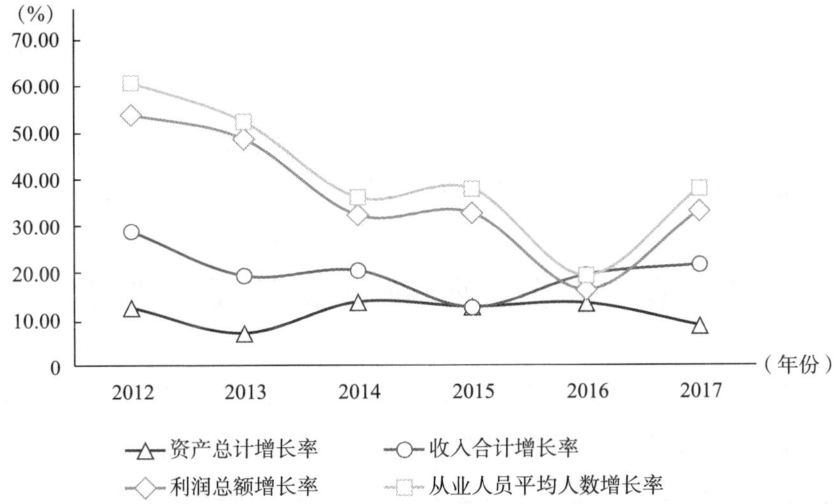


**图 8-7　2012—2017 年北京市服务业类企业主要指标增长率**

收入合计增长率方面。收入合计可以反映行业的发展状况。从图 8-7 可以看出，北京市第三产业 2012—2017 年收入合计增长率波动较大。2012—2015 年服务业企业收入虽然在增长，但是收入合计增长率出现了下降，2015 年收入合计为负增长，之后随着人工智能政策的出台，2015—2017 年收入合计出现了大幅回升，表明行业发展态势在政策的扶持下逐年改善。

利润总额增长率方面。利润总额增长反映行业的盈利状况，2012 年到 2016 年总体呈现波动式下降，2016 年利润总额为负增长，之后于 2017 年又出现大幅增长。和服务业从业人员平均人数增长率的变化呈现总体一致的规律，与科技支持政策的出台有较强的相关性。

## 七、本节小结

本节在对北京市制造业和服务业就业进行实证分析的基础上，考察了北京市人工智能政策对就业的影响，研究得出以下发现。①人工智能对制造业就业的影响初步显现。作为全国人工智能政策制定和实施的领先者，北京市的人工智能政策强调市场拉动型，相较基础推动型的人工智能政策，对制造业就业的影响效应更加明显。②人工智能政策发布时间早晚对服务业就业的影响效应不明显，但是市场拉动型人工智能政策相较基础推动型人工智能政策，对服务业就业规模的影响明显。近年来，北京市产业结构发生变化，服务业的比重持续加强，服务业企业的效率在逐年提升，然而首都功能核心区的服务业就业人员数量在减少。

## 第三节　基于企业调研的政策需求情况

本节在对北京市 100 家人工智能企业开展调查问卷的基础上，分析企业对人工智能政策的需求情况。设计的调研问题包括 6 个方面的内容：①样本企业对人工智能政策的了解度；②是否享受过人工智能产业政策优惠或支持；③样本企业对所享受人工智能相关政策的满意度；④样本企业享受的和人工智能相关的政策有哪些；⑤企业关心的人工智能政策议题；⑥在应用人工智能技术（设备或设施）过程中，希望获得哪些政策支持。调研发现如下。

### 一、近九成受访企业了解现行的北京市人工智能政策

据调研结果来看，29%的受访企业非常了解显性的人工智能政策，57%的受访企业比较了解人工智能政策，11%的受访企业回答了一般了解，仍有 3%的企业不了解人工智能政策，如图 8-8 所示。

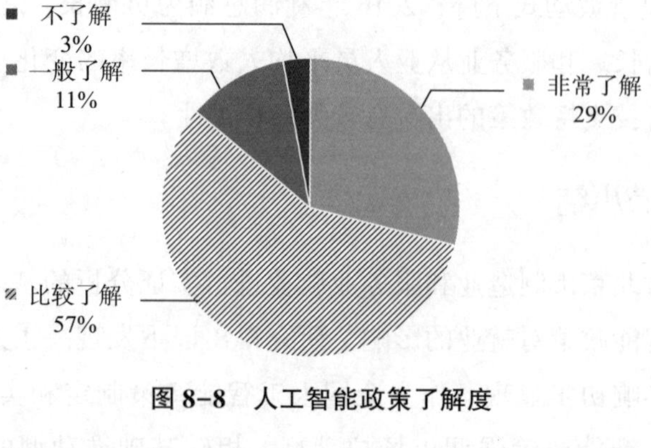


图 8-8　人工智能政策了解度

## 二、仅三成受访企业享受过人工智能产业政策优惠或支持

基于企业调研发现，享受过人工智能产业政策优惠或支持的企业占比较少，只有33%；未享受过人工智能产业政策优惠或支持的企业较多，占比达67%，如图8-9所示。

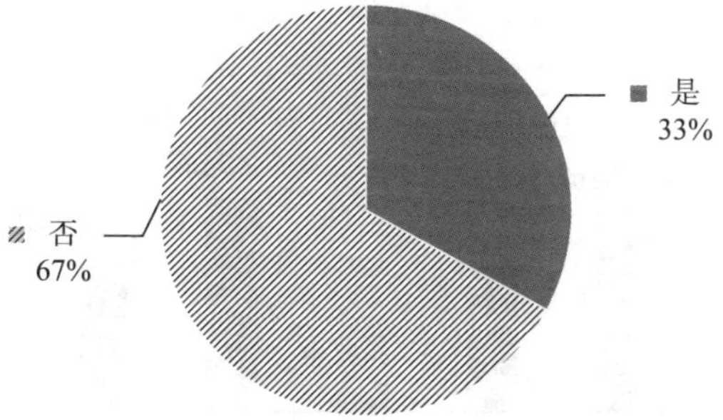


**图8-9　是否享受过人工智能产业政策**

## 三、享受过人工智能相关政策的企业中满意度较低

据调研结果来看，10%的受访企业非常满意现行的人工智能政策，19%的受访企业比较满意，4%的受访企业回答一般，但是有67%的受访企业未填写意见，如图8-10所示。

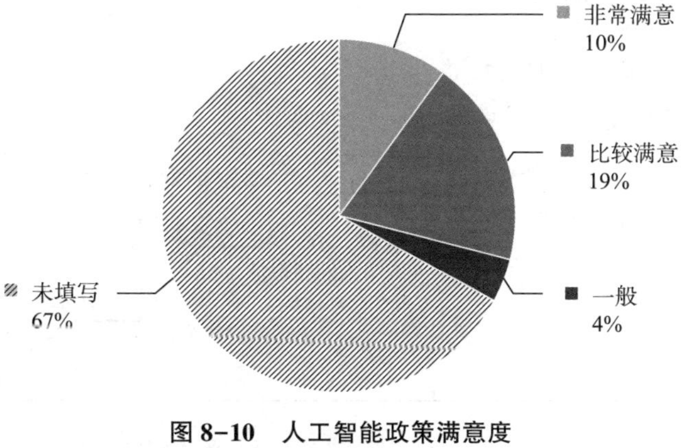


**图8-10　人工智能政策满意度**

## 四、受访企业享受的人工智能政策

受访企业享受过的人工智能政策中，排在前列的是知识产权保护政策和税收优惠政策，其次依次是人才培养、租金减免、金融支持，以及科技成果转化、户籍政策等，享受户籍政策的受访企业最少，如图 8-11 所示。

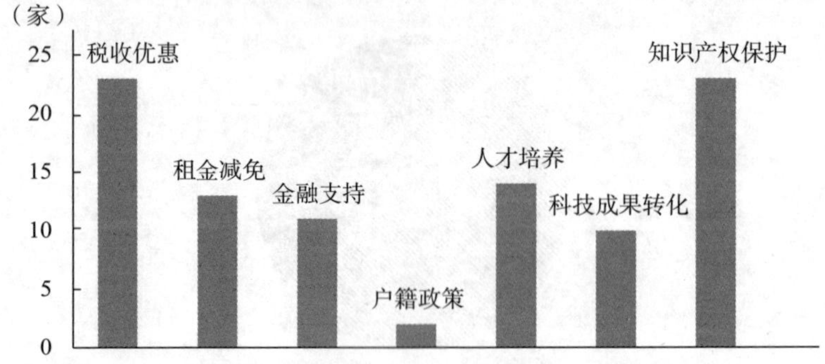


**图 8-11　享受过的人工智能政策**

## 五、企业关心的人工政策议题

在关于企业关心的人工智能政策议题的调研中发现，公司普遍关心智能产业激励、技术研发支持、专业人才培养、知识产权保护和数据安全治理方面的政策，对于人工智能技术发展造成的伦理问题防范政策关心较少，如图 8-12 所示。

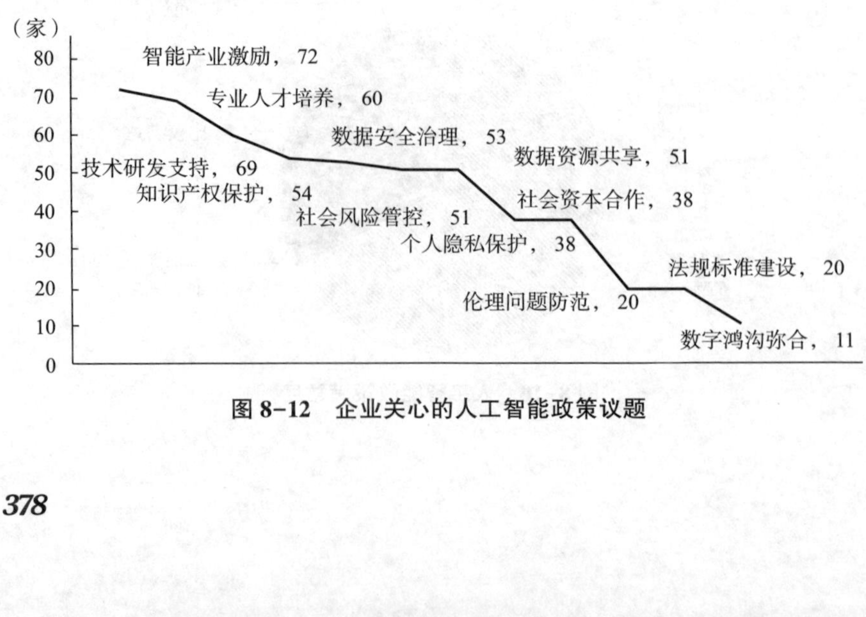


**图 8-12　企业关心的人工智能政策议题**

## 六、受访企业希望获得的政策支持

基于企业调研发现，从企业的角度出发，对于人工智能技术的发展，它们更希望获得技术支持、人才引培、知识产权保护、税收优惠、基础设施建设、资源共享、社会保障等方面的政策，以此促进人工智能技术的发展和应用，而示范推广和宣传动员等政策的吸引力较低，如图 8-13 所示。

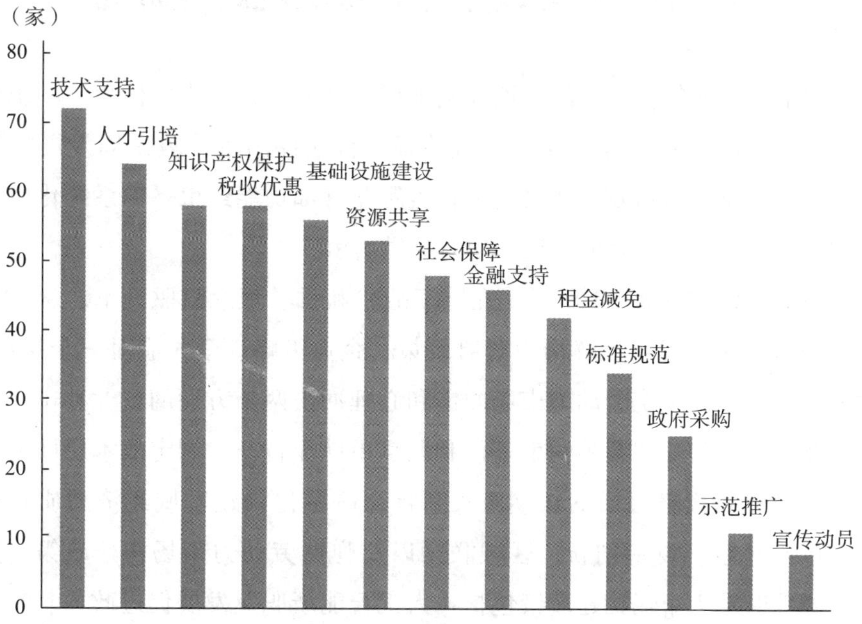


**图 8-13 人工智能政策预期**

## 七、本节小结

本节在对北京市 100 家人工智能企业开展调查问卷的基础上，分析企业对人工智能政策的需求情况，研究结果表明：①当前，绝大多数受访企业了解现行的北京市人工智能政策，但是仅三成受访企业享受过人工智能政策优惠或支持，人工智能政策的受益面比较小；②企业享受的人工智能政策主要是税收优惠和知识产权保护，并且享受过人工智能政策的企业，对当前人工智能政策的满意度较低；③人工智能企业关心的人工智能政策议题主要是智能产业激励、技术研发支持、专业人才培养、知识产权保护和数据安全治理，并且希望获得技术、人才、知识产权、税收等方面的政策支持。因此，政府还需要深入和细化人工智能政策，加大政策支持力度，扩大政策支持范围。

## 第四节　应对政策体系及实现路径研究

本节在前文较为深入的理论和实证研究基础上，提出立体化、系统化的整合应对政策及可操作化的实现路径，旨在提出京津冀协同发展框架下，以及北京市城市发展战略定位和疏解非首都功能约束下的系统化应对范式，为人工智能对就业的影响应对提供启示。

应对系统如图 8-14 所示，在国家战略和哲学理念双驱动下，从产业和人动态匹配的视角，解构为政府政策、企业策略、个人应对三个层面。政府政策层面，围绕劳动力市场冲击和心理冲击两个方面的就业冲击，考虑到北京市人口疏解政策约束条件和北京市就业特征，制定战术层面的短期政策目标和战略层面的长期政策目标，体系化构建区域经济高质量增长、产业升级、技术创新、区域联动以及弹性劳动力市场构建政策。其中，弹性劳动力市场构建政策包括：人工智能新职业发展促进政策、教育与培训体系重塑、人才缺口弥补、基于独特的人类技能的扩展工作创造、积极培育与技术的共生关系、鼓励非标准化工作、托底社会保障政策。在体系化政策基础上，设计可操作的短期渐进式政策方案和长期性制度安排两条实现路径。短期渐进式政策方案的主要目的是增强劳动力市场的弹性和韧性，主要包括扩大人工智能产品及服务消费、税收政策与财政激励、建立小微企业激励机制、就业影响声明政策、扩展性工作机会创造。长期性制度安排的主要目标是改变现有的社会模式，建立长期制度，释放制度红利，具体包括：基本收入制度、数字徽章激励制度、心理健康建设制度。在阐述相关政策时，为了便于理解，本书以人工智能领域最具代表性的智能驾驶行业为例进行阐述。企业策略层面，为应对人工智能对企业层面员工的冲击，采取以下策略：采用人工智能渐进式采纳战略、建立混序组织结构调整、塑造人—机协同行为的领导力、知识管理升级、组织创新文化打造、人机增强管理范式变革。个人应对层面，劳动者个人面临人工智能的影响，应积极主动应对，相关建议包括：认知能力提升、个体伦理规范、知识技能转换、人机协同适应、心理焦虑释缓。其中，最重要的是主动进行知识技能转换以提前应对人工智能对知识技能的新需求。

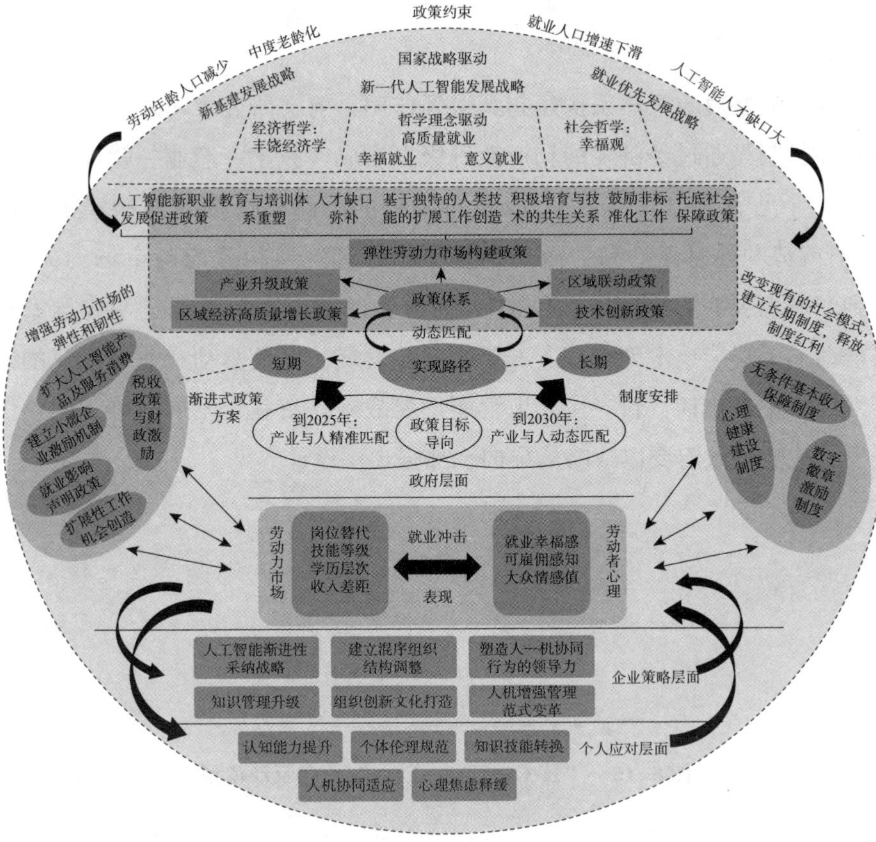


**图 8-14　人工智能对就业冲击的应对系统**

## 一、政府政策应对系统

前文研究表明，当前人工智能对就业影响的应对研究聚焦局部应对，如教育、职业技能开发、政府政策等，缺少系统思考和协同应对方案，无法指导中国情境下实践。因此，建构本土情境的系统化的应对范式具有理论与实践意义。本书提出基于整体观、系统观、协同观，嵌入北京市的独特情境，以战略为导向、哲学为价值观，以“全面、协同”为特征的应对系统范式。

### （一）国家战略视野驱动

国家战略对政策体系构建起到引领作用，前文研究表明宏观层面的就业传导机制是通过经济发展和产业升级，形成“技术—产业—就业”的三角互动（见表 8-15）过程，应对系统总的思路是根据新结构经济学的“政府因势利导原理”和“政府最优干预原理”重构政府与市场的关系，做到“政府要有为，市场要有效”，而有为的政府主要是通过制定国家战略推动人工智能技术创新、人工智能产业发展，以及驱动产业与就业的链接发展，重点包括：新一代人工智能发展战略。新基建发展战略、就业优先发展战略。政府要以战略为导向，加强顶层设计。

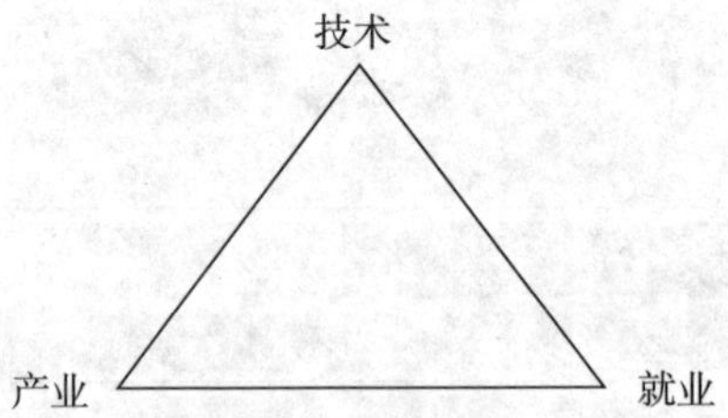


**图 8-15 “技术—产业—就业”三角互动模型**

1. 新一代人工智能发展战略：推动产业链集群发展

促进人工智能产业发展是夯实就业的基础，也是稳定就业的市场主体——企业的根基，产业政策要以促进充分高质量的就业为理念，通过人工智能技术进步，推动人工智能产业升级，提升整体产业的就业质量。人工智能技术进步与前几次技术革命不同的是技术要赋能于人，增强人的能力，把人从劳累中解放出来，实现更高质量的就业。

人工智能产业属于战略性产业，国家要抢占技术制高点，产业技术基础已具备，但产业链的上游基础层处于弱势状态，中游技术层处于从追赶到并跑的状态，上游应用层处于活跃状态，新一代人工智能发展战略的主要目标是进行战略布局，但随着时代的发展，需要进行战略升级。从时间上来看，《新一代人工智能发展规划》只到2035年，而相关研究表明2045年是人工智能技术发展的“奇点”，机器智能将全面超越人类，同时是我国第二个一百年的交汇点。因此，应加强2030—2045年的人工智能战略规划，制定超智能阶段发展战略。从层次上来看，要从基础、技术、应用三个层次构建人工智能技术研发战略，推动芯片、操作系统等软硬件系统演进，开发人机协作智能系统，构建良性研发的环境基础。重点关注人工智能基础研究。从内容上来看，要布局发展人工智能新兴产业与推进传统产业智能化升级并举，促进人工智能产业和供应链建设，拓宽人工智能技术的应用范围，加大在工业、农业、医药业、物流运输、智能交通、能源、健康、教育、应急等应用场景的落地应用力度。如在传统汽车产业加强智能汽车布局，大力发展智能网联汽车。促进人工智能科技成果加速转化，推动智能技术研发产业化，将人工智能产业、智能机器人产业作为“新产业发展战略”重点扶持产业，推动人工智能产业链集群发展和产业链协同创新。此外，借鉴美国、日本的国家战略经验，应更加关注社会问题，提高人工智能的社会价值和实用性。一是促进教育和培训体系建设，重视人工智能人才培养，以适应人工智能给就业带来的变化；二是研究和制定人工智能道德准则，确立适当的道德与法律框架；三是前瞻性考量人工智能全产业链对就业的创造效应。

2. 新基建发展战略：形成人工智能比较优势产业

根据新结构经济学理论，要扩大人工智能产业规模、扩大市场范围，就要完善软硬基础设施，降低交易成本，使要素禀赋结构得到提升，形成人工智能比较优势产业，推动产业结构升级，提高劳动生产率，增加收入。近期，“新基建”在中央会议上反复被提及，工业和信息化部、国家发展改革委、交通运输部等部委政策也持续加码，地方政府发力新基建的动作更明显。新基建主要包括5G基站建设、特高压、城际高速铁路和城市轨道交通、新能源汽车充电桩、大数据中心、人工智能、工业互联网七大领域，其中，人工智能是重要领域。通过新基建建设，强化人工智能产业的领先地位，提升人工智能产业基础高级化、产业链现代化水平。在人工智能新基建的布局中，要从感知智能快速发展到认知智能，最后到决策智能，补齐基础层和技术层的相对短板。重点在数据环境、人工智能产业技术基础公共服务平台和共性技术上布局，以智能驾驶行业为例，基础设施的重点是5G+V2X车路协同基础设施、五大基础平台及其共性技术领域。五大基础平台包括：车载计算基础平台、智能终端基础平台、云控基础平台、高精动态地图基础平台、信息安全基础平台。加强开源框架、边缘计算和综合训练数据三大人工智能基础设施建设。多场景赋能是人工智能产业发展的核心方向，推动多场景下人工智能技术商用化。人工智能“新基建”建设中会涌现诸多新业态、新模式，这些新业态、新模式必将创造新的就业岗位和更多新的灵活就业形态与工作形态。

3. 就业优先发展战略：选择就业优先的经济发展模式

在人工智能战略布局和新基建建设时要将就业作为优先级，建立矩阵式就业优先策略，一方面是垂直全产业链整体拉动就业，另一方面是水平方向相关产业推动就业。以智能驾驶行业为例，其产业链包括整车制造企业、大型互联网企业、小型智能驾驶创新创业企业、服务配套企业、公共部门，可形成“整车制造企业稳定就业+大型互联网企业吸纳就业+小型智能驾驶创新创业企业、服务配套企业、公共部门创造新就业”的垂直全产业链带动就业模式。智能驾驶技术在其他产业的应用推动就业，如在农业领域的智能拖拉机、无人机喷洒、智能铺膜等的应用，在矿山、港口、城市交通等领域的应用将水平方向带动就业。在促进全球供应链的智能化转型，带动离岸外包就业、回潮就业方面，联合国贸易和发展会议[①]（UNCTAD，2016）认为，智能机器人的低成本性和劳动力可替代性削弱低收入国家劳动力成本优势，然而智能机器人的应用同时引发了全球供应链智能化转型，促进发达经济体和新兴经济体的离岸外包就业和回潮就业。此外，要增强就业优先政策与宏观经济政策的协调性。建立公共劳动力发展系统，设立“一站式”就业中心，在全国范围开展免费劳动力交流，提供求职和就业匹配服务，减少职业搜寻时间及技术失业摩擦，提高劳动者就业能力。帮助受冲击的失业人员寻找工作的同时，为其提供就业服务和职业训练。将失业保险纳入就业优先政策，发挥失业保险预防失业的功能，重点在为劳动者技能提升提供补贴等。

### （二）哲学理念驱动

在人文社会科学领域进行政策研究时需要一定的价值判断和明确的价值导向，人工智能技术进步带来的技术性失业是持续困扰未来经济发展的问题，需要用哲学理念驱动政策制定。就业具有经济和社会的双重效应，因此本书提出“丰饶经济学”的经济哲学视角，以及“幸福观”的社会哲学视角，将高质量就业、幸福就业、意义就业作为政策设计的价值驱动理念。

#### 1. 丰饶经济学：关注人类需要的社会产品

为了解决人工智能技术进步给就业带来的长期性、结构性影响，需要一种新的经济理论哲学——丰饶经济学。以往分析技术进步对就业的影响以西方经济理论的“稀缺性”概念为基石，基于资源稀缺假设前提，认为经济系统就是从事生产和分配稀缺物质产品的系统。随着智能经济的发展，未来稀缺性不再是选择劳动的控制参数，这是因为智能产品如算法、数字图像、计算机程序等的生产基本是没有边际成本的，即每多生产或分配一个单位产品，只需要电子复制和发送原产品，无论是几个人或是几百万人同时使用，都不会产生额外的费用。还有一些非货币性的无形产品，如自主性、信任、协作、创造力、参与感、归属感，往往是互补和非竞争

① 国际经济组织联合国贸易和发展会议（https://www.sohu.com/a/118893942_454120）。

的，它们可以在被消费时创造更多的“自己”，因此需要一种新的经济理论哲学来引领应对系统。未来最成功的经济体会将经济学理解为一种既能管理物质产品的生产和消费，又能管理社会产品的生产和消费的方式。丰饶经济学要实现三个方面的转变：一是要从以“劳动”为基础的稀缺经济到劳动力和物质需求达到“选择性”满足的自动化经济，再到以“实现满足”为基础的实现经济；二是从资源稀缺到资源富余的转变；三是从关注满足物质产品的数量性领域到关注人类需要的社会产品的品质性领域（见图 8-16）。

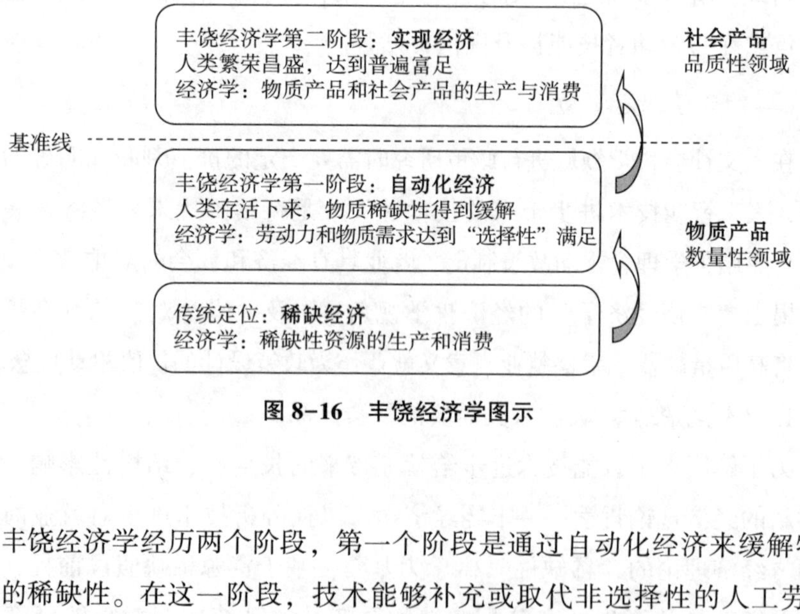


**图 8-16　丰饶经济学图示**

丰饶经济学经历两个阶段，第一个阶段是通过自动化经济来缓解物质产品的稀缺性。在这一阶段，技术能够补充或取代非选择性的人工劳动，以人类劳动者为主体的工作可能不会完全消失，但人类工作不是出于需要，而是出于选择，这种选择实现了从劳动到自我实现的转变，这些未来的自我实现工作，如神经植入技师、虚拟现实体验设计师、智能家居临时工、脑机接口设计师、社会机器人交互专家等。未来可以设计能够提供内在意义和促进自我实现的就业机会。第二个阶段是通过实现经济来为人类繁荣创造社会产品。

综上所述，从政策的角度解决潜在的人工智能引发的失业有助于减少负面的社会产品，如心理焦虑、收入不平等的“社会病态”，并减轻不确定性对智能化的影响，政策设计的关键是将人类劳动从薪酬中剥离出来，未来更大的议题和更长远的考量是关注生活质量，而不仅仅是关注人工智能的影响。

2. 幸福观：实现高质量就业、意义就业、幸福就业

追求幸福是人类的终极目标，联合国和美国、英国、法国、荷兰、日本等发达国家已经开始了对国民幸福生活的研究与测量，以提升国民幸福指数。为人民谋幸福是政府的终极目的，因此将儒家的幸福观作为政策设计的顶层理念，对推动人类进步和高质量就业具有重要意义。

如前文研究结论，人工智能技术发展呈现不确定性、非线性，以及现阶段技术成熟度不高的特点，因此超人工智能出现还需要较长时间，未来相当长一段时间人工智能与人类协作将成为主旋律，人工智能将释放巨大生产力，免除劳动者继续从事烦冗工作之苦，如在大量简单、重复性、不需要复杂思考就能完成决策的工作中取代人类。人工智能将创造更多的财富，也必然创造大量新的工作岗位，让更多的人可以经过教育、培训和学习转换到新的岗位，或与智能机器协同工作，这样劳动者的就业质量将变得更高，有更多的空闲时间追求个人兴趣和工作的意义。劳动者通过努力适应智能经济时代，学习新知识，不断提高自己，善于利用人类的特长，如自我认知、跨领域思考、复杂推理、复杂决策、复杂情感等在更高层次上完成机器无法完成的工作，借助机器的能力，如重体力、高效率、快速运算、初级创作等（见图 8-17），重塑自己在人工智能社会的独特地位和价值，实现高质量就业、幸福就业。

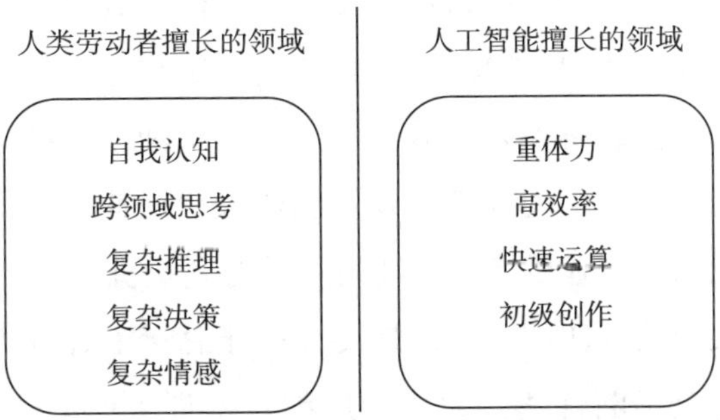


**图 8-17 人类劳动者与人工智能的比较优势**

（三）政策目标导向

本书对2020—2030年北京市人工智能上市企业全要素生产率及就业需求进行了预测，根据北京市“四个”中心的城市战略定位，和非首都功能疏解中人口疏解目标的政策约束条件，以及北京市的就业特征，即劳动年龄人口减少、中度老龄化、就业人口增速下滑、人工智能人才缺口大，从产业与人匹配的视角，制定短期战术目标和长期战略目标（见表8-13）。本书认为，未来10年政策目标导向是产业与人的适时动态匹配，在实现匹配过程中实行渐进式的政策方案。

1. 短期目标（2020—2025年）：实现产业与人的精准匹配

短期目标是战术层面的目标，首先是人工智能产业发展目标，根据《新一代人工智能发展规划》，到2025年，我国人工智能核心产业规模超过4000亿元，带动相关产业规模超过5万亿元，按照本书第三部分的研究结果，按北京市的人工智能产业规模占全国1/3的标准核算，到2025年，北京市的人工智能核心产业规模将达到1300多亿元，带动相关产业规模超过1.6万亿元，但北京市要与其高精尖经济结构的定位相适应，成为人工智能基础理论的突破地、原始创新的策源地和关键技术的领先地，人工智能产业要进入全球价值链高端；但相关法律法规、政策体系、人才数量，以及劳动者的知识技能还未做好匹配，因此在人工智能应用领域应实行渐进式推进。其次是就业目标，根据《北京城市总体规划（2016年—2035年）》，严格控制人口规模，优化人口分布，到2020年，北京的人口目标要控制在2300万人，其中，西城缩减19.4万人、东城缩减13.7万人、朝阳缩减21.0万人、海淀缩减55.0万人、丰台缩减27.0万人，五大主城区共缩减136.1万人；2020—2025年人口长期稳定在这一水平，形成与首都城市战略定位、功能疏解提升相适应的人口结构和就业结构。北京对人口的控制、中度老龄化社会的到来，以及就业人口增速下滑的特殊情境，正是推动人工智能核心产业及带动产业发展的有利契机。到2025年，实现人工智能产业与人的精准匹配，关键是要在就业总量上补齐人工智能人才缺口，在就业结构上不断优化，大力开展教育培训，推动劳动力技能转换，形成与北京人工智能产业结构匹配的就业结构和知识技能结构；在就业质量上，就业人员知识、技能与素质要能适应人机协同工作需求，以及产业发展新需求。

2. 长期目标（2025—2030年）：实现产业与人的动态匹配

长期目标是战略层面的目标，首先是人工智能产业发展目标，根据《新一代人工智能发展规划》，到2030年，人工智能理论、技术与应用总体达到世界领先水平，人工智能核心产业规模超过1万亿元，带动相关产业规模超过10万亿元。按照本书第三部分的研究结果，按北京市的人工智能产业规模占全国1/3的标准核算，到2030年，北京市的人工智能核心产业规模达到0.3万亿元，带动相关产业规模超过3万亿元。其次是就业目标，根据《北京城市总体规划（2016年—2035年）》，严格控制人口规模，优化人口分布，到2030年，北京的人口目标要控制在1850万人。

到2025年，实现人工智能产业与人的动态匹配，重点是培养一批具有国际领先水平的人工智能人才，形成一批全球领先的人工智能科技创新和人才培养基地，建成更加完善的人工智能法律法规、伦理规范和弹性劳动力市场政策体系。

**表 8-13　政策目标导向**

| 目标 | 产业与人匹配 | 产业发展目标 | 就业应对目标 |
|---|---|---|---|
| 短期（战术层面）<br>2020—2025年 | 精准匹配 | 1. 成为人工智能基础理论的突破地、原始创新的策源地和关键技术的领先地<br>2. 人工智能产业要进入全球价值链高端<br>3. 人工智能核心产业规模达到1300多亿元，带动相关产业规模超过1.6万亿元 | 1. 补齐人才缺口<br>2. 劳动力技能转换<br>3. 劳动者综合素质提升 |
| 长期（战略层面）<br>2025—2030年 | 动态匹配 | 1. 人工智能理论、技术与应用总体达到世界领先水平<br>2. 人工智能核心产业规模达到0.3万亿元，带动相关产业规模超过3万亿元 | 1. 培养国际领先水平人才<br>2. 形成创新及人才培养基地<br>3. 建成完善的政策体系 |

（四）政策目标体系

本书认为，未来10年政策目标导向是产业与人的适时动态匹配，在实现匹配过程中实行渐进式的政策方案。分两步走，一是2020—2025年，建设北京“更加充分、更高质量就业”的先行示范区。二是2025—2030年，率先实现北京“高质量就业”的“北京样板”。在此政策目标导向下，确立了北京高点定位的“五大率先”政策目标体系。第一，率先建立以“人为中心”的“更加充分就业”的政策框架，成为“更加充分就业”的城市示范。渐进式采用人工智能/机器人与加快更新劳动者知识技能齐头并进，确保人工智能就业替代总体可控，不出现规模性失业。第二，率先基本实现就业结构优化，成为劳动技能型就业的示范城市。加快弥补65万人才缺口，稳步扩大高技能人才总量，新增7.5万高技能人才。第三，率先建立推动人工智能发展实现“更高质量就业”的体制机制和政策框架，努力成为探索人工智能推动高质量就业之路的城市示范。第四，率先基本实现基于人工智能自主创新的“创业升级版”，成为带动高质量就业的示范。通过鼓励人工智能科学家创业、布局人工智能硬科技创业赛道、倡导自主创新的创业等，推动人工智能创业带动就业动能的持续释放，推动更多人通过人工智能领域创业实现人生价值。第五，率先基本实现更多劳动者体面劳动，成为扎实推动共同富裕的示范城市。劳动报酬提高与劳动生产率提高基本同步，通过人工智能创造高品质、高质量岗位，实现净增100万中等收入群体，推动更多劳动者实现体面劳动。

（五）政策体系构建

第五部分宏观影响机制研究结果表明，人工智能技术进步对就业的影响主要通过经济、产业、技术、制度四条路径，因此本书从以上四条路径设计协调联动的政策体系（见图8-18）。

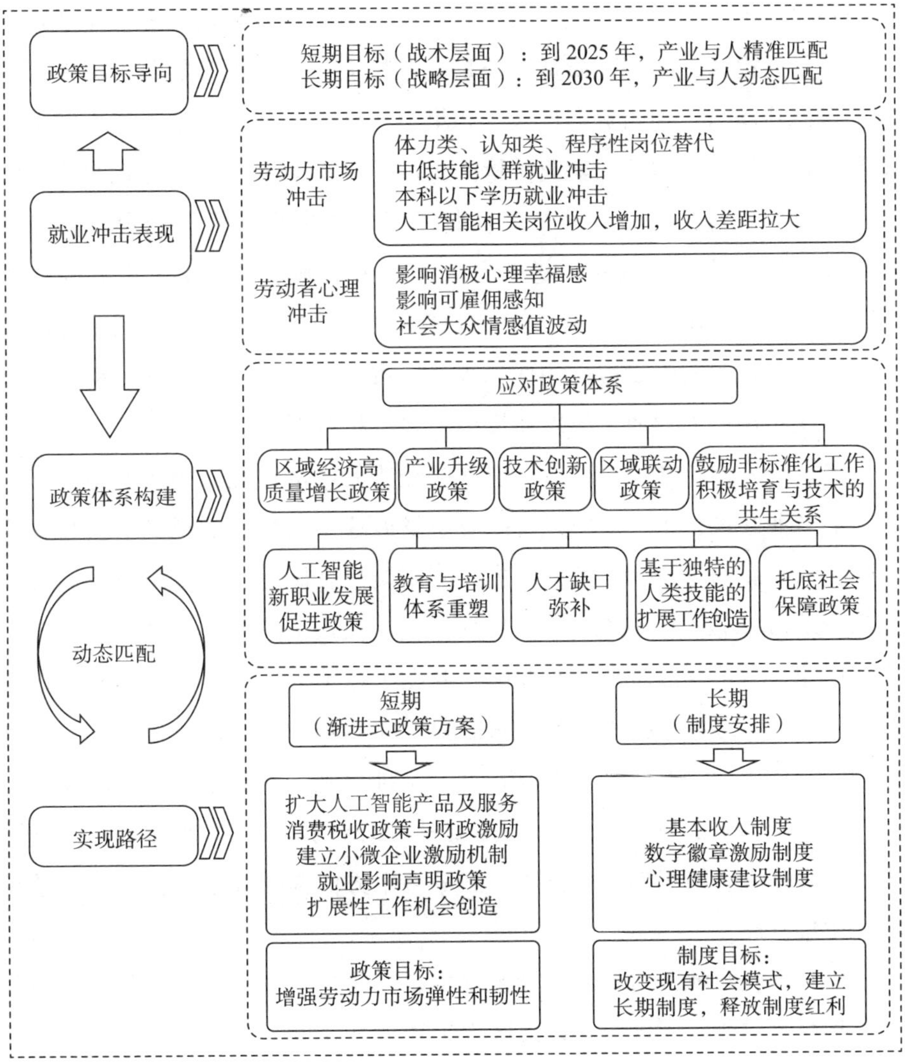


**图 8-18 应对政策体系及实现路径**

1. 推动区域经济高质量增长政策：着力提高人工智能产业的就业弹性

习近平总书记在党的十九大报告中指出，“我国经济已经从高速增长向高质量发展转变”，强调了质量对于经济发展的重要性，经济高质量发展意味着经济增长驱动因素、增长方式和路径的改变。经济高质量发展和高质量充分就业成为宏观经济政策的主要目标。经济高质量增长是扩大就业的必要但不充分条件，经济高质量增长并不必然或自动促进就业增长和就业质量的提高，经济高质量增长是就业扩大和质量提升的前提，人工智能技术创新作为一种高资本投入，如果不实施一些辅助政策，那么并不一定带来较高的就业增长和就业质量的提高，也不会自动转化为就业机会的扩大和就业质量的提升。经济高质量增长、资本高投入能否带来就业增长、就业机会扩大及就业质量的提升，不仅依赖于经济增长率和经济质量，还取决于采用何种有利于高质量就业的增长模式，因此在制定经济政策时要确立就业的中心地位和优先级。新古典经济学理论重视劳动密集型生产方式实现扩大就业，凯恩斯提出，通过扩张财政和货币政策来扩大需求，实现经济增长和充分就业，但这些经典的经济学理论阐述的是经济增长下的就业政策，不再适应经济高质量发展这一新情境的经济增长与就业关系，需要新的理论和政策，促进经济高质量发展与就业量质齐升的良性互动。Brynjolfsson 等（2014）的研究发现存在人工智能快速发展与全球生产率增速显著下降的现象。其原因主要在于技术创新与生产效率间存在较长滞后期，一方面新技术资本积累需要时间达到一定规模，另一方面 GPT 作用的发挥仍然需要较多互补性技术、基础设施、人员素质、制度环境等进行匹配。因此，从长期来看，需要从互补性技术、基础设施、人员素质、制度环境、组织架构、行业规制等多个方面提供政策支持，以促进经济高质量发展。

经济增长与就业增长的传导机制主要是通过就业弹性，因此政策的着力点是提高京津冀区域及北京地区人工智能产业的就业弹性。一是提高人工智能产业基础能力，如增加人工智能新型基础设施的建设，投入科技研发费用增强自主创新能力。二是提高产业链水平，由当前的集中在应用层向价值链高端的研发创新、设计、基础研究、原始创新和关键技术突破环节发展。三是扩大产业链中生产性就业，创造更多的新就业岗位，以及通过人机协同增加劳动力投入的数量和质量。四是加强人工智能产业链中服务业对就业的吸纳能力。以智能驾驶行业为例，增强产业链中大型互联网、测试、营销、金融保险等配套服务企业对就业的吸纳能力。

2. 产业升级政策：垂直、水平“双元”产业发展模式

产业是就业的载体，有产业才有企业，有企业才有就业。本书提出几个重要的产业政策发展观点。

第一，实行垂直全产业链集群发展，以及水平方向相关产业链带动发展的“双元”发展模式。以智能驾驶行业为例，垂直全产业链包括以下几类。汽车零部件企业及智能测试装备制造企业，属于第二产业，主要生产八大类汽车零部件，如油门、制动、轮胎、转向等其他零部件，以及智能测试装备。这类企业大多属于劳动密集型企业，可以通过劳动密集型企业及中小企业实现稳定就业。智能整车制造企业，属于第二产业，包括传感器制造，如雷达、视觉、定位、姿态、压力、测速等；芯片供应商，如CPU、GPU、ASIC/ASSP、MCU、计算机平台；系统集成商，如车载信息系统、发动机控制系统、人机接口、底盘控制系统。大型互联网企业，属于第三产业，如百度、阿里、华为都对智能汽车研发进行了布局，开展系统部件、软件算法、汽车大脑等研发，以及云服务、车联网安全、移动通信、通信设备、远程管理和服务等网络服务，通过信息服务业吸纳就业。小型智能驾驶创新创业企业，属于第三产业，包括核心传感器研发、芯片研发、关键算法研发、新兴造车企业等科技型创新企业、初创企业和新业态企业，创造就业机会。配套服务企业，属于第三产业，包括智能汽车研发测试、数据地图、高精地图、自动驾驶地图等数据服务、维修维护、汽车经销、金融保险、人才培养服务，通过现代服务业扩大就业。公共服务企业，属于第三产业，包括基础设施管理员，技术标准、测试标准制定，安全政策法规、伦理道德规范制定等岗位，通过扩大公共服务部门岗位扩大就业。水平带动性产业链包括以下几类。城市交通，属于第三产业，智能驾驶将改变城市交通生态、汽车驾驶模式、交通通行模式，带动共享汽车、出行服务等第三方应用/服务。智能驾驶技术在特定领域的应用带动就业，如农业属于第一产业，应用智能拖拉机、无人机喷洒、无人铺膜系统；矿山属于第二产业，应用无人矿车驾驶系统、无人机勘测规划系统等（见图 8-19）；港口属于第三产业，应用新一代智能运输系统等。

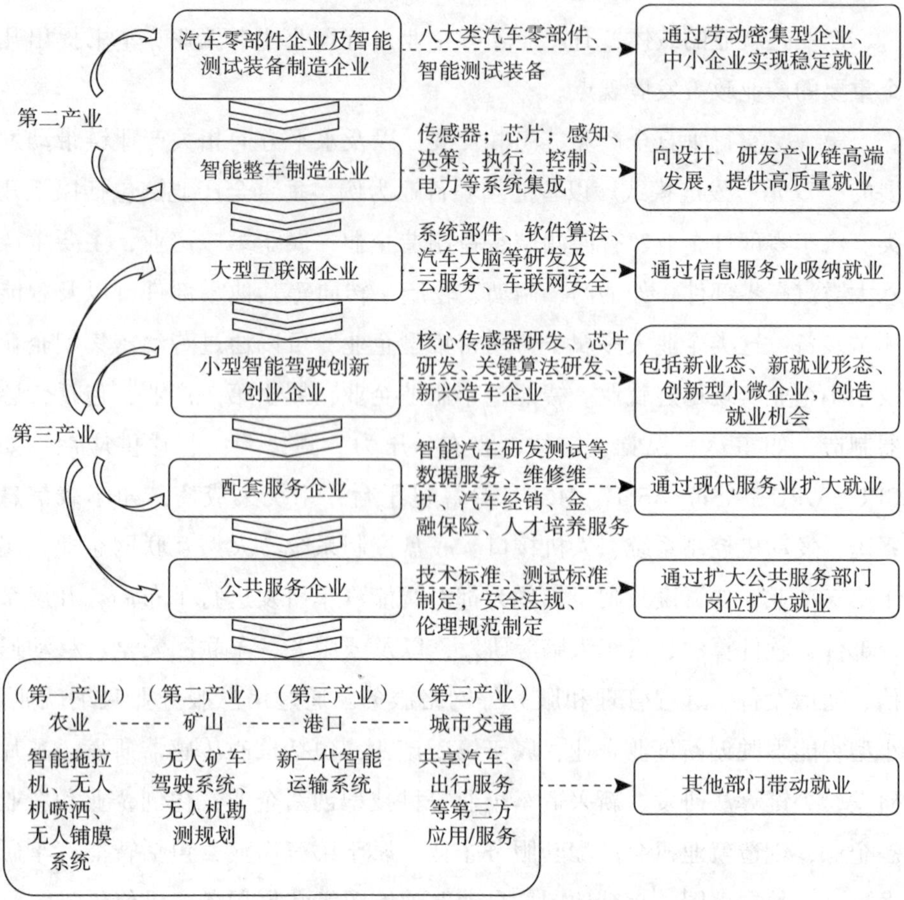


**图 8-19　智能驾驶产业“双元”发展模式带动就业图示**

第二，实行渐进式的产业发展政策。人工智能技术的不成熟性、非线性和不确定性，以及当前正处于产业化探索初期，同时要秉承高质量就业优先导向，以及配套政策法规及人力资本的知识技能，还不能很好地匹配，上述制约因素决定了要选择渐进式的产业发展政策。以智能驾驶行业为例，2016—2018 年实现 L0～ L2 功能，即先进驾驶辅助系统；2018—

2022 年，实现 L3 功能，2023—2030 年实现 L4 功能，2030 年后实现 L5 功能①，智能驾驶渗透率如图 8-20 所示。相关法规的制定、政府补贴激励购买智能汽车、政府补贴产业人才培养是推动人工智能产业渐进式发展的 3 个关键政策。

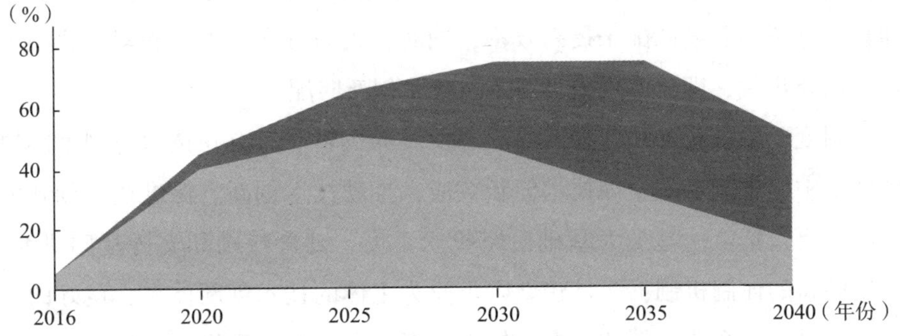


**图 8-20　2016—2040 年全球智能驾驶渗透率**

第三，多部门统筹规划，协同推进人工智能产业发展政策。人工智能的核心和应用产业大多涉及多学科领域，以智能驾驶为例涉及计算机、通信、大数据、人工智能等学科领域，需要政府在智能汽车上路法规、安全法规、伦理道德、自动驾驶标准、智能网联等不同领域出台相关的政策法规，综合推进产业发展。积极发挥政府对人工智能产业的引导作用，强化战略规划和顶层设计，完善产业政策，优化发展环境，加强部门协同、行业协调和军民融合，建立跨部门、跨行业、跨领域的协调发展机制，协同推进核心技术自动化、基础设施智能化、运行监管规范化，增强政策合力。

---

① 自动驾驶实现功能 & 时间表，https://www.sohu.com/a/324371246_100007727。自动驾驶功能按 SAE 的 L0~L5 分级。L1~L2 级的自动驾驶功能，比如，紧急制动、车道偏移预警，正在从特种车到普通车推广，不久将成为汽车的标准配置。L3~L5 级的自动驾驶在常规道路上正在测试，还远没有形成量产和收益，但在特定的领域如矿山、港口、农业等方面已有应用（引自专家访谈）。

3. 提高技术创新效率：提升技术创新与制度创新的匹配度

就业的基本面是经济增长，经济增长由生产资本、人力资本、自然资源、全要素生产率四个因素推动。生产资本、人力资本存在边际递减效应，自然资源有限，全要素生产率才是推动经济长期增长的动力。前文研究表明，全要素生产率提高包括技术创新和制度效率，通过“两种匹配”，即技术创新和制度匹配来提高效率，同时，人力资本的能力和素质要跟上技术创新步伐，即要实现人力资本与技术创新匹配。

制度要顺应技术和新兴产业形态发展的逻辑。只有在技术与制度的协调框架中，才能有效发挥技术创新效应，推动技术创新。促进技术创新的制度主要包括：一是加大基础研究投入力度，健全鼓励和支持基础研究、原始创新的体制机制；二是建立以企业为主体的技术创新体系、良好的制度，通过激发企业家精神，推动技术创新，带动产业升级；三是健全和完善科技人才发展机制，是技术创新协调有序、充满活力的必要保障；四是创新风险投资政策，提高风险投资引发的额外研发投入的产出效率，增强风险投资的创新产出效应。

4. 区域联动政策：实现产业链分工与合作，破除劳动力流动障碍

应对人工智能对北京市就业的冲击和影响，要将视野打开，从区域联动发展的视角，通过推动北京与京津冀，以及雄安新区区域的产业结构和就业结构深层次协调发展来破解人工智能产业与就业的结构性矛盾，通过体制机制创新加快人工智能产业在区域内的集群发展和融合协同发展，实现区域间劳动力等要素资源优化配置。

一是区域内形成人工智能产业链分工与合作，在京津冀地区和雄安新区形成更大规模的人工智能产业集群发展战略腹地。按照产业分工，北京布局和建设高端化的人工智能产业，如科学研究、关键技术研发、技术服务、科技服务业、信息服务业的研发端等。如自然实验表明建立人工智能产业园区有利于推动人工智能产业的集群发展，继续建设人工智能产业园区推动产业链集聚发展和高端发展。天津布局和建设人工智能产业的生产性服务业、配套服务业，如金融服务业、物流业、水上运输业、人工智能

技术的带动性产业等。河北布局和建设人工智能产业中智能制造业、传统制造业、人工智能技术的带动性产业等。雄安新区布局和建设北京人工智能研发成果的转化落地和产业化，形成人工智能科技成果转移转化示范区、京津冀创新发展和产学研合作示范区。总之，以人工智能技术为引领，推动区域内现代农业、现代服务业、先进制造业等新兴产业的深度融合，实现区域内一二三产业间跨产业融合，打造更大规模的人工智能产业集群。

二是破除阻碍劳动力要素充分流动的制度性障碍，推动区域产业与人的动态匹配。充分释放北京、天津地区高人力资本水平的溢出效应，以高端人才流动引领先进知识和技术传播辐射，带动河北人力资本要素升级，实现以人才要素流动带动人工智能创新技术的交流。通过各级政府跨区域、跨部门协作机制创新，缩小京津冀地区和雄安新区的城市社会保障体系差异，提高京津冀城市群的人才吸引力，建立人工智能产业的高技能人才集聚区，以实现产业链上下游优化分工来提升区域经济规模，从而推动京津冀地区人工智能全产业向更高价值链攀升。

5. 增强劳动力市场弹性政策：为劳动力预留足够的时间和空间以进行知识技能转换

人工智能技术呈指数级突飞猛进，由此带来的颠覆式创新此起彼伏，使就业、工作内容、工作方式、劳动者的知识技能面临极大的变革和挑战。面对人工智能的潜在影响，本研究提出增强劳动力市场的弹性，即劳动力市场对技术创新冲击的适应能力。只有在劳动力市场植入这种“韧性”基因，才能对破坏性创造就业效应产生“抗体”，以处理技术进步下就业的结构性矛盾。

未来的生产要为劳动力预留足够的时间和空间，避免失业和收入差距拉大造成的贫困，政策导向是把劳动与提高生产力脱钩，以便让劳动者为更多的岗位的消失及新创造的工作机会做好准备。增强劳动力市场弹性的政策包括：人工智能新职业发展促进政策、教育与培训体系重塑、人才缺口弥补、基于独特的人类技能的扩展工作创造、积极培育与技术的共生关系、鼓励非标准化工作、托底社会保障政策等。通过这些政策的设计及其渐进性实施，增强劳动力市场的韧性，减少人工智能对经济和社会福祉的冲击。

（1）人工智能新职业发展促进政策。人工智能技术进步的创造效应，与社会分工深化及教育体系演进共同催生了人工智能新职业，创造了更加符合经济社会发展和产业升级需求的新型就业岗位，人工智能新职业为劳动力市场提供了大量的高技能就业岗位，同时可承接低技能岗位，打开了就业空间，扩展了就业“蓄水池”。以百度（山西）人工智能基础数据产业基地为例，目前有 2300 多名数据标注师[①]，今后 5 年预计将为 5 万名数据标注师提供就业岗位。据艾瑞统计预测，到 2025 年，人工智能基础数据服务市场规模可达 107 亿元，数据标注需求量将呈井喷式增长。人工智能新职业使劳动者的专业化不断提升，推进了知识创新、知识发展和知识应用，提高了劳动生产率。

在 2015 年以来发布的 56 个新职业中，与人工智能相关的新职业有 16 个（见表 8-14），约占新职业的 1/3。人工智能新职业放大了人工智能技术的就业创造效应，有助于推动人工智能新职业在就业大盘中形成规模效应（丁述磊、张抗私，2021）。

**表 8-14　自 2015 年以来国家发布的人工智能新职业**

| 发布批次 | 职业名称 | 按职业大典分类 |
|---|---|---|
| 第一批 | 1. 人工智能工程技术人员 | 专业技术人员 |
| | 2. 大数据工程技术人员 | 专业技术人员 |
| | 3. 云计算工程技术人员 | 专业技术人员 |
| | 4. 数字化管理师 | 社会生产和生活服务人员 |
| | 5. 无人机驾驶员 | 社会生产和生活服务人员 |
| | 6. 工业机器人系统操作员 | 生产制造及有关人员 |
| | 7. 工业机器人系统运维员 | 生产制造及有关人员 |

① 数据标注师：属于人工智能训练师，已成为新职业并纳入国家职业分类目录。

续表

| 发布批次 | 职业名称 | 按职业大典分类 |
|---|---|---|
| 第二批 | 8. 智能制造工程技术人员 | 专业技术人员 |
| | 9. 工业互联网工程技术人员 | 专业技术人员 |
| | 10. 虚拟现实工程技术人员 | 专业技术人员 |
| | 11. 人工智能训练师 | 社会生产和生活服务人员 |
| | 12. 无人机装调检修工 | 生产制造及有关人员 |
| 第四批 | 13. 集成电路工程技术人员 | 专业技术人员 |
| | 14. 服务机器人应用技术员 | 专业技术人员 |
| | 15. 智能硬件装调员 | 生产制造及有关人员 |
| | 16. 工业视觉系统运维员 | 生产制造及有关人员 |

资料来源：根据中华人民共和国人力资源和社会保障部网站公布的新职业进行分类整理。

按照2015年版《中华人民共和国职业分类大典》的八大类进行分类，人工智能新职业分为三类：专业技术人员类、社会生产和生活服务人员类和生产制造及有关人员类。专业技术人员类新职业共8个，占人工智能新职业的半数，包括人工智能工程技术人员、大数据工程技术人员、云计算工程技术人员、智能制造工程技术人员、工业互联网工程技术人员、虚拟现实工程技术人员、集成电路工程技术人员、服务机器人应用技术员；社会生产和生活服务人员类新职业共3个，包括数字化管理师、无人机驾驶员、人工智能训练师；生产制造及有关人员类共5个，包括工业机器人系统操作员、工业机器人系统运维员、无人机装调检修工、智能硬件装调员、工业视觉系统运维员。

2021年哔哩哔哩联合DT财经发布的《新360行：2021年青年新职业指南》显示，人工智能专家、大数据专家、AR/VR开发人员、无人机从业者、智慧农业者等新职业正成为青年人感兴趣的新职业。而未来人工智能新职业人才需求规模庞大，据人社部中国就业培训指导中心联合阿里巴巴钉钉发布的《新职业在线学习平台发展报告》未来5年大量人工智能新职业存在人才缺口，如无人机驾驶员近100万人，工业机器人系统操作员近125万人（见表8-15）。

表 8-15　人工智能新职业人才缺口

| 新职业名称 | 人才缺口（万人） |
|---|---|
| 人工智能人才 | 500 |
| 无人机驾驶员 | 100 |
| 工业机器人系统操作员 | 125 |
| 云计算工程技术人员 | 150 |
| 数字化管理师 | 200 |
| 总计 | 1075 万 |

资料来源：根据 2020 年人社部中国就业培训技术指导中心联合阿里钉钉发布的《新职业在线学习平台发展报告》中的相关数据整理。

人工智能新职业人才的巨大缺口形成了北京市就业的新空间，也是推动北京市地区高质量就业的新增长点，未来应更好地推动人工智能新职业发展。一是京津冀作为全国电子信息产业发展高地，具有产业优势，在京津冀区域大力发展人工智能基础数据产业基地，推动数据标准产业等劳动密集型产业发展。二是健全急需学科专业的引导机制和动态调整机制，实现与新职业需求的有效衔接。三是加强人工智能新职业专业人才培养的顶层规划，推动职业教育体系和高等教育体系主动与人工智能新职业所需的知识技能素质相结合，提高专业建设与新职业知识技能需求的契合度，精准对接人工智能新职业人才缺口，为指数级增长的人工智能技术和产业发展做好专门人才储备。四是加快“互联网+新职业培训服务”体系建设，迭代升级“新职业在线学习平台”，鼓励劳动者通过在线学习平台学习人工智能新职业所需的技能，推进人工智能新职业人才培养。五是建立人工智能 16 个新职业的技能认证标准，建立职业等级，明确各等级所需的知识技能及工作要求，针对各等级要求提出明确的培训清单并开展相应的技能认证，建立认证结果与晋升和绩效薪酬的关联体系，从体系和制度上推动新职业的快速发展。

（2）教育与培训体系重塑政策。教育改革为各国创造更具弹性的劳动力市场提供了更多高素质人才。如前文所述，研究发现人工智能技术属于技能偏向型技术，带来就业和收入的“两极化”，对北京市来说是向高技能的“单极化”趋势演变，那么对于中、低技能两类人群则需要持续的教育和技能培训来跟上技术变革的步伐。本书提出以下教育与培训体系重塑政策。

教育体系重塑包括如下两点。一是政府应加大教育培训投资规模，建设以高校为人才储备摇篮、以企业为技能实践基地的全方位就业培训机制。二是教育系统体系化更新升级，构建从早期教育到社会教育，包含政府、教育机构、企业、社会在内多主体的人工智能教育生态体系，引领人工智能产业发展。早期教育重在激发儿童的好奇心和兴趣，开展人工智能启蒙教育。中小学教育重在培养人工智能基础知识和基本实验动手能力，要设置人工智能相关基础课程和实验、开展智能教育项目和人工智能竞赛活动，培养学生的科学素养并进一步激发人工智能创新潜力。高等教育分为职业教育和普通高等教育两种类型。职业教育重在培养应用型技能人才，开展以“职业适应性”为导向的技能教育，以弥补数字、人工智能技能鸿沟；开展人机协同的数字化学习方式。普通高等教育分为本科和硕博研究生层次，本科层次要注重科学、技术、工程学和数学领域的教育。本科层次分为人工智能相关专业和非人工智能专业。人工智能相关专业，如智能科学与技术、智能制造工程、智能医学工程等，实行“人工智能+X”模式，构建以卷积神经网络、循环神经网络、深度强化学习为核心的知识体系和以大数据、云计算、网络安全为辅助的系统体系。培养人工智能领域的专业人才，为指数级增长的人工智能技术做好专门人才储备。非人工智能专业，实行“X+人工智能”模式，培养交叉学科复合型应用人才，同时要整体提升数字素养和素质，开设X+编程语言、大数据、机器学习、深度学习、数据挖掘、算法、云计算、人机协同等课程并根据人工智能技术和产业发展趋势适时动态调整课程。硕博研究生层次，着力培养交叉学科拔尖创新人才，开展关键领域急需高层次人才培养专项计划。企业教育，重点在与高校协同育人，企业参与高校智能类人才培养过程，以产业和技术发展的最新成果推动人才培养改革，使高校培养的人才更有针对性并确保符合未来人工智能产业发展需求。人工智能教育与培训体系如表 8-16 所示。

**表 8-16　人工智能教育与培训体系重塑一览表**

<table>
<tr><th colspan="2">教育阶段</th><th colspan="2">教育目标</th><th>教育内容</th></tr>
<tr><td colspan="2">早期教育</td><td colspan="2">激发好奇心、兴趣</td><td>人工智能启蒙教育</td></tr>
<tr><td colspan="2">中小学教育动手能力</td><td colspan="2">基础知识、基本实验动手能力</td><td>1. 设置人工智能相关基础课程、实验<br>2. 开展智能教育项目<br>3. 开展人工智能竞赛活动</td></tr>
<tr><td rowspan="4">高等教育</td><td>职业教育</td><td colspan="2">培养应用型技能人才</td><td>1. “职业适应性”为导向的技能教育<br>2. 人机协同的数字化学习方式</td></tr>
<tr><td rowspan="3">普通高等教育</td><td rowspan="2">本科层次</td><td>专业人才</td><td>人工智能相关专业<br>1. 实行“人工智能+X”模式<br>2. 构建以卷积神经网络、循环神经网络、深度强化学习为核心的知识体系</td></tr>
<tr><td>交叉学科复合型应用人才</td><td>非人工智能专业<br>1. 实行“X+人工智能”模式<br>2. 开设 X+编程语言、大数据、机器学习、深度学习、数据挖掘、算法、云计算、人机协同……（根据人工智能技术和产业发展趋势动态调整课程）<br>3. 交互式学习方式</td></tr>
<tr><td>硕博研究生层次</td><td>交叉学科拔尖创新人才</td><td>开展关键领域急需高层次人才培养专项计划</td></tr>
<tr><td colspan="2">企业教育</td><td colspan="2">与高校协同育人</td><td>1. 参与高校智能类人才培养过程<br>2. 员工知识技能转型升级培训</td></tr>
<tr><td colspan="2">社会教育</td><td colspan="2">科普<br>摩擦性失业、结构性失业人员的技能培训</td><td>1. 科普活动<br>2. 失业人员的技能培训<br>3. 全民智能教育项目</td></tr>
</table>

在培训体系重塑方面，政府、企业、社会都应担负起劳动者再培训的责任。劳动者再培训是促进被人工智能替代的劳动者转型最直接的方式，从长期来看也能提升劳动者的就业能力。西方一些国家主张“终身培训保障终身就业”理念，运用经济或强制手段提高劳动者技能水平。例如，瑞

典政府采取较为强势的措施，规定未接受培训者不能就业，并取消其失业救济资格，同时推行免费培训、给予培训者生活补助等政策。有的企业还开展员工知识技能转型升级培训，使员工适应产业智能化升级的需要。社会教育的主要目标是开展人工智能的科学普及、对失业人员的技能培训，以及开展全民智能教育项目。

（3）人才缺口弥补政策。人才是最宝贵的资源，是发展人工智能的关键要素，也是决定北京市人工智能领域发展水平的根本力量。前文研究表明，人工智能产业有极大的人才缺口，我国目前人工智能人才缺口超过500万人，高水平人才供求比例为1∶10，供需比例严重失衡。加强人才培养，补齐人才短板，是当务之急。弥补人才缺口主要有四条路径，一是搭建人才培养平台，营造人工智能领域数据开放共享、开发共享的公共数据集环境，为人才培养提供平台保障。二是高等教育要提前培养人工智能产业未来需要的“有伦理”的人工智能人才，引领产业未来发展。高等教育要建立人才培养方案和专业结构同技术与产业发展需求匹配的动态调整机制，高职院校应培养适应人工智能产业现实技能需求的应用型人才，推动人工智能与计算数学、经济学等学科深度融合，开设注重灵活性且适应性强的元技能课程，为社会不断输送人工智能人才。三是政府补贴培养产业急需人才，引导有能力的高校和企业开展培训，从科普到技能培训，实行后补贴政策，加大人工智能师资培养力度。四是将人工智能等数字技术纳入“关键领域急需高层次人才培养专项招生计划”支持范围，安排研究生招生计划专项增量，引导高校通过实施常规增量倾斜和存量调整，切实优化招生结构，精准扩大人工智能等数字技术相关的高层次人才培养规模。将人工智能专业作为奖学金和服务项目的优先领域，资助有潜力的人才进入人工智能领域，同时要完善人才培养成本分摊机制。

（4）基于独特的人类技能的扩展工作创造政策。人工智能的优势是从大量数据中发现规律，帮助人类完成只需要简单思考就能做出决策的重复性工作，在程序可量化、可标准化工作方面，人工智能比人类完成得更好。而人类具有思考、创造、沟通、情感交流、协作精神、好奇、热情、志同道合的驱动力等独特性，有情感、明善恶、懂美丑，更擅长从事对创造性要求高的工作。人工智能与人类各擅胜场，预计未来人工智能会迅速占领所有标准化领域，而人类将在各种差异化、个性化产品和服务的供应中寻觅到新的擅长领地。依据前述人与机器的比较优势，未来人类可能扩展的“以人为本”的工作领域包括：对老年人、体弱者和精神病患者的护理类工作，社会工作者，社区公共卫生员，康复顾问，健康教育者，医疗助理，基础教育和特殊教育类工作，服务个性化需求的体验经济类工作，满足年轻人创意需要的手工艺，VR/MR 游戏体验的创意经济类工作等。除此之外，还产生了一些新的职业，如智能制造工程技术人员、虚拟现实工程技术人员、人工智能训练师、人工智能培训师、无人机装调工等。政府应制定激励政策鼓励社会创造基于独特的人类技能的扩展性工作。

（5）培育与技术共生关系的政策。教育既被视为一种引领创新的手段，又被视为一种对抗淘汰的防御性措施和一种维持同技术控制关系的方法。关于人与人工智能的关系，有两种视角：一种是对立视角，认为人和人工智能是对立关系、替代关系，将人工智能框定为替代手段和“侵略者”；另一种是共生视角，通过人与人工智能之间更紧密的融合来加强对技术的密集投入。创造一个人工智能技术与人类结合的人机共生环境，人机相互增强，人工智能成为人体智慧的体外延伸，将超越人类的身体极限，成为高效的劳动者，而人类将继续承担机器所不能完成的工作，同时要重构人机协作的意义感。

（6）鼓励非标准化工作政策。人工智能技术进步带来新的就业形态、组织形态和工作方式，非标准就业是吸收失业劳动者难以估量的领域，这里指标准化雇用以外的就业，代表了劳动力的独创性和适应性。开发多种非标准化的灵活就业方式，以适当缓解就业压力，增加劳动力市场弹性，以及满足不同劳动群体的就业需求。当前国际上受关注的灵活就业方式主要包括：非全日制就业、短期就业、派遣就业、季节性就业、待命就业、兼职就业、远程就业、承包就业、独立就业、自营就业，以及家庭就业等。此外，为降低人工智能技术失业风险，缓解不平等，应选择引入积极的劳动力市场政策，例如，工作激励和就业援助，从而为低技能劳动力过剩提供解决方式。公共部门或社会组织要间接为失业者提供就业机会，包括暂时性岗位或短期技能培训课程。同时，劳动者要主动利用技术寻找新机会，通过从事自由职业、兼职等弥补全职工作的不足，缓解技术失业带来的劳动力市场紧张。一些劳动者出于对工作家庭平衡及追求幸福就业、意义就业/创业的考量进行非标准化工作。随着人工智能技术在数字平台的应用，产生大量的新就业形态，如直播、网络文学等，因此政府的社会保障配套政策要与之配套，使得人工智能带来的新型非标准化工作将给劳动者带来更高的收入、自由度、满意度和幸福感，从而实现更高质量的就业。建立数字化人才供给与需求灵活用工平台，通过大数据进行精准匹配，可以减少工作搜寻时间，放开对人才和数据的自由流动限制，提供免费数据用于帮助劳动者寻找新机会、刺激创新和提高经济效益。政府要抓紧研究制定“非标准化工作管理条例和社会保护政策”。

（7）托底社会保障政策。前文分析认为，人工智能时代，建立劳动与薪酬、社会福利脱离的社会保障制度是应对人工智能冲击的引导性理念，要建立健全失业保障制度和社会保障体系来支持再培训与劳动力流动。本书提出一种“弹性保障”方法，即通过将就业获益与工作脱钩来降低失业风险，将社会保障和福利从工作中分离可以让人们自由地承担风险、创业、参加培训，以及转换工作，这一政策设计将增强抵御人工智能技术冲击的弹性。向劳动者提供一定数额的基本保障，可以帮助人们摆脱人工智能替代造成的失业导致的贫困，并可促进消费和提升消费能力。此外，由于人工智能技术被用以取代人类劳动者，为失业者提供基本生活费用，有助于为他们提供足够的喘息空间，使他们能够转换到另外一些岗位和工作中。研究制定紧急失业补助办法、零短工劳动法等法律法规，在劳动者自主择业、平等就业、职业培训、失业保障等多个方面做出明确规定，并清晰界定政府、企业、个人层面的权利和义务。

### （六）实现路径

本书提出的实现路径分为短期的渐进式政策方案和长期的改变社会模

式的制度安排。

1. 短期渐进式政策方案：采用“渐进采用+政策配套+伦理建设”方案

本研究表明人工智能对就业存在负面影响，如对部分人群的失业冲击开始显现，出现就业和收入转向高端的单极化现象，减轻这些负面影响的政策方案分为三种，如表 8-17 所示。

**表 8-17 减轻人工智能对就业负面影响的政策方案**

| 政策方案 | 策略 | 政策内容 |
|---|---|---|
| 方案一 | 快速采用 | 接受快速采用，给劳动者带来巨大的成本，将面临社会破坏和公众对进一步技术变革的更大阻力的风险 |
| 方案二 | 渐进采用+政策配套+伦理建设 | 采用的速度足够慢，使目前的劳动力系统能够在不增加成本的情况下处理过渡问题。同时，加强伦理建设，避免人工智能技术的冲击 |
| 方案三 | 快速采用+政策配套 | 追求迅速采用，并结合政策，以减轻负面影响 |

由于人工智能技术发展的不确定性、不成熟性、配套政策的缺乏，以及庞大的劳动年龄人口、人工智能人才巨大缺口和劳动者的知识技能未能同人工智能技术进步相匹配，决定了我国采用方案二，即“渐进采用+政策配套+伦理建设”的方案更适合。政策目标是尽量减少劳动者及其家庭的调整成本，由政府、社会和企业提供必要的帮助，使受影响的劳动者能够适应或找到体现价值的新工作机会。

（1）渐进性技术采用策略。为什么要选择渐进性技术？首先是由人工智能的技术特点，以及人工智能采纳和应用本身是一个逐步的过程决定的。以智能驾驶行业为例，交通运输部科技司此前在关于十三届全国人大二次会议第 3208 号建议的答复函中表示，自动驾驶仍处在产业化前期，相关技术的适应性、可靠性有待进一步检验，大规模商业化应用还需一定时间。根据前瞻产业研究院有关智能驾驶渗透率相关研究，本书提出就业替代预测①，到2030年替代的劳动者为130万~230万人，到2040年替代的劳动者为660万~770万人（见表8-18）。

**表8-18　智能驾驶渗透率**

| 年份 | 辅助驾驶（L1/L2）的渗透率/% | 半自动驾驶（L3）的渗透率/% | 全自动驾驶（L4/L5）的渗透率/% | 就业替代预测/万人 |
|---|---|---|---|---|
| 2020 | 40 | 5 | — | 130~230 |
| 2025 | 50 | 15 | 5 | |
| 2030 | 45 | 30 | 10 | |
| 2035 | 30 | 45 | 20 | 660~770 |
| 2040 | 15 | 35 | 50 | |

资料来源：根据 https://bg. qianzhan. com/report/detail/459/190801-70e85945. html 整理而成。

其次是政策发挥的配套以及劳动者的知识技能转换需要一定时间和空间，如果没有配套政策和准备快速采纳与应用，势必造成大规模失业现象，引发社会动荡。限制特定技术在就业吸纳多的市场快速应用，这样可以避免因整个行业撤离造成的大规模裁员。

最后是因人工智能具有自主性、学习性、进化性等类人智能行为特征，当人工智能发展到超人工智能阶段时，如不重视伦理建设，就可能产生跨人类伦理主义，对人类造成毁灭性伤害。伦理建设包括人工智能法律、伦理规范的制定。

（2）就业影响声明政策。促进就业重要的是重视产业政策、立法和监管措施对就业的影响，本书提出类似环境评价的方式，无论是地方政府还是企业在新上项目前都要对环境影响进行评价，也就是前评估。政府提出人工智能产业融合、应用政策，以及出台新的监管法规前必须包含就业影响声明，对立法、政策、监管措施对就业的影响进行事前评估，即对就业影响的评估前置。

---

① 智能驾驶的技术分级是根据 SAE 分类的，L1/L2 是 ADAS 智能辅助驾驶，以人的干预为主；L3 是半自动化；L4/L5 为全自动化，L4 是特定场景的全自动化，L5 是全场景的自动化。

（3）税收政策与财政激励政策。税收政策和其他政府财政激励政策可以促进就业机会的创造。政府通过有针对性的税收措施和机制来促进产业的转型升级与就业。激励政策包括以下三点。一是向科技企业和严重依赖技术替代劳动力的企业征“就业税”，以对人工智能创造的财富进行二次分配；二是鼓励企业提供就业机会，企业每提供一个新的工作机会，可以从政府获得税收减免或是就业补贴，这样可以鼓励企业在考虑边际成本时更倾向于雇用人类劳动者而非机器工人；三是政府税收优惠政策也可以针对劳动者，采用提高免税额度、扩大个人所得税减免范围的方式来增加受雇于新工作岗位的劳动者收入，劳动者提高收入有利于其进行自身及家庭的人力资本再投资，以提升知识技能，更好地主动适应人工智能带来的变革。

（4）小微企业激励政策。小微企业是吸纳就业的主渠道，是提供就业机会的重要来源，小微企业提供了80%以上的城镇劳动就业，因此要促进人工智能相关的小微企业的成长和可持续发展，成立专门机构或部门统筹人工智能技术创新创业，为人工智能创新和创业提供必要的指导与资金支持等。出台有针对性的法律法规，为人工智能技术创新和就业营造制度环境。例如，美国政府通过《小企业就业法案》和《初创企业扶助法案》，减轻小微企业发展成本压力，增加劳动者就业机会。意大利颁布《创新创业法》为中小创新型企业提供优惠政策，激发小微企业的创新和就业活力。除了提供数量众多的就业岗位外，小微企业对解决失业也起到了很大的作用，有相关技能和创业构想的失业劳动者可以在政策支持下创办自己的小企业，实现自雇就业，而不再依赖现有的大企业解决就业问题。如有针对性地对智能驾驶行业产业生态体系中小型智能驾驶创新创业企业（如核心传感器研发、芯片研发企业，关键算法研发等科技型小微企业）制定创业、研发创新、吸纳就业等激励政策，推动新创企业和小微企业成长，通过企业创新成长带动就业数量的扩大及就业质量的提升。同时，激励或促进个人自主创业的政策是增加就业机会的重要手段。小微企业的激励政策还包括补贴、税收优惠、初创企业的教育和培训计划及政府采购倾斜等。

(5) 扩大人工智能产品范围、完善服务消费政策。就业是引致性需求，通过对产品和服务需求的扩大引致就业扩大。随着计算机视觉、自然语言处理、语音识别、人机交互、机器学习、知识图谱、生物特征识别、虚拟现实或增强现实等人工智能技术在产品中的应用，企业将根据市场需求开发更多的新产品并创造更多的服务。

扩大人工智能产品范围、完善服务消费政策包括两个方面，一方面是出台促进人工智能核心和应用产业本身创造新产品与服务的政策。以智能驾驶为例，未来将创新出诸如车载摄像头、激光雷达、毫米波雷达、超声波雷达、芯片、定位产品、高精度地图、算法策略、制动系统、动力系统、执行系统、车载操作系统、汽车人机界面等新产品。同时，智能汽车整车产品价值链将发生变化，在整车产品与消费者之间需要更多的服务，如 4S 店销售、车联网服务、租车服务、金融保险服务、共享出行服务等（见图 8-21）。

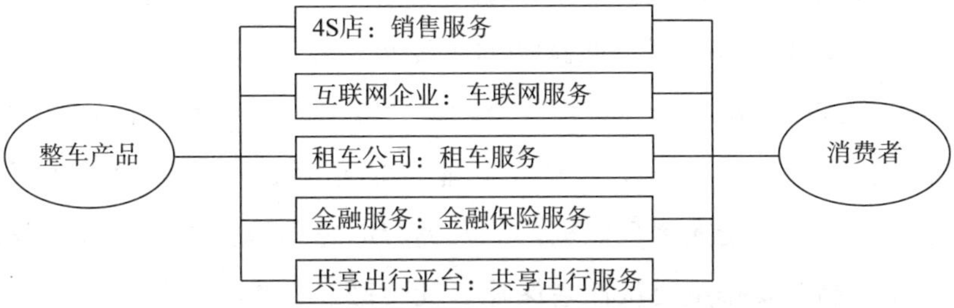


**图 8-21　智能汽车整车产品价值链变化示意图**

另一方面是出台鼓励扩大人工智能带动产业的产品范围及完善服务消费政策。人工智能在不同场景的应用，将改变整个社会生态，在这个过程中将创造大量的新产品和新服务，例如，智能驾驶行业将改变整个社会生态，如旅游业，未来智能驾驶将使汽车旅行成为像飞机、火车出行一样无摩擦的安全替代方案，而这也将改变酒店行业，因为人们可能选择在车内休息和饮食，这将带来新的产品和服务。媒体和娱乐业，随着 5G 的到来，增强现实、虚拟现实等行业的兴起，屏幕技术将整合到智能驾驶汽车的玻璃中，这意味着消费者可以在汽车中进行增强现实和网游游戏，这也将给广告公司带来巨大商机。出行方式，智能驾驶一旦正式上路，就可以以低廉的价格像用滴滴出行一样网约智能驾驶车了。房地产业会受到影响，智能驾驶普及后，不用担心路远和堵车，车上还可以自由工作或休息，越来越多的人可能选择住在环境优美的近郊。智能驾驶将大幅降低交通事故，保险公司要考虑重新设计机器人类型的险种，比如，怎样赔偿机器出现异常故障、如何处理自动驾驶车与车之间的纠纷等。汽修行业会受到影响，未来智能驾驶汽车自查自检软件功能使得不再需要汽修师傅详细检查汽车，这会使得从事汽修行业的人员大量减少，但需要无人驾驶汽车维修专业人员。

2. 长期性制度安排：推动“充分就业”向“意义就业”的新目标社会体系转变

短期的政策方案目标主要是对劳动力市场实行渐进性的变革，为劳动者留出时间和空间提升知识技能以应对人工智能对劳动力市场的冲击，解决就业的结构性矛盾。而长期路径的主要目标是通过系统性的制度变革，改变社会模式，推动社会体系由一个围绕“充分就业”目标而建立的人人都有工作的社会体系向一个“意义就业”的新目标体系转变。在新体系下，很多工作都交给人工智能机器，人类劳动更多地追求人生和工作的意义。长期性制度安排主要从社会保障、社会激励、人文关怀三个方面进行变革，包括无条件基本收入保障制度、数字徽章激励制度和心理健康建设制度。

（1）无条件基本收入保障制度。无条件基本收入保障制度是应对人工智能对就业冲击的长期性重要解决方案。应对人工智能造成的失业冲击，从长期来看，可能的方案大致有三种：第一种，可称为“计划经济制度”，免费供给劳动者的基本需要，这将破坏商品和服务的基本价格体系；第二种，可称为“工作保障制度”，即通过有偿工作获得的收入来换取基本需求，这种方案将保证劳动者在人工智能超越人类时仍然可以获得工作，但这并没有太大的社会意义，相当于“自己挖坑自己填”；第三种，可称为

“无条件基本收入保障制度”，即工作与基本收入脱钩，消灭通过工作来换取收入的需求，政府提供足以满足个体基本需求的基本收入。本书建议采用第三种方案，从长期来看，切断收入与工作之间的联系，可以消除劳动者对人工智能技术进步的恐慌及对其引发的失业恐慌和恐惧。无条件基本收入保障制度是一种以最大限度的灵活性为基础，惠及所有劳动者，包括全职、兼职、零工经济、平台型灵活就业等坚实的基本保障体系。这一新的目标社会体系将帮助劳动者寻找个人满足感、获取成就感，推动个人的自由发展。但要注意，无条件基本收入保障不同于提高最低工资，Robert Skidelsky 研究表明，以提高最低工资水平来应对人工智能对就业的影响是无效的，因为这会提高人工和机器之间的成本差异，反而导致替代进程的加速。

（2）数字徽章激励制度。长期性制度安排的方向是改变现有的社会模式，在当前的社会模式中，劳动者的经济基础、社会地位和个人自我价值都与就业发生紧密联系，而数字徽章激励制度是一种更广泛的基于“人文关怀”的社会奖励和信用制度。如前文所述，人工智能技术创新带来了生产效率的提高，经济和社会产品的丰饶，社会所有人能免费获得基本的商品和服务，导致金钱不再是一种有价值的或必要的交换手段。徽章激励制度将提供一种替代性“货币”，采用非货币报酬进行激励，用以衡量和奖励个人对社会的贡献；同时，徽章可以鼓励劳动者终身学习，用徽章代表其持有者的知识、技能、成就和其他资历。未来可以建立“徽章银行”，通过设计代表不同角色和不同技能的各类徽章，对劳动者照料他人、艺术性活动、创造性发明、慈善活动、志愿工作、终身学习等带来社会价值的贡献进行记录，代表其有价值的社会贡献。徽章可以是数字形式的，既可以用于社会对个人的认可或成就，也可以用于购买所需产品和服务。但徽章激励制度未来能否被采用，取决于人工智能技术的发展能否掌控全部或大部分的高、中、低类技能工作。

（3）心理健康建设制度。根据第七章的研究，人工智能发展给社会大众及企业员工带来了失业恐惧和技术性心理恐慌。因此，国家和社会应系统化构建社会心理恐慌预警与干预机制，以促进人们的身心健康和社会和谐发展。

一是建立人工智能网络舆情监测系统，及时对大众进行心理干预。社会大众的心理状态正处于由好奇逐渐向恐慌步入的阶段，因此政府有关部门可以利用大数据分析技术，对人工智能负面信息进行舆情监测，掌握社会大众对人工智能的情感反应和心理焦虑水平，及时采取有效措施进行心理疏导和干预。一方面，政府利用有效的信息传播技术和手段，利用公信力较高的传播渠道及时高效地发布有关信息，消除失真信息的传播源头，抑制公众对人工智能技术发展的过分想象和胡乱猜测，避免谣言快速传播带来的大众心理恐慌，帮助公众建立对人工智能的理性认知，引导公众形成对人工智能的积极心态；另一方面，发动社会力量，招募人工智能领域、心理学领域的专家、学者、从业者，以及志愿者，通过热线电话、在线咨询、社群互动等方式为社会大众提供心理援助服务，对大众心理焦虑与恐慌进行及时疏导和有效干预。

二是政府应设立专项基金，用于人工智能技术的科普和宣传。社会公众对人工智能的恐慌主要源于对其缺乏了解，政府可以通过设立人工智能教育与推广专项基金，在大、中、小学校园和科研机构、人工智能企业，以及居民社区设立人工智能知识普及站点，定期组织人工智能的展览或宣传活动，向社会公众免费开放，让人们能够亲身感受人工智能技术的便利性和友好性，加深公众对人工智能知识的理解和认识，提高人们的科学文化素养，帮助人们端正态度，积极应对人工智能发展给人类工作和生活带来的变化，缓解社会大众因未知而产生的心理恐慌。同时，政府利用在线教育平台，通过慕课、直播课程、视频 App 等新媒体方式向大众传播人工智能的知识及发展趋势，并可以通过与公众现场互动的方式，提升公众的兴趣和参与度，让更多的人形成对人工智能的正确认知和价值判断，能够科学、理性地看待并积极主动地拥抱人工智能的发展。

三是尽快起草并出台人工智能相关法律，为大众的身心健康提供必要的法律保障。政府应尽快出台并完善人工智能领域的相关立法，规范人工智能使用的范围与权限，为人工智能伦理和法律问题的解决提供准则与依据，为人工智能的发展和大众的身心健康提供必要的法律保障，引导人工智能朝着社会和谐发展的方向推进。

## 二、企业应对策略

第四、第五章研究表明，人工智能应用通过产品/服务创新、资本偏好及技术与技能的匹配程度给微观企业的员工规模、岗位结构、收入水平和员工心理状态带来影响，对部分岗位、人群造成冲击，给企业人力资本带来潜在威胁和挑战，因此企业层面的应对极为重要，本书提出的企业层面应对策略如下所述。

### （一）实行人工智能渐进性采纳战略

实行人工智能渐进性采纳战略，推动企业数字化转型升级。在当前充满不确定性的 VUCA 时代，企业为了保持自身的竞争优势，快速响应人工智能技术创新带来的挑战，以及消费者和市场的变化，并快速响应变化。人工智能驱动的转型升级成为许多企业的主动战略选择。技术可能性、人工智能机器与人的比较优势、相关资源的获取、劳动力成本的节省、企业的数字化转型战略等成为企业采纳人工智能技术的驱动因素。企业应主动拥抱智能时代的到来，渐进性采纳人工智能技术，让人工智能技术赋能企业。有条件的企业应成立新技术创新中心，在技术、人力资本的知识技能、制度、管理、文化、组织结构、员工心理等方面加快准备和配套。在渐进性采纳人工智能技术的同时，要注意企业伦理建设，规定需要遵循的基本伦理原则，以及清晰界定人类与智能机器的权利和义务。可借鉴其他国家的做法，如韩国于 2012 年发布《机器人伦理宪章》，较为明确地规定了机器人的生产标准、机器人拥有者与用户的权利和义务、机器人的权利与义务。英国于 2016 年出台《机器人与机器人系统设计与应用伦理指南（BS8611）》，制定了一系列关于防范机器人可能导致的伤害、危害和风险的测度与防范等方面的措施（BSI，2016）。欧盟委员会发布关于人工智能信赖程度的指导方针，指出人工智能需要遵循的基本伦理原则，如尊重人类自主性、公正性、基本的权利和义务等，同时表示公民应彻底掌控自己的数据。

（二）建立“开放、链接、共享”的混序组织结构

“混序组织”作为一种新的组织结构，代表未来组织的演进趋势，可以重塑组织任务结构，促进工作任务转型，提升劳动力质量和水平。人工智能技术的应用带来工作内容、工作要求和工作方式的变化，人机协同工作场景成为普遍的工作环境，“开放、链接、共享”的混序组织结构适应于上述变化。混序组织（Chaordic Organization）是能够在“混沌”（Chaos）和“有序”（order）之间达到平衡的一种组织结构，混沌是自组织式的开放、链接和共享，秩序是制度流程及一致性的体系。混序组织既保持目标和原则的高度统一，又涌现着活力和创造力，使组织呈现既有适应力又有创新力的特点。人工智能体（Artificial Intelligence Agent）是由算法及算法运行的环境构成的人机生态系统，算法具有的复杂性和不透明性及算法体系具有的自组织、自适应特征决定了企业需要开放链接与共享的“混沌”的组织形态，而人机交互、混合人工智能—人协同的工作环境则需要规则、秩序，分清决策、任务和责任边界。混序组织结构反映的是任何自组织、自适应、非线性的复杂系统，能在看似对立的混乱和秩序中表现和谐的最佳状态，产生高的组织效率，因此混序组织结构和组织形态是适应未来人工智能的组织结构。

（三）塑造适应“人—机生态”的领导力

人工智能时代的到来使企业领导力作用的情境、机制和过程都发生了深刻变革，需要适应“人—机生态”的领导力。“人—机生态”的领导力是指以人工智能技术为媒介的社会影响过程，旨在人机生态系统中改变态度、情感、思维、行为和绩效。人工智能情境组织管理的对象更加复杂，既有碳基人类个体，又有硅基人工智能机器个体；既有人类团队，又有机器群体，还有混合人—机群体，这就要求不仅要提升对人的领导力，还要有对机器及人机协同的领导力，要深入研究和掌握人工智能机器个体、群

体、人机混合群体的行为规律、行为模式，以及行为产生的机理。驾驭人和机器的合作、竞争和协调行为，在人机之间建立信任与合作机制。此外，人工智能具有类人智能行为，其背后是以算法作为支撑的，而算法可能存在不公平性、偏见和歧视，导致负面影响，甚至是灾难，因此在未来领导力中需要加强对人工智能的监管。"人—机生态"情境的领导力还包括对人机决策类型的选择、对算法的授权行为、人机交互、变革、混合人机智能管理等。

（四）基于新型能力模型的知识管理升级

人工智能重塑和创造了新的岗位与工作，重塑后的新工作需要员工进行知识技能转换。同时，未来企业新型的人机共生关系正在构建，非程序化的认知类工作会变得越发难以替代，其对人的创新、思考与想象力提出了更高的要求，这就要求员工的知识技能向新的能力模型转变，而知识管理是重塑和提升员工技能的重要途径。将知识管理纳入企业战略，建立知识创造、知识共享激励制度和组织支持文化、开发知识分享平台、知识实验室等，加强从知识获取、转移、应用到整合的过程管理。企业根据人工智能下工作重塑情况，有针对性地实施知识技能提升培训，这有助于建立渐进式的劳动力市场弹性。加强战略和文化对员工的引导，树立企业知识观，为员工换岗、换岗训练服务和技能培训提供补贴，实现新工作与员工知识技能的动态匹配。在企业建立人机协同的个性化适性学习的新型学习方式，通过技术赋能，实时监测企业员工在个体特征、个人表现、个人发展方面的差异与变化，基于这些差异与变化及时地适性调整学习方略，从学习者画像、能基发展、个人学习路径、柔性学习环境四个方面实施个性化适性学习，实现有效学习。此外，借鉴美、德等国的经验，重视专业的中介组织对扩展知识来源的作用，通过中介组织将政府、企业与学术界联系起来，能够丰富企业理论性、专业性知识，如美国人工智能协会（AAAI）、德国创立的人工智能研究中心（DFKI），都旨在提高人们对人工智能的理解水平，以及企业员工的教学和培训，有助于丰富企业现有知识范围，扩展知识来源。

（五）人机共生情境下的组织创新文化打造

人工智能使得劳动形态、方式和过程发生颠覆性的改变，工作场所机器人劳动者、人机协同、生物人劳动者等多种工作模式并存，同时人机共生场景“人—人”交流、“人—机人”交流或“人—机”交流等多种交流方式共存。企业高层应在人机共生情境下打造创新文化：一是打破人机互动的“控制—反控制”二元思维框架，以及以“人”为中心的思维模式，以一种平等的心态与智能机器人进行交流，促进人机互动，开启新型的情感交流和身体互动模式，增强人机相互依存度；二是引导员工拥抱人工智能新技术，寻找机遇并创造新的价值，掌握人工智能发展所需技能；三是人工智能在企业的应用是个渐进的过程，创新扩散理论表明员工对技术的感知可用性和感知易用性可以有效消除员工对新技术的恐惧，因此应建立鼓励使用新技术的激励机制，在使用新技术过程中包容失败。

（六）人机增强管理范式变革

工作场景中人机协作、相互增强智能，将引发管理思想和组织结构的变革。埃森哲战略发布《智能时代革命：打造人机融合的未来劳动力团队》报告，对未来企业的人机模式进行预测，认为如果所有企业都能够像领军企业一样积极地投资人工智能和人机协作，那么到2022年，其营收将大幅提高38%，员工规模将扩大10%。技术变革使得企业已经历了两次重要转型：亨利·福特开创的标准化流程，引领了第一次企业转型浪潮；自动化流程带动了第二次企业转型浪潮，并于20世纪90年代达到顶峰。而人机协作能够进一步增强和重塑企业的业务流程，引领以自适应流程为标志的第三次企业转型浪潮。与此同时，管理思想从泰勒的科学管理理论解决工作效率问题，到德鲁克的管理理论讨论人类思想管理，再到当今人工智能时代，需要着重解决如何高效管理“知识型人才+智能机器”共存的组织，使得管理思想实现从以人为主体转变为管理“人机”共同主体升级的问题。企业进行人机增强管理范式的变革，首先，要促进组织的学习和创造力，促进灵活性和人机依赖性，并释放人的潜能。其次，要建立伦理道德规则，避免算法的歧视性和偏见。同时，要重视算法运行的组织环境建设。再次，将人、人工智能机器纳入管理系统，一方面要探索智能机器如何塑造人的行为；另一方面要探索人如何塑造机器行为，即管理者通过定义目标、设置约束、生成和选择训练数据，并为机器提供反馈来塑造人工智能体的行为。鉴于人机共生工作情境，人和人工智能体的相互影响与塑造，为了更好地协同工作，管理上应该制定各自明确的行为规则。最后，进行劳动力升级、产品升级、技术升级，搭建智能化生态体系，进行智能化协同。使用智能工具开发自动化流程，企业与高校合作，开设“人工智能+X”选修课，使学生出校门时就具备人机协同工作的能力。

## 三、个人应对措施

在应对人工智能对就业的影响中，“人”是关键因素。个人层面，劳动者应主动拥抱和提前做好应对准备，在认知能力提升、个体伦理规范、知识技能转换、人机互动适应、心理焦虑释缓等方面积极应对。

### （一）“人机共生的社会生态系统”认知能力提升

首先，要正确看待人工智能对工作、岗位的替代，人工智能延伸和增强了劳动者的智能，提升了劳动者的生产力，将劳动者从枯燥、重复劳动中解放出来，完成高复杂性、高价值的高阶工作，赋予工作更多的意义，提升成就感、价值感。比如，智能时代的人力资源管理专员，智能机器人可以智能地、自动地完成新员工入职手续办理，而人力资源管理者更多的时间可以用来与新员工进行沟通和对企业文化进行宣介。又如，财务人员，可以让智能机器人从事智能核算等烦琐重复的工作，而人主要从事分析工作。其次，劳动者需要借助智能设备改变传统认知模式。人工智能技术使得劳动者的部分工作任务被替代，因此需要劳动者聚焦不能被人工智能替代、具有创新性的工作任务，提升对人工智能发展领域的认知水平。最后，提升对人工智能体的认知水平和对发展趋势的认识。未来的人工智能是由场景驱动的人工智能体向以行为驱动的知行体进化，人工智能知行体具有感知、理解、行为和情感及动态、交互、自适应的行为特征。人、人工智能知行体、环境三个主体将形成人机共生的社会生态系统，因此要引导人工智能知行体融入人类的文化、情感和宗教中。

（二）个体伦理规范遵守

人工智能体主要由算法及算法运营的社会环境构成，在设计和开发算法时容易带上人类偏见、歧视的烙印，因此个人在企业智能化研发和应用过程中应主动遵守伦理规范。个人应遵循企业人工智能的基本伦理原则，以及人机协同的权利和义务。应抓紧制定伦理规范，智能时代个人信息和隐私的保护、人工智能创作内容的知识产权、无人驾驶系统的交通法规、脑机接口和人机共生的科技伦理等问题已经显现，急需提供解决方案，建议在企业设立“道德合规管理人员”等新岗位，以监督人员和监察员的身份维护人类的价值观与道德规范。

（三）“技能—技术匹配”导向的知识技能转换

劳动者要提升与人工智能技术应用匹配的知识技能，以避免“数字鸿沟”。一是要培养自身的数字化、自动化，以及与智能机器人合作的思维，以适应人工智能时代。二是要构建“专业能力+综合能力+智能化能力”的能力模型和“高级认知技能+社会行为技能+能够预测适应能力的技能”的技能组合。三是要加强学习，在现有存量知识的基础上形成核心能力和素质，改善知识结构并获得新的技能。智能化下所需的核心能力与素质分为四层：第一层包括智能化场景认知、业务认知、逻辑认知、价值认知，上述能力和素质可以从广泛的企业应用中获取；第二层包括智能化构建能力、智能化应用能力和智能化运营能力，可以在先进的技术平台训练而成；第三层包括智能化分析能力、智能化决策能力，可以在典型的业务场景中习得；第四层是智能化领导能力，未来每个在组织中的劳动者都应该具有智能化领导能力，智能化领导能力可以在完整的教育逻辑里逐渐形成。

（四）“相互增强”的人机协同适应

Autor（2015）在研究人工智能为代表的自动化技术与就业的关系时提

出，人机协同完成工作的工人会从自动化中直接受益，被机器人替代的工人会被淘汰，说明能主动适应和胜任人机协同与人机交互的劳动者在人工智能下将获益。人工智能作为一项通用型技术，在弱人工智能及强人工智能阶段的很长时间对人类工作起到辅助作用，在与各行业融合的同时需要人类的参与加以完善。在未来技术不断取得突破中，“人机协作”不仅作为缓解就业压力的一种手段，而且为提升人类工作和生活质量奠定基础。在人机协同场景，企业既有数字劳动力，又有人类劳动力，二者相互增强，协同工作，因此要增强管理机器人员工的新技能和人机协同的领导力，不断优化人机协同流程，提高生产效率，提升工作的价值和意义。此外，人机相互增强极大地提高了生产效率，未来可能人类员工大多时间在家里工作，因此保证自身的敬业度和使命感尤为重要。

（五）多维度调适的心理焦虑释缓策略

前文研究表明，人工智能技术进步将引发劳动者对智能机器的技术恐慌、对“机器换人”的失业焦虑、对工作的不安全感、对人机共生的身份认同，以及参与新技能培训所耗费时间成本的担忧等。但人工智能技术进步也会将劳动者从重复烦琐的工作任务中解放出来而从事更高价值和更有意义的工作，让人类获得新的知识技能，让劳动者更自由、自主等积极影响。劳动者应采用多维度调适策略，主动调适自己的情绪，避免消极情绪，建立积极心态。一是正确评估就业替代风险。正确认识人工智能对劳动力市场的影响，客观评价自身技能，评估被替代风险，根据所从事工作任务变革方向主动提升相关技能，以顺应技术发展方向。二是主动参与教育和培训重塑体系。人工智能新技术推动了整个劳动力市场技能要求的变化，人类劳动者将需要对自身从业能力进行重新界定，劳动者要建立数字化、智能化思维，主动学习智能化、人机协同的知识技能，不断提高人类具有优势的高级认知能力、社会行为技能和主动适应技能。三是争取得到组织的支持。主动参与企业的知识创新、分享和转化，获得组织的资源和支持，提升自身的学习能力和适应能力。四是增加人力资本价值投资。通过家庭和自我的人力资本价值投资，争取更多的资源，增强对人工智能时代的适应能力和自信心，满足劳动者的心理动机，激发积极的心理和行为。五是进行心理干预。当发现出现心理焦虑和心理健康问题时，要充分利用专业机构和专业人士提早进行心理干预。

## 四、本节小结

人工智能作为新一轮科技革命和产业变革的核心力量，正在推动传统产业升级换代，驱动“无人经济”快速发展，在智能交通、智能家居、智慧医疗等民生领域产生积极的正面影响。2018 年麦肯锡公司的研究报告预测，到 2030 年，约 70%的公司将采用至少一种形式的人工智能，人工智能新增经济规模将达到 13 万亿美元。本书在前文理论和实证的基础上，提出了人工智能对北京市就业影响的应对系统，具体如下所述。

一是刻画了应对系统。本书构建了系统化、立体化、协同化的应对体系，包括政府政策、企业策略、个人应对三个层面，构建了区域经济高质量增长、产业升级、技术创新、区域联动，以及弹性劳动力市场构建等相互协调的政策体系。应对体系体现了情景化，建立了在京津冀协同发展框架下，以及北京城市发展战略定位和疏解非首都功能约束下的系统化应对范式。

二是确立了应对理念。在国家战略和哲学理念双驱动下，国家战略驱动是指通过产业链集群发展，推动新一代人工智能发展战略。通过新基建发展战略，形成人工智能比较优势产业。选择就业优先的经济发展模式，实现稳就业。本书提出“丰饶经济学”的经济哲学视角，以及“幸福观”的社会哲学视角，将高质量就业、幸福就业、意义就业作为政策设计的价值驱动理念。

三是设立了政策目标。根据北京“四个”中心的城市战略定位，以及非首都功能疏解中人口疏解目标的政策约束条件，以及北京市的就业特征，即劳动年龄人口减少、中度老龄化、就业人口增速下滑、人工智能人才缺口大，从产业与人匹配的视角，制定短期和长期目标。本书认为，未来 10 年的政策目标导向是产业与人动态匹配，在实现匹配过程中实行渐进式的政策方案。短期的战术目标：2020—2025 年实现产业与人的精准匹配。长期的战略目标：2025—2030 年实现产业与人的动态匹配。并提出分两步走即建设北京“更加充分更高质量就业”先行示范区和率先实现北京“高质量就业”的“北京样板”的政策导向，确立了北京高点定位下的“五大率先”的政策目标体系。

四是建立了协调联动的政策体系。第一，着力提高人工智能产业的就业弹性，推动区域经济高质量增长政策。第二，实行垂直全产业链集群发展，以及水平方向相关产业链带动发展的“双元”发展模式，大力发展就业的载体人工智能产业。第三，通过提升技术创新与制度创新的匹配度来提高技术创新效率。第四，采用区域联动政策，实现京津冀及雄安新区人工智能产业链分工与合作，破除区域劳动力流动障碍。第五，强化劳动力市场弹性政策，为劳动力预留足够的时间和空间以进行知识技能的转换。强化劳动力市场弹性政策，以避免失业和收入差距拉大造成的贫困，政策导向是让劳动与提高生产力脱钩，以便让劳动者为更多工作岗位的消失及新创造的工作机会做好准备。强化劳动力市场弹性的政策包括：人工智能新职业发展促进政策、教育与培训体系重塑、人才缺口弥补、基于独特的人类技能的扩展工作创造、积极培育与技术的共生关系、鼓励非标准化工作、托底社会保障政策等。通过对这些政策的设计和渐进性的实施，增强劳动力市场的韧性，减少人工智能对经济和社会福祉的冲击。

五是提出了可操作的实现路径。本书提出的实现路径分为短期的渐进式政策方案和长期的改变社会模式的制度安排。短期采用“渐进采用+政策配套+伦理建设”方案。短期渐进式政策方案的主要目的是增强劳动力市场的弹性和韧性，主要包括扩大人工智能产品及服务消费、税收政策与财政激励、建立小企业激励机制、就业影响声明政策、扩展性工作机会创造。短期的渐进式政策方案还要加强伦理建设。长期性制度安排的主要目标是改变现有的社会模式，将“工作与社会保障脱离”作为长期社会保障制度安排的理念，推动“充分就业”向“意义就业”的新目标社会体系转变，具体包括无条件基本收入保障制度、数字徽章激励制度、心理健康建设制度。

六是探讨了企业应对策略。企业是应对的重要微观主体，企业策略层面包括：实行人工智能渐进性采纳战略，建立“开放、链接、共享”的混序组织结构，塑造适应“人—机生态”的领导力，升级基于新型能力模型的知识管理，人机共生情境下的组织创新文化打造和人机增强管理范式变革。

七是提出了个人应对建议。个人应对层面，劳动者个人面临人工智能的影响，应积极主动应对。相关建议包括：“人机共生的社会生态系统”认知能力提升、个体伦理规范遵守、“技能—技术匹配”导向的知识技能转换、“相互增强”的人机协同适应、多维度调适的心理焦虑释缓策略。其中，最重要的是主动进行知识技能转换以提前应对人工智能对知识技能的新要求。

# 参考文献

［1］北京市经济和信息化委员会．北京人工智能产业发展白皮书（2018年）［C］．2018.

［2］程承坪，彭欢．人工智能影响就业的机理及中国对策［J］．中国软科学，2018（10）：62-70.

［3］程承坪．人工智能最终会完全替代就业吗？［J］．上海师范大学学报（哲学社会科学版），2019，48（2）：88-96.

［4］蔡跃洲，陈楠．新技术革命下人工智能与高质量增长、高质量就业［J］．数量经济技术经济研究，2019，36（5）：3-22.

［5］蔡跃洲，付一夫．全要素生产率增长中的技术效应与结构效应：基于中国宏观和产业数据的测算及分解［J］．经济研究，2017，52（1）：72-88.

［6］蔡跃洲，张钧南．信息通信技术对中国经济增长的替代效应与渗透效应［J］．经济研究，2015，50（12）：100-114.

［7］蔡翼飞，张车伟．地区差距的新视角：人口与产业分布不匹配研究［J］．中国工业经济，2012（5）：31-43.

［8］蔡啸，王林辉．人工智能类物化技术的就业补偿效应［J］．海南大学学报（人文社会科学版），2019，37（4）：48-55.

［9］蔡啸，黄旭美．人工智能技术会抑制制造业就业吗：理论推演与实证检验［J］．商业研究，2019（6）：53-62.

［10］陈涛，党兴华，贾窦，等．互联网企业负债融资对技术效率的动态耦合效应［J］．科研管理，2016（12）：132-143.

［11］陈大红．产业结构与就业结构的关联性分析：以北京市为例的实证研究［J］．西北人口，2007（4）：1-3.

［12］陈元志，陈劲，吉超．中国不同类型企业技术创新效率的趋势与比较［J］．科研管理，2016（5）：1-10.

［13］陈超美，陈悦，侯剑华，等．CiteSpace Ⅱ：科学文献中新趋势与新动态的识别与可视化［J］．情报学报，2009，28（3）：401-421.

［14］陈彦斌，林晨，陈小亮．人工智能、老龄化与经济增长［J］．经济研究，2019（7）：47-63.

［15］陈秋霖，许多，周羿．人口老龄化背景下人工智能的劳动力替代效应：基于跨国面板数据和中国省级面板数据的分析［J］．中国人口科学，2018（6）：30-42+126-127.

［16］陈秋霖，许多，周羿．AI′s effects on economic growth in aging society：Induced innovation and labor supplemental substitution［J］．China Economist，2019，14（5）：54-66.

［17］陈永伟，许多．人工智能的就业影响［J］．比较，2018（2）：25-30.

［18］陈傲，柳卸林，程鹏．知识溢出空间扩散过程的实证检验：以追踪一类专利扩散为线索［J］．科学学与科学技术管理，2010，31（12）：96-101.

［19］陈继祥，王敏．破坏性创新理论最新研究综述［J］．科技进步与对策，2009，26（11）：155-160.

［20］陈劲，戴凌燕，李良得．突破性创新及其识别［J］．科技管理研究，2002（5）：22-28.

［21］曹静，周亚林．人工智能对经济的影响研究进展［J］．经济学动态，2018（1）：103-115.

［22］曹承志．人工智能技术［M］．北京：清华大学出版社，2010.

［23］段海英，郭元元．人工智能的就业效应述评［J］．经济体制改革，2018（3）：187-193.

［24］丁波涛．人工智能技术在新型智库建设中的应用初探［J］．数字图书馆论坛，2018（3）：7-11.

［25］董理，史小龙．上海市三次产业技术进步水平测算及对就业影响的实证分析：1978—2011［J］．上海经济研究，2013，25（5）：103-111.

［26］丁述磊，张抗私．数字经济时代新职业与经济循环［J］．中国人口科学，2021（5）：102-128.

［27］杜传忠，陈维宣，胡俊．发达国家人工智能发展经验以及中国的借鉴［J］．湖南科技大学学报（社会科学版），2019，22（3）：45-52.

［28］杜传忠，许冰．第四次工业革命对就业结构的影响及中国的对策［J］．社会科学战线，2018（2）：68-74.

［29］杜传忠，许冰．技术进步与产业结构升级的就业效应：2000—2014 年省级面板数据分析［J］．科技进步与对策，2017，34（13）：55-60.

［30］杜传忠，胡俊，陈维宣．我国新一代人工智能产业发展模式与对策［J］．经济纵横，2018（4）：41-47.

［31］杜传忠，郭美晨．第四次工业革命与要素生产率提升［J］．广东社会科学，2017（5）：5-13+254.

［32］邓洲，黄娅娜．人工智能发展的就业影响研究［J］．学习与探索，2019（7）：99-106+175.

［33］德国人工智能战略［J］．中国工业和信息化，2019（4）：62-73.

［34］范海荣，吴云峰，王宁．中美人工智能发展比较研究［J］．长春理工大学学报（社会科学版），2019，32（3）：81-85+144.

［35］傅家骥．技术创新学［M］．北京：清华大学出版社，1998：365-366.

［36］樊相如，胡振华，邓超，等．湖南省技术进步贡献率及发展趋势预测研究［J］．中南工业大学学报，1998（3）：102-105.

［37］方行明，韩晓娜．劳动力供求形势转折之下的就业结构与产业结构调整［J］．人口学刊，2013，35（2）：60-70.

［38］冯正强，白利利．我国装备制造业技术水平测算及其影响因素研究：基于省际面板数据的比较分析［J］．经济与管理评论，2018，34（2）：69-81.

[39] 郭凯明. 人工智能发展、产业结构转型升级与劳动收入份额变动 [J]. 管理世界, 2019, 35 (7): 60-77+202-203.

[40] 郭建平, 常菁, 黄海滨. 产业发展视角下高新技术企业效率评价: 基于DEA模型的实证研究 [J]. 科技管理研究, 2018, 38 (12): 67-72.

[41] 高芙蓉, 高雪莲. 国外信息技术接受模型研究述评 [J]. 研究与发展管理, 2011, 23 (2): 95-105.

[42] 高向东, 王新贤, 王晶. 中国贫困残疾人口的空间分布研究 [J]. 人口与经济, 2020 (2): 1-13.

[43] 高奇琦. 就业失重和社会撕裂: 西方人工智能发展的超人文化及其批判 [J]. 社会科学研究, 2019 (2): 64-73.

[44] 关健, 李伟斌. 中国企业家社会资本对企业多元化战略的影响 [J]. 学术月刊, 2011, 43 (7): 87-92.

[45] 何哲. 人工智能时代的社会转型与行政伦理: 机器能否管理人? [J]. 电子政务, 2017 (11): 2-10.

[46] 何哲. 通向人工智能时代: 兼论美国人工智能战略方向及对中国人工智能战略的借鉴 [J]. 电子政务, 2016 (12): 2-10.

[47] 何好俊, 彭冲. 城市产业结构与土地利用效率的时空演变及交互影响 [J]. 地理研究, 2017, 36 (7): 1271-1282.

[48] 何雅菲, 李林玉. 产业升级对女性就业的冲击效应研究: 来自我国"一带一路"重点建设省域的证据 [J]. 华东经济管理, 2020, 34 (2): 104-111.

[49] 韩增林, 孙嘉泽, 刘天宝, 等. 东北三省创新全要素生产率增长的时空特征及其发展趋势预测 [J]. 地理科学, 2017, 37 (2): 161-171.

[50] 何雅菲. 自雇创业还是雇佣就业: 基于中国女性流动人口收入差异的考量 [J]. 湘潭大学学报 (哲学社会科学版), 2019, 43 (3): 36-44.

[51] 衡量, 贾旭东, 李飞. 扎根范式下虚拟企业战略演进过程及机理的研究 [J]. 科研管理, 2019, 40 (7): 152-162.

［52］郝刚，陈佳莉，贾旭东．基于经典扎根理论的虚拟企业战略管理过程模型［J］．管理评论，2018，30（6）：196-211.

［53］侯志杰，朱承亮．中国人工智能企业 TFP 及其影响因素［J］．企业经济，2018，37（11）：55-62.

［54］黄欣荣．新一代人工智能研究的回顾与展望［J］．新疆师范大学学报（哲学社会科学版），2019，40（4）：86-97.

［55］贾开，蒋余浩．人工智能治理的三个基本问题：技术逻辑、风险挑战与公共政策选择［J］．中国行政管理，2017（10）：40-45.

［56］贾海霞，于任游．技术进步影响就业的机制分析［J］．北方经贸，2010（5）：9-10.

［57］贾旭东，何光远，陈佳莉，等．基于“扎根精神”的管理创新与国际化路径研究［J］．管理学报，2018，15（1）：11-19.

［58］贾旭东，衡量，何光远．基于经典扎根理论的企业虚拟度及其测评研究［J］．科研管理，2017，38（5）：130-140.

［59］贾旭东，衡量．基于经典扎根理论的虚拟企业供应链形成机理研究［J］．中国管理科学，2016，24（10）：95-104.

［60］贾旭东，衡量．基于经典扎根理论的虚拟创业决策模型研究［J］．管理案例研究与评论，2016，9（3）：258-272.

［61］贾旭东，衡量．基于“扎根精神”的中国本土管理理论构建范式初探［J］．管理学报，2016，13（3）：336-346.

［62］贾旭东，衡量．基于经典扎根理论的虚拟企业实体化动因研究［J］．科技进步与对策，2016，33（3）：89-95.

［63］贾旭东，衡量．基于经典扎根理论的企业虚拟经营动因研究［J］．华东经济管理，2015，29（5）：118-126.

［64］贾旭东，郝刚．基于经典扎根理论的虚拟政府概念界定及组织模型构建［J］．中国工业经济，2013（8）：31-43.

［65］贾旭东．基于扎根理论的中国民营企业创业团队分裂研究［J］．管理学报，2013，10（7）：949-959+1015.

[66] 贾旭东. 中国城市基层政府公共服务职能的不完全外包及其动因：基于扎根理论的研究发现 [J]. 管理学报，2011，8（12）：1762-1771.

[67] 贾旭东，谭新辉. 经典扎根理论及其精神对中国管理研究的现实价值 [J]. 管理学报，2010，7（5）：656-665.

[68] 井上智洋. 就业大崩溃：后人工智能时代的职场经济学 [M]. 路邈，译. 机械工业出版社，2018：73-96.

[69] 江求川，代亚萍. 照看子女、劳动参与和灵活就业：中国女性如何平衡家庭与工作 [J]. 南方经济，2019（12）：82-99.

[70] 景建军. 中国产业结构与就业结构的协调性研究 [J]. 经济问题，2016（1）：60-65.

[71] 景跃军，张昀. 我国劳动力就业结构与产业结构相关性及协调性分析 [J]. 人口学刊，2015，37（5）：85-93.

[72] 姜金秋，杜育红. 分行业技术进步对就业的动态影响研究：基于中国34个工业行业1980—2011年的数据 [J]. 工业技术经济，2015，34（7）：113-121.

[73] 刘婧，郭圣乾，金传印. 经济增长、经济结构与就业质量耦合研究：基于2005—2014年宏观数据的实证 [J]. 宏观经济研究，2016（5）：99-105.

[74] 刘滨. 技术进步对能源行业劳动力就业的影响效应 [J]. 技术经济与管理研究，2018（9）：89-95.

[75] 刘鸿宇，苗芳艳，彭拾，等. 人工智能伦理研究的知识图谱分析 [J]. 情报杂志，2019，38（7）：85-93.

[76] 刘则渊，陈悦，侯海燕. 科学知识图谱：方法与应用 [M]. 北京：人民出版社，2008.

[77] 刘大海，李森，李晓璇，等. 中国海洋科技投入产出效率规律分析与“十三五”趋势预测 [J]. 科技管理研究，2018，38（9）：110-117.

[78] 梁丹，吕永龙，史雅娟，等．技术扩散研究进展［J］．科研管理，2005（4）：29-34.

[79] 鲁耀斌，徐红梅．技术接受模型的实证研究综述［J］．研究与发展管理，2006（3）：93-99.

[80] 李智明．技术进步与就业关系文献综述［J］．经济研究导刊，2018（2）：7-9.

[81] 李超平，徐世勇．管理与组织研究常用的60个理论［M］．北京：北京大学出版社，2019.

[82] 李颖．人工智能时代技术进步对就业影响的研究述评［J］．党政研究，2019（4）：120-128.

[83] 李宪印，刘忠花，于婷．中国生态农业上市公司技术效率测度及政策研究：基于面板数据的实证分析［J］．中国软科学，2016（7）：162-171.

[84] 李晓梅．“区块链”上市公司技术效率的实证分析与比较：基于77家不同行业和地区的A股上市公司数据分析［J］．经济体制改革，2018（6）：109-116.

[85] 梁龙武，袁宇翔，付智，等．区域创新驱动全要素生产率测度及其影响因素研究：基于Malmquist-Tobit方法的实证分析［J］．科技管理研究，2016，36（10）：197-202.

[86] 林毅夫，刘培林．经济发展战略对劳均资本积累和技术进步的影响：基于中国经验的实证研究［J］．中国社会科学，2003（4）：18-44.

[87] 马克思．马克思恩格斯全集：第23卷［M］．北京：人民出版社，1975.

[88] 珀迪，邱静，陈笑冰．埃森哲：人工智能助力中国经济增长［J］．机器人产业，2017（4）：80-91.

[89] 任保平．人工智能与高质量发展新动能的培育［J］．西北大学学报（哲学社会科学版），2019，49（5）：5.

[90] 牟宇峰．产业转型背景下就业人口与产业发展关系研究综述

[J]. 人口与经济, 2016 (3): 103-114.

[91] 孟园园, 陈进. 经济不平衡条件约束下, 人工智能对就业影响效应研究: 以经济发展水平为调节变量 [J]. 中国劳动, 2019 (9): 40-52.

[92] 莫华. 农民专业合作社发展及分层的影响因素分析: 基于资源基础理论和湖南省的187份调研数据 [J]. 湖南农业大学学报 (社会科学版), 2017, 18 (1): 31-35+48.

[93] 潘文轩. 人工智能技术发展对就业的多重影响及应对措施 [J]. 湖湘论坛, 2018, 31 (4): 145-153.

[94] 潘丹丹. 人工智能的就业反极化效应研究 [J]. 现代经济探讨, 2019 (12): 25-31+65.

[95] 斯加鲁菲. 智能的本质: 人工智能与机器人领域的64个大问题 [M]. 任莉, 张建宇, 译. 北京: 人民邮电出版社, 2017: 79-80.

[96] 斯通曼. 技术变革的经济分析 [M]. 北京: 机械工业出版社, 1989.

[97] 邱子童, 吴清军, 杨伟国. 人工智能背景下劳动者技能需求的转型: 从去技能化到再技能化 [J]. 电子政务, 2019 (6): 23-30.

[98] 邱玥, 何勤. 人工智能对就业影响的研究进展与中国情景下的理论分析框架 [J]. 中国人力资源开发, 2020, 37 (2): 90-103.

[99] 屈小博. 机器人和人工智能对就业的影响及趋势 [J]. 劳动经济研究, 2019, 7 (5): 133-143.

[100] 任洪源, 刘刚, 罗永泰. 知识资源、研发投入与企业跨境创新绩效关系研究: 基于面板数据门限回归的实证分析 [J]. 管理评论, 2017, 29 (1): 105-113.

[101] 孙早, 侯玉琳. 工业智能化如何重塑劳动力就业结构 [J]. 中国工业经济, 2019 (5): 61-79.

[102] 孙冰, 苏晓, 徐晓菲. 基于新技术采纳决策博弈的技术扩散及其演化研究 [J]. 工业技术经济, 2019, 38 (6): 10-19.

[103] 孙才志, 马奇飞, 李素娟. 中国水资源绿色效率TFP变化趋势

预测［J］. 人民黄河，2018，40（2）：42-48.

［104］孙启贵，汪滢．破坏性创新的影响因素与演化机理［J］. 科技进步与对策，2009，26（11）：4-7.

［105］孙建广，檀润华．基于破坏性技术的产品创新设计方法研究［J］. 工程设计学报，2011，18（1）：1-11.

［106］宋洋．创新资源与高新技术企业研发投入：基于资源基础理论的实证分析［J］. 中国科技论坛，2018（4）：101-111.

［107］宋春霞．股东资源：资源基础理论的研究新视角［J］. 技术经济与管理研究，2015（3）：70-74.

［108］单良，张涛．中国产业结构与就业结构协调性时空演变研究［J］. 中国人口科学，2018（2）：39-49+127.

［109］全球竞争力报告 2006—2007［M］. 锁箭，杨世伟，毛剑梅，等译. 北京：经济管理出版社，2007.

［110］赛迪顾问．国内外人工智能产业发展的比较分析［N］. 中国计算机报，2018-12-03（14）.

［111］陶秋燕，汪昕宇．可持续发展框架下产业结构调整对就业结构的影响研究：以北京地区为例［J］. 中国人口·资源与环境，2013，23（S2）：421-426.

［112］田思路，刘兆光．人工智能时代劳动形态的演变与法律选择［J］. 社会科学战线，2019（2）：212-221+282+2.

［113］谭玉，张涛．创客教育研究的现状、热点与趋势：基于 2013—2016 年 CSSCI 数据库刊载相关文献的知识图谱分析［J］. 现代教育技术，2017，27（5）：102-108.

［114］王君，杨威．人工智能等技术对就业影响的历史分析和前沿进展［J］. 经济研究参考，2017（27）：11-25.

［115］王君，张于喆，张义博，等．人工智能等新技术进步影响就业的机理与对策［J］. 宏观经济研究，2017（10）：169-181.

［116］王珊珊，王宏起．技术创新扩散的影响因素综述［J］. 情报杂

志，2012，31（6）：197-201.

［117］王春超，丁琪芯．智能机器人与劳动力市场研究新进展［J］．经济社会体制比较，2019（2）：178-188.

［118］王舒鸿，宋马林，吴杰．DEA 模型的扩展及其在经济预测中的应用［J］．中央财经大学学报，2011（6）：56-60.

［119］王振．人工智能对产业发展的影响［J］．现代管理科学，2018（4）：58-60.

［120］王颖，佟健，蒋正华．人口红利、经济增长与人口政策［J］．人口研究，2010，34（5）：28-34.

［121］王燕飞，林建．技术进步的产业结构转换与城乡就业效应［J］．重庆大学学报（社会科学版），2013，19（4）：24-30.

［122］王军，詹韵秋．技术进步带来了就业质量的提升吗：基于中国 2000—2016 年省级动态面板数据分析［J］．云南财经大学学报，2018，34（8）：29-39.

［123］王桑成．人工智能时代我国就业公平的挑战及其应对［J］．经济体制改革，2020（1）：182-187.

［124］王友奎，赵雪娇，张楠．政务服务中智能问答机器人创新扩散的影响因素研究：基于事件史分析［J］．电子政务，2019（12）：75-85.

［125］王传宗．机器人将带来的重大冲击与挑战［J］．系统工程，1984（1）：83-88.

［126］王大顺．马克思主义视角下“人工智能”技术变革对就业的影响研究［D］．南京：南京财经大学，2018.

［127］吴忠生，刘勤．市场竞争、政府行为与 XBRL 技术扩散［J］．会计研究，2015（8）：19-23+96.

［128］吴清军，陈轩，王非，等．人工智能是否会带来大规模失业：基于电商平台人工智能技术、经济效益与就业的测算［J］．山东社会科学，2019（3）：73-80.

［129］吴宇轩，杨小勇．《资本论》机器大生产理论视角下的人工智

能就业创造效应探析［J］. 湖南科技大学学报（社会科学版），2020，23（2）：60-65.

［130］乌静．个人禀赋与家庭责任：青年已婚女性就业的影响因素［J］. 社会发展研究，2019，6（4）：206-220+242.

［131］魏谷，孙启新．组织资源、战略先动性与中小企业绩效关系研究：基于资源基础观的视角［J］. 中国软科学，2014（9）：117-126.

［132］万昆．人工智能技术带来的就业风险及教育因应［J］. 广西社会科学，2019（6）：185-188.

［133］辛宇．基于知识图谱的我国创业研究进展与发展趋势［J］. 中南财经政法大学学报，2014（2）：151-157.

［134］夏恩君，宋剑锋．开放式创新研究的演化路径和热点领域分析：基于科学知识图谱视角［J］. 科研管理，2015，36（7）：28-37.

［135］夏建红，矫卫红．产业与就业结构演变路径及耦合效应分析：以山东省为例［J］. 经济问题，2018（10）：65-71.

［136］谢璐，韩文龙，陈翥．人工智能对就业的多重效应及影响［J］. 当代经济研究，2019（9）：33-41.

［137］谢萌萌，夏炎，潘教峰，等．人工智能、技术进步与低技能就业：基于中国制造业企业的实证研究［J/OL］. 中国管理科学：1-9［2020-05-07］. https://doi.org/10.16381/j.cnki.issn1003-207x.2019.1251.

［138］薛在兴．人工智能对大学生就业的影响［J］. 中国青年社会科学，2018，37（4）：6-10.

［139］杨伟国，邱子童，吴清军．人工智能应用的就业效应研究综述［J］. 中国人口科学，2018（5）：109-119+128.

［140］斯密．国民财富的性质和原因的研究［M］. 北京：商务印书馆，2015.

［141］于丹，董大海，刘瑞明，等．理性行为理论及其拓展研究的现状与展望［J］. 心理科学进展，2008（5）：796-802.

［142］杨虎涛，冯鹏程．技术—经济范式演进与资本有机构成变动：

基于美国 1944—2016 年历史数据的分析［J］. 马克思主义研究，2019（6）：71-82.

［143］杨俊凯，赵晖．人工智能时代劳动力供给问题探析［J］. 人民论坛，2019（21）：46-47.

［144］杨春华．资源基础理论及其未来研究领域［J］. 商业研究，2010（7）：26-29.

［145］佘玲铮，魏下海，吴春秀．机器人对劳动收入份额的影响研究：来自企业调查的微观证据［J］. 中国人口科学，2019（4）：114-125+128.

［146］岳昌君，张沛康，林涵倩．就读重点大学对人工智能就业替代压力的缓解作用［J］. 中国人口科学，2019（2）：2-15+126.

［147］袁野，于敏敏，陶于祥，等．基于文本挖掘的我国人工智能产业政策量化研究［J］. 中国电子科学研究院学报，2018，13（6）：663-668.

［148］张鹏飞．人工智能与就业研究新进展［J］. 经济学家，2018（8）：27-33.

［149］张虎，潘攀，范莉莉．效率视角下商业银行竞争力评价与预测研究［J］. 软科学，2016，30（2）：130-133+138.

［150］张延飞，郭名静．基于突变评价法的江西省农业技术进步水平评价［J］. 安徽农业科学，2010，38（21）：11542-11544+11568.

［151］张毅夫. 全球人工智能迎来第三次发展浪潮［M］. 北京：社会科学文献出版社，2017：1-15.

［152］张桂文，孙亚南．人力资本与产业结构演进耦合关系的实证研究［J］. 中国人口科学，2014（6）：96-106+128.

［153］张桂金，张东．“机器换人”对工人工资影响的异质性效应：基于中国的经验［J］. 学术论坛，2019，42（5）：18-25.

［154］张一涵，袁勤俭．理性行为理论及其在信息系统研究中的应用与展望［J］. 现代情报，2018，38（11）：145-153.

［155］张于喆．人工智能、机器人的就业效应及对策建议［J］. 科学

管理研究，2019，37（1）：43-45+109.

［156］张成良．从创新扩散理论析创新出版思维转换［J］．出版发行研究，2014（11）：28-31.

［157］周锐波，刘叶子，杨卓文．中国城市创新能力的时空演化及溢出效应［J］．经济地理，2019，39（4）：85-92.

［158］张学英．人工智能视阈下基于劳动就业迭代的技能形成问题研究［J］．中国职业技术教育，2018（30）：17-24+56.

［159］翟振明，彭晓芸．"强人工智能"将如何改变世界：人工智能的技术飞跃与应用伦理前瞻［J］．人民论坛·学术前沿，2016（7）：22-33.

［160］赵云辉，张哲，冯泰文，等．大数据发展、制度环境与政府治理效率［J］．管理世界，2019，35（11）：119-132.

［161］周文斌．机器人应用对人力资源管理的影响研究［J］．南京大学学报（哲学·人文科学·社会科学），2017，54（6）：23-35.

［162］中国电子技术标准化研究院．人工智能标准化白皮书［Z］．2018.

［163］祝学华，蒋玉宏，朱庆平．美国人工智能研发与政府管理趋势分析及启示［J］．全球科技经济瞭望，2019，34（1）：32-36.

［164］甄子健，吴松，柏燕秋．日本人工智能发展研究［J］．全球科技经济瞭望，2018，33（3）：60-68.

［165］郑鑫．上海人工智能发展与领军力量培育［J］．科学发展，2019（4）：14-25.

［166］郑佳慧．人工智能影响下劳动力市场研究［J］．党政论坛，2019（5）：33-36.

［167］朱巧玲，李敏．人工智能、技术进步与劳动力结构优化对策研究［J］．科技进步与对策，2018，35（6）：36-41.

［168］AUTOR D H，LEVY F，MURNANE R J. The skill content of recent technological change：An empirical exploration［J］．Social Science Electronic Publishing，2000，118（4）：1279-1333.

[169] AUTOR D H , KEARNEY K M S. Trends in U. S. wage inequality: Revising the revisionists [J]. Review of Economics & Statistics, 2008, 90 (2): 300-323.

[170] AUTOR D H, DORN D. The growth of low-skill service jobs and the polarization of the US labor market [J]. NBER Working Papers, 2013, 103 (5): 1553-1597.

[171] AUTOR, DAVID H. Why are there still so many jobs? The history and future of workplace automation [J]. Journal of Economic Perspectives, 2015, 29 (3): 3-30.

[172] AUTOR D H. The "Task Approach " to labor markets: An overview [J]. Journal for Labour Market Research, 2013, 46 (3): 185-199.

[173] AUTOR D, A SALOMONS. Robocalypse now: Does productivity growth threaten employment [R]. NBER Working Paper, 2017.

[174] AUTOR D H. Polanyi' s Paradox and the shape of employment growth [R]. NBER Working Paper, 2014, No. 20485.

[175] ACEMOGLU D, RESTREPO P. Demographics and automation [R]. NBER Working Paper , 2018, No. 2442.

[176] ACEMOGLU D, RRESTREPO P. Secular stagnation? The effect of aging on economic growth in the age of automation [J]. American Economic Review, 2017, 107 (5): 174- 179.

[177] ACEMOGLU D, RESTREPO P. Low-skill and high-skill automation [J]. Journal of Human Capital, 2018, 12 (2): 204-232.

[178] AGHION P, JONES B F, JONES C I. Artificial intelligence and economic growth [R]. NBER Working Paper, 2017, No. 23928.

[179] AGRAWAL A K, GANS J S, GOLDFARB A. Human judgment and AI pricing [R]. NBER Working Paper, 2018, No. 24284.

[180] AMPATZIDIS Y, BELLIS L D, LUVISI A. iPathology: Robotic applications and management of plants and plant diseases [J]. Sustainability,

2017, 9 (6): 1- 14.

[181] ARNTZ M, GREGORY T, ZIERAHN U. The risk of automation for jobs in OECD countries: A comparative analysis [R]. OECD Social Employment and Migration Working Paper, 2016, No. 189.

[182] ALEXOPOULOS M, COHEN J. The medium is the measure: Technical change and employment, 1909—1949 [J]. Review of Economics and Stats, 2016, 98 (4): 792-810.

[183] ALEXANDRA SPITZ-OENER. Technical change, job tasks, and rising educational demands: Looking outside the wage structure [J]. Journal of Labor Economics, 2006, 24 (2): 235-270.

[184] ALAN DORICH. Do the robot systems help add jobs, increase business and keep workers safe [J]. Review of Economic Studies, 2016, (13): 43-50.

[185] AMERSHI S, CAKMAK M, KNOX W B, et al. Power to the people: The role of humans in interactive machine learning [J]. AI Magazine, 2014, 35 (4): 105-120.

[186] BEAUDRY P, GREEN D A, SAND B M. The great reversal in the demand for skill and cognitive tasks [J]. Journal of Labor Economics, 2016, 34 (S1): S199-S247.

[187] BASS F M. A new product growth model for consumer druables [J]. Management Science, 1969, 15 (5) .

[188] BRYNJOLFSSON E, MITCHELL T, ROCKD. What can machines learn, and what does it mean for occupations and the economy [J]. AEA Papers and Proceedings, 2018, 108: 43-47.

[189] BRYNJOLFSSON E, MCAFEE A. The Second Machine Age: Work, Progress, and Prosperity in a Time of Brilliant Technologies [C]. W. W. Norton & Company, New York, 2014.

[190] BOX G P E, G M JENKIS. Time series analysis: Forecasting and

control [M]. San Francisco: San Francisco Press, 1978.

[191] BRYNJOLFSSON E, MCAFEE A. The second machine age-work, progress, and prosperity in a time of brilliant technologies [J]. Psychiatry-interpersonal & Biological Processes, 2015, 14 (11): 380-383.

[192] BROWN C, CAMPBELL B. The impact of technological change on work and wages [J]. Industrial Relations a Journal of Economy and Society, 2002, 41 (1): 1-33.

[193] BESSEN J E. AI and jobs: The role of demand [R]. NBER Working Paper, 2018, No. 24235.

[194] BIRGITTA SANDBERG. Creating the market for disruptive innovation: Market proactiveness at the launch stage [J]. Journal of Targeting, Measurement and Analysis for Marketing, 2002, 11 (2): 184-196.

[195] BARNEY J B. Firm resources and sustained competitive advantage [J]. Journal of Management, 1991, 17 (1): 99-120.

[196] BESSEN J E. Information technology and industry concentration [J]. Social Science Electronic Publishing, 2017.

[197] CALERO-MEDINA C, NOYONS E. Combining mapping and citation network analysis for a better understanding of the scientific development: The case of the absorptive capacity field [J]. Journal of Informetrics, 2008, 2 (4): 272-279.

[198] CLOWER R W. The Keynesian counter-revolution: A theoretical appraisal [R]. In: Hahn F. H., Brechling FPR (eds.) The Theory of Tnterest Rates, 1965.

[199] CAVES R E. International corporations: The industrial economics of foreign investment [J]. Economica (New Series), 1971, 38 (149): 1-27.

[200] COCKBURN I M, HENDERSON R, STERN S. The impact of artificial intelligence on innovation [R]. NBER Working Paper, 2018, No. 24449.

[201] CORTES G M, JAIMOVICH N, NEKARDA C J, et al. The micro and macro of disappearing routine jobs: A flows approach [R]. NBER Working Paper, 2014, No. 20307.

[202] CHATFIELD C. The analysis of time series [M]. New York: New York Press, 1980.

[203] CASHER P A. Alliance portfolios: Designing and managing your network of business-partner relationships [J]. Academy of Management Executive, 2003, 17 (4): 25-39.

[204] CHRISTERSEN C M. The innovator's dilemma: When new technologies cause great firms to fail [M]. Boston, MA: Harvard Business School Press, 1997: 39-48.

[205] CUMMING, BRIAN S. Innovation overview and future challenges [J]. European Journal of Innovation Management, 1998, 1 (1): 21-29.

[206] CHIACCHIO F, PETROPOULOS G, PICHLER D. The impact of industrial robots on EU employment and wages: A local labour market approach [J]. Working Papers, 2018 (2).

[207] DAVID B. Computer technology and probable job destructions in Japan: An evaluation [J]. Journal of the Japanese and International Economies, 2017, 43 (MAR.): 77-87.

[208] DEMING D J. The growing importance of social skills in the labor market [J]. NBER Working Papers, 2015, 132 (4): 1593-1640.

[209] DAUTH W, FINDEISEN S, SÜDEKUM J, et al. German robots-the impact of industrial robotson workers [R]. CEPR Discussion Paper 2017, No. DP10477.

[210] DAUGHERTY P R, WILSON H J. Human + Machine: Reimagining work in the age of AI [M]. Boston, MA: Harvard Business Review Press, 2018.

[211] EVANGELISTA R, VEZZANI A. The impact of technological and

organizational innovations on employment in European firms [J]. Industrial and Corporate Change, 2012, 21 (4): 871-899.

[212] ERICA L GROSHEN, SUSAN HELPER, JOHN PAUL MACDUFFIE, et al. Preparing U. S. workers and employers for an autonomous vehicle future [J]. Securing America's Future Energy, 2018.

[213] FINLAYSON M A, RICHARDS W, WINSTON P H. Computational models of narrative: Review of the workshop [J]. Journal of Sexual Medicine, 2010, 8 (4): 1246-1253.

[214] FRIEDMAN G. The rise and fall of American growth: The US standard of living since the Civil War [J]. Economics Books, 2016, 1 (4): 1-3.

[215] FARE R, GROSSKOPF S, NORRIS M. Productivity growth, technical progress, and efficiency change in industrialized countries [J]. The American Economic Review, 1997, 84 (1): 1040-1043.

[216] FREY C B, OSBORNE M A. The future of employment: How susceptible are jobs to computerization [J]. Technological Forecasting and Social Change, 2017, 114: 254-280.

[217] FRANK M R, AUTOR D, BESSEN J E, et al. Toward understanding the impact of artificial intelligence on labor [J]. Proceedings of the National Academy of Sciences, 2019, 116 (14): 6531-6539.

[218] FRANK F. DARPA's role in radical innovation [J]. Johns Hopkins apl Technical Digest, 1999, 20 (3): 67-69.

[219] FOSS, NICOLAI J. More critical comments on knowledge-based theories of the firm [J]. Organization Science, 1996, 7 (5): 519-523.

[220] GOOS M, MANNING A. Lousy and lovely jobs: The rising polarization of work in Britain [J]. Review of Economics and Statistics, 2007, 89 (1): 118-133.

[221] GOOS M, MANNING A, SALOMONS A. Explaining job polarization: Routine-biased technological change and offshoring [J]. American Eco-

nomic Review, 2014, 104 (8): 2509-2526.

[222] GRAETZ G, MICHAELS G. Robots at work [R]. CEPR Discussion Paper, 2015, No. DP10477.

[223] GRANT R M. The Resource-based theory of competitive advantage: Implications for strategy formulation [J]. California Management Review, 1991 (133): 114-135.

[224] GUJARATI D N. Basic econometrics [M]. Cambridge, MA: Cambridge University Press, 1999.

[225] HUANG M H, RMST R T. Artificial intelligence in service [J]. Journal of Service Research, 2018.

[226] HOLTZ-EAKIN D, NEWEY W, ROSEN S H. Estimating vector autoregressions with panel data [J]. Econometrica, 1988, 56 (6): 1371-1395.

[227] HUXHAM, CHRIS. Pursuing collaborative advantage [J]. Journal of the Operational Research Society, 1993: 559-661.

[228] HEINEN N, HEUER A, SCHAUTSCHICK P. Künstliche intelligenz und der faktor Arbeit; artificial intelligence and human labour: Implications for companies and economic policy [J]. Wirtschaftsdienst, 2017, 97 (10): 714-720.

[229] IlAVARASAN V. Automation and workforce in India: Terrible consequences or impossible [J]. Ssrn Electronic Journal, 2017: 16-21.

[230] ISHOWO-OLOKO F, BONNEFON J F, SOROYE Z, et al. Behavioural evidence for a transparency-efficiency tradeoff in human-machine cooperation [J]. Nature Machine Intelligence, 2019 (1): 517-521.

[231] JERBASHIAN V. Automation and job polarization: On the decline of middling occupations in Europe [R]. CERGE-EI Working Paper, 2016, No. 576.

[232] KATZ L F, AUTOR D H. Changes in the wage structure and earnings

inequality [J]. Handbook of Labor Economics, 1999,99 (3): 1463-1555.

[233] KORINEK A, STIGLITZ J E. Artificial intelligence and its implications for income distribution and unemployment [J]. NBER Working Papers, 2017.

[234] KREMER M. Population growth and technological change: One million B. C. to 1990 [J]. The Quarterly Journal of Economics, 1993, 108 (3): 681-716.

[235] KURZWEI. The singularity is near: When humans transcend biology [J]. Cryonics, 2005, 85 (1): 160-160.

[236] KAPLAN J. Humans needs not apply: A guide to wealth and work in the age of artificial intelligence [M]. New Hovern: Yale University Press, 2015.

[237] KEARNEY M S, HERSHBEIN B, BODDY D. The future of work in the age of the machine [R]. Hamilton Project Framing Paper, 2015.

[238] KRUGMAN P. Increasing returns and economic geography [J]. Journal of Political Economy, 1991, 99 (3): 483-499.

[239] LELE U, GOSWAMI S. The fourth industrial revolution, agricultural and rural innovation, and implications for public policy and investments: A case of India [J]. Agricultural Economics, 2017, 48 (S1): 87-100.

[240] LEWIS J. The short-run and long-run effects of household technological change [EB/OL]. http://www. Hec. ca/iea/Sem - iNaires/131105_ Joshua_ Lewis. pdf, 2013.

[241] MITCHELL T, BRYNJOLFSSON E. Track how technology is transforming work [J]. Nature, 2017, 544 (7650): 290-292.

[242] MCCORDUCK P. Machines who think: A personal inquiry into the history and prospects of artificial intelligence [J]. Leonard, 1976, 15 (3): 242.

[243] MCCULLOCH J R, LOCEK J. The principles of political economy: With a sketch of the rise and progress of the science? [M]. London: William,

Tait, 1830.

[244] MALINVAUD. E. The theory of unemployment reconsidered [M]. Oxford: Basil Blackwell, 1977.

[245] MANDEL C, ADAMS-PROGAR A, SISCHO W M, et al. Short communication: Predictors of time to dairy calf bucket training [J]. Journal of Dairy Science, 2017, 100 (12): 9769-9774.

[246] MICHAEL J. APTER. Machines who think: A personal inquiry into the history and prospects of artificial intelligence by Pamela McCorduck (review) [M]. Gambridge, MA: The MIT Press, 1982: 242.

[247] MARKOFF J. Machines of loving grace: The quest for common ground between humans and robots [M]. New York: Ecco Press, 2015.

[248] MACCRORY, FRANK, WESTERMAN, et al. Racing with and against the machine: Changes in occupational skill composition in an era of rapid technological advance [R]. Thirty Fifth International Conference on Information Systems, Auckland, 2014.

[249] MARGARET A. PETERAF. The cornerstones of competitive advantage: A resource-based view [J]. Strategic Management Journal, 1993 (14): 179-191.

[250] MANYIKA J, CHUI M, MIREMADI M, et al. A future that works: Automation, employment, and productivity [J]. Mckinsey & Company, 2017.

[251] MUSK E. I hope artificial intelligence is nice to us [J]. New Perspectives Quarterly, 2014, 31 (1): 51-55.

[252] NILSSON, NILS. The development of an AI journal ranking based on the revealed preference approach [J]. Journal of Informetrics, 2010, 4 (4): 33-459.

[253] OSCHINSKI M, WYONCH R. Future shock? The impact of automation on Canada' s labour market [R]. C. D. Howe Institute Commentary,

2017, No. 472.

[254] O'MEARA S. China's ambitious quest to lead the world in AI by 2030 [J]. Nature, 2019, 572 (7770): 427-428.

[255] POSTEL-VINAY F. The dynamics of technological unemployment [J]. International Economic Review, 2002 (43): 737-760.

[256] PETE THOMOND, TORSTEN HERZBERG, FIONA LETTICE. Disruptive Innovation: Removing the Innovators' Dilemma [C]. British Academy of Management 2003 Conference Proceedings.

[257] PEMOSC E T. The theory of the growth of the firm [M]. Oxford: Oxford University Press, 1959.

[258] PETERAF M, BARNEY J B. Unraveling the resourcebased tangle [J]. Managerial and Decision Economics, 2003, 24 (4): 309-323.

[259] PAJARINEN JUKKA, JAMSEN EEMELI, KONTTINEN YRJO T, et al. Innate immune reactions in septic and aseptic osteolysis around hip implants [J]. Journal of Long-term Effects of Medical Implants, 2014, 24 (4): 283-296.

[260] PETERAF. The cornerstones of competitive advantage: A resource-based view [J]. Strategic Management Journal, 1993 (14): 179-191.

[261] PRIEM R L, BUTLER J E. Is the resource-based view a useful perspective for strategic management research? [J]. Academy of Management Review, 2001, 26 (1): 22-40.

[262] RITZHAUPT A D, STEWAR T M, SMITH P, et al. An investigation of distance education in North American research literature using co-word analysis [J]. International Review of Research in Open and Distance Learning, 2010, 11 (1): 37-60.

[263] ROGERS E M. Diffusion of innovations (3rd ed.) [M]. New York: Free Press, 1983.

[264] ROGERS, EVERETT M. A prospective and retrospective look at the

diffusion model [J]. Journal of Health Communication, 2004, 9 (sup1): 13-19.

[265] ROGERS E M. Diffusion of innovations [M]. New York: Free Press, 1962.

[266] RUMELT. Diversification strategy and profitability [J]. Strategic Management Review, 1982 (3): 359-369.

[267] SEARLE J R. The rediscovery of the mind [J]. Irish Review, 1913, 3 (34): 522-532.

[268] SCHUMPETER J A. The theory of economic development [M]. Cambridge, MA: Harvard University Press, 1921.

[269] SPITZ-ONENER. Technical change, job tasks, and rising educational demands: Looking outside the wage structure [J]. Journal of Labor Economics, 2006, 24 (2): 235-270.

[270] SHAH, CHINTAN M, ZEGVELD, et al. Designing ventures that work [J]. Research Technology Management, 2008, 51 (2): 17-25.

[271] SOLOW ROBERT M. A contribution to the theory of economic growth [J]. The Quarterly Journal of Economics, 1956, 70 (1): 65-94.

[272] TRAJTENBERG M. AI as the next GPT: A political-economy perspective [R]. NBER Working Paper , 2018, No. 24245.

[273] TEECE D J, PISANO G, SHUEN A. Dynamic capabilities and strategic management [J]. Strategic Management Journal, 1997, 18 (7): 509-533.

[274] VALERIO DE STEFANO. "Negotiating the algorithm": Automation, artificial intelligence and labour protection [R]. Employment Policy Department, Employment Working Paper, 2018, No. 246.

[275] WOLFGANG DAUTH, PETER HALLER. Is there loss aversion in the trade-off between wages and commuting distances [J]. Regional Science and Urban Economics, 2020, 83 (C) .

[276] WALSH S T, KIRCHHOFF, B A, Newbert S. Differentiating market

strategies for disruptive technologies [J]. IEEE Transactions on Engineering Management, 2002, 49 (4): 341-351.

[277] WERNERFELT B. A resource: based view of the firm [J]. Strategic Management Journal, 1984, 5 (1): 171-180.

[278] YIN Y, STECKE K E, LI D. The evolution of production systems from Industry 2.0 through Industry 4.0 [J]. International Journal of Production Research, 2017, 56 (1-2): 848-861.

[279] YOUNG A T, TACKETT M Y. Globalization and the decline in labor shares: Exploring the relationship beyond trade and financial flows [J]. European Journal of Political Economy, 2018, 52 (C): 18-35.

# 重要术语索引

# 后 记

本书在编写过程中，经历了痛并快乐着的过程，凝聚着众人的心血。

研究过程历时4年，诸多经历时至今日仍历历在目。其间经历了诸多意想不到的困难，诸如新冠疫情带来的调研困境、学术交流的困难、团队线下合作的受阻等，但我们都以对课题研究极大的热爱和坚韧的毅力克服了。

首先感谢国家哲社规划办和北京社科规划办对我的信任，将研究课题委托于我及团队，感谢课题依托单位首都经济贸易大学、北京联合大学对本研究提供的全方位支持！

感谢开题论证时北京社科规划办规划处肖士兵处长，中国传媒大学原副校长刘延平教授，首都经济贸易大学劳动经济学院原院长杨河清教授，北京联合大学学术委员会副主任、机器人学院鲍泓教授，中国劳动和社会保障科学研究院就业创业研究室主任张丽宾研究员，中国人民大学劳动人事学院吴清军教授，国家发展和改革委员会社会发展研究所王阳研究员，中国人民大学劳动人事学院张皓副教授，英特尔（中国）有限公司战略合作与创新业务部技术经理胡晓泊等专家对课题研究方案的完善、如何实现创新突破等提出了富有启发性的建议，并给予了严谨的指导和热情的鼓励。感谢中国人民大学劳动人事学院孙健敏教授、首都经济贸易大学劳动经济学院童玉芬教授对深化课题研究给予的悉心指导。

感谢清华大学信息科学技术学院院长、中国人工智能学会会长戴琼海院士，北京工业大学人工智能创新中心马楠教授，北京工业大学经济管理学院副院长艾小青教授，美团法律与政府事务部孟续铎，北京联合大学管理学院原院长陶秋燕教授，北京联合大学管理学院朱晓妹教授，北京联合大学人力资源开发研究所所长汪昕宇教授等专家给予的指导和支持。

感谢亦庄机器人产业园、香河机器人产业园、中关村创客总部、北京朝阳企业联合会、英特尔（中国）有限公司、科大讯飞、美团、搜狗、小米科技、伊利集团、海底捞智慧餐厅、未感科技、博雅瑞特（北京）文化科技有限公司等产业园区和百余家人工智能研发和应用企业提供的调研机会和调研资源。

感谢团队成员全程参与研究和写作，其中首都经济贸易大学的博士研究生邱玥、董晓雨参与第二章的研究和写作；北京联合大学管理学院的郝卫峰老师、首都经济贸易大学博士研究生邱玥、董晓雨参与第三章的研究和写作；北京联合大学管理学院的王琦副教授、研究生张歆悦参与第四章的研究和写作；北京联合大学管理学院的王琦副教授、中华女子学院任媛副教授、首都经济贸易大学博士研究生邱玥、中国人民大学博士研究生程雅馨参与第五章的研究和写作；北京联合大学人力资源研究中心主任汪昕宇教授、彭莹莹副教授、北京联合大学管理学院李雅宁教授参与第六章的研究和写作；北京联合大学管理学院的朱晓妹教授、马丽仪教授参与第七章的研究和写作；北京联合大学管理学院李新娥副教授、研究生李晓宇参与第八章的研究和写作。

感谢我的家人，感谢丈夫胡剑辉先生以及女儿胡睿妍对我的支持与鼓励！谨以此书，献给给予我无私帮助的企业家、专家学者、团队成员、研究生、朋友和亲人！

本书由国家社科基金重点课题“人工智能对劳动力市场的冲击及劳动者知识技能转换应对研究”（19AGL025）以及北京社科基金重大课题“动态匹配视角下人工智能对就业的影响与应对研究”（18ZDA09）项目资助出版。

2024 年 2 月